MÉMOIRES

DU DUC

DE SAINT-SIMON

PUBLIÉS PAR

MM. CHÉRUEL ET AD. REGNIER FILS

ET COLLATIONNÉS DE NOUVEAU POUR CETTE ÉDITION

SUR LE MANUSCRIT AUTOGRAPHE

AVEC UNE NOTICE DE M. SAINTE-BEUVE

TOME HUITIÈME

PARIS
LIBRAIRIE HACHETTE ET Cie
BOULEVARD SAINT-GERMAIN, 79

1873
Tous droits réservés

MÉMOIRES

DU DUC

DE SAINT-SIMON

VIII

ARIS. — IMPRIMERIE ARNOUS DE RIVIÈRE ET Cie
RUE RACINE, 26.

MÉMOIRES
DE SAINT-SIMON.

CHAPITRE PREMIER.

Motifs de la volonté si fort déterminée de faire Mme de Saint-Simon dame d'honneur de Mme la duchesse de Berry. — Menées pour empêcher que cette place ne fût donnée à Mme de Saint-Simon; leur inutilité singulière. — Mme de Caylus arrogamment refusée pour dame d'atour par Mme de Maintenon à Monseigneur. — Je propose et conduis fort près du but Mme de Cheverny pour dame d'atour; quelle elle étoit. — Exhortations et menaces par le maréchal de Boufflers, avec tout l'air de mission du Roi. — Motifs qui excluent Mme de Cheverny; Mme de la Vieuville secrètement choisie. — Inquiétude du Roi d'être refusé par moi. — Le Roi me parle dans son cabinet, et y déclare Mme de Saint-Simon dame d'honneur de la future duchesse de Berry; sa réception du Roi et des personnes royales. — Je vais chez Mme de Maintenon; son gentil compliment. — Assaisonnements de la place de dame d'honneur. — La marquise de la Vieuville déclarée dame d'atour de la future duchesse de Berry; sa naissance et son caractère, et de son mari. — M. le duc d'Orléans mortifié par l'Espagne. — Mouvements sur porter la queue de la mante; facilité de M. le duc d'Orléans; baptême de ses filles; fiançailles. — Mariage de M. le duc de Berry et de Mademoiselle. — Festin où les enfants de M. du Maine sont admis, ainsi qu'à la signature du contrat, pour la première fois. — Le duc de Beauvillier, comme gouverneur, est préféré au duc de Bouillon, grand chambellan, à présenter au Roi la chemise de M. le duc de Berry. — Visite et douleur de la reine et de la princesse d'Angleterre. — Mme de Maré refuse obstinément d'être dame d'atour; quelle; son traitement; causes de ce refus trop sensées; tristes réflexions.

Il seroit difficile de comprendre comment le Roi et ces autres personnes royales ne fussent[1] pas rebutés de nos refus, ni assez piqués pour passer à un autre choix. On

---

1. Ce verbe est bien au subjonctif.

ne peut se dissimuler qu'elles ne se crussent une espèce tout à fait à part du reste des hommes, continuellement induits en cette douce erreur par les empressements, les hommages, la crainte, l'espèce d'adoration qui leur étoient prodigués par tout le reste des hommes, une ivresse de cour uniquement à tout sacrifier[1] pour plaire, surtout occupée à étudier, à deviner, à prévenir leurs goûts, et au mépris de la raison et souvent de plus encore, à s'immoler à eux par toutes sortes de flatteries, de bassesses et d'abandon. Il étoit donc fort surprenant de voir des personnes si absolues, et si accoutumées à voir tout ramper sous leurs pieds, prévenir leurs moindres desirs, s'opiniâtrer jusqu'à cet excès à nous faire accepter une place qui faisoit l'envie générale, jusqu'à remuer tant de machines en menaces et en flatteries pour ne nous pas livrer à un ressentiment, qui en toute autre occasion auroit eu le plus prompt effet. Mais un motif puissant avoit emporté toute autre considération.

Le Roi avoit envie d'approcher Mme de Saint-Simon de sa cour particulière, dès lors que Mme de la Vallière eut la place de dame du palais à la mort de Mme de Montgon. Nous sûmes depuis que ce qui l'avoit empêché d'en disposer pendant six semaines fut qu'il la destinoit à Mme de Saint-Simon, et qu'il espéra par ce délai lasser Mme la duchesse de Bourgogne, qui, entraînée par les Noailles et par des raisons de femmes de leur âge, fit tant d'instances pour obtenir Mme de la Vallière, qu'à la fin le Roi s'y rendit. Heureusement que j'avois demandé cette place, parce qu'il se publia, sur notre résistance à celle-ci, que je trouvois même celles des dames du palais au-dessous des duchesses. L'imputation étoit pitoyable : la Reine en avoit eu plusieurs; elle avoit eu encore Mlle d'Elbœuf, Mme d'Armagnac, la princesse de Baden, fille d'une princesse du sang, femme d'un souverain d'Allemagne, qui dans leur service de dames du palais ne différoient en

---

[1]. Uniquement appliquée à tout sacrifier.

rien des autres, sans préférence, sans distinction, mêlées avec les dames du palais duchesses, et sans dispute ni prétentions de rang, en toute égalité ensemble. Outre cette bonne volonté, le Roi, à qui la seule complaisance, mêlée de la crainte de la cabale de Madame la Duchesse, avoit fait vouloir le mariage qui approchoit les bâtards de M. le duc de Berry (et c'en étoit là le grand et secret ressort), au même degré qu'eût fait celui de Mlle de Bourbon, ne le vouloit accompagner que de choses agréables à ceux qui l'y avoient induit et utiles à leurs intérêts. Rien ne leur étoit plus important que d'avoir dans cette place une personne dont la vertu de tout temps sans atteinte, le bon esprit, le sens et les inclinations fussent de concert pour une éducation desirable.

Il faut que cette vérité m'échappe : il n'y avoit point de femme qui eût jamais mérité ni joui d'une réputation plus pleine, plus unanimement reconnue, ni plus solide que Mme de Saint-Simon, sur tout ce qui forme le mérite des plus honnêtes et des plus vertueuses. Il n'y en avoit point aussi qui en usât avec plus de douceur et de modestie, ni qui fût plus généralement respectée dans cet âge où elle étoit, ni avec cela plus aimée ; jusque-là que les jeunes femmes les moins retenues n'en pensoient pas autrement, et n'en avoient pas même de crainte, malgré la distance des mœurs et de la conduite. Sa piété solide, et qui ne s'étoit affoiblie en aucun temps, n'étrangeoit[1] personne, tant on s'en apercevoit peu et tant elle étoit uniquement pour elle. Tant de choses ensemble, et si rares, remplissoient avec abondance toutes les vues de l'éducation, et suppléoient avantageusement au nombre des années. La naissance, les alliances, les entours, les noms, la dignité flattoient extrêmement l'orgueil et l'amour-propre, en sorte qu'il ne se trouvoit en ce choix quoi que ce pût être qui ne satisfît pleinement en tout genre. L'intimité qui me lioit à M. le duc et à Mme la duchesse d'Or-

---

1. Voyez tome III, p. 10 et note 1.

léans, les services que je leur avois rendus, la part que j'avois eue au mariage, rendoient ce choix singulièrement propre. La bonté très-marquée de Mme la duchesse de Bourgogne et son desir pour Mme de Saint-Simon, mon attachement pour Mgr le duc de Bourgogne, qu'on sentoit dès lors n'être pas ingrat, ma liaison plus qu'intime avec tout ce qui environnoit le plus principalement et le plus intérieurement ce prince, ajoutoient infiniment à toute convenance. Ce qui y mettoit le sceau étoit ma situation de longue main si éloignée de Madame la Duchesse et de toute cette cour intérieure de Monseigneur, que venoit de combler la part qu'ils ne savoient que trop, comme j'aurai bientôt occasion de le dire, que j'avois eue à l'exclusion de Mlle de Bourbon et à la fortune de Mademoiselle. Il ne leur pouvoit rester d'espérance que d'avoir occasion de tomber sur la nouvelle fille de France, et alors il importoit au dernier point à tout ce qui la faisoit telle d'avoir auprès d'elle une dame d'honneur qui non-seulement eût les qualités requises à l'emploi, mais qui fût encore incapable, quoi qu'il pût arriver de radieux dans les suites à Madame la Duchesse et à cette cabale, de s'en laisser entamer à quelques intérêts particuliers que ce pût être; et c'est ce qui ne se pouvoit rencontrer en nulle autre avec la même sûreté, tant par la vertu et la probité de Mme de Saint-Simon, que par un éloignement personnel si peu capable d'aucun changement entre nous et cette cabale. Ce furent, à ce que j'ai toujours cru, ces puissantes raisons qui portèrent M. et Mme la duchesse d'Orléans à ne se rebuter de rien, et à pousser, s'il faut user de ce terme, l'acharnement jusqu'où il pouvoit aller pour emporter Mme de Saint-Simon.

Mme la duchesse de Bourgogne, dans sa situation avec Madame la Duchesse et cette cabale telle qu'elle a été montrée, comblée par ce mariage, qui étoit de plus son ouvrage, avoit les mêmes raisons, et de plus celles de son aisance, comme elle ne l'avoit pas caché à Mme de Saint-Simon. Ce qui environnoit Mgr le duc de Bourgogne avec le plus de poids pensoit peu différemment, parce que les éloignements et les intérêts étoient les mêmes. Le Roi, avec son ancienne prévention, que rien n'avoit détruite[1] depuis l'affaire de la dame du palais, pressé par les menées de Mme la duchesse d'Orléans, sûr que Mme de Saint-Simon étoit au moins très-agréable à Mme la duchesse de Bourgogne, instruit peut-être par ce que j'ai rapporté du maréchal de Boufflers de toute la part que j'avois eue à la séparation de M. le duc d'Orléans d'avec Mme d'Argenton, qui sûrement avec sa mémoire n'avoit pas oublié ce que je lui avois dit sur feu Monsieur le Duc en l'audience du mois de janvier que j'ai racontée, accoutumé au visage de Mme de Saint-Simon par les Marlis et par la voir souvent à la suite de Mme la duchesse de Bourgogne, choses d'habitudes qui lui faisoient infiniment, tout cela forma un amas de raisons qui non-seulement le déterminèrent, mais le décidèrent, et une fois déclaré, et averti du refus en poussant à bout Mme la duchesse de Bourgogne, il se piqua de n'avoir pas cette espèce de démenti, et il voulut si fermement être obéi qu'il en vint jusqu'à prodiguer les menaces et à nous en faire avertir de tous côtés. Je dis faire avertir, par le lieu qu'il y donna exprès à plusieurs reprises, et peut-être, comme on le verra bientôt, par quelque chose de plus fort.

Il ne falloit pas moins qu'un aussi puissant groupe de choses et d'intérêts pour l'emporter sur le dépit de nos refus et sur tout l'art qui fut mis en œuvre pour les seconder, et que je découvris peu de jours après que Mme de Saint-Simon fut déclarée. Madame la Duchesse, d'Antin et toute cette cabale intime outrée du mariage, s'échappèrent à dire que tout étoit perdu si Mme de Saint-Simon étoit dame d'honneur. Soit qu'ils regardassent à l'importance d'y avoir quelqu'un dont ils pussent faire usage, au moins qui pût être accessible, enfin neutre, s'ils ne pouvoient mieux, ils considérèrent comme un coup de partie

---

1. *Détruit,* sans accord, au manuscrit.

de l'empêcher de l'être. Les prétendants et les curieux de cour, qui regardoient cette place d'un autre œil que nous ne faisions, et qui pour eux ou pour les leurs l'ambitionnoient, les ennemis, dont on ne manque jamais, tous enfin, occupés de la crainte que cette place ne me frayât chemin à mieux, se distillèrent l'esprit à travailler à la détourner. Faute de mieux, ils cherchèrent une ressource dans l'exactitude de la vie de Mme de Saint-Simon : ils furetèrent de quel côté elle penchoit, qui étoit son confesseur, et ils se crurent assurés de l'exclure lorsqu'ils eurent découvert que c'étoit depuis longues années M. de la Brue, curé de Saint-Germain de l'Auxerrois, mis en place et protégé par le cardinal de Noailles, et qui passoit pour suspect de jansénisme.

Ce crime, auprès du Roi, étoit le plus irrémissible et le plus certainement exclusif de tout. Être de la paroisse de Saint-Sulpice, passer sa vie à la cour, n'avoir jamais cessé d'être dans la piété, quoique sans enseigne, et ne se confesser, ni à sa paroisse de Saint-Sulpice, ni à Versailles, ni aux jésuites, et aller de tout temps à ce curé étranger et si suspect, leur parut une preuve complète qu'ils surent bien faire valoir. Leur malheur voulut que cette accusation portée au Roi le trouva si décidé pour Mme de Saint-Simon, qu'elle ne fit que l'alarmer, lui à qui il n'en auroit pas fallu davantage pour ne vouloir jamais ouïr parler de ce choix, bien qu'arrêté, s'il s'en étoit moins entêté, ce qui lui étoit entièrement inusité ; et, sans perquisition, l'affaire auroit été finie : ce qui avoit rompu le col à bien des gens qui ne se doutoient pas du comment ni du pourquoi, et ce qui étoit avec lui d'une expérience certaine. On n'oublia rien pour réaliser les soupçons sur le curé, mais on ne trouva que de la mousse qui ne put prendre. On fit toutefois tout l'usage qu'on put de ces choses. Le Roi s'en alarma, mais ce fut tout, et contre sa coutume en ce genre voulut s'éclaircir. Il s'adressa au P. Tellier, et il ne pouvoit consulter un plus soupçonneux ennemi du plus léger fantôme.

Le P. Tellier étoit assuré sur mon compte par mon ancienne confiance au P. Sanadon, son ami et de même Compagnie ; il savoit par lui dans quelle union nous vivions, Mme de Saint-Simon et moi, depuis le jour de notre mariage ; il étoit dans la bouteille avec moi de celui que nous avions fait réussir ; il me courtisoit, comme j'ai commencé ailleurs à en dire quelque chose, par rapport à Mgr le duc de Bourgogne et à ses plus intimes entours, avec lesquels il me savoit indissolublement lié depuis que j'étois à la cour. Il glissa donc avec le Roi sur le sieur de la Brue, dont il ne dit pas grand bien, mais sans rien de marqué, parce qu'il n'y avoit pas matière ; il répondit nettement de moi, et par moi de Mme de Saint-Simon, parce qu'il savoit que nous étions uns en toutes choses ; il affermit le Roi dans le choix qu'il avoit résolu, et l'assura qu'en tout genre il n'y en avoit point de si bon à faire, tellement que le poison se tourna en remède, et que ce qui avoit été si malignement présenté pour exclure Mme de Saint-Simon de cette place, et par le genre d'accusation de toute espérance et de tout agrément, opéra précisément le contraire.

Je ne sus que longtemps après par M. le duc d'Orléans cette ferme parade du P. Tellier. Il eut peine et à me l'avouer et à me la dissimuler, pour ne pas trop découvrir cette espèce d'inquisition, pourtant fort connue déjà, et pour ne pas perdre aussi le mérite qu'il s'étoit acquis auprès de moi, d'autant plus grand que je ne pouvois le deviner, et que, sans ce bon office, nous nous trouvions perdus de nouveau, sans savoir pourquoi, et sûrement sans retour. On peut juger de la rage de la cabale de manquer un coup si à plomb pour toujours et si continuellement certain. Nous eûmes bien quelque vent avant la déclaration de la place, mais fort superficiellement, de ces manéges. Le curé de Saint-Germain, peu curieux de pénitentes considérables, mais attaché d'estime à Mme de Saint-Simon, tâcha de lui persuader de le quitter, par la considération des effets pour toute la vie, et sans ressource, de ce genre de soupçon ; mais aucune n'entra là-dessus dans son esprit ni dans le mien, persuadés l'un et l'autre de la liberté et de la simplicité avec lesquelles on doit se conduire en choses spirituelles, qui ne doivent jamais tenir aux temporelles, beaucoup moins en dépendre. Depuis sa nomination on lui fit des attaques indirectes pour changer de confesseur, qui ne durèrent guère, parce qu'elle en fit doucement mais fermement sentir l'inutilité. Elle n'en a jamais eu d'autre tant que ce sage et saint prêtre a vécu, près de quarante ans depuis. Tel est l'usage des partis de religion quand les princes s'en mêlent.

Notre parti enfin amèrement pris, après tout ce que j'ai raconté, de céder à la violence, nous commençâmes à penser à éviter une dame d'atour avec qui il auroit fallu compter. Mme de Caylus étoit, à cause de sa tante, la seule de cette sorte. Elle avoit précisément toutes les raisons contraires à celles qui déterminoient au choix de Mme de Saint-Simon : de tout temps liée avec Madame la Duchesse, et, dans les derniers, autant que les défenses de sa tante lui en pouvoient laisser de liberté ; insinuée par cette princesse et par Harcourt, son cousin, assez avant auprès de Monseigneur pour s'en faire une ressource pour l'avenir, et un appui même pour le présent, s'il arrivoit faute de sa tante. Cela étoit bien éloigné de ce que, pour abréger, je dirai toute notre cabale. Mme la duchesse de Bourgogne de plus la craignoit et ne la pouvoit souffrir, excitée peut-être par la jalousie brusque et franche de la duchesse de Villeroy du goût toujours subsistant de son mari pour elle, bien que commencé longtemps avant son bail, et dont l'éclat avoit fait chasser Mme de Caylus de la cour. Mme la duchesse d'Orléans avoit bien compris qu'elle penseroit à cette place, et à cause de Mme de Maintenon se trouvoit embarrassée de lui en barrer le chemin, quoique elle ne se fût encore pu déterminer à personne.

Cet embarras ne fut pas long : elle m'apprit qu'aussitôt que le mariage fut déclaré, Monseigneur avoit parlé à

Mme de Maintenon en sa faveur pour cette place, que Mme de Maintenon fut outrée de ce détour de sa nièce, qui, au lieu de lui parler elle-même, avoit cru l'emporter par une recommandation de ce poids en ce genre, et que dans sa colère il lui étoit échappé de dire qu'elle vouloit bien que Monseigneur sût que, si elle eût voulu que Mme de Caylus eût une place, elle avoit bien assez de crédit pour y réussir sans lui, mais qu'il ne lui arriveroit jamais de la laisser mettre dans aucune après la vie qu'elle avoit menée, pour se donner le ridicule de faire dire qu'elle mettoit sa nièce auprès d'une jeune princesse pour la former à ce qu'elle avoit pratiqué, et à ce qui l'avoit fait chasser avec éclat. Ce propos, pour une dévote soi-disant repentie, s'oublioit un peu de la poutre dans l'œil et du fétu de l'Évangile. Mme de Caylus, qui le sut, et cela n'avoit pas été dit à d'autre dessein, en tomba malade. N'osant plus rien tenter ni espérer là-dessus, ni même témoigner son chagrin à sa tante, elle s'en dédommagea secrètement avec ses plus intimes par les plaintes les plus amères.

La pensée me vint de faire dame d'atour la femme de Cheverny, duquel j'ai parlé plus d'une fois, et qui étoit fort de mes amis. La naissance et la place du mari auprès de Mgr le duc de Bourgogne, et les entours si proches de la femme avoient de quoi satisfaire du côté de l'orgueil, et le reste étoit à souhait. La femme étoit fille du vieux Saumery et d'une sœur de M. Colbert, cousine germaine par conséquent, et en même temps fort amie, des duchesses de Chevreuse et de Beauvillier; avec cela rompue au monde, quoique toujours dans Versailles elle allât fort peu; beaucoup d'esprit et de sens, de l'agrément dans la conversation, et qui avoit très-bien réussi à Vienne et à Copenhague, où son mari avoit été envoyé et ambassadeur. J'en parlai à M. et à Mme de Beauvillier, qui à la vue du danger avoient été fort ardents à nous faire résoudre d'accepter. Ils furent ravis de ma pensée, qui d'ailleurs entroit dans leur projet d'unir étroitement la future duchesse de Berry à Mgr et à Mme la duchesse de Bourgogne, à quoi il étoit important de former cette nouvelle cour de gens principaux qui eussent les mêmes vues. Ils n'étoient pas même indifférents qu'elle se composât de gens fort à eux, autant que cela se pourroit sans paroître, par leur maxime d'embrasser tout, pourvu que cela ne leur coutât rien du tout et qu'on ne s'en aperçût pas. Dès que ce choix fut résolu entre nous et M. et Mme de Chevreuse, j'en parlai à M. et à Mme la duchesse d'Orléans. Ils s'étoient servis de Cheverny pour sonder Monseigneur par du Mont. Quoique cela n'eût pas réussi, le gré en étoit demeuré, de sorte que Mme de Cheverny fut aussitôt acceptée que proposée. Mme la duchesse de Bourgogne y entra fort dès le lendemain, à qui Mme la duchesse d'Orléans et Mme de Lévy en parlèrent, et la résolution en fut prise tout de suite entre Mme la duchesse de Bourgogne et Mme de Maintenon. Cheverny, quoique vieux et sans enfants, y consentit avec joie, par le goût et l'habitude de la cour. Jamais partie ne fut si promptement ni si bien liée.

Cela fait, nous comptâmes tout devoir plus que rempli d'avoir cédé et demeuré trois jours à Versailles, où nous ne pouvions paroître nulle part sans essuyer de fâcheux compliments. Je dis à M. et à Mme la duchesse d'Orléans, et nous fîmes dire aussi à Mme la duchesse de Bourgogne, que nous n'y pouvions plus tenir, et nous nous en retournâmes à Paris la veille de la Pentecôte, où nous barricadâmes bien notre porte et où Mme de Saint-Simon se trouva fort incommodée de tous ces chagrins et d'une si étrange violence. Au bout de huit jours, persécuté par nos amis, je retournai seul à Versailles. Au bout du pont de Sèvres, le maréchal de Boufflers, qui revenoit à Paris, m'arrêta, et me fit mettre pied à terre pour me parler à l'écart. Il m'avoit écrit le matin que mon absence de la cour ne pouvoit plus se soutenir sans être de très-mauvaise grâce. Il me confirma la même chose, puis me témoigna que le Roi étoit en peine si j'obéirois, que cette inquiétude le blessoit toujours, quoi que Mme la duchesse de Bourgogne lui eût dit, et de là se mit à m'exhorter comme sur chose nouvelle, et à me faire entendre nettement qu'un refus me perdroit sans ressource, et avec des tons et des airs de réticence si marqués, et toujours ajoutant qu'il savoit bien ce qu'il disoit, et qu'il savoit bien pourquoi il me le disoit, que je ne doutai point que le Roi ne l'en eût expressément chargé. Le maréchal savoit que j'étois enfin résolu; il me rencontroit allant à Versailles, pour quoi il m'avoit écrit; il n'avoit donc rien à me dire : pourquoi donc m'arrêter, m'exhorter, me menacer? car il me dit encore qu'on m'enverroit si loin et si mal à mon aise que j'aurois de quoi me repentir longtemps; pourquoi tout ce propos, désormais inutile, avec cette inquiétude du Roi, s'il n'avoit pas eu ordre de lui de le faire, et de s'assurer bien de l'obéissance qu'il craignoit tant d'hasarder[1]?

Je sus à Versailles que ce qui retenoit la déclaration de la dame d'honneur étoit l'indétermination sur la dame d'atour. Mme de Saint-Simon n'osa demeurer à Paris que peu de jours après moi. Nous étions cependant fort mal à notre aise parmi les divers regards, les propos différents, et sûrement les mauvais offices qui pleuvent toujours sur les personnes du jour. Cela me détermina à presser M. et Mme la duchesse d'Orléans de faire finir ces longueurs importunes. La dame d'atour étoit toujours le rémora[2]. Mme la duchesse de Bourgogne et Mme de Maintenon s'étoient butées pour Mme de Cheverny.

Avec tout son mérite elle avoit un visage dégoûtant, dont le Roi, qui se prenoit fort aux figures, ne se pouvoit accommoder. Elle et son mari avoient essuyé le scorbut en Danemark, dont peu de gens du pays et beaucoup moins d'étrangers échappent. Ils y avoient laissé l'un et l'autre presque toutes leurs dents, et eussent peut-être mieux fait de n'en rapporter aucune. Ce défaut, avec un

1. Voyez tome V, p. 141, et tome VI, p. 17.
2. *Rémora*, au figuré, obstacle, retardement.

teint fort couperosé, faisoit quelque chose de fort désagréable dans une femme qui n'étoit plus jeune, et qui avoit pourtant une physionomie d'esprit. En un mot, ce fut un visage auquel le Roi, qui en étoit fort susceptible, ne put jamais s'apprivoiser. C'étoit son unique contredit, qui n'en eût pas été un pour tout autre que le Roi. Mme de Maintenon et Mme la duchesse de Bourgogne, qui ne vouloient qu'elle, et qui à force de barrer toute autre avoient compté de surmonter cette fantaisie, s'y trompèrent. A force d'attention à saisir toute occasion de lui parler en faveur de Mme de Cheverny, elles achevèrent de l'éloigner : il s'imagina une cabale en sa faveur; c'étoit la chose qu'il haïssoit le plus, qu'il craignoit davantage, et où il étoit le plus continuellement trompé; il le dit même nettement à Mme de Maintenon et à Mme la duchesse de Bourgogne, qui ne purent jamais lui en ôter l'idée. Finalement, lassé de ce combat, il leur déclara qu'il ne pouvoit supporter d'avoir toujours le visage de Mme de Cheverny à sa suite, et souvent à sa table et dans ses cabinets, et se détermina au choix de Mme de la Vieuville, qui fut en même temps résolu.

Dès que cela fut fait, il voulut déclarer le choix de Mme de Saint-Simon, et il le déclara le dimanche matin 15 juin. M. le duc d'Orléans me dit à la fin de la messe du Roi qu'il l'alloit faire, et deux heures après il me conta qu'avant la messe, étant avec le Roi et Monseigneur dans les cabinets à parler de cela, le Roi lui avoit encore demandé avec un reste d'inquiétude : « Mais votre ami, je le connois, il est quelquefois extraordinaire, ne me refusera-t-il point? » que rassuré sur ce qu'il lui avoit dit de ma comparaison du cardinal de Bouillon, le Roi avoit parlé de ma vivacité sur diverses choses vaguement, mais avec estime, néanmoins comme embarrassé à cet égard et desirant que j'y prisse garde, ce qu'il ne dit à son neveu sûrement que pour que cela me revînt; que Monseigneur avoit parlé de même, mais honnêtement; que lui, saisissant l'occasion, avoit dit que depuis qu'il étoit question de cette place, il ne doutoit point qu'on ne m'eût rendu de mauvais offices, comme lors de l'ambassade de Rome, sur quoi le Roi avoit répondu avec ouverture que c'étoit la bonne coutume des courtisans. Là-dessus ils allèrent à la messe.

En revenant de la messe, le Roi m'appela dans la galerie et me dit qu'il me vouloit parler, et de le suivre dans son cabinet. Il s'y avança à une petite table contre la muraille, éloigné de tout ce qui étoit dans ce cabinet, le plus près de la galerie par où il étoit entré. Là il me dit qu'il avoit choisi Mme de Saint-Simon pour être dame d'honneur de la future duchesse de Berry; que c'étoit une marque singulière de l'estime qu'il avoit de sa vertu et de son mérite, de lui confier, à trente-deux ans, une princesse si jeune et qui lui étoit si proche, et une marque aussi qu'il étoit tout à fait persuadé de ce que je lui avois dit, il [y] avoit quelques mois, de m'approcher si fort de lui. Je fis une révérence médiocre, et répondis que j'étois touché de l'honneur de la confiance en Mme de Saint-Simon à son âge, mais que ce qui me faisoit le plus de plaisir étoit l'assurance que je recevois de Sa Majesté qu'elle étoit persuadée et contente. Après cette laconique réponse, qui en tout respect lui laissoit sentir ce que je sentois moi-même de la place, il me dit assez longtemps toutes sortes de choses obligeantes sur Mme de Saint-Simon et pour moi, comme il savoit mieux faire qu'homme du monde lorsqu'il savoit gré, et qu'il présentoit surtout un fâcheux morceau qu'il vouloit faire avaler. Puis me regardant plus attentivement, avec un sourire qui vouloit plaire : « Mais, ajouta-t-il, il faut tenir votre langue, » d'un ton de familiarité qui sembloit en demander de ma part, avec lequel aussi je lui répondis que je l'avois bien tenue, et surtout depuis quelque temps, et que je la tiendrois bien toujours. Il sourit avec plus d'épanouissement encore, comme un homme qui entend bien, qui est soulagé de n'avoir pas rencontré la résistance qu'il avoit tant appréhendée, et qui est content de cette sorte de liberté qu'il a trouvée, et qui lui fait mieux goûter le sacrifice qu'il sent sans en avoir les oreilles blessées. En même temps il se tourna le dos à la muraille, qu'il regardoit auparavant, un peu vers moi et moi vers lui; et d'un ton grave et magistral, mais élevé, il dit à la compagnie : « Mme la duchesse de Saint-Simon est dame d'honneur de la future duchesse de Berry. » Aussitôt chorus d'applaudissement du choix et de louange de la choisie; et le Roi, sans parler de dame d'atour, passa dans ses cabinets de derrière.

A l'instant j'allai à l'autre bout du cabinet vers Monseigneur, qui de Meudon y étoit venu pour le conseil, et lui dis, en m'inclinant foiblement, que je lui faisois là ma révérence en attendant que je pusse m'en acquitter à Meudon. Il me répondit, mais froidement, en me saluant, qu'il étoit fort aise de ce choix, et que Mme de Saint-Simon feroit fort bien. Je voulus aller ensuite à Mgr le duc de Bourgogne, qui étoit éloigné, mais il fit la moitié du chemin, où sans me laisser le loisir de parler, il me dit avec épanouissement, et me serrant la main, que je savois combien il avoit toujours pris et prenoit part en moi, que rien n'étoit plus de son goût que ce choix; et me comblant de bontés et Mme de Saint-Simon d'éloges, me mena au bout du cabinet, où je me tirai à peine d'avec ce qui y étoit assemblé sur mon passage. J'eus plus tôt fait de sortir par la porte de la galerie, qu'on m'ouvrit; puis songeant que le chancelier étoit dans la chambre du Roi avec les ministres, attendant le conseil, j'allai lui dire ce qu'il venoit de se passer, car pour M. de Beauvillier il y avoit été présent. Je fus suffoqué de toute la nombreuse compagnie, comme il arrive en ces occasions. Je m'en dépêtrai avec peine et politesse, mais avec sérieux, dédaignant jusqu'au bout de montrer une joie que je n'avois point, comme j'avois soigneusement évité tout terme de remerciement avec le Roi et Monseigneur, et comme je l'évitai avec tous, de la réception la plus empressée desquels je ne parlerai pas.

Je mandai aussitôt à Mme de Saint-Simon qu'elle étoit nommée et déclarée. Cette nouvelle, quoique si prévue, la saisit presque comme si elle ne l'eût pas été. Après avoir un peu cédé aux larmes, il fallut faire effort, et venir s'habiller chez la duchesse de Lauzun, où malgré les précautions, les portes furent souvent forcées. Les deux sœurs allèrent chez Mme la duchesse de Bourgogne, qui étoit à sa toilette, fort pressée d'aller dîner à Meudon, où, non sans cause, Monseigneur lui reprochoit souvent d'arriver tard. L'accueil public fut tel qu'on le peut juger, celui de Mme la duchesse de Bourgogne admirable. En se levant pour aller à la messe, elle l'appela, la prit par la main, et la mena ainsi jusqu'à la tribune. Elle lui dit que, quelque joie qu'elle eût de la voir où elle la desiroit, elle vouloit qu'elle fût persuadée qu'elle l'avoit servie comme elle l'avoit souhaité, qu'en cela elle lui avoit fait le plus grand sacrifice qu'il fût possible de lui faire, parce que, l'y desirant passionnément, elle avoit mis tout en usage pour en détourner le Roi, jusque-là même qu'il avoit cru un temps qu'elle avoit quelque chose contre elle; qu'à la vérité elle avoit été fort embarrassée, parce que l'aimant trop, et la vérité aussi, pour lui vouloir nuire, et ayant sur elle le dessein dont elle lui avoit parlé de la faire succéder à la duchesse du Lude, elle n'avoit trop su qu'alléguer pour empêcher le Roi de lui donner une place qu'il lui avoit destinée; que néanmoins elle n'avoit rien oublié pour lui tenir parole jusqu'au bout, parce qu'il faut servir ses amis à leur mode et pour eux, non pour soi-même (ce fut son expression); qu'au surplus elle l'avoit fait avertir de notre perte, qu'elle voyoit certaine par un refus; qu'elle étoit très-aise que nous nous fussions rendus capables de croire conseil là-dessus; qu'enfin, puisque la chose étoit faite, elle ne pouvoit lui en dissimuler sa joie, d'autant plus librement qu'encore une fois elle lui répondoit avec vérité qu'elle avoit fait contre son gré tout ce qu'elle avoit pu jusqu'à la fin pour détourner cette place d'elle, uniquement pour lui tenir parole; que maintenant que la chose avoit tourné autrement, elle en étoit ravie pour soi, pour la princesse auprès de laquelle on la mettoit, et pour elle-même, parce qu'elle croyoit que cela nous étoit bon, et nous porteroit de plus en plus à des choses agréables et meilleures.

Tout ce long chemin se passa en pareilles marques de bonté et d'amitié, parmi lesquelles la princesse parlant toujours, Mme de Saint-Simon eut peine à lui en témoigner sa reconnoissance. Mme la duchesse de Bourgogne finit par lui dire qu'elle l'auroit menée chez le Roi sans l'heure qu'il étoit, où elle étoit attendue à Meudon. Madame se mit à pleurer de joie en voyant entrer Mme de Saint-Simon chez elle. Elle l'avoit toujours singulièrement estimée, quoique sans autre commerce que celui d'une cour rare, et elle n'avoit pu se tenir de lui dire à un souper du Roi, lorsque Mme de la Vallière fut dame du palais, qu'elle en étoit outrée, mais qu'elle avoit toujours bien cru qu'ils n'auroient pas assez bon sens pour lui donner cette place. Mme de Saint-Simon ne vit point M. et Mme la duchesse d'Orléans chez eux; ils étoient déjà chez Mademoiselle, où elle les trouva. L'allégresse y fut poussée aux transports; Mademoiselle dit même en particulier à Mme de Lévy que ce choix rendoit son bonheur complet.

Mme la duchesse d'Orléans ne s'offrit point de mener Mme de Saint-Simon chez le Roi; nous en fûmes surpris. Elle y alla avec la duchesse de Lauzun comme le conseil venoit de lever. Le Roi les reçut dans son cabinet. Il ne se peut rien ajouter à tout ce que le Roi dit à Mme de Saint-Simon sur son mérite, sa vertu, la singularité sans exemple d'un tel choix à son âge. Il parla ensuite de sa naissance, de sa dignité, en un mot, de tout ce qui peut flatter. Il lui témoigna une confiance entière, trouva la jeune princesse bien heureuse de tomber en de telles mains si elle en savoit profiter, prolongea la conversation un bon quart d'heure, parlant presque toujours; Mme de Saint-Simon peu, modestement, et avec non moins d'attention que j'en avois eu à faire sentir, par ses expressions pleines de respect, qu'elle ne se tenoit honorée et ne faisoit rouler ses remerciements que sur la confiance. Mgr le duc de Bourgogne, qu'elle vit chez lui, la combla en toutes les sortes; et M. le duc de Berry ne sut assez lui témoigner sa joie. Le soir elle fut chez Mme de Maintenon, toujours avec Madame sa sœur. Comme elle commençoit à lui parler, elle l'interrompit par tout ce qui se pouvoit dire de plus poli et de plus plein de louanges sur un choix de son âge, et finit par l'assurer que c'étoit au Roi et à la future duchesse de Berry qu'il falloit faire des compliments sur une dame d'honneur dont la naissance et la dignité honoroient si fort cette place. La visite fut courte, mais plus pleine qu'il ne se peut dire. Je fus fort surpris de ce que Mme de Maintenon sentoit et s'expliquoit si nettement sur l'honneur que Mme de Saint-Simon faisoit à son emploi. Nous le fûmes bien plus encore de ce que dans la suite elle le répéta souvent, et en termes les plus forts, en présence et en absence de Mme de Saint-Simon, et à plus d'une reprise à Mme la duchesse de Berry même, tant il est vrai qu'il est des vérités qui, à travers leur accablement, se font jour jusque dans les plus opposés sanctuaires.

Ce même jour, Madame, Mademoiselle et M. le duc de Berry même, qui me reçurent avec une extrême joie, s'expliquèrent tout aussi franchement tous trois avec moi sur l'honneur, en propres termes, et la satisfaction qu'ils ressentoient d'un choix qu'ils avoient uniquement désiré. J'allai avec M. de Lauzun l'après-dînée à Meudon, où Monseigneur me reçut avec plus de politesse et d'ouverture que le matin.

Le soir au retour, on m'avertit fort sérieusement qu'il falloit aller chez Mme de Maintenon. Je n'y avois pas mis le pied depuis qu'au mariage de la duchesse de Noailles j'y avois été avec la foule de la cour. Mme de Saint-Simon ni moi n'avions jamais eu aucun commerce avec elle, pas même indirectement, et jamais nous ne l'avions recherché. Je ne savois pas seulement comment sa chambre étoit faite. Il fallut croire conseil. J'y allai le soir même. Sitôt que je parus on me fit entrer. Je fus réduit à prier le valet de chambre de me conduire à elle, qui m'y poussa comme un aveugle. Je la trouvai couchée dans sa niche, et auprès d'elle la maréchale de Noailles, la chancelière, Mme de Saint-Geran, qui toutes ne m'effrayoient pas, et Mme de Caylus. En m'approchant, elle me tira de l'embarras du compliment en me parlant la première. Elle me dit que c'étoit à elle à me faire le sien du rare bonheur et de la singularité inouïe d'avoir une femme qui, à trente-deux ans, avoit un mérite tellement reconnu qu'elle étoit choisie, avec un applaudissement universel, pour être dame d'honneur d'une princesse de quinze, toutes choses sans exemple, et si douces pour un mari qu'elle ne pouvoit assez m'en féliciter. Je répondis que c'étoit de ce témoignage même que je ne pouvois assez la remercier; puis regardant la compagnie, j'ajoutai tout de suite, avec un air de liberté, que je croyois que les plus courtes visites étoient les plus respectueuses, et fis la révérence de retraite. Oncques depuis je n'y ai retourné. Mme de Maintenon me dit, en s'inclinant à moi, de bien goûter le bonheur d'avoir une telle femme, et, en souriant agréablement, ajouta tout de suite d'aller à Mme de Noailles, qui avoit bien affaire à moi. Elle l'avoit dit en m'entendant annoncer, la plaisantant de ce qu'elle saisissoit toujours tout le monde. Elle me prit en effet comme je me retirois, et me voulut parler, derrière la niche, de je ne sais quel emploi dans mes terres; je lui dis qu'ailleurs tant qu'elle voudroit, mais qu'elle me laissât sortir de là, où je ne voyois plus qu'un étang : nous nous mîmes à rire, et je me tirai ainsi de cette grande visite.

Le lendemain lundi, tout à la fin de la matinée, Mme de Saint-Simon fut avec Madame sa sœur à Meudon. Monseigneur étoit sous les marronniers, qui les vint recevoir au carrosse. C'étoit sa façon de familiarité, quand il étoit en cet endroit, avec les gens avec qui il en avoit, quoique avec Mme de Saint-Simon la sienne fût moins que médiocre. Il lui fit toutes les honnêtetés qu'il put, et la promena dans ce beau lieu. L'heure du dîner s'approchoit fort: Biron et Saint-Maure, fort libres avec Monseigneur, lui dirent qu'il ne seroit pas honnête de ne pas prier ces dames; Monseigneur répondit qu'il n'osoit parmi tant d'hommes, que néanmoins lui et une dame d'honneur serviroient bien de chaperons, et que de plus le duc de Bourgogne alloit venir, qui l'étoit plus que personne: elles demeurent[1] donc. Le repas fut très-gai; Monseigneur leur en fit les honneurs; il s'engoua de la dame d'honneur, comme il avoit fait à Marly du mariage; leurs santés furent bues, et Mgr le duc de Bourgogne fit merveilles. Il prit après dîner Mme de Saint-Simon un moment en particulier, et lui parla de son dessein arrêté, et de Mme la duchesse de Bourgogne, de la faire succéder à la duchesse du Lude. Mme de Saint-Simon en revint si étonnée, mais si peu flattée, qu'elle ne pouvoit s'accoutumer à croire qu'il n'y eût plus d'espérance d'éviter d'être dame d'honneur.

Ceux qui nous aimoient le moins, les plus envieux et les plus jaloux, ceux qui craignoient le plus que cette place ne nous portât à d'autres, et qui avoient le plus cabalé pour y en mettre d'autres, tout se déchaîna en applaudissements, en éloges, en marques d'attachement et d'amitié, avec tant d'excès que nous ne pouvions cesser de chercher ce qui nous étoit arrivé, ni d'admirer qu'une si médiocre place fît tant remuer de gens de toutes les sortes pour nous accabler de tout ce qu'ils ne pensoient point, et de ce dont aussi ils ne pouvoient raisonnablement croire qu'ils nous pussent persuader. Mais telle est la misère d'une cour débellée[2]. Il faut pourtant dire que ce choix fut aussi généralement approuvé que le mariage le fut peu, et que ce qui contribua à cette désespérade universelle de protestations fut l'empressement fixe avec lequel il se fit, malgré nous, par le Roi et

---

1. Saint-Simon a probablement voulu écrire *demeurèrent*.
2. Voyez tome V, p. 122, note 2.

par toutes les personnes royales, qui ne se cachèrent ni de leur desir ni de nos refus, qui fut en tout une chose sans exemple.

Le Roi y mit tous les autres assaisonnements pour rendre la place moins insupportable, sans que nous en eussions dit ni fait insinuer la moindre chose. Il déclara que tant que M. le duc de Berry demeureroit petit-fils ou fils du Roi, les places de la duchesse du Lude et de Mme de Saint-Simon étoient égales. Il voulut que les appointements fussent pareils en tout et de même sorte, c'est-à-dire de vingt mille livres, ce qui égala la dame d'atour à la comtesse de Mailly, et lui valut neuf mille livres d'appointements de même. Il prit un soin marqué de nous former le plus agréable appartement de Versailles; il délogea pour cela d'Antin et la duchesse Sforze, pour des deux nous en faire un complet à chacun. Il y ajouta des cuisines dans la cour au-dessous, chose très-rare au château, parce que nous donnions toujours à dîner, et souvent à souper, depuis que nous étions à la cour. En même temps le Roi déclara que tout le reste de la maison de la future duchesse de Berry seroit formée sur le pied de celle de Madame. Ainsi toute la distinction fut pour Mme de Saint-Simon et pour la dame d'atour, qui en profita à cause d'elle, et cela fit un nouveau bruit. Le personnel a peu contribué à l'étendue que j'ai donnée au récit de l'intrigue de ce mariage, et à ce qui se passa sur le choix de Mme de Saint-Simon; le développement et les divers intérêts des personnes et des cabales, la singularité de plusieurs particularités, et l'exposition naturelle de la cour dans son intérieur m'ont paru des curiosités assez instructives pour n'en rien oublier.

Le jour que Mme de Saint-Simon fut déclarée, Mme de Maintenon manda à la duchesse de Ventadour de faire savoir à Mme de la Vieuville qu'elle étoit dame d'atour de la future duchesse de Berry. Elle vint dès le soir à Versailles. Le Roi ne la vit que le lendemain, et en public, dans la galerie en allant à la messe. Elle ne fut reçue en

particulier nulle part, et froidement partout, même de
Monseigneur, quoique protégée et menée par Mme d'Espinoy. Mme de Maintenon fut encore plus franche avec elle :
elle interrompit ses remerciements, l'assura qu'elle ne lui
en devoit aucun, ni à personne, et que c'étoit le Roi tout
seul qui l'avoit voulue. C'étoit une demoiselle de Picardie
qui s'appeloit la Chaussée d'Eu, comme la Tour d'Auvergne, parce qu'elle étoit de la partie du comté d'Eu qui
s'étend en Picardie. Elle étoit belle, pauvre, sans esprit,
mais sage, élevée domestique de Mme de Nemours, où on
l'appeloit Mlle d'Arrez, et où M. de la Vieuville s'amouracha [1]
d'elle et l'épousa, ayant des enfants de sa première femme,
qui avoit plu au Roi étant fille de la Reine, et qui étoit
sœur du comte de la Mothe, duquel il n'a été fait que trop
mention sur le siége de Lille et depuis. Mme de la Vieuville
étoit, comme on l'a dit ailleurs, amie intime de Mme de
Roquelaure, et fort bien avec Mme de Ventadour, Mme d'Elbœuf, Mme d'Espinoy et Mlle de Lislebonne. Son art étoit
une application continuelle à plaire à tout le monde, une
flatterie sans mesure, et un talent de s'insinuer auprès de
tous ceux dont elle croyoit pouvoir tirer parti, mais c'étoit
tout; du reste, appliquée à ses affaires, avec l'attachement que donnent le besoin et la qualité de seconde
femme qui trouve des enfants de la première et des
affaires en désordre; souvent à la cour, frappant à toutes
les portes, rarement à Marly. Elle vint aussitôt et plusieurs
fois chez Mme de Saint-Simon, en grands compliments et
respects infinis. Nous ne la connoissions point, et nous la
croyions bonne femme et douce; nous espérâmes qu'elle
seroit là aussi commode qu'une autre : l'expérience nous
montra bientôt qu'intérêt et bassesse, sans aucun esprit
pour contre-poids, sont de mauvaise compagnie. Cette
pauvre femme s'attira par sa conduite des coups de
caveçon [2] dont elle perdit toute tramontane, sans avoir

---

1. *S'emouracha*, au manuscrit. Voyez tome VII, p. 222 et note 2.
2. Voyez tome III, p. 241, note 1.

reçu secours ni consolation de personne, et obtint enfin pardon de Mme de Saint-Simon après bien des soumissions et des larmes.

Son mari étoit une manière de pécore lourde et ennuyeuse à l'excès, qui ne voyoit personne à la cour, et à qui personne ne parloit, quoique cousin germain de la maréchale de Noailles, enfants du frère et de la sœur. Il avoit eu le gouvernement de Poitou et la charge de chevalier d'honneur de la Reine, en survivance de son père, en se mariant la première fois. Son père étoit aussi un fort pauvre homme, qui par la faveur du sien avoit eu un brevet de duc, et mourut gouverneur de M. le duc de Chartres, depuis d'Orléans, en 1689, un mois après avoir été fait chevalier de l'ordre. C'étoient de fort petits gentilshommes de Bretagne, dont le nom est Coskaer, peu ou point connus avant 1500 qu'Anne de Bretagne les amena en France. Le petit-fils de celui-là s'allia bien, fut grand fauconnier après le comte de Brissac, et ne laissa qu'un fils, qui fit une grande fortune. Avec la charge de son père, il fut premier capitaine des gardes du corps de Louis XIII, chevalier de l'ordre, et surintendant des finances en 1623. Il fit chasser Puysieux, secrétaire d'État, à qui il devoit sa fortune, et le chancelier de Sillery, père de Puysieux, et fut payé en même monnoie : le cardinal de Richelieu, qu'il avoit introduit dans les affaires, le supplanta bientôt après, et le fit accuser de forces malversations avec Bouhier, sieur de Beaumarchais, trésorier de l'épargne, dont il étoit gendre. Il fut mis en prison, sortit après du royaume, et son procès lui fut fait par contumace. Après la mort de Louis XIII, il profita grandement de l'affection et de la protection dont la haine de la Reine mère contre le cardinal de Richelieu, et plus haut encore, se piqua envers tous les maltraités du règne de Louis XIII. Il fut juridiquement rétabli dans tous ses biens et dans toutes ses charges, même dans celle des finances, et lui et son fils furent faits ducs à brevet, dont il ne jouit qu'un an, étant mort le 2 janvier 1653. Son fils, mort gouverneur de M. le duc de Chartres, avoit acheté, un an avant la mort de son père, le gouvernement de Poitou du duc de Roannois, quand on l'en fit défaire, et douze ans après la charge de chevalier d'honneur de la Reine, du marquis de Gordes. Ils avoient eu autrefois une terre en Artois. Je ne sais d'où ils s'avisèrent de prendre le nom et les armes de la Vieuville; je ne vois ni alliance ni rien qui ait pu y donner lieu, si ce n'est que le choix étoit bon et valoit beaucoup mieux que les leurs. Mais ils n'y ont rien gagné : cette bonne et ancienne maison d'Artois et de Flandres ne les a jamais reconnus, et personne n'ignore qu'ils n'en sont point.

M. le duc d'Orléans, au milieu de sa joie, se trouva embarrassé sur l'Espagne, où il ne pouvoit douter que le mariage ne plairoit pas à cause de lui. Il étoit difficile qu'il se dispensât d'y en donner part. N'osant s'y conduire par lui-même, il hasarda d'en consulter le Roi, qui ne fut pas non plus sans embarras. Après quelques jours de réflexion, il lui conseilla de suivre tout uniment l'usage. M. le duc d'Orléans écrivit donc au roi et à la reine d'Espagne, qui ne lui firent aucune réponse ni l'un ni l'autre, mais qui tous deux récrivirent à Mme la duchesse d'Orléans. Le duc d'Albe affecta de la venir complimenter un jour que M. le duc d'Orléans étoit à Paris, auquel il ne donna pas le moindre signe de vie. On garda même à Madrid peu de mesures en propos sur le mariage. Madame, qui étoit en commerce de lettres avec la reine d'Espagne, lui fit sentir inutilement qu'elle s'en prenoit à la princesse des Ursins; et la reine d'Espagne traita ce chapitre avec Mme la duchesse de Bourgogne avec autant de légèreté et de grâce qu'en pouvoit être mêlé un dépit amer qui vouloit être senti. M. le duc d'Orléans en fut vivement peiné et mortifié, mais il n'osa en laisser échapper la moindre plainte.

Les dispenses étoient attendues à tout moment, et il n'étoit question que de la prompte célébration du mariage. En ces cérémonies, il s'en pratique une qui s'étend jusqu'aux noces des duchesses, mais qu'elles ont laissée tomber depuis quelque temps; c'est que la fiancée porte une mante, dont j'ai fait la description il n'y a pas longtemps, à l'occasion des accoutrements de veuve de Madame la Duchesse. La queue de cette mante est portée par une personne de rang égal, lors des fiançailles, et quand il n'y en [a] point, par celle qui en approche le plus. Il ne se trouvoit alors ni fille ni petite-fille de France; la fonction en tomboit à la première des princesses du sang. Les filles de M. le duc d'Orléans avoient été mises à Chelles; cela tomboit donc naturellement à Mlle de Bourbon. On peut penser ce qu'il en sembla à Madame la Duchesse et à elle, qui avoient tant espéré ce grand mariage pour la même princesse, à qui, en ce cas, Mademoiselle eût porté la mante, et qui se trouvoit dans la nécessité de la lui porter. Ce fut un crève-cœur qu'elles ne purent supporter, et qu'elles hasardèrent même assez hautement de s'en faire entendre, jusque-là qu'il fut jeté en l'air qu'on pouvoit bien se passer de mante quand personne ne la vouloit porter, car Madame la Duchesse n'étoit pas plus docile pour Mlle de Charolois que pour Mlle de Bourbon. Il y avoit bien encore les filles de Mme la princesse de Conti, mais la chose eût été trop marquée. La cour étoit cependant en maligne attention de voir ce qui arriveroit de cette pique, qui commençoit fort à grossir, lorsque le Roi, qui avoit fait le mariage, mais qui ne vouloit ni fâcher Monseigneur ni désespérer Madame la Duchesse, qui avoit répandu que c'étoit uniquement pour lui jouer ce tour que Mme la duchesse d'Orléans venoit de mettre ses filles en religion, le Roi, dis-je, demanda à M. le duc d'Orléans s'il ne les feroit point venir aux noces de leur sœur.

M. le duc d'Orléans, foible, facile, content au delà de toute espérance, et l'homme le plus éloigné de haine et de malignité, oublia tout ce qui lui avoit été dit là-dessus et tout ce qu'il avoit promis à Mme la duchesse d'Orléans. Au lieu de s'en tirer par la modestie, d'en éviter la dépense, et mieux encore par la crainte de les dissiper par le spectacle de cette pompe, il consentit à les faire venir. Je n'oserois dire que la misère de leur en donner le plaisir eut part à une complaisance si déplacée. Mme la duchesse d'Orléans, au désespoir, imagina de voiler ce retour de ses filles, qui n'étoient encore qu'ondoyées, par le supplément des cérémonies du baptême; et les fit tenir deux jours avant les fiançailles par Monseigneur et Madame, et par Mme la duchesse de Bourgogne et M. le duc de Berry. Ainsi Mlle de Chartres, qui a depuis été abbesse de Chelles, porta la mante aux fiançailles, où les deux fils de M. du Maine signèrent pour la première fois au contrat de mariage, en conséquence de leur nouveau rang.

Le lendemain dimanche, 6 juillet, le mariage fut célébré sur le midi dans la chapelle par le cardinal de Janson, grand aumônier. Deux aumôniers du Roi tinrent le poêle; le Roi, les personnes royales, les princes et les princesses du sang et bâtards présents: beaucoup de duchesses sur leurs carreaux, tout de suite des princesses du sang; et les ducs de la Trémoille, de Chevreuse, de Luynes, son petit-fils de dix-sept ans, Beauvillier, Aumont, Charost, le duc de Rohan et plusieurs autres sur les leurs; aucun des princes étrangers, mais des princesses étrangères sur leurs carreaux, parmi les duchesses; les tribunes toutes magnifiquement remplies, où je me mis pour plonger à mon aise sur la cérémonie; en bas beaucoup de dames derrière les carreaux, et d'hommes derrière les dames. Après la messe, le curé apporta son registre sur le prie-Dieu[1] du Roi, où il signa et les seules personnes royales, mais aucun prince ni princesse du sang, sinon les enfants de M. le duc d'Orléans. Ce fut alors que Mme de Saint-Simon partit de dessus son carreau, qui étoit à gauche au bord des marches du sanctuaire, et se vint ranger derrière Mme la duchesse de Berry, qui alloit signer. La signature finie, on se mit en marche pour sortir de la chapelle. Il y eut force gentillesses entre Madame et Mme la du-

---

1. Voyez tome I, p. 30, note 1, et tome II, p. 398, note 1.

chesse de Berry, qui fit ses façons d'assez bonne grâce, et que Madame prit enfin par les épaules et la fit passer devant elle. Chacun de là fut dîner chez soi, le Roi à son petit couvert, et les mariés chez Mme la duchesse de Bourgogne, qui tint après jusqu'au soir un grand jeu dans le salon qui joint la galerie à son appartement, où toute la cour abonda.

Le Roi, qui tint conseil d'État le matin et l'après-dînée, et qui travailla le soir à l'ordinaire chez Mme de Maintenon, vint sur l'heure du souper chez Mme la duchesse de Bourgogne, où il trouva tout ce qui devoit être du festin, préparé dans la pièce qui a un œil-de-bœuf, joignant sa chambre sur une table à fer à cheval, où ils allèrent se mettre quelques moments après. Ils étoient vingt-huit, rangés en leurs rangs à droite et à gauche, le Roi seul au milieu, dans son fauteuil, avec son cadenas [1]. Les conviés qui y soupèrent, et il n'en manqua aucun, furent Monseigneur, Mgr et Mme la duchesse de Bourgogne, M. et Mme la la duchesse de Berry, Madame, M. et Mme la duchesse d'Orléans, le duc de Chartres, Madame la Princesse, le comte de Charolois, car Monsieur le Duc étoit à l'armée de Flandres, les deux princesses de Conti, Mlles de Chartres et de Valois, depuis duchesse de Modène, Mlles de Bourbon et de Charolois, Mmes du Maine et de Vendôme, M. le prince de Conti, que je devois mettre plus tôt, et ses deux sœurs, le duc du Maine, ses deux fils, et le comte de Toulouse, Madame la grande-duchesse, que j'ai oublié à mettre après Mme la duchesse d'Orléans. Aucune femme assise n'entra dans le lieu du festin, et fort peu d'autres y parurent, nuls ducs ni princes étrangers, quelques autres hommes de la cour.

Au sortir de table, le Roi alla dans l'aile neuve, à l'appartement des mariés. Toute la cour, hommes et femmes, l'attendoit en haie dans la galerie, et l'y suivit avec tout ce qui avoit été du souper. Le cardinal de Janson fit la

---

1. Voyez tome I, p. 30, note 2.

bénédiction du lit. Le coucher ne fut pas long. Le Roi donna la chemise à M. le duc de Berry. M. de Bouillon avoit prétendu la présenter comme grand chambellan ; M. de Beauvillier, comme gouverneur, eut la décision du Roi pour lui, et la présenta. J'y tenois le bougeoir, et je fus surpris que M. de Bouillon ne s'en allât pas et vît donner cette chemise. Mme la duchesse de Bourgogne la donna à la mariée, présentée par Mme de Saint-Simon, à qui le Roi fit les honnêtetés les plus distinguées. Les mariés couchés, M. de Beauvillier et Mme de Saint-Simon tirèrent le rideau de chacun leur côté, non sans rire un peu d'une telle fonction ensemble. Le lendemain matin, le Roi fut en sortant de la messe chez Mme la duchesse de Berry. En se mettant à sa toilette, Mme de Saint-Simon lui présenta et lui nomma toute la cour, comme à une étrangère, et lui fit baiser les hommes et les femmes titrées ; après quoi les personnes royales et les princes et princesses du sang vinrent à cette toilette. Après le dîner, comme la veille, même jeu dans le même salon, où le Roi avoit ordonné que toutes les dames se trouvassent parées comme la veille, pour recevoir la reine et la princesse d'Angleterre ; car le roi d'Angleterre étoit à l'armée de Flandres comme l'année précédente.

La reine et la princesse sa fille allèrent d'abord voir Monseigneur, qui jouoit chez Mme la princesse de Conti, puis chez Mme de Maintenon, où étoit le Roi. Elle vint après dans ce salon voir Mgr et Mme la duchesse de Bourgogne, et finit par aller chez les mariés, d'où elle retourna à Chaillot, après quoi il ne fut plus du tout mention de noces. La reine et la princesse d'Angleterre, qui s'étoient toujours flattées de ce mariage, qui même s'étoit pensé faire, comme je crois l'avoir dit, ne se faisoient aucune justice sur la situation des affaires ; elles étoient désolées. Cela fit que le Roi voulut leur épargner la noce, et même toute la cérémonie de la visite, que pour cela il régla comme il vient d'être rapporté.

Le grand deuil de Madame la Duchesse lui épargna

aussi tout ce spectacle. Monseigneur dit à Mme de Saint-Simon qu'il lui feroit plaisir de faciliter à Madame la Duchesse, encore dans son premier deuil, un moment de voir Mme la duchesse de Berry en particulier, ce qui fut promptement exécuté. La visite fut courte. Mme de Saint-Simon en fut accablée de compliments et d'excuses de ce que son état de veuve l'avoit empêchée d'aller chez elle. Le mercredi suivant on alla à Marly. Le Roi, qui avoit fait un présent de pierreries fort médiocre à Mme la duchesse de Berry, ne donna rien à M. le duc de Berry. Il avoit si peu d'argent qu'il ne put jouer les premiers jours du voyage; Mme la duchesse de Bourgogne le dit au Roi, qui sentant l'état où il étoit lui-même, la consulta sur ce qu'il n'avoit pas plus de cinq cents pistoles à lui donner, et qu'il lui donna avec excuse sur le malheur des temps, parce que Mme la duchesse de Bourgogne trouva avec raison que ce peu valoit mieux que rien et ne pouvoir jouer.

Ce voyage de Marly fut l'époque du retour des deux sœurs de Mme la duchesse de Berry à Chelles, et de la liberté de Mme de Maré. Elle avoit été gouvernante des enfants de Monsieur en survivance de la maréchale de Grancey, sa mère, puis en chef après elle, et l'étoit demeurée de ceux de M. le duc d'Orléans avec beaucoup de considération. Le Roi et Mme de Maintenon comptoient qu'elle seroit dame d'atour de Mme la duchesse de Berry, qu'elle avoit élevée et à qui elle paroissoit fort attachée, et Mademoiselle à elle; Madame et M. et Mme la duchesse d'Orléans le vouloient : jamais on ne l'y put résoudre, quelque pressantes et longues que fussent les instances que tous, jusqu'à Mme de Maintenon, lui en firent. Il faut savoir que la maréchale de Grancey étoit sœur de Villarceau, chez qui Mme de Maintenon avoit tant passé d'étés, et puis à Montchevreuil avec lui, et qui toute sa vie en conserva un souvenir si cher comme je l'ai dit ailleurs. Ce ne fut qu'aux refus opiniâtres et réitérés de Mme de Maré qu'on nomma une dame d'atour. Elle prétexta son âge, sa santé, son repos, sa liberté. Elle se retira donc avec les regrets de tout le monde, les nôtres surtout. Elle étoit ma parente, et de tout temps intimement mon amie, et elle avoit beaucoup d'amis considérables, et plus de sens et de conduite encore que d'esprit. Elle eut des présents, deux mille écus de pension du Roi, un logement à Luxembourg, et conserva le sien au Palais-Royal, ses établissements de Saint-Cloud et les douze mille [livres] d'appointements de M. le duc d'Orléans, avec le titre de gouvernante de ses filles, dont elle ne s'embarrassa plus des fonctions.

Nous ne fûmes pas longtemps sans découvrir la cause de son opiniâtre résistance à demeurer auprès de Mme la duchesse de Berry. Plus cette princesse se laissa connoître, et elle ne s'en contraignit guère, plus nous trouvâmes que Mme de Maré avoit raison, plus nous admirâmes par quel miracle de soins et de prudence rien n'avoit percé, plus nous sentîmes à quel point on agit en aveugles dans ce qu'on desire avec le plus de passion, et dont le succès cause le plus de peines, de travaux et de joie, plus nous gémîmes du malheur d'avoir réussi dans une affaire que, bien loin d'avoir entreprise et suivie au point que je le fis, j'aurois traversée avec encore plus d'activité, quand même Mlle de Bourbon en eût dû profiter et l'ignorer, si j'avois su le demi-quart, que dis-je? la millième partie de ce dont nous fûmes si malheureusement témoins. Je n'en dirai pas davantage pour le présent, et je n'en dirai dans la suite que ce qui ne s'en pourra taire ; et je n'en parle si tôt que parce [que] ce qui arriva depuis en tant d'étranges sortes commença à pointer, et à se développer même un peu, dès ce premier Marly. Il est temps maintenant de remonter d'où nous sommes partis, pour n'interrompre point la suite de ce mariage.

CHAPITRE II.

Dépôts des papiers d'État. — Destination des généraux d'armée pareille à la dernière. — Villars se perd auprès du Roi, et se relève incontinent. — Rare aventure de deux lettres contradictoires de Montesquiou, qui brouille Villars avec lui. — Douay assiégé, Albergotti dedans. — Berwick envoyé examiner ce qui se passoit à l'armée de Flandres. — Récompenses d'avance. — Fortune rapide de Berwick, qui est fait duc et pair ; clause étrange de ses lettres, et sa cause ; nom étrange imposé à son duché, et pourquoi ; usage d'Angleterre. — Berwick en Dauphiné ; reçu duc et pair à son retour ; étrange absence d'esprit de Caumartin au repas de cette réception. — Chapelle de Versailles bénie par le cardinal de Noailles, archevêque de Paris, qui l'emporte sur la prétendue exemption. — Mort de la duchesse de la Vallière, carmélite, etc., dont la princesse de Conti drape. — Mort de Sablé. — Mort et caractère du maréchal de Joyeuse. — Villars gouverneur de Metz. — Mort de Renti et de sa sœur, la maréchale de Choiseul. — État de l'armée et de la frontière de Flandres, et du siége de Douay. — Entreprise manquée sur Ypres. — Bagatelle à Liége. — Douay rendu ; Albergotti chevalier de l'ordre, etc. — Béthune assiégé, Puy Vauban gouverneur dedans. — Béthune rendu ; récompenses. — Entreprise manquée sur Menin. — Retour de nos plénipotentiaires. — Ridicule aventure du maréchal de Villars et d'Heudicourt. — Villars veut aller aux eaux. — Harcourt sur le Rhin mandé à la cour ; est reçu duc et pair au Parlement ; va commander l'armée de Flandres. — Aire et Saint-Venant assiégés ; Goesbriant dans Aire ; force combats ; Ravignan bat un convoi. — Listenois et Béranger tués ; le chevalier de Rothelin fort blessé. — Aire et Saint-Venant rendus ; Goesbriant chevalier de l'ordre ; campagnes finies en Flandres, sur le Rhin et en Dauphiné, sans qu'il se passe rien aux deux dernières.

Jusque fort avant dans le règne de Louis XIV, on n'avoit eu soin sous aucun roi de ramasser les papiers qui concernoient l'État, à l'exception de la partie en ce genre la moins importante à tenir secrète, qui est les finances, laquelle, ayant des formes juridiques, avoit par conséquent des greffes et des dépôts publics à la chambre des comptes. Louvois fut le premier qui sentit le danger que les dépêches et les instructions qui, du Roi et de ses ministres, étoient adressées aux généraux des armées, aux gouverneurs et aux autres chefs de guerre, et même des intendants des frontières, et de ceux-là au Roi et aux ministres, restassent entre les mains de ces particuliers, et après eux de leurs héritiers et souvent de leurs valets, qui en pouvoient faire de dangereux usages, et quelquefois jusqu'aux beurrières, dont il est arrivé à des curieux d'en retirer de très-importants d'entre leurs mains. Quoique alors les guerres dont il s'agissoit dans ces papiers fussent finies, et quelquefois depuis fort longtemps, ceux contre qui la France les avoit soutenues y pouvoient trouver l'explication dangereuse de bien des énigmes, et l'éclaircissement de beaucoup de ténèbres importantes à n'être pas mises au jour, et peut-être des trahisons achetées, encore plus fatales à découvrir pour les familles intéressées et pour donner lieu à s'en mieux garantir.

Ces considérations, qu'on ne comprend pas qui n'aient plus tôt frappé nos rois et leurs ministres, saisirent M de Louvois. Il rechercha tout ce qu'il put retirer d'ancien en ce genre, se fit rendre à mesure ces sortes de papiers, et les fit ranger par années dans un dépôt aux Invalides, où cet ordre a continué depuis à être soigneusement observé, tellement qu'outre la conservation du secret on a encore par là des instructions sûres où on peut puiser utilement.

Ce même défaut étoit encore plus périlleux dans la partie de la négociation, et la chose est si évidente qu'elle n'a pas besoin d'explication. Croissy, chargé des affaires étrangères, fut réveillé par l'exemple que lui donna Louvois : il l'imita pour les recherches du passé, et pour se faire rendre les papiers qui regardoient son département à mesure, mais il en demeura là. Torcy, son fils, proposa au Roi en mars de cette année de faire un dépôt public de ces papiers, qui le trouva fort à propos. Torcy prit pour le Roi un pavillon des Petits-Pères, près la place des Victoires, parce qu'il entroit de son jardin dans le leur, à l'autre bout duquel est ce pavillon, très-détaché et éloigné du couvent, isolé de tout, et où on peut entrer tout droit de la rue. Il y fit mettre en bel ordre tout ce curieux et important dépôt, où les ministres et les ambassadeurs trouvent tant de quoi s'instruire, et qui est soigneusement continué jusqu'à présent, en sorte que les héritiers même des ministres de ces départements et de leurs principaux commis et secrétaires sont obligés d'y remettre tout ce qui se trouve dans les bureaux[1] des secrétaires d'État, lorsque par mort ou autrement ils perdent leurs charges. Un commis principal et de confiance particulière est chargé de ce dépôt par département, sous le secrétaire d'État en charge, et y répond de tout. Pontchartrain ensuite en a fait autant pour le sien de la marine et de la maison du Roi. On peut dire que cet établissement n'est pas un des moindres ni des moins importants qui aient été faits du règne de Louis XIV, mais il seroit à desirer que ces autres dépôts fussent placés aussi sûrement et aussi immuablement que l'est celui de la guerre.

Le Roi, qui avoit fait une nombreuse promotion militaire, destina les mêmes généraux aux mêmes armées. Le duc de Noailles partit de bonne heure pour le Roussillon. Le duc d'Harcourt avoit pris les eaux de Bourbonne, et y devoit retourner au mois de mai, pour se rendre de là à l'armée du Rhin ; en attendant il étoit au Pallier, château du comte de Tavannes, pour éviter le voyage, où Besons eut ordre d'aller conférer avec lui, et de prendre après le commandement de l'armée en l'y attendant, pour y demeurer sous lui après. Villars, choisi pour la Flandre, où le maréchal de Montesquiou avoit commandé tout l'hiver, et le devoit seconder pendant la campagne, considéra avec peine le fardeau dont il s'alloit charger. Monté au plus prodigieux comble de faveurs et de privances, de richesses, d'honneurs et de grandeurs, [il] crut pouvoir hasarder pour la première fois de sa vie quelques vérités, parce que n'ayant plus où atteindre, ces vérités qui déplairoient alloient à sa décharge. Il en dit donc beaucoup à Desmarets et à Voysin sur le triste état des places, des magasins, des garnisons, des fournitures pour la campagne, les man-

---

1. Le mot *bureaux* est écrit en interligne, au-dessus du mot *cabinets*, que Saint-Simon a négligé de biffer.

quements de toute espèce, l'état pitoyable des troupes et des officiers, leur paye et la solde. Peu content de l'effet de ses représentations, il osa les porter dans toute leur crudité à Mme de Maintenon et au Roi même : il leur parla papier sur table, par preuves et par faits qui ne se pouvoient contester.

A la levée de ce fatal rideau, l'aspect leur parut si hideux, et tout si fort embarrassant qu'ils eurent plus court de se fâcher que de répondre à un langage si nouveau dans la bouche de Villars, qui n'avoit fait tout ce qu'il avoit voulu qu'à force de leur dire et de leur répéter que tout étoit en bon état et alloit à merveilles. C'étoit la fréquence et la hardiesse de ces mensonges qui le leur avoient fait regarder comme leur seule ressource, et lui donner tout et lui passer tout, parce que lui seul trouvoit tout bien, et se chargeoit de tout sans jamais dire rien de désagréable, et faisant au contraire tout espérer comme trouvant tout facile. Le voyant alors parler le langage des autres et de tous les autres, l'espérance en ses prodiges s'évanouit avec tous les appâts dont ils les avoit bercés si utilement pour lui. Alors ils commencèrent à le regarder avec d'autres yeux, à le voir comme le monde l'avoit toujours vu, à le trouver ridicule, fou, impudent, menteur, insupportable, à se reprocher une élévation de rien si rapide et si énorme, à l'éviter, à l'écarter, à lui faire sentir ce qu'ils en pensoient, à le laisser apercevoir aux autres.

A son tour Villars fut effrayé. Son dessein étoit bien d'essayer, à l'ombre de sa blessure et de tant de manquements à suppléer qui demandoient une pleine santé, de jouir en repos de toute sa fortune, et d'éviter les épines sans nombre et toute la pesanteur d'un emploi qui, au point où il étoit parvenu, ne pouvoit plus lui présenter de degrés à escalader; mais il vouloit en même temps conserver entiers sa faveur, son crédit, sa considération, ses privances, et une confiance qui le fît consulter, et lui donnât influence sur les partis à prendre, les ordres à envoyer aux différentes armées, se rendre juge des coups et de la conduite des généraux, et augmenter son estime auprès du Roi par ses propos avantageux sur la guerre, de l'exécution desquels il ne seroit pas chargé. Quand il sentit un si grand changement à son égard, sur lequel l'ivresse de son orgueil et de son bonheur n'avoit pas compté, il vit avec frayeur à quoi il s'étoit exposé, et ce qu'il pourroit devenir hors d'emploi, de faveur et de crédit, sans parents et sans amis qui pussent le protéger contre tant d'ennemis et d'envieux, ou plutôt contre tout un public qu'il avoit sans cesse bravé et insulté, et que sa fortune avoit irrité. Il prit brusquement son parti, et comme la honte ne l'avoit jamais arrêté sur rien, il n'en eut point de changer tout à coup de langage, et de reprendre celui dont il s'étoit si bien trouvé pour sa fortune. Il saisit les moments d'incertitude à qui donner le dur emploi de commander en Flandres qui lui étoit destiné, et qu'on lui vouloit ôter sur le point de l'aller prendre. Il recourut, avec cette effronterie qui lui étoit naturelle, à la flatterie, à l'artifice, au mensonge, à braver les inconvénients, à se moquer des dangers, à présenter en soi des ressources à tout, à faire tout facile.

La grossièreté de la variation sautoit aux yeux, mais l'embarras de choisir un autre général sautoit à la gorge, et l'heureux Villars se débourba. Ce ne fut pas tout : raffermi sur ses étriers après une si violente secousse, il osa se donner publiquement pour un Romain qui, au comble de tout, abandonnoit repos et santé et tout ce qui peut flatter, qui n'a plus rien à prétendre, et qui, malgré une blessure qui à grand'peine lui permettoit de monter à cheval, couroit au secours de l'État et du Roi, qui le conjuroit de se prêter à la nécessité et aux périls de la conjoncture présente. A ces bravades, il ajouta qu'il faisoit à la patrie un sacrifice des eaux, qui l'auroient empêché de demeurer estropié, et il tint là-dessus tant de scandaleux propos que le duc de Guiche, qui alloit aux eaux pour une blessure au pied, reçue aussi à Malplaquet, mais bien moins considérable que celle de Villars, prit tous ses discours pour soi, et ne le lui pardonna pas.

Le maréchal, moyennant sa blessure, partit pour la frontière dans son carrosse à petites journées. Pendant son voyage, il arriva une aventure qui eût été fort plaisante si elle n'eût pas été telle aux dépens de l'État. Le maréchal de Montesquiou, qui assembloit l'armée sous Cambray, qui, comme je l'ai dit, avoit passé l'hiver en Flandres, et qui n'en avoit pas déguisé les désordres au maréchal de Villars, destiné dès lors à y faire la campagne avec lui, écrivit au Roi des merveilles du bon état de toutes choses. Le Roi fut si aise de ces bonnes nouvelles, qu'il envoya à Villars cette dépêche de Montesquiou. Le hasard fit que ce courrier atteignit Villars en chemin, deux heures après qu'il eut reçu une longue lettre de Montesquiou, remplie d'amertume et de détails les plus inquiétants sur tout ce qui manquoit aux places, aux magasins, aux troupes, en un mot de tous côtés.

Villars, bien moins surpris de l'une que de l'autre, n'en fit point à deux fois : sur-le-champ il renvoya au Roi le courrier qu'il venoit d'en recevoir, et le chargea de la lettre dont je viens de parler et de celle qui lui avoit été envoyée, et avec ces deux contradictoires de même date et du même homme, il ne fit que joindre un billet au Roi et un autre à Voysin, par lesquels il les prioit de juger à laquelle des deux lettres ils devoient ajouter le plus de foi, et continua son voyage ravi du bonheur de présenter, aux dépens d'un autre et si naturellement, les mêmes vérités qui l'avoient conduit si près de la disgrâce et de la chute, et de montrer tout le poids du fardeau dont il alloit se charger. Les suites n'ont point montré dans le Roi l'effet de ce rare contraste; mais il devint public tout aussitôt par Villars même, qui se garda bien de s'en taire, et l'éclat en fut épouvantable. Les deux maréchaux ne s'en parlèrent point, mais on peu juger de l'union que cette aventure dut mettre entre eux, et quel spectacle pour l'armée, qui n'avoit d'ailleurs ni estime ni affection pour eux, qui aussi ne s'étoient pas mis en soin de se concilier ni l'une ni l'autre.

Le prince Eugène et le duc de Marlborough, qui ne vouloient point de paix, et dont le but étoit de percer en France, l'un par vengeance personnelle contre le Roi et se faire[1] de plus en plus un grand nom, l'autre pour gagner des trésors, qui étoit à chacun leur passion dominante, avoient résolu de profiter de l'extrême foiblesse et du délabrement de nos troupes et de nos places pour pousser pendant cette campagne leurs conquêtes le plus avant qu'ils pourroient. Albergotti, lieutenant général, et Dreux, maréchal de camp, avoient eu ordre d'aller à Douay, où ils eurent à peine le temps de donner ordre aux choses les plus pressés, qu'ils furent investis, et la tranchée ouverte du 4 au 5 mai. Pomereu, frère du feu conseiller d'État et ancien capitaine aux gardes, avoit eu ce gouvernement en se retirant. Il y avoit diligemment pourvu à tout ce qu'il avoit pu. Il compta pour moins le dégoût de se voir commandé dans sa place que la démarche d'en sortir au moment d'un siége. Il passa donc sur toute autre considération, et fut d'un grand et utile secours à Albergotti pendant tout ce siége. La garnison y étoit nombreuse et choisie, les munitions de guerre et de bouche abondantes : tout s'y prépara à une belle défense. Monsieur le Duc étoit déjà à l'armée, le roi d'Angleterre y arriva sous le nom et l'incognito ordinaire de chevalier de Saint-Georges, comme le maréchal de Villars étoit en situation de pouvoir combattre les ennemis.

Le Roi, piqué de ses pertes continuelles, desiroit passionnément une victoire qui ralentît les desseins des ennemis, et qui pût changer l'état de la triste et honteuse négociation qui se traitoit à Gertruydemberg. Cependant les ennemis étoient bien postés. Villars avoit perdu en arrivant sur eux une belle occasion de les battre. Toute son

---

1. Et pour se faire.

armée avoit remarqué cette faute; il en avoit été averti à temps par plusieurs officiers généraux et par le maréchal de Montesquiou, sans les avoir voulu croire, et il n'osoit chercher à les attaquer après les dispositions qu'il leur avoit laissé le loisir de faire. L'armée cria beaucoup d'une faute si capitale. Villars, empêtré de sentir que ce n'étoit pas à tort, paya d'effronterie, et ne parloit que de manger l'armée ennemie, avec ses rodomontades usées, tandis qu'il ne savoit plus en effet par où la rapprocher. Dans cette crise, que la division des deux maréchaux et le manque d'estime et d'affection des troupes rendoit très-fâcheuse, le Roi jugea à propos d'envoyer en Flandres le duc de Berwick, comme modérateur des conseils et un peu comme dictateur de l'armée, mais sans autre commandement que celui de son ancienneté de maréchal de France, et encore dans une armée où il n'étoit qu'en passant. La bataille livrée, ou jugée ne la devoir pas être, il avoit ordre de revenir aussitôt rendre compte de toutes choses, pour passer ensuite à la tête de l'armée de Dauphiné, où la campagne s'ouvroit plus tard qu'ailleurs, à cause des neiges et des montagnes.

Mais ce n'étoit plus guère la coutume de rien faire sans une récompense qui devançât l'entreprise, et qui mit en sûreté le succès personnel de celui qui en étoit chargé : usage nouveau, pernicieux à l'État et au Roi, qui de cette façon avoit de rien formé plusieurs géants de grandeur, et des pygmées d'actions dont on n'avoit pas daigné se servir depuis, sinon de quelques-uns, encore par reprise et à défaut d'autres très-sentie. Nous étions en l'âge d'or des bâtards. Berwick n'avoit que dix-huit ans lorsqu'il arriva en France, en 1688, avec le roi Jacques II, à la révolution d'Angleterre. Il fut fait lieutenant général à vingt-deux ans tout d'un coup, et en servit en 1692 à l'armée de Flandres, sans avoir passé auparavant par aucun autre grade, et n'ayant servi que de volontaire; à trente-trois ans il commanda en chef l'armée de France et d'Espagne en Espagne, avec une patente de général d'armée, et à trente-quatre ans, mérita, par sa victoire d'Almanza, d'être fait grand d'Espagne et chevalier de la Toison d'or. Il commanda toujours depuis des armées en chef ou dans de grandes provinces, jusqu'en février 1706, qu'il fut fait maréchal de France seul, qu'il n'avoit pas encore trente-six ans. Il étoit duc d'Angleterre, et quoique ils n'aient point de rang en France, le Roi l'avoit accordé à ceux qui avoient suivi le roi Jacques, qui avoit donné la Jarretière à Berwick sur le point de la révolution. C'étoit bien et rapidement pousser la fortune sous un roi qui regardoit les gens de cet âge comme des enfants, mais qui, pour les bâtards, ne leur trouvoit non plus d'âge qu'aux Dieux.

Il y avoit déjà un an que Berwick, qui vouloit tout accumuler sur sa tête et le partager à ses enfants, avoit demandé d'être fait duc et pair. Le Roi, à qui de fois à autre il prenoit des flux de cette dignité, qu'il avoit tant avilie, en avoit aussi des temps de chicheté. Berwick donna dans un de ceux-là, et n'avoit pu réussir. En l'occasion dont je parle, il sentit qu'il étoit cru nécessaire ; il en saisit le moment : il fit entendre qu'il ne pouvoit partir mécontent, et se fit faire duc et pair. Berwick n'avoit qu'un fils de sa première femme, et il avoit de la seconde plusieurs fils et filles. Il étoit sur l'Angleterre comme les juifs qui attendent toujours le Messie. Il se flattoit toujours aussi d'une révolution qui remettroit les Stuarts sur le trône, et lui par conséquent en ses biens et honneurs. Il étoit fils de la sœur du duc de Marlborough, dont il étoit fort aimé, et avec lequel, du gré du Roi et du roi d'Angleterre, il entretenoit un commerce secret, dont tous trois furent les dupes, mais qui servoit à Berwick à en entretenir d'autres en Angleterre et à y dresser ses batteries, en sorte qu'il espéra son rétablissement particulier, même sous le gouvernement établi. C'est dans ce principe qu'il obtint la grâce inouïe du choix de ses enfants, et encore de le pouvoir changer tant qu'il voudroit, pour succéder à sa grandesse. Par la même raison il osa proposer, et on eut la honteuse foiblesse de la lui accorder, l'exclusion formelle de son fils aîné dans ses lettres de duc et pair, dans lesquelles il fit appeler tous ceux du second lit.

Son projet étoit de revêtir l'aîné de la dignité de duc de Berwick et de tous ses biens d'Angleterre ; de faire le second duc et pair, et le troisième grand d'Espagne, où son dessein étoit de chercher à le marier et l'attacher. Trois fils héréditairement élevés à la première dignité des trois premiers royaumes de l'Europe, il faut convenir que ce n'étoit pas mal cheminer, à quarante ans, avec tout ce qu'il avoit d'ailleurs. Mais l'Angleterre lui manqua : il eut beau la ménager toute sa vie outre mesure, en courtiser le ministère, recueillir tous les Anglois considérables qui passoient en France, lier un commerce d'amitié étroite avec ses ambassadeurs en France, jamais il ne put obtenir de rétablissement, tellement que, n'y ayant plus de ressource en France pour l'aîné après son exclusion de la dignité de duc et pair, il se rejeta pour lui sur la grandesse, l'attacha en Espagne, l'y maria à une sœur du duc de Veragua, lequel mourut après sans enfants et laissa à cette sœur et à ses enfants plus de cent mille écus de rente, avec des palais, des meubles et des pierreries en quantité, et les plus grandes terres. J'aurai lieu d'en parler plus amplement. Le scandale fut grand de la complaisance qu'eut le Roi pour cet arrangement de famille, qui mettoit sur la tête d'un cadet la première dignité du royaume après son père, et qui réservoit l'aîné à l'espérance de celle d'Angleterre ; mais le temps des monstres étoit arrivé. Berwick acheta Warties, médiocre terre sous Clermont en Beauvaisis, qu'il fit ériger sous le barbare et le honteux nom de *Fitz-James :* autre foiblesse qu'on eut encore pour lui. Le Roi, qui passa la chose, fut choqué du nom, lequel en ma présence en demanda la raison au duc de Berwick, qui la lui expliqua sans aucun embarras, et que voici :

Les rois d'Angleterre, en légitimant leurs enfants, leur donnent un nom et des armes qui passent au Parlement d'Angleterre et à leur postérité. Les armes, qui sont toujours celles d'Angleterre, ont des sortes de brisures distinctes ; le nom varie. Ainsi le duc de Richemond, bâtard de Charles II, a eu le nom de Lenox ; les ducs de Cleveland et de Grafton du même roi, celui de Fitz-Roi, qui veut dire fils de roi : le duc de Saint-Albans aussi du même roi, celui de Beauclerc ; enfin le duc de Berwick de Jacques II, duc d'York quand il l'eut, mais roi quand il le légitima et le fit duc, celui de Fitz-James, qui signifie fils de Jacques, en sorte que son nom de maison pour sa postérité est celui-là, et son duché-pairie en France, le duché de fils de Jacques en françois, et les ducs en même langue, les ducs et pairs fils de Jacques. On ne sauroit s'empêcher de rire du ridicule de ce nom s'il se portoit en françois, ni de s'étonner du scandale de l'imposer en anglois en France. Le Parlement n'osa ou ne daigna souffler : tout y fut enregistré sans la moindre difficulté sur le nom ni sur la clause. Berwick ne quitta point que cela ne fût fait et consommé, et aussitôt après il s'en alla en Flandres. Il y trouva l'armée des ennemis si avantageusement postée et retranchée qu'il n'eut pas de peine à se rendre au sentiment commun des généraux et officiers généraux de celle du Roi, qu'il n'étoit plus temps de songer à l'attaquer. Il recueillit sagement et séparément les leurs sur ce qui s'étoit passé jusqu'alors, et les trouva uniformes dans celui que Villars avoit manqué la plus belle occasion du monde de les attaquer. Berwick, n'ayant rien de plus dans sa mission que de se bien instruire de toutes choses, ne fut pas trois semaines absent. Son rapport consterna fort le Roi et ceux qui le pénétrèrent. Bientôt après, les lettres de l'armée mirent tout le monde dans le secret, qui révolta fort contre ce matamore en paroles.

Le duc de Berwick ne fut guère plus de vingt-quatre heures de retour à la cour qu'il partit pour le Dauphiné, et ne put être reçu duc et pair au Parlement que l'onze décembre suivant. Cet événement est si peu important à intervertir que je raconterai ici une aventure qui arriva à cette occasion, et dont le court intermède mérite de n'être pas oublié. Nous assistâmes en nombre à cette réception, avec la singularité d'y avoir eu à notre tête bâtards et bâtardeaux, et à notre queue à tous un bâtard d'Angleterre : ce fut matière à réflexions sur le maintien des lois dans cette île, et par quelle protection ferme, solide et constante, et l'interversion de toutes les nôtres *ad nutum*. Le duc de Tresmes, ami de Berwick, et accoutumé aux fêtes comme gouverneur de Paris, donna le festin au sortir du Parlement, où la plupart des ducs se trouvèrent avec plusieurs autres personnes de considération, entre autres Caumartin, conseiller d'État et intendant des finances, qui étoit fort répandu à la cour et dans le plus beau monde, fort ami du duc de Tresmes et oncle de sa belle-fille.

Il savoit beaucoup et agréablement, jusqu'à être un répertoire fort curieux ; il étoit beau parleur et avec de l'esprit, un air de fatuité imposante par de grands airs et une belle figure, quoique au fond il fût bon homme, et même à sa façon respectueux. Je ne sais par quelle étrange absence d'esprit il s'engagea à table au récit d'un procès bizarre d'un bâtard dont il avoit autrefois été l'un des juges, et s'étendit sur les difficultés qui rouloient toutes sur cette sorte de naissance et sur la sévérité des lois à leur égard, qu'il déploya avec emphase et avec approbation. Chacun baissa les yeux, poussa son voisin : un silence profond, que Caumartin prit pour attention à la singularité du fait et aux grâces de son débit. Le duc de Tresmes voulut rompre les chiens plus d'une fois ; à toutes Caumartin l'arrêtoit, haussoit le ton et continuoit. Ce récit dura bien trois bons quarts d'heure. On s'étouffoit de manger ou de mâcher ; personne n'osa boire de peur d'un éclat de rire involontaire : on en mouroit, et dans la même crainte on n'osoit se regarder. Jamais Caumartin, engoué de son histoire et du plaisir de tenir le dé, ne s'aperçut d'une si énorme disparate. Berwick, à qui, comme à l'homme du jour, il adressa souvent la parole, comprit bien qu'il avoit totalement oublié qui il étoit, et ne s'en offensa jamais, mais le pauvre Tresmes en étoit que la sueur lui en tomboit du visage. Il est vrai que l'extrême ridicule d'une scène si entière et si longue me divertit extrêmement, et par les yeux, et par les oreilles, et par les réflexions sur ce contraste du matin et du festin même de ce triomphe des bâtards, et de l'énergique étalage de toute leur infamie et de leur néant.

La nouvelle chapelle étant enfin entièrement achevée, et admirée du Roi et de tous les courtisans, il s'éleva une grande dispute à qui la consacreroit. Le cardinal de Janson, grand aumônier, avec tout ce qui est sous sa charge, la prétendoit exempte de la jurisdiction de l'ordinaire, en alléguoit beaucoup de titres et de preuves, et prétendoit que c'étoit à lui à faire cette cérémonie. Le cardinal de Noailles, archevêque diocésain, s'en tenoit au droit commun, alléguoit qu'il avoit officié avec sa croix devant le Roi dans la chapelle, et qu'à tout ce qui s'étoit fait en présence du Roi, de mariages, de baptêmes, etc., le curé de Versailles y avoit toujours été présent en étole, ainsi qu'aux convois qui en étoient partis; et il réclamoit la justice et la piété du Roi, et son amour de l'ordre et des règles. Il l'emporta, par[ce] qu'il étoit encore bien avec lui et Mme de Maintenon, et dans la vénération de l'un et de l'autre; et il fit la cérémonie le jeudi matin 5 juin, en présence de Mgr le duc de Bourgogne. La chapelle s'étoit assez échauffée là-dessus, mais entre les deux cardinaux la dispute se passa avec politesse et modestie. On détruisit incontinent après l'ancienne chapelle, et on ne se servit plus que de celle-là. Nonobstant ce jugement, la chapelle s'est maintenue dans toute sa prétention, le curé dans son usage d'assister en étole, comme il fit depuis au mariage de M. le duc de Berry et à tous les autres, et aux baptêmes comme auparavant. Mais il est vrai que depuis aucun archevêque de Paris n'a officié à la chapelle, à cause de la difficulté de sa croix, malgré l'exemple antérieur du cardinal de Noailles; et la seule fois que son successeur y a officié, étant nommé à Paris, à une fête de l'ordre, il n'avoit pas encore ses bulles : ainsi il étoit sans croix et sans prétention de l'y faire porter devant lui.

Mme de la Vallière mourut en ce temps-ci, aux Carmélites de la rue Saint-Jacques, où elle avoit fait profession le 3 juin 1675, sous le nom de sœur Marie de la Miséricorde, à trente et un ans. Sa fortune et la honte, la modestie, la bonté dont elle en usa, la bonne foi de son cœur sans aucun autre mélange, tout ce qu'elle employa pour empêcher le Roi d'éterniser la mémoire de sa foiblesse et de son péché en reconnoissant et légitimant les enfants qu'il eut d'elle, ce qu'elle souffrit du Roi et de Mme de Montespan, ses deux fuites de la cour, la première aux Bénédictines de Saint-Cloud, où le Roi alla en personne se la faire rendre, prêt à commander de brûler le couvent, l'autre aux Filles de Sainte-Marie de Chaillot, où le Roi envoya M. de Lauzun, lors capitaine des gardes, avec main-forte pour enfoncer le couvent, qui la ramena; cet adieu public si touchant à la Reine, qu'elle avoit toujours respectée et ménagée, et ce pardon si humble qu'elle lui demanda prosternée à ses pieds, devant toute la cour, en partant pour les Carmélites; la pénitence si soutenue tous les jours de sa vie, fort au-dessus des austérités de sa règle, cette fuite exacte des emplois de la maison, ce souvenir si continuel de son péché, cet éloignement constant de tout commerce, et de se mêler de quoi que ce fût, ce sont des choses qui pour la plupart ne sont pas de mon temps, ou qui sont peu de mon sujet, non plus que la foi, la force et l'humilité qu'elle fit paroître à la mort du comte de Vermandois, son fils.

Mme la princesse de Conti lui rendit toujours de grands devoirs et de grands soins, qu'elle éloignoit et qu'elle abrégeoit autant qu'il lui étoit possible. Sa délicatesse naturelle avoit infiniment souffert de la sincère âpreté de sa pénitence de corps, d'esprit, et d'un cœur fort sensible, dont elle cachoit tout ce qu'elle pouvoit. Mais on découvrit qu'elle l'avoit portée jusqu['à] s'être entièrement abstenue de boire pendant toute une année, dont elle tomba malade à la dernière extrémité. Ses infirmités s'augmentèrent; elle mourut enfin d'une descente, dans de grandes douleurs, avec toutes les marques d'une grande sainteté, au milieu des religieuses, dont sa douceur et ses vertus l'avoient rendue les délices, et dont elle se croyoit et se disoit sans cesse être la dernière, indigne de vivre parmi des vierges. M︎ᵐᵉ la princesse de Conti ne fut avertie de sa maladie, qui fut fort prompte, qu'à l'extrémité : elle y courut, et n'arriva que pour la voir mourir. Elle parut d'abord fort affligée, mais elle se consola bientôt. Elle reçut sur cette perte les visites de toute la cour; elle s'attendoit à celle du Roi, et il fut fort remarqué qu'il n'alla point chez elle.

Il avoit conservé pour Mᵐᵉ de la Vallière une estime et une considération sèche, dont il s'expliquoit même rarement et courtement. Il voulut pourtant que la Reine et les deux Dauphines l'allassent voir, et qu'elles la fissent asseoir, elle et Mᵐᵉ d'Espernon, quoique religieuses, comme duchesses qu'elles avoient été, ce que je crois avoir remarqué ailleurs. Il parut peu touché de sa mort; il en dit même la raison : c'est qu'elle étoit morte pour lui du jour de son entrée aux Carmélites. Les enfants de Mᵐᵉ de Montespan furent très-mortifiés de ces visites publiques reçues à cette occasion, eux qui en pareille n'en n'avoient osé recevoir de marquée. Ils le furent bien autrement quand ils virent Mᵐᵉ la princesse de Conti draper, contre tout usage, pour une simple religieuse, quoique mère, eux qui n'en avoient point, et qui pour cette raison n'avoient osé, jusque sur eux-mêmes, porter la plus petite marque de deuil à la mort de Mᵐᵉ de Montespan. Le Roi ne put refuser cette grâce à Mᵐᵉ la princesse de Conti, qui le lui demanda instamment, et qui ne fut guère de son goût. Les autres bâtards essuyèrent ainsi cette sorte d'insulte que le simple adultère fit au double dont ils étoient sortis, et qui rendit sensible à la vue de tout le monde la monstrueuse horreur de leur plus que ténébreuse naissance, dont ils furent cruellement piqués.

Une autre mort, arrivée en même temps, parut moins précieuse devant Dieu, et fit moins de bruit dans le monde. Ce fut celle de Sablé, fils de Servien, surintendant des finances, qui avoit amassé tant de trésors, et qui en avoit tant dépensé à embellir Meudon, dont il enterra le village, et le rebâtit auprès pour faire cette admirable terrasse, si prodigieuse en étendue et en hauteur. Il avoit marié sa fille au duc de Sully, frère de la duchesse du Lude, et laissé ces deux fils, Sablé et l'abbé Servien, si connus tous deux par leurs étranges débauches avec beaucoup d'esprit, et fort aimable et orné. Sablé vendit Meudon à M. de Louvois, sur les fins Sablé à M. de Torcy, mangea tout, vécut obscur, et ne fut connu que par des aventures de débauche, et par s'être fait estropier lui, et rompre le cou[1] à l'arrière-ban d'Anjou, qu'il menoit au maréchal de Crequy. Ainsi périssoient promptement les races des ministres, avant qu'ils eussent trouvé l'art d'établir leurs enfants, aux dépens des seigneurs, dans les premières charges de la cour après les grandes.

Le maréchal de Joyeuse mourut aussi, à plus de quatre-vingts ans, sans enfants d'une fille de sa maison qu'il avoit épousée, dont il étoit veuf, et qui ne fut pas heureuse. Il ressembloit tout à fait à un roi des Huns. Il avoit de l'esprit, de la noblesse, de la hauteur et une grande valeur; excellent officier général, surtout de cavalerie, très-bon à mener une aile, mais pour une armée, dont il ne commanda jamais aucune en chef, qu'en passant et par accident, la tête lui en tournoit et aux autres aussi, par son embarras et sa brutalité, qui le rendoit inabordable. Il étoit assez pauvre, et cadet d'un aîné ruiné, excellent lieutenant général, qu'on appeloit le comte de Grandpré, chevalier de l'ordre en 1661, mort il y avoit longtemps, qui traînoit d'ordinaire son cordon bleu à

---

1. Voyez tome V, p. 46, note 1.

pied, faute de voiture, et qui ne laissa point d'enfants. Ce maréchal de Joyeuse étoit une manière de sacre [1] et de brigand, qui pilloit tant qu'il pouvoit, pour le manger avec magnificence. Il avoit eu le gouvernement de Metz et du pays Messin à la mort du duc de la Ferté. Il fut donné deux jours après au maréchal de Villars, en lui conservant les quinze mille livres d'appointements, comme ayant perdu le gouvernement de Fribourg.

Le marquis de Renti le suivit de près, dans une grande piété, et depuis quelque temps dans une grande retraite. Il étoit fils de ce marquis de Renti qui a vécu et est mort en réputation de sainteté, et il étoit frère de la maréchale de Choiseuil, qui ne le survécut que de quelques mois. C'étoit un très-brave, honnête et galant homme, d'un esprit médiocre et assez difficile, quoique très-bon homme, mais impétueux ; médiocre à la guerre pour la capacité, mais honorable et tout à fait désintéressé. Il étoit lieutenant général, et lieutenant général de Franche-Comté, où on ne le laissa guère commander assez mal à propos ; mais le titre en est devenu un d'exclusion. Il n'étoit pas riche, et a laissé un fils très-brave et honnête homme aussi, mais que l'extrême incommodité de sa vue a retiré fort tôt du service, et presque du monde.

Le maréchal de Villars trouva l'armée assemblée sous Cambray. Elle étoit de cinquante-sept bataillons et deux cent soixante-deux escadrons ; toutes les places outre cela garnies. Mais ces troupes n'étoient pas bien complètes, même d'officiers. Depuis un mois le prêt leur étoit payé, et on leur donnoit du pain passable et quelque viande. Albergotti se défendoit bien dans Douay. Le duc de Mortemart y commanda une sortie, qui fit un grand désordre dans les tranchées, tua beaucoup de monde et n'en perdit presque point. L'attaque aussi fut vigoureuse, et de part et d'autre. On travailla fort sous terre pour faire des mines et pour les éventer. Outre ce qui faisoit le siége, l'armée

---

[1]. Voyez tome VI, p. 243, note 1.

des ennemis étoit aussi forte que celle du Roi, et tenta une entreprise sur Ypres. Ils crurent avoir gagné un partisan de la garnison, et par son moyen surprendre la place. Le partisan en avertit Chevilly, qui y commandoit, et par son ordre suivit l'entreprise. Les ennemis, pleins de confiance en leur marché, détachèrent deux mille chevaux ou dragons de leur armée, portant chacun un fantassin en croupe, sous prétexte de renforcer leurs garnisons de Lille et de Menin ; et le partisan marchoit assez près, à la tête, avec douze ou quinze hommes. Il se présenta à la barrière, qu'on lui ouvrit ; en même temps ses douze ou quinze hommes furent pris. Le détachement arrivoit ; mais il fut averti à temps par le hasard d'un fusil d'un soldat de milice qui étoit dans les dehors, qui tira. A ce bruit, le détachement se crut découvert et s'arrêta. Il se retira aussitôt après. On leur tua ou blessa une cinquantaine d'hommes, du feu que la place fit sur eux de tous côtés. Le partisan en eut une petite pension et une commission de lieutenant-colonel. Un autre de nos partisans, sorti quelques jours après de Namur, trouva moyen de se glisser dans Liége, se rendit maître du corps de garde qui étoit à la porte, marcha à la place, tua celui qui y commandoit, prit toute la garde, pilla la maison du ministre de l'Empereur et celle d'un Hollandois qui commandoit dans la ville, et s'en revint avec un assez gros butin et cinquante prisonniers, sans y avoir laissé qu'un homme.

Cependant le siège de Douay s'avançoit. Il s'y étoit passé, le 20 juin, une action considérable : les ennemis s'étoient rendus maîtres d'une demi-lune ; Dreux et le duc de Mortemart les en chassèrent ; ils revinrent, et s'établirent sur la berne[1], où un fourneau qui joua à propos les fit tous sauter ; ils perdirent environ deux mille hommes, mais ils revinrent une troisième fois, et gagnèrent l'angle de cet ouvrage. Deux jours après ils se

---

1. Saint-Simon a bien écrit *berne*, sans doute pour *berme*, qui est un terme de fortification.

rendirent maîtres de deux demi-lunes; et comme la brèche étoit fort grande, Albergotti fit battre la chamade le 25. Le duc de Mortemart apporta la capitulation au Roi, qui fut toute telle qu'Albergotti la voulut. La brèche étoit capable pour deux bataillons de front. Le Roi, content de cette belle défense, et accoutumé à prostituer le collier du Saint-Esprit en récompenses militaires, fit Albergotti chevalier de l'ordre, Dreux, blessé le dernier jour du siége, lieutenant général, et donna à la garnison d'autres récompenses; Albergotti eut aussi en même temps le gouvernement de Sarrelouis, vacant déjà depuis quelque temps par la mort de Choisy, et le duc de Mortemart fut maréchal de camp.

Les ennemis, après avoir réparé et pourvu leur nouvelle conquête, ne perdirent pas de temps à en faire d'autres, dans l'impuissance où Villars leur paroissoit de les en empêcher. Ils marchèrent à Béthune, et y ouvrirent la tranchée le 24. Du Puy Vauban, gouverneur de la place, y commandoit avec quatre mille [hommes] de garnison. Il n'en avoit pas voulu davantage, et il étoit suffisamment muni et approvisionné. Il fit faire une sortie cette même nuit de l'ouverture de la tranchée, leur tua huit cents hommes et y perdit fort peu. Il y eut force coups de main; mais, après une belle défense, du Puy Vauban battit la chamade le 28 août, et eut la capitulation telle qu'il la voulut. Il avoit le cordon rouge, le Roi y ajouta la grand'croix, et les mille écus de plus, en attendant la première vacante, qui fut une chose tout à fait contre son usage, et donna des récompenses aux principaux de la garnison. Tout à la fin de ce siége, on tenta une entreprise sur Menin. Les troupes détachées furent mal conduites par les guides: au lieu d'arriver la nuit, elles furent surprises par le jour, et s'en revinrent comme elles étoient allées.

Tout au commencement de ce même siége, nos plénipotentiaires arrivèrent de Gertruydemberg, plus que fort fraîchement ensemble. Ils vinrent un matin à Marly, où le Roi les entretint assez longtemps dans son cabinet avec Torcy. Ce qui se trouvera là-dessus dans les pièces[1] m'empêche d'en dire ici davantage.

Il arriva au maréchal de Villars une aventure fort ridicule, qui fit grand bruit à l'armée et à la cour. Sa blessure, ou les airs qu'il en prenoit, lui faisoit souvent tenir la jambe sur le cou de son cheval, à peu près comme les dames. Il lui échappa un jour, dans l'ennui où il se trouvoit dans son armée, qu'il étoit bien las de monter à cheval comme ces p......[2] de la suite de Mme la duchesse de Bourgogne, qui, par parenthèse, étoient toutes les jeunes dames de la cour et les filles de Madame la Duchesse. Un tel propos, tenu en pleine promenade par un général d'armée peu aimé, courut bientôt d'un bout à l'autre du camp, et ne tarda guère à voler à la cour et à Paris. Les dames cavalières s'offensèrent, les autres prirent parti pour elles; Mme la duchesse de Bourgogne ne put leur refuser de s'en montrer irritée et de s'en plaindre. Villars en fut tôt averti, et fort en peine d'un surcroît d'ennemis si redoutable, dont sa campagne n'avoit pas besoin. Il se mit dans la tête de découvrir qui l'avoit décelé; il fit si bien qu'il sut à n'en pas douter que c'étoit Heudicourt qui l'avoit mandé; et il en fut d'autant plus piqué que, pour faire sa cour à sa mère, ce mauvais ange de Mme de Maintenon, et à Mme de Montgon sa sœur, il l'avoit adomestiqué, protégé, et, chose fort étrange pour le maréchal, lui avoit souvent, non pas prêté, mais donné de l'argent, dont il étoit toujours fort dépourvu par sa mauvaise conduite et l'avarice de son père, qui mangeoit tout à son âge avec des créatures.

La vieille Heudicourt et sa fille étoient mortes, mais Heudicourt, fort protégé du Roi par Mme de Maintenon, à cause de sa défunte mère, étoit demeuré comme l'enfant de la maison partout où étoit le maréchal de Villars. C'étoit un drôle de beaucoup d'esprit, qui excelloit à

1. Voyez tome I, p. 420, note 1.
2. Le mot est en toutes lettres au manuscrit

donner des ridicules, à la plaisanterie la plus salée, aux chansons les plus immortelles, et qui, gâté par la faveur qui l'avoit toujours soutenu, ne s'étoit contraint pour personne, et par cette même faveur, et par l'audace et le tranchant de sa langue s'étoit rendu redoutable. Il n'avoit point d'âme, grand ivrogne et débauché, point du tout poltron, et une figure hideuse de vilain satyre. Il se faisoit justice là-dessus ; mais hors d'état d'espérer de bonnes fortunes, il les facilitoit volontiers, étoit sûr dans cet honnête commerce, et s'étoit acquis par là beaucoup d'amis de la fleur de la cour, et encore plus d'amies. Par contraste à sa méchanceté on ne l'appeloit que *le petit bon ;* et le petit bon étoit de toutes les intrigues, en menoit quantité, et en étoit un répertoire. C'étoit parmi les dames à la cour à qui l'auroit, dont pas une n'eût osé se brouiller avec lui, à commencer par les plus hautes. Cette protection, que personne n'ignoroit, le rendoit encore plus hardi, tellement que le maréchal de Villars se trouva dans le dernier embarras. Toutefois, après y avoir bien pensé, il eut recours à l'effronterie, qui toujours l'avoit si utilement servi.

Pour cela il envoya chercher une quinzaine d'officiers généraux, tous considérables par leurs poids[1] à l'armée ou par leurs entours à la cour, et Heudicourt avec eux. Quand il les sut tous arrivés, il sortit de sa chambre, et alla où ils étoient, avec ce que le hasard y avoit conduit d'autres gens, comme il en fourmille toujours de toute espèce chez le général, qui vouloit faire une scène publique. Là il demanda tout haut à chacun de ceux qu'il avoit mandés, et l'un après l'autre, s'ils se souvenoient qu'il eût dit telle chose, qu'il répéta. Albergotti, revenu à l'armée après avoir fait, au sortir de Douay, un tour de huit ou dix jours à Paris et à la cour, prit en matois la parole le premier, répondit qu'il se souvenoit qu'il avoit parlé ainsi des vivandières et des créatures du camp, et jamais

---

1. Saint-Simon a bien écrit *leurs poids,* au pluriel.

d'autres. Nangis, le prince de Rohan, le prince Charles, fils de Monsieur le Grand, et tous les autres, ravis d'une si belle ouverture, la suivirent l'un après l'autre, et la confirmèrent jusqu'au dernier. Alors Villars, dans le soulagement qu'on peut juger, insista pour faire mieux confirmer et consolider la chose, puis éclatant contre l'inventeur d'une si affreuse calomnie, et contre l'imposteur qui l'avoit écrite à la cour, adressa la parole à Heudicourt, qu'il traita de la plus cruelle façon du monde. Le petit bon, qui n'avoit pas prévu qu'il seroit découvert ni la scène où il se trouvoit, fut étrangement interdit, et se voulut défendre; mais Villars produisit des preuves qui ne purent être contredites. Alors le vilain, acculé, avoua sa turpitude, et eut l'audace de s'approcher de Villars pour lui parler bas; mais le maréchal, se reculant et le repoussant avec un air d'indignation, lui dit de parler tout haut, parce qu'avec des fripons de sa sorte il ne vouloit rien de particulier. Alors Heudicourt, reprenant ses esprits, se livra à toute son impudence : il soutint qu'aucun de tout ce qui étoit là et que Villars avoit interrogé n'osoit lui déplaire en face, mais savoient fort bien tous la vérité du fait, telle qu'il l'avoit écrite; qu'il pouvoit avoir tort de l'avoir mandée, mais qu'il n'avoit pas imaginé que dite en si nombreuse compagnie et en lieu si public, elle pût demeurer secrète, et qu'il fit plus mal de la mander que tant d'autres qui en avoient pu faire autant.

Le maréchal, outré de colère d'entendre une réponse si hardie, et au moins si vraisemblable, lui reprocha ses bienfaits et sa scélératesse. Il ajouta que, quand la chose seroit vraie, il n'y auroit pas moins de crime à lui de la publier qu'à l'inventer, à toutes les obligations qu'il lui avoit, le chassa de sa présence, et quelques moments après le fit arrêter et conduire au château de Calais. Cette violente scène fit à l'armée et à la cour autant de bruit que ce qui l'avoit causée. La conduite suivie et publique du maréchal fut approuvée. Le Roi déclara qu'il le laissoit maître du sort d'Heudicourt; Mme de Maintenon et Mme la, duchesse de Bourgogne, qu'elles l'abandonnoient ; ses amis avouoient que sa faute étoit inexcusable. Mais la chance tourna bientôt : après le premier étourdissement, l'excuse du petit bon parut valable aux dames, qui avoient leurs raisons pour l'aimer et pour craindre de l'irriter ; elle la parut aussi dans l'armée, où le maréchal n'étoit pas aimé. Plusieurs de ceux qu'il avoit si publiquement interrogés se laissèrent entendre que, dans la surprise où ils s'étoient trouvés, ils n'avoient pas voulu se commettre. On en vint bassement à cette discussion, que cette allure du maréchal et son prétendu propos ne pouvoit aller aux vivandières et aux autres femmes des armées, qui alloient toutes à cheval jambe deçà jambe delà, au contraire des dames, surtout de celles qui montoient à cheval avec Mme la duchesse de Bourgogne. On contesta jusqu'au pouvoir des généraux d'armée de se faire justice à eux-mêmes de leurs inférieurs, pour des choses personnelles et où le service n'entroit pour rien. En un mot, Heudicourt, au sortir de Calais, où il ne fut pas longtemps, demeura le petit bon à la mode, en dépit du maréchal.

Tant de choses lui tournèrent mal cette campagne, qu'il prit la résolution de s'en aller aux eaux : il fit tant qu'il l'obtint. Harcourt, qui ne faisoit qu'arriver à Strasbourg, après les avoir prises tout à son aise, eut ordre de revenir, et la permission de faire le voyage à petites journées dans son carrosse. Peu de jours après être arrivé, il se fit recevoir duc et pair au Parlement. Il demeura plus d'un mois à Paris, et s'en alla après dans son carrosse à petites journées à Dourlens, où il avoit rendez-vous avec le maréchal de Villars ; et de là l'un à l'armée de Flândres, l'autre droit à Bourbonne, sans passer à Paris ni à la cour, ce qui parut assez extraordinaire et peu agréable. Ainsi un boiteux en remplaça un autre, et un général aussi peu en état de fatiguer que celui à qui il succédoit. L'un commença, l'autre finit par Bourbonne ; et Harcourt par la Flandre, qu'il avoit évitée d'abord.

Il y trouva une grande désertion dans l'armée, et les

ennemis devant Aire et Saint-Venant à la fois. Chevilly, qui commandoit à Ypres, informé que les ennemis faisoient partir un grand convoi de Gand, fit sortir de sa place Ravignan, maréchal de camp, la nuit, avec deux mille cinq cents hommes. Ravignan trouva le convoi à Vive-Saint-Éloi; il y avoit quarante-cinq balandres[1] chargées de munitions de guerre et de bouche, escortées au bord de l'eau par treize cents hommes, dont huit cents Anglois et six cents chevaux. Ravignan les attaqua brusquement; les treize cents hommes furent tous tués, noyés ou pris, et la cavalerie, qui prit la fuite de bonne heure, perdit au moins moitié. Le fils du comte d'Athlone et presque tous les principaux officiers furent pris. Après cette expédition, Ravignan éloigna ses troupes, brûla les quarante-cinq balandres, et fit sauter treize cents milliers de poudre, qui détruisirent le village de Vive-Saint-Éloi. On crut que cette affaire coûta près de trois millions aux ennemis.

Aire et Saint-Venant se défendoient toujours; il y eut de grosses actions aux deux sièges. La tranchée avoit été ouverte à Aire en deux endroits à la fois, le 12 septembre. Goesbriant, gendre de Desmarets, y commandoit, et y faisoit de grandes sorties. Le chevalier de Selve en fit aussi à Saint-Venant, dans une desquelles Listenois fut tué; et le chevalier de Rothelin eut les deux cuisses percées à Aire, et à Saint-Venant, Béranger, colonel de Bugey fort estimé, fut tué. Ce régiment fut donné à son frère, et celui de Listenois au sien. Goesbriant fit abandonner aux ennemis l'attaque du côté du château, et par deux fois les fours à chaux qui étoient à la tête des ouvrages de la place, mais que lui-même abandonna à la troisième attaque. Il les repoussa aussi du chemin couvert, qu'ils vouloient emporter, où le second fils du comte de la Mothe fut tué. Ils le furent encore jusqu'à trois fois le 2 novembre, à une grande attaque qu'ils firent; mais enfin Goesbriant capitula le 8 novembre, et obtint toutes les

---

1. *Balandre*, sorte de grande barque.

conditions qu'il demanda. Il rendit en même temps le fort Saint-François, faute de vivres à y mettre. Saint-Venant s'étoit rendu quelque temps auparavant. Ainsi finit la campagne en Flandres, qui fut la dernière du duc de Marlborough. Les armées entrèrent en quartiers de fourrages, et incontinent après en quartier[1] d'hiver. M. d'Harcourt avoit eu pendant ce siége quelque petit soupçon d'apoplexie, qui ne fut rien; la fin de la campagne lui vint à propos. Le maréchal de Montesquiou demeura pour tout l'hiver à commander en Flandres, d'où tous les officiers généraux non employés l'hiver et les particuliers ne tardèrent pas à revenir. Goesbriant, comme Albergotti, fut chevalier de l'ordre; et force récompenses à sa garnison.

Sur le Rhin, la campagne se passa toute à chercher tranquillement à subsister, et finit en même temps que celle de Flandres. Le duc de Berwick passa la sienne en chicanes et en observations. Monsieur de Savoie ne la fit point. Il étoit mal content de l'Empereur, qu'il menaça même de songer à ses intérêts particuliers. La récompense d'un démembrement de quelque chose du Milanois étoit un objet qui entretenoit la mésintelligence, et qui, pour le déterminer, l'empêcha de faire cette année de grands efforts. Il faut maintenant voir ce qui s'est passé d'ailleurs, dont il n'eût pas été à propos d'interrompre la campagne de Flandres, par la même raison que celles d'Espagne et de Roussillon, qui seront rapportées après, demandent à l'être tout de suite.

1. Ce mot est bien ici au singulier, et à la ligne précédente au pluriel.

CHAPITRE III.

Situation du cardinal de Bouillon. — État de la famille du cardinal de Bouillon, et ses idées bâties dessus. — Cardinal de Bouillon, furieux de la perte d'un procès, passe à Montrouge [et] à Ormesson. — Évasion du cardinal de Bouillon, que le prince d'Auvergne conduit à l'armée des ennemis, où il reçoit toutes sortes d'honneurs. — Lettre folle du cardinal de Bouillon au Roi. — Analyse de cette lettre.

Le cardinal de Bouillon languissoit d'ennui et de rage dans son exil, dont il ne voyoit point la fin, quoique l'adoucissement qu'il en avoit obtenu lui eût donné des espérances. Incapable de se donner aucun repos, il avoit passé tout ce loisir forcé dans une guerre monastique : il avoit voulu soutenir, et même étendre, sa jurisdiction d'abbé de Cluni sur les réformés. Ceux-ci, profitant de la disgrâce, n'oublièrent rien pour secouer ce que la faveur passée leur avoit fait subir de joug. Ce ne furent donc que procès de part et d'autre sur ce que les moines traitoient d'entreprises, et le cardinal de révolte. Il n'étoit pas douteux que l'abbé de Cluni ne fût général de cet ordre et le supérieur immédiat de la congrégation. Il ne l'étoit pas non plus qu'il ne fallût être moine pour pouvoir être général et en exercer l'autorité. La grandeur de cette abbaye en collations immenses l'avoit fait usurper par des séculiers puissants. Les cardinaux, les premiers ministres, les princes du sang qui l'eurent en commende prétendirent les mêmes droits que les abbés réguliers ; et la dispute, avec divers succès, n'avoit point cessé jusqu'au temps que le cardinal de Bouillon eut cette abbaye.

La division qui s'y étoit mise par la réforme tout à fait séparée en tout des religieux anciens avoit augmenté les différends. Ceux-ci, aussi peu réformés que leurs abbés, tenoient presque tous pour lui contre les réformés ; et la passion de posséder les bénéfices claustraux ou affectés aux religieux étoit une pomme de discorde dont l'abbé savoit profiter. De là, duplicité d'offices et de titulaires, de bénéfices, de la collation de l'abbé et de l'élection des religieux ; et une hydre de procès et de procédés entre eux, où l'abbé étoit toujours compromis et presque toujours partie. On a vu p.   [1] l'éclat que le cardinal de Bouillon fit contre Vertamont, premier président du grand conseil, sur un arrêt très-important qu'il prétendit que ce magistrat avoit falsifié. Il renouvela ses plaintes contre le grand conseil même sur un procès d'où dépendoit une grande partie de sa juridiction. Il prétendit que ce tribunal tiroit pension de l'ordre de Saint-Benoît, dont toutes les causes lui étoient attribuées, et qu'aucune de leurs parties n'y pouvoit avoir justice. La chose alla si loin qu'elle fut longtemps devant le Roi, et lui en espérance qu'elle seroit évoquée pour être jugée au conseil de dépêches. Le chancelier, trouvant qu'il y alloit de l'honneur de la magistrature d'attirer cette affaire devant le Roi, et qu'après cet éclat le grand conseil aussi n'en pouvoit demeurer juge, prit un tempérament, et proposa au Roi de la renvoyer à la grand'chambre à Paris. Le cardinal, fort affligé de ce renvoi, ne laissa pas de faire les derniers efforts de crédit par sa famille, qui sollicita tant qu'elle put, et se trouva à l'entrée des juges, où je ne crus pas leur devoir refuser d'aller avec eux. L'affaire dura longtemps, et nonobstant tous ces soins elle fut perdue. Ce fut la dernière goutte d'eau qui fait répandre l'eau d'un verre trop plein, et qui consomma la résolution que le cardinal de Bouillon rouloit depuis longtemps dans sa tête, et qu'il exécuta pendant le siège de Douay.

Avant d'entrer dans ce récit, il faut se souvenir de l'état de la famille du cardinal de Bouillon, pour mieux entendre les idées auxquelles il se livra. Sa grand'mère, seconde femme du maréchal de Bouillon, étoit fille du fameux fondateur de la république des Provinces-Unies, et sœur des électrices palatines et de Brandebourg. Sa

---

1. Saint-Simon a laissé en blanc le chiffre de cette page. Voyez tome IV, p. 272 et 273.

mère étoit Berghes, dont la maison, toujours bien alliée, a tenu un rang distingué parmi la première noblesse des Pays-Bas, quoique directement sortie par mâles de J. sire de Climez, bâtard de J. II duc de Lothier, c'est-à-dire de Brabant, et légitimé par lettres du 27 août 1344, à Francfort, de l'empereur Louis de Bavière. La comtesse d'Auvergne, première femme de son frère, et la seule dont il ait eu des enfants, étoit héritière du marquisat de Berg-op-Zoom par une Witthem, sa mère, et le père de cette comtesse d'Auvergne étoit fils de J.-Georges comte de Hohenzollern, que l'empereur Ferdinand III fit prince de l'Empire. La seconde femme du même comte d'Auvergne étoit Wassenaer, de la première noblesse de Hollande, des mieux alliées et fort souvent dans les grands emplois de la République. Le prince d'Auvergne, son neveu, après avoir déserté, comme il a été dit, avoit épousé la sœur du duc d'Aremberg à Bruxelles. C'étoit là des alliances qui donnoient au cardinal de grandes espérances du côté des Pays-Bas, et le prince Eugène étoit fils d'une sœur de la duchesse de Bouillon, belle-sœur du cardinal. Ses deux sœurs à lui, l'une avoit épousé le duc d'Elbœuf, dont le duc et le prince d'Elbœuf; l'autre un oncle paternel de l'électeur de Bavière et de Madame la Dauphine, qui étoit mort sans enfants en 1705, et elle l'année suivante, aussi en Allemagne.

De toutes ses alliances il espéra assez de crédit dans les Provinces-Unies, dans les Pays-Bas et à Vienne, pour procurer au prince d'Auvergne, à qui dans cette chimère il persuada sa désertion, d'assez grands établissements, qui aidés du service et des grades militaires, et de ses terres dans ces pays-là, le portassent au stathoudérat, comme sorti du fameux prince d'Orange, dont la mémoire est encore si chère à la république qu'il a fondée. Dans cette chimère, il avoit fait faire à sa sœur de Bavière, qui étoit riche, un testament par lequel elle donna tous ses biens au prince d'Auvergne, au préjudice de M. de Bouillon et de ses enfants, et au défaut de toute postérité du prince d'Auvergne, à la maison de Bavière. Le dessein du cardinal étoit d'enrichir ce prince d'Auvergne et sa branche, et d'intéresser en lui, en ses biens et en sa branche la maison de Bavière, par cette substitution qui la regardoit. Il se repaissoit donc de ces idées et des heureux arrangements qu'il avoit ménagés pour en disposer les succès, tandis qu'il erroit d'abbaye en abbaye, qu'il tuoit le temps en voyages à petites journées, et qu'il guerroyoit avec ses moines. En même temps il épargnoit, avec un soin qui pouvoit passer pour avarice, les grands revenus dont il jouissoit en bénéfices immenses et en patrimoine, dont il n'avoit jamais voulu se dessaisir; et il amassoit pour les futurs contingents dont l'ennui et le dépit de sa situation le tentoit, et pour lesquels il vouloit toujours être préparé. Dans cet esprit, il fit passer beaucoup d'argent en pays étrangers, et ne garda que le nécessaire, le portatif et des pierreries, pour être en liberté de faire toutes fois et quantes tout ce qu'il voudroit.

Dans ces pensées, outré de ne voir point de fin à son exil ni aux entreprises de ses moines, il profitoit de l'adoucissemennt de son exil, qui lui permettoit d'aller et de venir sans s'approcher trop près, pour aller de ses abbayes de Bourgogne à celle de Saint-Ouen de Rouen; et il obtint dans ce voyage la liberté de s'arrêter quelques jours aux environs de Paris, sans toutefois entrer dans la ville. Outre le plaisir d'y voir sa famille et ses amis, il espéra que ce nouvel adoucissement influeroit sur son procès, prêt à juger à la grand'chambre, et lui donneroit moyen d'y veiller avec plus de succès. Il vint donc s'établir pour quelques jours dans le village de Montrouge, et ce fut là qu'il apprit qu'il avoit entièrement perdu son procès, et sans retour toute juridiction sur les moines réformés de la congrégation de Cluni, à l'égard desquels il ne lui étoit rien laissé de plus qu'à tous les abbés commendataires du royaume. A cette nouvelle, la rage où il entra ne se peut exprimer : les fureurs, les injures, les transports, les cris épouvantèrent; il ne se posséda plus, et se livra tout entier au plus violent désespoir : vingt-quatre heures ne purent apaiser une agitation si violente. Le Nain, son rapporteur; le procureur général, depuis chancelier, dont l'avis et les conclusions ne lui avoient pas été favorables; le Parlement entier étoient l'objet de ses imprécations. Le lendemain il passa la Seine au bac des Invalides, et s'en alla à Ormesson chez Coulanges, qui lui étoit fort attaché.

Dans ce même temps il se faisoit une tentative pour son retour; il parut même que le Roi n'y résisteroit pas longtemps; mais le moment n'en étoit pas encore venu, et ce délai, qui concourut avec la perte de ce procès, acheva de lui tourner la tête et de précipiter sa résolution. Il n'avoit vu à Montrouge que ses neveux d'Auvergne et ses gens d'affaires; il ne voulut voir personne à Ormesson que les mêmes, deux ou trois amis particuliers, quelques gros bonnets des jésuites, commes les PP. Gaillard et de la Rue, qui étoient tous à lui; encore les fit-il attendre longtemps avant de les voir, par grandeur ou par humeur. Il demeura une quinzaine à Ormesson, où apparemment il arrangea toutes les mesures de sa fuite, sans sortir presque de sa chambre. Comme il avoit la liberté de toutes ses abbayes, il changea son voyage de Normandie en celui de Picardie, séjourna peu à Abbeville, et gagna Arras, où il avoit l'abbaye de Saint-Waast; de là, feignant d'aller voir son abbaye de Vigogne, il partit dans son carrosse, monta à cheval en chemin, et piqua au rendez-vous qu'il avoit pris, qu'il manqua de quelques heures.

On sut assez tôt à Arras qu'il avoit pris la fuite, pour débander un détachement après lui; il fut au moment d'y tomber, mais à force de courre çà et là, il donna enfin dans un gros de cavalerie ennemie avec lequel son neveu le cherchoit, bien en peine de ce qu'il étoit devenu. Là, il vomit ce qu'il retenoit sur son cœur depuis tant d'années, en ce premier moment de liberté. Dès qu'ils furent assez avancés pour être en sûreté, il mit avec son neveu pied à terre dans un village, où ils conférèrent ensemble, puis remontèrent à cheval et arrivèrent à l'armée des ennemis.

Aussitôt le prince Eugène et le duc de Marlborough le vinrent saluer, et lui présenter l'élite de l'armée; ils lui demandèrent l'ordre, il le leur donna, et ils le prirent : en un mot, ils lui rendirent et lui firent rendre les plus grands honneurs. Un pareil changement d'état parut bien doux à cet esprit si altier et si ulcéré, et lui enfla merveilleusement le courage. Il paya ses nouveaux hôtes par les discours qui leur furent les plus agréables sur la misère de la France, que ses fréquents voyages par les provinces avoient montrée à ses yeux, sur son impuissance à soutenir la guerre, les fautes qui s'y étoient faites, le mauvais gouvernement, les mécontentements de tout le monde, l'épuisement extrême et le désespoir des peuples ; enfin il ne les entretint que de ce qui les pouvoit flatter, et n'oublia rien de tout ce que peut la perfidie et l'ingratitude, en qui un si prodigieux amas de bienfaits sont tournés en poison et en espérance de piédestal à une nouvelle et indépendante grandeur, dans le même esprit de félonie qui anima ses pères, et qui leur a bâti cette prodigieuse fortune dont les établissements immenses n'ont pu gagner ni satisfaire eux ni leur postérité. Le Roi apprit cette évasion par un paquet adressé à Torcy, laissé par le cardinal à Arras, sur sa table. C'étoit une lettre au Roi avec une simple adresse à Torcy, de deux mots. Cette lettre est une si monstrueuse production d'insolence, de folie, de félonie, que sa rareté mérite d'être insérée ici. Jusqu'au style est extravagant, qui à force d'entasser tout ce dont ce cœur et cette tête regorgeoit, rend cette lettre à peine intelligible.

« Sire,

« J'envoie à Votre Majesté par cette lettre que je me donne l'honneur de lui écrire, après dix ans et plus des plus inouïes, des plus injustes et des moins méritées souffrances, accompagnées durant tout ce temps-là, de ma part, de la plus constante et peut-être trop outrée, non-seulement à l'égard du monde, mais à l'égard de Dieu et de son Église, patience, et du plus profond silence ; j'envoie, dis-je, à Votre Majesté, avec un très-profond respect, la démission volontaire, qui ne peut être regardée par personne comme l'aveu d'un crime que je n'ai pas commis, de ma charge de grand aumônier de France et de ma dignité de l'un des neuf prélats commandeurs de l'ordre du Saint-Esprit, qui a l'honneur d'avoir Votre Majesté pour chef et grand maître, qui a juré sur les saints Évangiles, le jour de son sacre, l'exacte observation des statuts dudit ordre, en conséquence desquels statuts je joins dans cette lettre le cordon et la croix de l'ordre du Saint-Esprit, que par respect et soumission pour Votre Majesté j'ai toujours portée sous mes habits depuis l'arrêt que Votre Majesté rendit contre moi, absent et non entendu, dans son conseil d'en haut, le 11 septembre 1701. En conséquence de ces deux démissions que j'envoie aujourd'hui à Votre Majesté, je reprends par ce moyen la liberté que ma naissance de prince étranger, fils de souverain, me donne, ne dépendant que de Dieu et de ma dignité de cardinal-évêque de la sainte Église romaine et doyen du sacré collége, évêque d'Ostie, premier suffragant de l'Église romaine, me donne naturellement[1] : liberté séculière et ecclésiastique, dont je ne me suis privé volontairement que par les deux serments que je fis entre les mains de Votre Majesté en 1671, le premier pour la charge de grand aumônier de France, la première des quatre grandes charges de sa maison et de la couronne, et le second serment pour la dignité d'un des neuf prélats commandeurs de l'ordre du Saint-Esprit, desquels serments je me suis toujours très-fidèlement et très-religieusement acquitté tant que j'ai possédé ces deux dignités, desquelles je me dépose aujourd'hui volontairement, et avec une telle fidélité aux ordres et aux volontés de Votre

---

1. Cette répétition est au manuscrit.

Majesté, en tout ce qui n'étoit pas contraire au service de Dieu et de son Église, que je desirerois bien en avoir ne semblable à l'égard des ordres de Dieu et de ses volontés, à quoi je tâcherai de travailler uniquement le reste de mes jours, servant Dieu et son Église dans la première place après la suprême où la divine providence m'a établi, quoique très-indigne ; et en cette qualité, qui m'attache uniquement au saint-siége, j'assure Votre Majesté que je suis et serai jusqu'au dernier soupir de ma vie, avec le respect profond qui est dû à la majesté royale,

« Sire,
« De Votre Majesté
« Le très-humble et très-obéissant serviteur,
Signé « le cardinal de Bouillon,
« Doyen du sacré collége. »

Quoique cette lettre contienne autant de sottises, d'impudence et de folie que de mots, on ne peut s'empêcher d'en faire quelque analyse. Premièrement, il faut avoir bonne haleine et bonne mémoire pour aller jusqu'au bout de la première phrase, et travailler pour démêler les continuels entrelacements de ses parenthèses et de son sens si suspendu. Dans cette phrase autant de faux et de vent que d'insolence. Il a souffert des persécutions qu'il ose reprocher au Roi comme les plus injustes, les plus inouïes et les moins méritées. C'est donc lui dire, parlant à lui, qu'il est un tyran, puisqu'il faut l'être pour faire souffrir le plus injustement, et d'une manière inouïe, quiconque ne l'a pas mérité. Mais ces souffrances quelles sont-elles ? Après avoir longtemps souffert un spectacle de désobéissance publique sur le premier théâtre de l'Europe, et toutes les menées possibles pour s'y faire soutenir par le Pape et tout le sacré collége, qui le blâmèrent et se moquèrent de lui, le Roi lui saisit son temporel, et par famine l'obligea enfin à exécuter l'ordre qu'il lui avoit donné de revenir en France, où son temporel lui fut rendu, et où, pour tout châtiment, il fut exilé dans ses abbayes.

Voilà donc ces souffrances si injustes et si inouïes, qu'il a souffertes, ajoute-t-il, avec une patience outrée à l'égard du monde, de Dieu et de son Église. Mais en quoi Dieu et son Église sont-ils intéressés en cet exil? Où est l'offense à Dieu, où le préjudice à l'Église? Quelle part a-t-elle pu y prendre? Et à l'égard du monde où est le scandale? Il est entier, ainsi que le péché, dans la désobéissance et dans la lutte de désobéissance, poussée si loin et avec tant d'éclat, et non dans une punition devenue nécessaire pour le faire obéir, adoucie incontinent après par le relâchement de ses revenus, et réduite à un simple exil chez lui dans ses abbayes, c'est-à-dire pour un laïque dans ses terres. Et cette patience outrée à le supporter, comment eût-il fait pour ne l'avoir pas, et quel gré peut-il en prétendre? Il envoie, dit-il, sa démission volontaire, et il prend grand soin de la préserver de l'opinion de l'aveu d'un crime qu'il n'a point commis. Il étoit cardinal de la nomination du Roi, et il étoit chargé de ses affaires à Rome; en même temps il avoue lui-même qu'il avoit prêté serment au Roi. Dans cet état, il tombe en la défiance et en la disgrâce du Roi, qui le rappelle. Malgré beaucoup d'ordres réitérés et les plus précis, il s'obstine à demeurer à Rome, ose mettre en question si un cardinal est obligé d'obéir à son roi, n'oublie rien pour engager la cour de Rome à prendre parti pour la négative, donne ce spectacle public de lutte contre le Roi.

En quel siècle et en quel pays n'est-ce point là un crime, et un crime de lèse-majesté le plus grave après celui du premier chef? Il est égal à celui de la révolte à main armée, puisqu'il n'a pas tenu à lui de faire une affaire d'État et de religion de la sienne particulière, et d'armer pour soi la cour de Rome. Avec quel front ose-t-il donc nier ce crime si long et si public, jusqu'à la délicatesse de se précautionner contre l'opinion d'un aveu tacite par sa démission; et cette démission, il a grand soin de l'inculquer volontaire, et de marquer en même temps la date où elle lui a été demandée : or il conste de cette date qu'il a désobéi près de dix ans à la volonté du Roi là-dessus, et neuf à l'arrêt qui l'a dépouillé, puisque, n'osant avec tout son orgueil continuer à porter l'ordre après que l'ambassadeur du Roi eut été chez lui pour lui déclarer et lui faire exécuter cet arrêt, il a eu l'enfance et la misère, qu'il avoue ici et qui ne peut avoir d'autre nom, de porter en dessous ce qu'il n'osoit plus montrer en dessus, et témoigna ainsi sa petitesse et sa foiblesse d'une part, et de l'autre son orgueil et son opiniâtreté. Envoyer après dix ans de cette conduite sa démission, et s'évadant du royaume, cela peut-il s'appeler une démission volontaire ? n'est-ce point plutôt une dérision, et dire au Roi en effet qu'elle n'est volontaire que parce que rien n'a pu la tirer de lui tant qu'il n'a pas voulu la donner, et qu'il ne la donne que parce qu'il sort du royaume, et qu'il la veut bien donner? Et pour ajouter toute espèce d'insulte, il met dans sa lettre au Roi un vieux cordon bleu sale et gras avec sa[1] croix du Saint-Esprit, car le cordon étoit tel à la lettre.

L'enflure des dignités dont il se démet n'est digne que de risée. Personne n'ignore qu'à l'institution de l'ordre, Henri III voulant favoriser Jacques Amyot, son précepteur et du feu Roi son frère, qui avoit été récompensé de l'évêché d'Auxerre et de la charge de grand aumônier de France, celle de grand ou de seul aumônier de l'ordre fut attachée pour toujours à celle de grand aumônier de France, et sans faire aucunes preuves, parce qu'Amyot n'en pouvoit faire; que par conséquent, toujours depuis, être grand aumônier et porter l'ordre est une seule et même chose, sans rien de séparé ni de distinct; et qu'ainsi le grand aumônier, quelque grand qu'il soit par soi ou par sa charge, n'est point autre chose qu'un officier de l'ordre, n'en fait point le neuvième prélat, qui tous

---

1. On peut choisir entre *sa* et *la*: *la* termine une page du manuscrit, *sa* commence la page suivante.

huit font preuves, et sont partagés par moitié en cardinaux et en évêques. C'est donc un pathos très-puéril que fait ici le cardinal de Bouillon, et une cheville très-inutile, que l'énoncé qu'il fait que le Roi est grand maître de l'ordre, et qu'il en a juré les statuts à son sacre ; il est selon les statuts de dégrader un chevalier de l'ordre pour certains crimes, surtout de félonie, de lèse-majesté, etc., dont il y a de grands exemples et en nombre ; à plus forte raison est-il en la disposition du Roi de faire défaire un officier de l'ordre de sa charge, dont il y a aussi maints exemples[1], et de lui en demander la démission. Ce dernier cas s'est vu plus de quinze ans dans M. de Châteauneuf Phélypeaux, secrétaire d'État, greffier de l'ordre, et le portant au lieu de Castille[2], qui fut tout ce temps-là exilé, et par delà, pour refuser sa démission, et qui toutefois ne portoit plus l'ordre, et ne l'a jamais porté depuis, qu'au bout de quinze ou seize ans il donna sa démission, et c'est le grand-père maternel du prince d'Harcourt, qui a pris le nom de Guise. Mais l'exemple d'Amyot est bien plus juste encore au cardinal de Bouillon : aussi ingrat que lui, il s'abandonna à la Ligue ; Henri IV, commençant à devenir le maître, lui ôta la charge de grand aumônier, et conséquemment l'ordre, qu'il donna au fameux Renauld de Beaune, archevêque de Bourges alors, puis de Sens, qui venoit de lui donner l'absolution et de le communier dans l'église de l'abbaye de Saint-Denis.

Pour un homme qui a autant vécu à la cour que le cardinal de Bouillon, il est difficile de comprendre ce qu'il veut dire ici quand il y donne sa charge pour la première des quatre grandes de la maison du Roi et de la couronne. Premièrement, on lui niera tout court que la charge de grand aumônier soit un office de la couronne, sans qu'il puisse, ni aucun autre, ni le prouver ni en montrer la moindre trace. Ces offices ont ce privilège particulier

---

1. Saint-Simon a écrit *maints* au pluriel, *exemple* au singulier.
2. Au lieu de Jeannin de Castille.

qu'ils ne se peuvent ôter aux titulaires, malgré eux, que juridiquement et pour crime. Quand Amyot fut dépouillé, la Ligue étoit encore assez puissante pour le soutenir et pour embarrasser Henri IV, s'il avoit fallu du juridique. Il n'en fut pas seulement question, et Amyot demeura dépossédé et exilé dans son diocèse le reste de ses jours, qui durèrent encore quelques années. En second lieu, que veut dire le cardinal de Bouillon avec ces quatre charges de la maison du Roi et de la couronne, dont la sienne est la première? A-t-il oublié que rien n'est plus distinct qu'office de la couronne et grandes charges de la maison du Roi, dont aucune ne s'est jamais égalée à ces offices? En troisième lieu, où n'en a-t-il pris que quatre, et qui sont-elles à son compte? Le connétable, et par usage moderne le maréchal général, le chancelier, et par tolérance le garde des sceaux, le grand maître, le grand chambellan, les maréchaux de France, l'amiral, le grand écuyer, quoique plus ancien que l'amiral, qui marche au milieu des maréchaux de France, le colonel général de l'infanterie et le grand maître de l'artillerie sont les officiers de la couronne. Ils sont donc plus de quatre, comme on voit, et je ne pense pas qu'aucun d'eux se laissât persuader de céder au grand aumônier. Quant aux grandes charges de la maison du Roi, tels[1] que les premiers gentilshommes de la chambre, les gouverneurs des rois enfants et des fils de France, les premiers chefs des troupes de sa garde[2], le grand maître de la garde-robe, en voilà aussi plus de quatre, et qui ne seroient pas plus dociles que les officiers de la couronne à céder au grand aumônier. On ne sait donc ce que veut dire le cardinal de Bouillon, ou plutôt lui-même ne le sait pas; mais sa bouffissure est si générale qu'il se loue d'avoir exercé cette charge très-fidèlement et très-religieusement. C'est une absurdité que son extrême orgueil lui a cachée : fidèlement, dans une désobéissance éclatante et très-criminelle dix ans durant, et

1. Il y a bien *tels*, au masculin.
2. De la garde du Roi.

à son sens il étoit toujours alors grand aumônier, puisqu'il n'avoit pas donné sa démission ; religieusement, ni ses mœurs, ni la cour, ni le monde ne lui rendirent ce témoignage. Voilà pour le personnel, venons maintenant à la naissance.

En conséquence de ces démissions de la charge et de l'ordre, qu'il veut toujours séparer pour amplifier vainement, il reprend, écrit-il au Roi, la liberté que lui donne sa naissance de prince étranger, fils de souverain, ne dépendant que de Dieu et de sa dignité de cardinal, etc. : c'est-à-dire que c'est un manifeste adressé au Roi, sous la forme d'une lettre, par lequel il lui dénonce son indépendance prétendue, et sa très-parfaite ingratitude; il attente à la majesté de son souverain en abdiquant sa qualité innée de sujet, et encourt ainsi le crime de lèse-majesté en plein. Je ne répéterai point ce qui a été expliqué depuis la page 573 jusqu'à la page 585[1] de la nature des fiefs de Bouillon, Sedan, etc., de l'état, comme seigneurs de ces fiefs, de ceux qui les ont possédés, de la manière dont ils sont entrés dans la famille du cardinal de Bouillon, du rang que son grand-père, premier possesseur de ces fiefs, a tenu devant et depuis qu'il les a possédés, de celui de la branche de la maison de la Marck qui les possédoit avant lui, et de quelle manière enfin son père obtint ce prodigieux échange de ces fiefs, et le rang de prince étranger. On y voit clairement la mouvance de ces fiefs de Liége et de l'abbaye de Mouzon, et la violence, non aucun autre titre, qui, par la protection si indignement reconnue d'Henri IV, [a fait que] ces fiefs sont demeurés au grand-père du cardinal de Bouillon. D'où il résulte qu'à ces titres, jamais son grand-père ni son père ne furent souverains ni princes, conséquemment qu'il n'est ni prince étranger ni fils de souverain, et qu'il ment à son roi avec la dernière impudence. Il n'a donc point de liberté de rien reprendre à ce titre par la démission de sa

---

1. Pages 85-113 de notre tome V.

charge, et il demeure tel qu'il étoit auparavant, c'est-à-dire gentilhomme françois de la province d'Auvergne, du nom de la Tour, tel qu'il étoit auparavant, par conséquent sujet du Roi comme tous les autres gentilshommes de cette province, laquelle appartient à la couronne. Que si son père, en faveur d'un échange déjà si étrangement énorme que, depuis tant d'années de toute-puissance du Roi et de toute faveur de MM. de Bouillon, il n'a pu être entièrement passé au Parlement, le père du cardinal a obtenu pour sa postérité et pour son frère le rang de prince étranger, malgré les cris et les oppositions de la noblesse, qui le leur fit ôter en   , et qui leur fut rendu en   [1], et que le Parlement a toujours constamment ignoré; c'est une grâce fort injuste, mais dont le Roi est le maître, et dont le bienfait ne donne pas la manumission de l'état de sujet, et ne peut changer la naissance. C'est donc le dernier degré d'égarement que ce que montre ici le cardinal de Bouillon, duquel se sont toujours bien gardés ceux dont la naissance issue de souverains véritables et actuels ne pouvoit être disputée : tels que les Guises, qui dans le plus formidable éclat de leur puissance, prête à les porter sur le trône, n'ont jamais balancé à se déclarer sujets, au temps même où ils osèrent faire considérer Henri III comme déchu de la couronne, et Henri IV comme incapable d'y succéder. Si l'idée du cardinal de Bouillon pouvoit être véritable, non dans un gentilhomme françois comme lui, mais dans un prince, par exemple, de la maison de Lorraine, il s'ensuivroit que quelque patrimoine qu'il eût en France, en renonçant aux charges qu'il posséderoit, il reprendroit cette liberté qu'allègue le cardinal de Bouillon, et une pleine indépendance; d'où il résulteroit que jamais les rois ne pourroient être assurés de ceux de cette naissance, qui par elle seroient en tout temps les maîtres de demeurer ou de n'être plus leurs sujets.

---

1. Saint-Simon a laissé ces deux dates en blanc.

Le cardinal de Bouillon ajoute qu'il s'est volontairement privé de cette liberté par le serment de grand aumônier, laquelle il reprend par sa démission de cette charge. Encore une fois, ce n'est pas d'un gentilhomme françois tel que lui que je parle, c'est d'un prince de la naissance dont il ose se dire, et dont il n'est pas. Si ce qu'il dit là étoit véritable, lui qui avoit un patrimoine en France, lui et les siens, et rien ailleurs, les princes de la maison de Lorraine établis en France, et qui y ont tout leur bien, ne seroient donc pas sujets du Roi, comme il y en a plusieurs qui n'ont ni charge ni gouvernement, et qui par conséquent ne sont liés à ce titre par serment[1]. Ce paradoxe est aussi nouveau qu'incompréhensible. Mais par qui et à qui est-il si audacieusement avancé ? Par un gentilhomme originaire de la province d'Auvergne, dont les pères n'ont jamais eu ni prétendu aucune distinction ni supériorité quelconque sur pas une des bonnes maisons de cette province, jusqu'au grand-père du cardinal de Bouillon lorsqu'il eut Sedan et Bouillon, et qu'aucun ne lui passa jamais ni devant ni depuis. Et à qui ? à un des plus grands rois qui ait régné en France, son souverain, duquel son père tint deux fois la dignité de duc et pair; son oncle, la première charge de la milice, un gouvernement de province, la charge de colonel général de la cavalerie; tous deux après avoir pensé renverser l'État, tous deux après avoir vécu d'abolitions; son frère aîné, la charge de grand chambellan et le gouvernement de sa propre province, avec les survivances pour son fils, qui tôt après s'en montra si ingrat; son autre frère, un autre gouvernement de province et la charge de colonel général de la cavalerie; eux tous le rang de prince étranger, et lui-même une profusion énorme des plus grands et des plus singuliers bénéfices, le cardinalat en un âge qui l'a porté au décanat, et la charge de grand aumônier, avec

---

1. Saint-Simon avait d'abord écrit : « ni par conséquent qui soient liés à ce titre par serment. » Il a corrigé le commencement de ce membre de phrase.

la faveur la plus distinguée. C'est de cet amas inouï des plus grands bienfaits, versés sur deux générations de frères, que le cardinal de Bouillon se fait des armes contre celui-là même dont il les tient, et en parlant à lui. On s'arrête ici, parce que le comble d'ingratitude est trop au-dessus de tout ce qui se pourroit dire, ainsi que de l'insolence.

Peu content d'un si monstrueux orgueil, il revient au dédoublement de son cardinalat pour en multiplier la grandeur, avec une fatuité la plus misérable. Doyen du sacré collège, n'est-ce pas être cardinal, n'est-ce pas être évêque d'Ostie, n'est-ce pas être le premier suffragant de Rome, et rien de tout cela peut-il être distinct ou séparé? Mais voici où l'ivresse excelle : c'est la première place après la suprême. Il parle au Roi comme il parloit aux paysans de la Ferté lorsqu'il y passa deux mois, et qu'après avoir quelquefois dit la messe à la paroisse, il leur faisoit admirer en sortant, non la grandeur du mystère qu'il venoit de célébrer, mais la sienne, de lui qui étoit prince, et qui avoit la première place après la suprême; qu'ils le regardassent bien, ajoutoit-il, parce que jamais ils n'avoient vu cela dans leur église, et qu'après lui cela n'y arriveroit jamais. Ce peuple ne le comprenoit pas; le curé, qui avoit de l'esprit, et les honnêtes gens du lieu en rioient entre eux et en avoient pitié. A quelque point d'élévation que la dignité de cardinal ait été portée, la distance est demeurée si grande entre le Pape et leur doyen que cette expression favorite du cardinal de Bouillon, qu'il répétoit sans cesse à tout le monde, ne put imposer à personne, et ne peut montrer que le vide et le dérangement de sa tête.

Toute la fin de la lettre n'est qu'une insulte, diversifiée en plusieurs façons plus insolentes les unes que les autres. Il s'y récrie sur sa fidélité aux ordres et aux volontés du Roi, et il y ajoute cette honnête et respectueuse restriction : en tout ce qui n'étoit pas contraire au service de Dieu et de son Église. C'est donc à dire, et en parlant au

Roi même, qu'il étoit capable de vouloir des choses qui y étoient contraires, qu'il lui en avoit même commandé. Il appuie encore ici sur sa fidélité; mais fut-elle le principe de toutes les brigues qu'il employa pour se faire élire évêque de Liége, contre la volonté et les défenses du Roi si déclarées, qu'il ne le manqua que parce que le Roi s'y opposa d'une manière si formelle qu'il fit déclarer au chapitre qu'il préféroit tout autre au cardinal de Bouillon, qui avoit les voix, même le candidat porté par la maison d'Autriche, ce qui fit changer le chapitre et manquer ce siége au cardinal de Bouillon? Sa fidélité fut-elle le motif qui lui fit employer tant de ruses et de manéges pour tromper le Pape et le Roi, et réciproquement persuader à l'un et à l'autre de faire nécessairement son neveu cardinal, en contre-poids du duc de Saxe-Zeitz, porté vivement par l'Empereur, à la promotion duquel le Roi s'opposoit plus fortement encore, fourberie dans laquelle le Pape et le Roi donnèrent si bien qu'elle ne fut découverte que par la déclaration que le Roi fit au Pape qu'il aimoit mieux qu'il passât outre à la promotion du duc de Saxe-Zeitz seul que d'y consentir par celle de l'abbé d'Auvergne? et pour lors, ni de longtemps après, le duc de Saxe ne le fut. Le cardinal de Bouillon étoit alors à Rome chargé des affaires du Roi, et abusant de sa confiance à cet énorme degré. Enfin, pour se borner à quelque chose, étoit-ce fidélité, aux ordres les plus exprès du Roi, des affaires duquel il étoit encore chargé à Rome, que toute la conduite qu'il y tint sur la coadjutorerie de Strasbourg et sur l'affaire de Monsieur de Cambray. Et après des traits si étranges et si publics, vanter sa fidélité avec reproche?

Non content d'une effronterie si incroyable, cet évêque, ce cardinal, ce premier suffragant de l'Église romaine, cet homme qui réserve avec tant de religion ce qui la peut blesser dans les ordres du Roi, ne craint pas d'ajouter le blasphème le plus horrible, par le souhait qu'il fait tout de suite d'avoir pour les ordres et la volonté de Dieu la pareille fidélité qu'il a eue pour ceux du Roi. La protestation qui suit est de même nature, avec les desseins et les motifs qui le faisoient s'évader du royaume : il proteste, dis-je, qu'il tâchera le reste de ses jours de servir uniquement Dieu et son Église dans la place, et c'est là où il paraphrase et multiplie si follement la grandeur de cette place, où la Providence, dit-il, l'a établi, quoique indigne. Ce dernier mot est la seule vérité qui lui soit échappée dans toute cette lettre. Mais c'est au Roi à qui il dit que la Providence l'y a établi, à ce même roi qui l'a nommé cardinal dans un âge qui l'a porté au décanat, à ce même roi malgré le rappel duquel, faisant ses affaires à Rome, il s'y est cramponné avec tant d'artifice, puis de désobéissance publique jusqu'à ce qu'il l'eût recueilli. Il ajoute après que cette qualité l'attache uniquement au saint-siége, c'est-à-dire l'affranchit de tout autre attachement, et de celui au Roi, qui l'a nommé cardinal, et de qui lui et les siens tiennent tout. Mais la fin de sa lettre, où il arrive ainsi, se signale par deux déclarations qui portent encore plus que tout le reste le crime sur le front. Il assure le Roi qu'il sera jusqu'au dernier soupir de sa vie, avec le respect le plus profond qui est dû à la majesté royale, son très-humble et très-obéissant serviteur. Cette expression du respect qui est dû à la majesté royale avertit bien clairement le Roi, par sa singularité et sa netteté, de ne se pas méprendre au respect qu'il lui porte, et de ne pas prendre pour sa personne ce qui n'est dû qu'à sa couronne, et pour fin, en supprimant le nom de sujet, il en dénie la qualité avec encore plus de force qu'il n'a fait dans tout ce tissu de sa lettre, qui peut passer, quoique en grand galimatias, pour un chef-d'œuvre d'ingratitude, d'audace et de folie.

CHAPITRE IV.

Réflexion sur le rang de prince étranger; son époque. — Temporel du cardinal de Bouillon saisi; ordre du Roi au Parlement de lui faire son procès; conduite de sa maison. — Lettre du Roi au cardinal de la Trémoille. — Réflexions sur cette lettre. — Cardinal de Bouillon, etc., décrétés de prise de corps par le Parlement, qui après s'arrête tout court, et les procédures tombent. — Réflexion sur les cardinaux françois. — De Bar, faussaire des Bouillons se tue à la Bastille. — Baluze destitué et chassé; arrêt du conseil qui condamne au pilon son *Histoire généalogique de la maison d'Auvergne*, bon à voir. — Collations du cardinal de Bouillon commises aux ordinaires des lieux. — Tout monument de prétendue principauté ôté des registres des curés de la cour, et des abbayes de Cluni et de Saint-Denis, par ordre du Roi. — Nouvelles félonies du cardinal de Bouillon à Tournay. — Duc de Bouillon bien avec le Roi; sa femme et ses fils mal, et ses neveux. — Duc de Bouillon parle au Roi et au chancelier; écrivant au Roi, n'avoit jamais signé *sujet*, et ne peut encore être induit à s'avouer l'être. — Articles proposés au Roi, à faire porter de sa part au Parlement, sur la maison de Bouillon. — Justice et usage de ces articles. — Fausse et criminelle rature dans les registres du Parlement. — Le Roi ordonne à Daguesseau, procureur général, de porter et procéder sur ces articles au Parlement[1], qui élude et sauve la maison de Bouillon. — Infidélité de Pontchartrain en faveur du cardinal de Bouillon. — Réflexions. — Mort du prince d'Auvergne; le Roi défend à ses parents d'en porter le deuil, et fait défaire le frère de l'abbé d'Auvergne d'un canonicat de Liége. — Cardinal de Bouillon se fait abbé de Saint-Amand contre les bulles données, sur la nomination du Roi, au cardinal de la Trémoille. — Le Roi désire inutilement de faire tomber la coadjutorerie de Cluni. — Extraction, fortune et mariage du prince de Berghes avec une fille du duc de Rohan. — Perte du duc de Mortemart au jeu. — Le secrétaire du maréchal de Montesquiou passe aux ennemis avec ses chiffres.

Tel est le danger du rang de prince donné à des gentilshommes françois, inconnu avant la puissance des Guises, même pour ceux de maisons souveraines[2], et pour des gentilshommes avant le règne de Louis XIV. Devenus princes, ils deviennent honteux de demeurer sujets. Le

---

1. C'est-à-dire, de porter ces articles au Parlement, et d'y procéder sur eux. Les mots *porter et* ont été ajoutés en interligne.
2. Saint-Simon a écrit *maison* au singulier, et *souveraines* au pluriel.

vicomte de Turenne, ainsi que ses pères, étoit demeuré fidèle et avoit très-bien servi Henri IV jusqu'au moment que ce monarque lui procura Bouillon et Sedan. Ce fut l'époque de ses félonies, dont le reste de sa vie et celle de ses deux fils fut un tissu, comme le remarquent toutes les histoires, et que ses fils n'abandonnèrent que par la difficulté de les plus soutenir, et par les monstrueux avantages que le cardinal Mazarin leur procura, dans ses frayeurs personnelles, pour s'en faire un appui. Tel est aussi le danger de permettre à ceux de ce dangereux rang les alliances étrangères. Mais ces réflexions, qui naissent abondamment, ne doivent pas trouver ici plus de place.

Quoique ce fût la morsure d'un moucheron à un éléphant, le Roi s'en sentit horriblement piqué. Il avoit en sa main la vengeance. Il reçut cette lettre le 24 mai ; il la remit le lendemain 25 à Daguesseau, procureur général, lui fit remarquer qu'elle étoit toute de la main du cardinal de Bouillon, et lui ordonna de la porter au Parlement, et d'y former sa demande de faire le procès au cardinal de Bouillon comme coupable de félonie. Le Roi rendit en même temps un arrêt dans son conseil d'en haut, qui, en attendant les procédures du Parlement, mit en la main du Roi tout le temporel du cardinal, et dit que sa lettre est encore plus criminelle que son évasion. Ses neveux, exactement avertis, vinrent ce même jour 25 à Versailles. Ils n'osèrent d'abord se présenter devant le Roi. Les ministres, qu'ils virent, leur dirent qu'ils le pouvoient faire. Ils ne furent point mal reçus. Le Roi leur dit qu'il les plaignoit d'avoir un oncle si extravagant. Mme de Bouillon, qui étoit ou faisoit la malade à Paris, écrivit au Roi des compliments pleins d'esprit et de tour : et on verra bientôt pourquoi cette lettre d'une femme qui avoit son mari si à portée du Roi, que le Roi n'aimoit point, et qui n'alloit pas deux fois l'an lui faire sa cour ; mais tout étoit concerté, et M. de Bouillon se trouva à Évreux, qu'on envoya avertir, et qui trouva tout cela fait en arrivant pour guider après ses démarches. Le 26, le Roi écrivit au cardinal de la Trémoille, chargé de ses affaires à Rome, en lui envoyant une copie de celle[1] du cardinal de Bouillon pour en rendre compte au Pape ; il est nécessaire d'insérer ici cette lettre du Roi au cardinal de la Trémoille :

« Mon cousin, il y a longtemps que j'aurois pardonné au cardinal de Bouillon ses désobéissances à mes ordres, s'il m'eût été libre d'agir comme particulier dans une affaire où la majesté royale étoit intéressée. Mais comme elle ne me permettoit pas de laisser sans châtiment le crime d'un sujet qui manque à son principal devoir envers son maître, et je puis ajouter encore envers son bienfaiteur, tout ce que j'ai pu faire a été d'adoucir par degrés les peines qu'il avoit méritées. Aussi non-seulement je lui ai laissé la jouissance de ses revenus lorsqu'il est rentré dans mon royaume, mais depuis je lui ai permis de changer de séjour, quand il m'a représenté les raisons qu'il avoit pour sortir des lieux où j'avois fixé sa demeure. Enfin je lui avois accordé, sans même qu'il me l'eût demandé, la liberté d'aller dans telle province et telle endroit du royaume qu'il lui plairoit, pourvu que ce fût à la distance de trente lieues de Paris ; et lorsque, pour abréger sa route, il a passé à l'extrémité de cette ville, qu'il a séjourné aux environs, je ne m'y suis pas opposé. Il supposoit qu'il alloit en Normandie pour régler quelques affaires, qu'ensuite il passeroit à Lyon ; mais il crut devoir faire enfin connoître le véritable motif et unique but de son voyage. Au lieu d'aller à Rouen et de passer à Lyon, comme il l'avoit assuré à sa famille, il a fait un assez long séjour en Picardie, et passant ensuite à Arras, il s'est rendu à l'armée de mes ennemis, suivant les mêmes sûretés qu'il avoit prises avec celui de ses neveux qui sert actuellement dans la même armée, et qui dès le commencement de cette guerre avoit donné l'exemple de désertion que son oncle vient de suivre. Le cardinal de Bouil-

---

1. De la lettre.

lon l'ayant imité dans sa fuite m'a de plus écrit une lettre dont je vous envoie la copie. Il me suffiroit, pour punir son orgueil, d'abandonner cette lettre aux réflexions du public, mais il faut un exemple d'une justice plus exacte à l'égard d'un sujet qui joint la désobéissance à l'oubli de son état et à l'ingratitude des bienfaits dont j'ai comblé sa personne et sa maison ; et le rang où je l'ai élevé ne me dispense pas de m'acquitter à son égard des premiers devoir de la royauté. J'ordonne à mon parlement de Paris de procéder contre lui suivant les lois. Vous communiquerez la lettre qu'il m'a écrite, et vous informerez Sa Sainteté de la manière dont il a passé à mes ennemis, car il est nécessaire que le Pape connoisse par des preuves aussi évidentes le caractère d'un homme qui se prétend indépendant. Dieu veuille que cette ambition sans bornes, soutenue seulement par la haute idée de doyen des cardinaux, ne cause pas un jour quelque désordre dans l'Église ! car que peut-on présumer d'un sujet prévenu de l'opinion qu'il ne dépend que de lui de se soustraire à l'obéissance de son souverain ? Il suffira que la place dont le cardinal de Bouillon est présentement ébloui, lui paroissant inférieure à sa naissance et à ses talents, il se croira toutes voies permises pour parvenir à la première dignité de l'Église, lorsqu'il en aura contemplé la splendeur de plus près, car il y a lieu de croire que son dessein est de passer à Rome. Je doute que ce soit de concert avec Sa Sainteté, et s'il avoit pris quelques mesures secrètes avec Elle, je suis persuadé qu'Elle se repentiroit bientôt du consentement qu'Elle auroit donné. Quoi qu'il en soit, mon intention est que, le cardinal de Bouillon arrivé à Rome, vous n'ayez aucun commerce avec lui, et que vous le regardiez non-seulement comme un sujet rebelle, mais comme se glorifiant de son crime. Vous avertirez aussitôt les François qui sont à Rome, aussi bien que les Italiens qui sont attachés à mes intérêts, de se conformer aux ordres que je vous donne à son égard. Sur quoi, je prie Dieu qu'il vous ait, mon cousin, en sa sainte et digne garde. »

Cette lettre reçut peu d'approbation : on trouva bien peu décent qu'à un manifeste aussi injurieux qu'étoit la lettre du cardinal de Bouillon au Roi, un si grand monarque et si délicat sur le point de son autorité, prît de si foibles devants à Rome, et répondît comme par un autre manifeste, qui descendoit dans un si bas détail de justification de l'exil du cardinal de Bouillon ; qu'il parût craindre un concert avec le Pape d'aller à Rome, et qu'en le montrant il n'y opposât qu'un chimérique soupçon sur le pontificat, dont il n'étoit pas possible que le Pape pût s'émouvoir. On ne devoit pas espérer, au point où en étoient les cardinaux, de faire trouver bon à la cour de Rome les procédures contre un des leurs, et de plus leur doyen. Cette promptitude et cette manière basse de la prévenir n'étoit bonne qu'à lui faire sentir ses forces, au lieu d'agir, et de la laisser courir après. Le cardinal de Bouillon s'en enorgueillit davantage : il écrivit au président de Maisons, sur les procédures dont on le menaçoit, une lettre plus violente encore que celle qu'il avoit écrite au Roi, et fit faire des écrits de même style sur l'immunité prétendue des cardinaux de toute justice séculière en quelque cas que ce puisse être, et même de toute autre que de celle du Pape conjointement avec tout le sacré collège.

Le Parlement, saisi du procès, rendit un arrêt de prise de corps contre le cardinal de Bouillon, le sieur de Certes gentilhomme, son domestique, qu'il employoit fort dans ses intrigues, et qui étoit allé et venu avec beaucoup de hardiesse à l'occasion de celle-ci, et un jésuite qui s'en étoit fort mêlé; mais quand il fallut aller plus loin, il se trouva arrêté par la difficulté des procédures, et cette immunité des cardinaux, confirmée par tant d'exemples, que les rois n'ont pu franchir, et que ceux qui ont voulu se faire justice ne l'ont pu qu'en ayant recours aux voies de fait, dont les exemples ne sont pas rares, et dont Rome s'est prudemment tue, si on excepte l'exécution du cardinal de Guise, parce que Rome se vit appuyée de la formidable puissance de la Ligue. Les jésuites, de tout temps aux Bouillons, soutinrent sourdement ce danger de tout leur crédit; la politique et la conscience s'unirent à ne se pas commettre avec Rome, tellement qu'après tout ce fracas, et ce procès même signifié au Pape, comme on vient de le voir, tomba de foiblesse, et s'exhala, pour ainsi dire, par insensible transpiration[1]. Belle leçon aux plus puissants princes, qui au lieu de se faire un parti à Rome, en y donnant leur nomination, et de ceux qui l'obtiennent, et de ceux qui l'espèrent, et de tout ce qui tient à eux, gens toujours sur les lieux, instruits de tout et agissants pour leur service, et vigilants à la mort des papes à toutes les intrigues qui la suivent, élèvent de leurs sujets à une grandeur inutile à leurs intérêts, par leur absence de Rome, où ils n'ont ni parents, ni amis, ni faction, et ne sont bons qu'à envahir trois ou quatre cent mille livres de rente en bénéfices, du demi-quart desquels un Italien se tiendroit plus que récompensé, est[2] en France l'homme du Pape contre le Roi, l'État et l'Église de France, se rend chef et le tyran du clergé, trop ordinairement du ministère, est étranger de liens d'intérêt, de protection, est hardi à tout parce qu'il est inviolable, établit puissamment sa famille, et quand il a tout obtenu, est libre après de commettre, tête levée, tous les attentats que bon lui semble, sans jamais pouvoir être puni d'aucun.

Après tant d'éclat, on se rabattit à des mortifications plus sensibles que n'eussent peut-être été des procédures sans exécution. On se souvint de celles de la chambre de l'Arsenal contre les faussaires, et de son arrêt du 11 juillet 1704 contre la fausseté prouvée et avouée du célèbre cartulaire de Brioude, et contre J.-Pierre Bar, son fabricateur qui, se voyant trompé dans l'espérance de protection et d'impunité que lui avoit donnée le cardinal de Bouillon et sa famille, qui l'avoient mis en besogne, se cassa la tête contre les murs de sa chambre à la Bastille, à ce que j'ai su de Maréchal, qui fut mandé pour l'aller voir, à qui il ne

---
1. Nous reproduisons textuellement la phrase du manuscrit.
2. Saint-Simon, on le voit, passe brusquement du pluriel au singulier.

cacha pas le désespoir qui le lui avoit fait faire, et qui en mourut deux jours après. On s'indigna contre Baluze et cette magnifique généalogie, bâtie sur cette imposture, qu'il fit imprimer à Paris avec privilége sous son nom, avec le titre d'*Histoire généalogique de la maison d'Auvergne*, de toutes lesquelles choses j'ai parlé en leur temps. On sentit l'énormité d'une complaisance si contradictoire à la vérité et à l'Arrêt de l'Arsenal, et on essaya d'y remédier par un arrêt du conseil du 1er juillet 1710, qu'il n'est pas inutile d'insérer ici :

« Sur ce qu'il a été représenté au Roi, *estant*[1] en son conseil, que dans le livre intitulé *Histoire généalogique de la Maison d'Auvergne*, imprimé à Paris chez Ant. Dezallier, deux volumes in-folio, le sieur Baluze, auteur de cette histoire, avoit non-seulement osé avancer différentes propositions sans aucune preuve suffisante, mais encore que, pour autoriser plusieurs faits avancés contre toute vérité, il avoit inséré dans le volume des preuves plusieurs titres et pièces qui avoient été déclarées fausses par arrêt de la chambre de l'Arsenal, le 11 juillet 1704, qui est une entreprise d'autant plus condamnable qu'outre le mépris d'un arrêt si authentique et rendu en si grande connoissance de cause, un pareil ouvrage ne peut être fait que pour appuyer une usurpation criminelle et ménagée depuis longtemps par les artifices les plus condamnables, et pour tromper le public dans des matières aussi importantes que le sont les droits ou les prétentions des grandes maisons du royaume; à quoi étant nécessaire de pourvoir, et tout considéré, le Roi, *estant* en son conseil, a ordonné et ordonne que le privilége accordé par Sa Majesté pour l'impression de ladite *Histoire généalogique de la maison d'Auvergne*, en date du 8 février 1705, sera rapporté pour être cancellé, et qu'il sera fait recherche exacte de tous les exemplaires dudit ouvrage, qui seront déchirés et mis au pilon. Enjoint

---

1. *Estant*, ici et plus bas, est souligné au manuscrit.

Sa Majesté au sieur d'Argenson, conseiller d'État et lieutenant général de police à Paris, de tenir la main à l'exécution du présent arrêt, et d'en certifier Monsieur le chancelier dans huitaine. Fait au conseil d'État, Sa Majesté y *estant*, tenu à Versailles le premier jour de juillet 1710. *Signé* Phélypeaux. »

On imprima quantité d'exemplaires de cet arrêt; on les distribua à pleines mains à qui en voulut, pour rendre la chose plus authentique. Le peu de patrimoine que le cardinal de Bouillon n'avoit pu soustraire fut incontinent confisqué ; le temporel de ses bénéfices étoit déjà saisi, et le 7 juillet il parut une déclaration du Roi, qui privant le cardinal de Bouillon de toutes ses collations, les attribuoit aux évêques dans le diocèse desquels ces bénéfices se trouveroient situés. En même temps Baluze fut privé de sa chaire de professeur au Collége royal, et chassé à l'autre bout du royaume.

Mais tout cela n'alloit pas au fait, et montroit seulement en opposition une indigne complaisance dans un temps, par le privilége donné à ce livre au mépris de l'arrêt de l'Arsenal antérieur, et une colère impuissante dans un autre. Le Roi fut excité contre l'injustice, le désordre et l'abus de ces rangs de princes étrangers donnés à des gentilshommes françois, et il y prêta l'oreille : il donna ses ordres pour la visite de l'abbaye de Cluni, et de tous les monuments d'orgueil qu'en manière de pierres d'attente le cardinal de Bouillon y entassoit depuis si longtemps, comme descendant des ducs de Guyenne. Suivant la fausseté du cartulaire de Brioude fabriqué par ce de Bar, il descendoit masculinement des fondateurs de Cluni : c'étoit sa chimère de tout temps, que, faute de preuves et de toute vérité ni vraisemblance, il appuya enfin de cette insigne fausseté. Il avoit en attendant multiplié à Cluni les actes et les marques de cette fausse descendance, dans les temps de sa faveur et de son autorité, sous prétexte de bienfaits de sa part, et de reconnoissance des moines; il y avoit fait conduire les corps de son père, de sa mère, de plusieurs de ses neveux, et sous prétexte de piété, s'y faisoit de leur sépulture des titres à des monuments de grandeur, avec tout l'art, la hardiesse et la magnificence possible.

Le Parlement rendit, le 2 janvier 1711, arrêt portant commission au lieutenant général de Lyon de visiter cette abbaye, et d'y faire entièrement biffer et effacer tout ce qui, en quelque façon que ce pût être, en monuments ou en écritures, étoit de cette nature ; et cela fut pleinement exécuté. Le Roi fit rapporter de Paris, de Fontainebleau, de Saint-Germain et de Versailles tous les registres des curés, où la qualité de prince fut rayée, biffée et annotée en marge, que le cardinal de Bouillon y avoit prise aux baptêmes et aux mariages qu'il avoit faits à la cour comme grand aumônier. Le 15 juillet de cette année 1710, il fut envoyé une lettre de cachet à l'abbaye de Saint-Denis, accompagnée d'officiers principaux des bâtiments du Roi, pour ôter les armes des Bouillons partout où ils[1] les avoient mises à la chapelle où M. de Turenne est enterré, ce qui fut assez légèrement exécuté. Lors de sa mort, et que le Roi fit tant pour sa mémoire, il ne voulut pas que les honneurs prodigués au héros tournassent en titres pour sa maison : il défendit très-expressément à Saint-Denis tout ce qui pouvoit sentir le moins du monde le prince, surtout ce titre nulle part, et même que ses armes, ou entières ou semées, y fussent souffertes nulle part à son tombeau ni dans sa chapelle, et c'est ce qui fit que les Bouillons ne voulurent ni inscription sur le cercueil ni épitaphe au dehors ; mais dans les suites, à force de caresser les moines, d'ouvrir la bourse, d'être facile sur des collations, enfin d'orner un peu cette chapelle, les armes de la maison, et entières et semées, furent glissées au tombeau et à l'autel, à la voûte et dans les vitrages, même celles du cardinal de Bouillon avec le chapeau, comme ayant fait la dépense.

1. Saint-Simon a écrit *il*, au singulier.

Ces coups furent très-sensibles aux Bouillons; mais ce n'étoit pas le temps de se plaindre, mais de couler doucement de peur de pis, et sous l'apparente rigueur de l'exécution, de profiter de la foiblesse et du peu de fidélité des gens des bâtiments pour conserver des vestiges, en attendant d'autres temps où ils pussent hasarder encore une fois ce qu'ils y avoient mis une première. Le cardinal de Bouillon éclata sur toutes ces exécutions avec plus d'emportement que jamais. Il avoit dès auparavant gardé si peu de mesures, qu'il avoit officié pontificalement dans l'église de Tournay au *Te Deum* de la prise de Douay, et que de cette ville, où il avoit fixé sa demeure, il écrivit une grande lettre à M. de Beauvau, qui en étoit évêque lorsqu'elle fut prise, et qui ne voulut ni chanter le *Te Deum*, ni prêter serment, ni demeurer, quoi que pussent faire les principaux chefs pour l'y engager; et par cette lettre le cardinal de Bouillon l'exhortoit à retourner à Tournay et à s'y soumettre à la domination présente, et n'y ménageoit aucun venin.

Ces recherches des registres des curés de la cour, et dans les abbayes de Cluni et de Saint-Denis, si promptement suivies des nouveaux éclats du cardinal de Bouillon, jetèrent le duc son frère en d'étranges inquiétudes des suites que cela pourroit avoir. Ce fut la matière de force consultations dans sa famille et avec ses plus intimes amis. Il avoit auprès du Roi le mérite de cinquante années de domesticité et de familiarité, celui de la plus basse flatterie et d'une grande assiduité; et par-dessus ceux-là, si puissants auprès du Roi, il en avoit un autre qui les faisoit encore plus valoir, c'est qu'il avoit fort peu d'esprit. Il avoit ployé avec art et soumission sous les orages que le cardinal et la duchesse de Bouillon s'étoient attirés, et qui, sans l'avoir jamais directement regardé, n'avoient pas laissé de l'entraîner plus d'une fois dans leur exil. Toutes ces choses avoient touché le Roi, il disoit que c'étoit un bon homme; il ne craignoit rien de lui; il le plaignoit de ses proches, et il s'étoit accoutumé à avoir pour lui de la considération et de l'amitié. Son fils aîné étoit mort depuis longtemps, dans un reste de disgrâce profonde; le duc d'Albret étoit un homme que le Roi ne voyoit jamais et qu'il n'aimoit point; le chevalier de Bouillon beaucoup moins. Il étoit d'une débauche démesurée et d'une audace pareille, qui ne se contraignoit sur rien, qui disoit du Roi que c'étoit un vieux gentilhomme de campagne dans son château, qui n'avoit plus qu'une dent, et qu'il la gardoit contre lui. Il avoit été chassé et mis en prison plus d'une fois, et n'en étoit pas plus sage. Le comte d'Évreux, qui avoit fort plu au Roi par l'amitié du comte de Toulouse, et qui avec bien moins d'esprit que ses frères avoit plus de sens et de manége, ne servoit plus depuis la campagne de Lille; il boudoit et ne paroissoit presque plus à la cour. Il ne restoit du comte d'Auvergne que deux fils en France, tous deux prêtres, tous deux sans esprit, l'aîné plein d'ambition et de petits manéges, encore plus d'une débauche qui le bannissoit du commerce des honnêtes gens, et en tout genre fort méprisable et méprisé. Le cadet, qui n'avoit pas ces vices, étoit une manière d'hébété, obscur, qui ne voyoit personne. Ainsi M. de Bouillon n'avoit point de secours dans sa famille que soi-même.

Dans cet état pressant, il s'adressa au chancelier, puis un matin au Roi lui-même, qu'il prit dans son lit, avec la commodité, le loisir et le tête-à-tête de cette privance des grandes entrées, où chacun de ce très-peu qui les ont se retire à l'autre bout de la chambre, ou même en sort dès qu'on en voit un d'eux qui veut parler au Roi. Là, M. de Bouillon déplora sa condition, les folies de son frère, s'épuisa en louanges au Roi, en actions de grâces de ses bienfaits, surtout en reconnoissance de sa sujétion, parce que ce n'étoit qu'en paroles, en compliments, et encore tête à tête, pria, pressa, conjura le Roi d'arrêter les effets de sa colère, et pour un coupable que sa famille avoit le malheur d'avoir produit, ne pas flétrir sa maison. Le Roi, quelque temps froid et silencieux, puis peu à peu ramené à ses premières bontés par la soumission de tant de propos affectueux, lui répondit qu'il ne demandoit pas mieux que de continuer à distinguer sa personne et sa famille de son frère rebelle et criminel, mais que la révolte de son frère portant coup pour toute sa maison, par le déni fait à lui-même d'être son sujet, par sa lettre sur le fondement de sa naissance, il ne pouvoit tolérer cette injure sans s'en ressentir, et que c'étoit au duc lui-même à voir ce qu'il pouvoit faire pour donner lieu à éviter ce que ce déni méritoit. M. de Bouillon, fort soulagé par de si bonnes paroles, redoubla de protestations et de fatras de compliments, supplia le Roi de trouver bon qu'il en parlât à quelqu'un, et lui nomma le chancelier. Le Roi y consentit, et le duc espéra dès lors de sortir bien de cette périlleuse affaire.

Il ne tarda pas d'aller chez le chancelier : le Roi l'avoit instruit; le chancelier ne le lui cacha pas; et comme il savoit très-bien distinguer les choses d'avec les paroles et les propos, il ne tâta point de celles-ci, et proposa de celles-là. Le fait étoit, et ce fait étoit inconcevable, qu'avec toutes les injures que le duc de Bouillon disoit de son frère au Roi, il ne s'estimoit pas plus que lui son sujet; et il avoit droit d'avoir cette opinion, parce que jamais, en écrivant au Roi, il n'avoit mis le mot de *sujet*, et que cette omission jusqu'alors lui avoit été tolérée sans aucune difficulté. Or c'étoit là maintenant de quoi il s'agissoit, et à quoi on le vouloit réduire, et c'étoit pour soutenir cet usage dans cette crise que Mme de Bouillon avoit pris occasion d'écrire au Roi. Indépendamment de la nature mouvante et jamais souveraine de Sedan et de Bouillon, indépendamment de la manière dont ces fiefs étoient venus et demeurés au grand-père et au père de M. de Bouillon, indépendamment de toutes les félonies qui les leur avoient fait perdre, et de la manière dont le Roi s'en étoit saisi, toutes choses bien destructives de souveraineté dans les ducs de Bouillon, le père de celui-ci en avoit fait avec le Roi un échange à un avantage en tout genre si prodigieux, qu'il n'avoit pas à s'en plaindre, et celui-ci encore moins, depuis le temps qu'il en jouissoit. Avec le rang de prince étranger, la souveraineté, quand elle eût existé, ne pouvoit lui être demeurée, puisqu'il étoit dessaisi et dépouillé volontairement de Bouillon et de Sedan, que le Roi possédoit en vertu de l'échange. Le domaine simplement utile [1] laissé à M. de Bouillon n'opéroit rien à cet égard : pas un mot des droits, de l'effet, de l'exception de la souveraineté, ni d'état personnel de souverain, ni dans le contrat d'échange, ni dans le brevet de rang de prince étranger; nulle raison, nul prétexte, même le plus frivole, à M. de Bouillon de n'être et ne s'avouer pas sujet du Roi, lui duc et pair, grand chambellan, et qui n'avoit pas même un pouce de terre hors du royaume, ni lui, ni ses enfants.

Le chancelier, avec des raisons si péremptoires, n'en oublia aucune pour lui persuader qu'il n'avoit aucun prétexte pour se soustraire à cette qualité, ni le Roi, avec ce qui se passoit, aucun non plus de l'endurer davantage, lui remontra tous les fâcheux inconvénients, et tous en la main du Roi, qui pouvoient lui arriver de sa résistance; il essaya de le porter à se reconnoître sujet du Roi par un écrit signé par lui, par ses enfants et par ses neveux : tout fut inutile. M. de Bouillon ne connut rien de pis que cet aveu, et il espéra tout de sa propre souplesse, de celle du P. Tellier, de ce mélange de bonté et de foiblesse du Roi pour lui, surtout de son peu de suite dans ces sortes d'affaires, dont il avoit si souvent fait d'heureuses expériences. Sa famille néanmoins, qui toute se sentoit si personnellement mal chacun avec le Roi, craignit d'irréparables foudres, et le pressa d'accorder au danger et à l'angoisse des conjonctures l'écrit proposé par le chancelier; mais il résista également à eux et à ses plus intimes amis, et leur répondit avec indignation qu'il étoit trop maltraité pour y consentir. Le mauvais traitement con-

---

1. C'est-à-dire, les revenus des terres séparés des droits de souveraineté.

sistoit donc à la radiation des faussetés de Bar et de la qualité de prince aux monuments dont j'ai parlé, et à ôter de Saint-Denis ce que le Roi n'y avoit jamais voulu permettre, ce qu'il avoit expressément défendu lorsqu'il y fit porter M. de Turenne, et ce que, contre ses ordres, ils y avoient frauduleusement mis depuis. En tout autre pays qu'en France cet insolent refus de M. de Bouillon eût suffi seul pour les accabler, et surtout pour leur ôter à jamais ce rang de prince qui soutenoit leur chimère, et que ce refus impudent réalisoit autant qu'il étoit en eux, et s'il étoit souffert, autant qu'il étoit au pouvoir du Roi à l'égard d'une chose à qui tout fondement de vérité manquoit, mais qui n'en devenoit pas moins dangereuse.

C'est ce qui fit que, sans plus s'arrêter à l'écrit proposé et rejeté par M. de Bouillon, avec une fermeté qui découvroit le fond de son cœur, et qui même donné par lui auroit toujours pu passer pour un effet de sa peur et d'une espèce de violence, il fut proposé au Roi de prendre un biais plus juridique et plus exempt de tout soupçon, parce qu'il étoit selon les lois, les règles et les formes; ce fut que le procureur général fît assigner M. de Bouillon, ses enfants et ses neveux pour voir dire :

I. Que Sedan est fief de Mouzon et arrière-fief de la couronne, ainsi qu'il conste par sa nature, par les lettres patentes de Charles VII, en 1454, comme souverain seigneur de Mouzon, d'où Sedan relevoit, et par jugement en conformité de ces lettres, rendu à Mouzon en 1455, et qu'il n'y a titre ni preuve en aucun temps de l'indépendance de Sedan;

II. Que Bouillon est originairement mouvant de Reims, et arrière-fief de la couronne, cette mouvance acquise en 1127 de Renaud, archevêque de Reims, par Alberon, évêque de Liége, seigneur de Bouillon, et que passant des évêques de Liége dans la maison de la Mark, ils n'en ont jamais cédé la mouvance ni même la propriété territoriale, qui a sans cesse, jusqu'à ce jour, été réclamée et revendiquée par les évêques de Liége;

III. Que Sedan, Bouillon, ensuite Raucourt, Jamets et Florenville, ces trois derniers fiefs sans nulle apparence d'indépendance ni prétention d'eux-mêmes, ont passé par voie d'acquisition de la maison de Braquemont et des évêques de Liége dans la maison de la Marck;

IV. Que la maison de la Marck n'a jamais prétendu à la souveraineté par ces fiefs, et a fait actes du contraire, si ce n'est le père de l'héritière, première femme et sans enfants du grand-père de M. de Bouillon et du cardinal son frère, qui se prétendit indépendant;

IV[1]. Aucun de cette branche de la Marck-Bouillon n'a eu ni prétendu en France, ni en aucun lieu de l'Europe, à la qualité ni à aucun rang de prince;

V. Que ces fiefs de Bouillon, Sedan et leurs dépendances n'ont été réputées ni dénommées[2] que simples seigneuries, et leurs possesseurs que seigneurs, jusqu'au père susdit de l'héritière, qui le premier usurpa, sans titre et sans approbation, le titre de prince de Sedan, et qu'à l'égard de Bouillon il n'a jamais été et n'est encore duché, mais simple seigneurie;

VI. Que lesdits fiefs ne sont passés de la maison de la Marck dans celle de la Tour ni par acquisition, ni par succession, ni à aucun titre qu'elle puisse montrer, mais par la seule protection du roi Henri IV;

VII. Que lesdits fiefs n'ont pas changé de nature entre les mains de la maison de la Tour, laquelle à ce titre ne peut plus prétendre que n'a fait la maison de la Marck;

VIII. Que la postérité d'Acfred, duc de Guyenne et comte d'Auvergne, est depuis longtemps éteinte;

IX. Que mal à propos la maison de la Tour a usurpé, adopté et joint à son nom de la Tour le nom à elle étranger d'Auvergne, puis substitué seul au sien, sans qu'elle en puisse montrer d'autre titre que ce faux cartulaire de Brioude, fait par le nommé de Bar, condamné comme faussaire, et qui en a fait l'aveu, et le cartulaire déclaré

---

1. Saint-Simon a ainsi répété le chiffre IV.
2. Ces deux participes sont bien au féminin.

faux et condamné comme tel par l'arrêt de la chambre tenue à l'Arsenal du 11 juillet 1704;

X. Que cette innovation de nom n'est pas plus ancienne que le père du cardinal de Bouillon;

XI. Que défenses seront faites à ceux de la maison de la Tour de plus prendre le nom d'Auvergne, seul ni joint avec le leur, et que ce nom d'Auvergne, seul ou joint au leur, sera rayé et biffé dans tous les actes ci-devant passés, contrats et autres pièces où il sera trouvé, et dont recherches seront faites;

XII. Que mêmes défenses et exécutions seront faites à l'égard des armes d'Auvergne, pour qu'il ne reste pas trace de telle chimérique prétention;

XIII. Que les seigneurs de la maison de la Tour sont seigneurs françois, sujets du Roi comme toutes les autres maisons nobles du royaume; se diront tous, s'avoueront, se soussigneront tels;

XIV. Que lesdits seigneurs de la Tour n'ont aucune descendance d'Acfred, duc de Guyenne et comte d'Auvergne, dont la postérité est dès longtemps éteinte; et qu'à titre des fiefs et seigneuries de Bouillon, Sedan, etc., ne pouvant prétendre à la qualité et titre de prince, ces titre et qualités seront biffées et rayées partout où ils les auront prises, ainsi que dessus, et défenses à eux faites de les prendre ni porter à l'avenir;

XV. Que lesdits seigneurs de la maison de la Tour seront condamnés à toutes réparations, amendes, dommages et intérêts, pour avoir usurpé les noms, armes, titres, usages et prétentions indues, sans droit ni apparence de droit, et à eux entièrement étrangers, et destitués de tous titres à ce faire.

Les preuves de ces quinze articles, qui se trouvent légèrement tracées depuis la page 573 jusqu'à la page 585[1], ci-dessus, avoient été solidement examinées avant de proposer ces articles. Ils alloient tous à l'entière destruction

---

1. Pages 85-113 de notre tome V.

de la chimère d'indépendance, de souveraineté, de principauté; ils alloient plus directement au cœur du cardinal de Bouillon, que quoi qu'on eût pu faire contre sa personne, quand bien même on en eût été en possession, et affranchi du bouclier du cardinalat. Tous ces articles étoient vrais, justes, conséquents, n'outroient rien; ils se tenoient dans le fond de la chose dont il s'agissoit entre le Roi et les Bouillons, et y procédoient par maximes tirées *ex visceribus causæ*, et par leurs conséquences naturelles. En même temps ils n'attaquoient en rien l'échange dans aucune de ses parties; ils ne touchoient pas même au rang de prince étranger, inconnu au Parlement, et grâce du Roi, qui n'a besoin d'autre fondement que de sa volonté quand il lui plaît qu'elle soit plus gracieuse pour quelques-uns que juste pour tous les autres, et qui pour la maison de Rohan n'a ni la chimère d'un Acfred ni des prétentions de souveraineté pour prétexte.

Ces articles étoient tous de la plus pure compétence du Parlement; et il étoit parfaitement du ministère du procureur général, l'homme du Roi et le censeur public, d'y en porter sa plainte. Dès le premier pas, MM. de Bouillon assignés se seroient trouvés dans la nécessité de répondre. S'ils s'étoient sentis hors de moyens de soutenir juridiquement les usurpations de leur faveur et de leurs manéges, comme il est sans doute qu'ils s'en seroient trouvés dans l'entière impuissance et qu'ils eussent acquiescé, toute leur chimère étoit anéantie, et par leur propre aveu subsistant à toujours dans les registres du Parlement. Si malgré cette impuissance ils avoient essayé de répondre, il est hors de doute encore qu'ils auroient été condamnés avec plus de solennité, et leur chimère, anéantie et proscrite sans retour, auroit servi de châtiment pour eux et de leçon pour d'autres, sans le moindre soupçon de force ni de violence; et c'étoit après au Roi à voir s'il lui convenoit, avec tout ce qu'il se passoit là-dessus avec eux, de leur laisser le rang de prince étranger. Il se trouvera dans les pièces[1] un mémoire qui fut précipitamment demandé et fait en ce temps-là, et qui auroit été meilleur si on avoit eu plus de deux fois vingt-quatre heures à le faire, sur les maisons de Lorraine, de Rohan et de la Tour. Enfin un procès entre le Roi et MM. de Bouillon, non pour des terres et de l'argent, comme il en a tous les jours avec ses sujets, mais pour raison de la qualité de sujet, à raison de l'effet de ses propres grâces, de l'effet d'une descendance fausse d'un côté, d'une transmission forcée et sans titre de l'autre, et de plus très-onéreusement échangée pour le Roi, et dont la nature est un arrière-fief de sa couronne, eût été un très-singulier spectacle, et qui auroit mis en parfaite évidence que la chimère n'étoit que pour un temps, et que les prétentions réelles sur des provinces, comme patrimoine de ses pères, se réservoient pour d'autres temps. On laisse à juger de l'importance et du danger de laisser lieu à ces choses.

Mais si la hardiesse et l'art de MM. de Bouillon a pu, à l'égard du Roi, tout ce qu'on vient de rapporter, et des monuments qu'ils se sont faits peu à peu dans les registres des curés de la cour, dans l'abbaye de Cluni, et contre les précautions et les ordres les plus exprès du Roi dans celle de Saint-Denis, en voici un trait bien plus difficile à pratiquer. On a déjà dit que le rang et le nom de prince étranger sont inconnus au Parlement, qui ne reconnoît de princes que ceux du sang habiles à la couronne ; ainsi ce rang accordé par le Roi dans sa cour à MM. de Bouillon n'a pu être enregistré au Parlement, et le Roi n'a jamais songé à le vouloir : quelque puissant qu'il soit, il n'est maître ni des noms ni des descendances ; il ne l'est ni des titres antérieurs à lui des terres, ni de la spoliation de sa couronne, ni de son domaine, moins, s'il se peut encore, de son suprême domaine, ni des effets que le droit attache à ces choses ; par conséquent il n'a pu et ne peut jamais faire don à personne d'aucune de ces choses, ni

---

1. Voyez tome I, p. 420, note 1.

en faire vérifier le don au Parlement, comme en effet il n'en a enregistré aucun ; mais les noms de prétendue souveraineté et principauté de Sedan, Bouillon, etc., se trouvant dans la partie de l'échange qui est enregistrée, le mot de *prétendue* y est rayé. Or cette rature, qui est un attentat, et qui a été souffert, ne prouve que l'attentat, le crédit pour la tolérance, et une hardiesse inouïe et sans exemple comme sans effet, parce qu'il ne se fait ni ne se peut jamais faire de radiation d'un seul mot sur les registres du Parlement qu'en vertu d'un arrêt du conseil ou du Parlement, qui l'ordonne, et d'une note marginale à côté qui exprime la date et l'arrêt qui l'a ordonné ; et comme il n'y a ni note marginale ni arrêt qui ait ordonné la radiation de ce mot *prétendue*, il résulte qu'elle est un pur attentat, et que cette radiation est nulle de tout droit.

Ces quinze articles furent donc présentés au Roi, avec les raisons de leur usage tel qu'il vient d'être expliqué. Il en sentit l'équité et l'importance, et il comprit aussi que le traité d'échange vérifié ne portoit que sur les terres données en échange, sur l'érection d'Albret et de Château-Thierry en duchés-pairies, sur la réservation du simple domaine utile de Bouillon, sur l'abolition des crimes de félonie et autres, mais que le rang de prince étranger, accordé aussi et jamais vérifié, ni possible à être présenté au Parlement pour l'être, demeuroit toujours en sa main royale à titre de volonté, soit pour l'ôter, soit pour le laisser, quelque arrêt qui pût intervenir dans cette affaire, dont ce rang ne pouvoit être matière. Ainsi, content sur la jalousie de son autorité, il manda Pelletier, premier président, et Daguesseau, procureur général, auquel il ordonna de procéder ainsi qu'il vient d'être expliqué.

Ce procureur général, si éclairé, si estimé, de mœurs si graves, se trouva l'ami intime du duc d'Albret, dont la vie et les mœurs répondoient si peu aux siennes, et cette amitié, liée dès leur première jeunesse, s'étoit toujours si bien entretenue depuis, que le duc d'Albret n'avoit d'autre conseil dans ses affaires que Daguesseau, et que dans celle de la substitution qu'il eut avec tant d'éclat contre le duc de Bouillon son père, ce fut Daguesseau, lors avocat général, qui, à visage découvert, y fit tout, au point que M. de Bouillon, hors d'espérance d'accommodement, n'osa risquer le jugement au parlement de Paris, et fit, par autorité du Roi, qui pour la première fois de sa vie se voulut bien montrer partial et le dire, renvoyer le procès au parlement de Dijon. Le procureur général reçut avec grand respect les ordres du Roi, et force protestations d'obéissance : il fit bientôt naître des difficultés; il reçut de nouveaux ordres, ils furent réitérés : il les voulut du Roi lui-même; il ne s'effraya point de la fermeté que le Roi lui témoigna dans sa volonté pour la seconde fois : il multiplia les difficultés, si bien qu'il donna de l'ombrage sur son intention, et le confirma par la même conduite. Celui par qui tout passoit entre le Roi et Daguesseau, fatigué d'un procédé si bizarre, détourna deux audiences que ce dernier s'étoit ménagées, et ne pouvant parer la troisième, il s'y trouva en tiers, répondit à tout, aplanit tout, et indigné de ce qu'il ne se pouvoit plus dissimuler, par ce qu'il voyoit du procureur général, il le mit hors du cabinet du Roi presque par les épaules.

Pour achever de bien entendre tout ceci, il faut savoir qu'il y avoit trois canaux dans toute cette affaire : celui que je ne nomme point, qui par extraordinaire donna les ordres du Roi pour Cluni; Pontchartrain, comme secrétaire d'État de la maison du Roi, qui en fut naturellement chargé pour Saint-Denis, et qui le fit avec tant d'éclat et de partialité en même temps pour les Bouillons, dont avec raison il tenoit à grand honneur d'avoir épousé l'issue de germaine, que celui qui avoit donné les ordres pour Cluni le fit remarquer au Roi, et lui enleva ceux dont par sa charge il devoit être naturellement chargé pour le procureur général; le chancelier, par son office à l'égard du Parlement, qui en cela comme en toute autre affaire pensoit et sentoit tout au contraire de son fils. Le procureur général continuoit ses difficultés, et lorsqu'on croyoit l'avoir mis au pied du mur, il en inventa de nouvelles, non sur la chose et le fond, qui n'en étoit pas susceptible, mais sur cent bagatelles accessoires, dont il composoit des volumes de mémoires en forme de questions raisonnées, dans le dessein d'ennuyer le Roi et de lui faire quitter prise, en homme qui connoissoit bien le terrain. Enfin, tout étant arrêté et convenu, il donna parole par écrit à celui qui lui donnoit les ordres du Roi, et au chancelier aussi, d'aller en avant sans plus de difficultés, et ils croyoient la chose certaine, quand, à trois jours de là, il revint avec un nouveau mémoire pour montrer comme en éloignement, avec aussi peu de fondement que de bonne foi, la part que les alliés, enflés de leurs succès et excités par le cardinal de Bouillon, pourroient prendre à propos de Bouillon et de Sedan. Ce mémoire étoit encore plein de difficultés, habilement entortillé, expressément diffus et gros, tellement que le Roi, à qui il fallut le communiquer, fatigué à la fin et excédé, se dépita, et eut plus tôt fait de céder à une opiniâtreté si soutenue et si importune que de lire et de discuter ce vaste mémoire, et qu'il aima mieux surseoir l'exécution de ses ordres.

Le chancelier, outré de colère, et de la chose, et du manquement du procureur général à la parole qu'il lui avoit donnée si fraîchement par écrit, le traita en petit procureur du Roi de siége subalterne ; l'autre adjoint ne l'épargna pas davantage : tous deux lui reprochèrent son infidélité et sa prévarication. Il fut outré de honte et de désespoir, mais consolé sans doute d'avoir sauvé son bon ami et sa maison d'un naufrage si certain. Le premier président, dont l'avis et la volonté pour procéder fut toujours constante, mais dont la foiblesse d'esprit se sentoit trop de celle du corps, eut à se reprocher de n'avoir pas été assez ferme, ou plutôt de ne se l'être pas montré autant qu'il l'étoit intérieurement là-dessus. Il fut le seul du Parlement de ce secret, qui fut su de très-peu de personnes. Celui que je ne nomme pas étoit mon ami très-intime, tellement que jour à jour il ne m'en laissa rien ignorer, ni le chancelier non plus. On espéra y revenir par quelque autre voie : l'occasion s'en offrit bientôt par la prise d'un vaisseau chargé d'argent, de meubles et de papiers du cardinal de Bouillon ; mais Pontchartrain, vendu aux Bouillons, qui avoit la marine dans son département, étouffa la prise et fit tout rendre au cardinal. Telle fut l'issue d'une affaire de cet éclat, où le Roi, l'État et tout ce qui le compose avoit un si grand intérêt, et de la colère et des menaces si publiques et si justes d'un roi si absolu contre un rebelle, auquel sur ce point toute sa maison adhéra nettement en effet; ainsi sont servis les rois qui ne parlent à personne, et les royaumes qui sont gouvernés comme le nôtre.

Le cardinal de Bouillon n'eut pas longtemps à rouler ses grands projets sur la Hollande ; il perdit, deux mois après son évasion, le prince d'Auvergne, ce neveu pour lequel il ne songeoit pas à moins qu'au stathoudérat des Provinces-Unies ; il mourut de la petite vérole les derniers jours de juillet, et laissa son oncle dans la plus inexprimable douleur : ce fut le commencement de sa chute aux Pays-Bas, d'où il ne put depuis se relever, ni même en Italie. Ce déserteur ne laissa qu'une fille, qui nous ramènera dans peu encore au cardinal de Bouillon. Longtemps depuis, elle épousa le prince palatin de Sultzbach, et de ce mariage, qui dura peu, étant morts tous deux jeunes, est venu le prince de Sultzbach d'aujourd'hui, qui va succéder à tous les États et à la dignité de l'électeur palatin. Le Roi, intérieurement piqué, défendit à M. de Bouillon et à tous les parents du prince d'Auvergne d'en porter le deuil, et lui dit tout crûment qu'il étoit réputé mort du jour que, par arrêt du Parlement, il avoit pour sa désertion été pendu en Grève en effigie. On prit la liberté à l'oreille de trouver cela petit, et la marque d'une colère impuissante. Il fit commander en même temps au frère de l'abbé d'Auvergne de se défaire d'un canonicat qu'il avoit à Liége. Sur ce point au moins, et sur le deuil, il fut obéi.

Le Roi avoit donné depuis quelque temps au cardinal de la Trémoille la riche abbaye de Saint-Amand en Flandres, lequel en avoit obtenu les bulles. Cette abbaye étoit depuis tombée au pouvoir des ennemis, par les progrès de leurs conquêtes. Le cardinal de Bouillon, qui ne comptoit plus sur aucune des siennes en France, s'avisa sur la fin de l'année, pour le dire ici tout de suite, de s'en faire élire abbé par la moindre partie des moines : vingt-deux autres protestèrent contre cette élection. Il ne laissa pas d'être curieux de voir ce premier suffragant de l'Église romaine, ce doyen des cardinaux, qui ne dépend plus, à ce qu'il écrit au Roi, que de Dieu et de sa dignité, et qui ne veut plus songer qu'à servir Dieu et son Église, se faire élire contre les bulles du Pape, et, malgré lui et le pourvu, jouir à main armée des revenus de l'abbaye par la protection seule des hérétiques.

Les moines de Cluni furent excités sous main de chercher s'il n'y avoit point de moyens qui pussent leur donner lieu d'attaquer la coadjutorerie de l'abbé d'Auvergne ; le Roi même voulut bien qu'ils sussent que cela lui seroit agréable : autre marque d'impuissante colère, quand on a en main, avec justice et raison, tout ce qu'il faut pour tirer la vengeance la plus durable et la plus sensible. L'affaire apparemment se trouva si bien cimentée qu'on ne put y réussir.

Le prince de Berghes, de la maison duquel j'ai parlé à propos de la mère du cardinal de Bouillon, revint de l'armée de Flandres, au commencement de la campagne, épouser une fille du duc de Rohan, dont il se vouloit défaire à bon marché. Son père étoit gouverneur de Mons lorsque le Roi le prit. Celui-ci étoit un très-laid et vilain petit homme, de corps et d'esprit, dont il avoit fort peu ; mais il avoit une sœur chanoinesse de Mons, belle et bien faite et d'un air fort noble, qui s'appeloit Mlle de Montigny, qui n'avoit rien, et dont l'électeur de Bavière devint amoureux après qu'il eut quitté Mme d'Arco, mère du comte de Bavière, et l'a été jusqu'à sa mort. Il obtint pour le frère de sa maîtresse une compagnie des gardes du corps du roi d'Espagne à Bruxelles, l'ordre de la Toison d'or, et enfin la grandesse. Il est mort sans enfants plusieurs années après : et sa sœur en est devenue grande dame, de laquelle il n'est pas encore temps de parler.

Avant de quitter la Flandre, il faut dire que le duc de Mortemart étoit venu apporter au Roi la capitulation de Douay, et lui rendre compte du siége. On fut étonné qu'un homme si marqué, et par sa charge si fort approché du Roi, eût pris une commission si triste, de laquelle il s'acquitta même si mal que le Roi en fut embarrassé par bonté. J'aurois dû mettre cet article à la suite de la prise de Douay ; c'est un oubli que je répare.

Retourné à l'armée de Flandres, il se mit à jouer tête à tête avec M. d'Isenghien à l'hombre, qui y jouoit assez mal, et qui n'étoit rien moins que joueur. C'est le même qui, longues années depuis, est devenu maréchal de France. L'amusement grossit bientôt, parce que M. de Mortemart fut piqué d'éprouver la fortune contraire. Tant fut procédé qu'à force de multiplier les séances, d'enfermer M. d'Isenghien chez lui, et d'y grossir les parties malgré lui, qui gagnoit et qui avec toute l'honnêteté du monde n'osoit le refuser, malgré ses remontrances et celles des spectateurs, que M. de Mortemart perdit, ce qu'il n'a jamais voulu dire, dont M. d'Isenghien le racquitta enfin, jusqu'à près de cent mille francs. Cette perte fit grand bruit dans l'armée. M. d'Isenghien, dont la probité étoit connue, et qui n'étoit ni joueur ni encore moins adroit, avoit eu avec la fortune les meilleurs et les plus honnêtes procédés.

On fut choqué qu'un homme fût capable de faire un tel voyage à un jeu comme l'hombre ; le Roi le fut beaucoup, et la cour ne s'en tut pas. M. de Beauvillier fut au désespoir de la chose, et de son effet, et de tout ce qu'elle lui faisoit envisager.

Ce n'étoit pas le premier chagrin cuisant que lui causa ce gendre, ce ne fut pas aussi le dernier : sa fille, déjà si malheureuse, étoit grosse ; elle s'en blessa de déplaisir, et en fut à la dernière extrémité. M. de Beauvillier me parla fort confidemment de toutes ses douleurs ; je l'avois laissé venir là-dessus, à cause de ce qui s'étoit passé entre son gendre et moi sur Mme de Soubise, que j'ai raconté en son lieu.

Le payement fit encore beaucoup parler. Les ducs de Chevreuse et de Beauvillier s'attachèrent trop littéralement au délabrement des affaires du duc de Mortemart, et à la raison de conscience de préférer des dettes de marchands et d'ouvriers qui souffroient, et de gens qui avoient prêté leur bien, à celle qui venoit du jeu et d'une grosse perte ; ils en essuyèrent force blâme et force propos du monde, dont M. d'Isenghien continua de mériter l'approbation et les louanges, par la continuation des meilleurs procédés. Je ne pus m'empêcher d'avertir MM. de Chevreuse et de Beauvillier du bruit et de l'effet de cette conduite, et j'eus grand'peine à leur faire entendre combien l'honneur étoit intéressé à payer promptement les dettes du jeu, et combien le monde étoit inexorable là-dessus. Enfin M. de Mortemart, que le siége de Douay avoit fait maréchal de camp, céda son régiment à M. d'Isenghien à vendre, et pour le reste de la somme M. de Beauvillier prit les délais tels qu'il voulut, et acheva enfin de tout payer.

Une autre aventure y fut plus fâcheuse : le secrétaire du maréchal de Montesquiou, gagné depuis longtemps par le prince Eugène, craignit enfin d'être découvert, et, tout à la fin de la campagne, disparut, et s'en alla à Douay avec tous les chiffres et les papiers de son maître. On changea tous les chiffres, mais on ne put douter que tout ce qu'on avoit cru de plus secret ne l'avoit pas été pour les ennemis.

CHAPITRE V.

Art et manége du P. Tellier sur les bénéfices. — Mailly, archevêque d'Arles, passe à Reims. — Janson archevêque d'Arles. — Le Normand évêque d'Évreux. — Turgot évêque de Séez. — Dromesnil évêque d'Autun, puis de Verdun. — Abbé de Maulevrier; sa famille; son caractère. — Mort de l'abbé de Langeron. — Cardinal Gualterio met les armes de France sur la porte de son palais à Rome. — Mort de Mme de Caderousse; naissance et caractère d'elle et de son mari. — Ducs d'Avignon; ce que c'est. — Mort du lieutenant civil le Camus; son caractère; Argouges lieutenant civil. — Mort de la Vienne, premier valet de chambre du Roi. — Mort de la marquise de Laval. — Mort de Dénonville. — Duchesse de Luynes gagne un grand procès contre Matignon. — Mort du marquis de Bellefonds; le marquis du Châtelet gouverneur et capitaine de Vincennes. — Souper de Saint-Cloud. — Tentative de la flotte ennemie sur Agde et le port de Cette, sans succès. — Situation de l'Espagne; Mme des Ursins fait un léger semblant de la quitter. — M. de Vendôme de nouveau demandé par l'Espagne. — Le Roi d'Espagne en Aragon, à la tête de son armée; Villadarias sous lui. — Duc de Medina Celi arrêté, conduit à Ségovie, puis à Bayonne avec Flotte. — Petits exploits des Espagnols. — Staremberg bat les quartiers de l'armée du roi d'Espagne, qui se retire sous Saragosse. — Vendôme va en Espagne, est froidement reçu à la cour, et mal par Mme la duchesse de Bourgogne.

Il s'étoit amassé beaucoup de bénéfices à donner. Le P. Tellier, qui faisoit tout sous terre, et qui n'imitoit en rien le P. de la Chaise, bannit les temps accoutumés de les remplir autant qu'il put, qui étoit[1] les jours de communion du Roi, pour mettre les demandeurs en désarroi, éviter de trouver le Roi prévenu en faveur de quelqu'un pour qui on auroit parlé à temps, et se rendre plus libre et plus maître des distributions. Il exclut autant qu'il lui fut possible tout homme connu et de nom, et ne voulut que des va-nu-pieds et des valets à tout faire, gens obscurs, à mille lieues d'obtenir ce qu'on leur donnoit, et qui se dévouoient sans réserve aux volontés du confesseur, à l'aveugle, et sans même les savoir, et gens au reste à

1. Il y a bien *étoit*, au singulier.

n'oser broncher après. Il avoit dès lors ses vues, qu'il commençoit à préparer, et pour cela choisit ses gens le mieux qu'il put.

On sut donc à la mi-juillet plusieurs évêchés et grand nombre d'abbayes données, le tout ensemble de deux cent quarante mille livres; mais on ne le sut que peu à peu, dans le dessein de faire faire les nominations à son gré, qu'il sentoit bien qui ne le seroient pas à celui du public ni de personne. Il craignit la rumeur qu'exciteroient les listes, comme on les donnoit auparavant; il les supprima, tant pour cette raison que pour n'être pas forcé, par la publicité de la liste et le remerciement au Roi, de donner aux nommés ce qui leur étoit destiné s'il n'y trouvoit pas son compte, et en ce cas faire naître quelque scrupule au Roi qui changeât la destination : tellement que ce n'étoit jamais qu'en rassemblant les remerciements qu'on voyoit faire, ou quelquefois rarement par les intéressés, à qui le P. Tellier l'avoit dit, qu'on ramassoit la distribution, qui étoit annoncée verbalement ou par écrit aux nommés, quand il plaisoit au Révérend Père de le leur dire ou écrire, qui gardoit quelquefois telle nomination *in petto* un mois et six semaines, manége profond, que l'impatience de la cour ne put jamais goûter.

De cette nomination-ci, quelques-uns de ceux qui y eurent part méritent d'être insérés ici, pour les choses qui s'y verront en leur temps. M. de Mailly, mon ami, archevêque d'Arles, s'étoit brouillé aux couteaux tirés avec le cardinal de Noailles, à une assemblée du clergé. La fortune des Noailles lui étoit entrée de travers dans la tête. Sa belle-sœur n'étoit que nièce à la mode de Bretagne de Mme de Maintenon; la véritable nièce avoit épousé le duc de Noailles. Les miches[1] et la faveur qui en résultoient pénétroient l'archevêque d'Arles de jalousie, qui, comme je l'ai dit ailleurs, visoit, quoique avec si peu de moyens et d'apparence, au cardinalat, et qui étoit enragé

---

1. Les grâces.

que sa belle-sœur n'eût pas valu un duché et toutes sortes de fortunes à sa maison. Il avoit donc voulu parier[1] dans l'assemblée avec le cardinal de Noailles ; il l'avoit picoté, fait contre, rassemblé et soulevé tant qu'il avoit pu. Le succès n'avoit pas répondu à ses desirs : la faveur du cardinal étoit encore entière ; il étoit aimé et estimé dans le clergé ; il y étoit considéré et ménagé ; on ne se le vouloit point attirer pour des bagatelles. Le cardinal, qui vit la mauvaise humeur de l'archevêque, essaya de le ramener avec douceur, politesse et raison ; l'archevêque en fut encore plus piqué, et força le naturel bénin et pacifique du cardinal de lui répondre avec une fermeté et une autorité qui lui fermèrent la bouche, mais qui remplit[2] son cœur de haine à ne lui pardonner jamais.

Dans ce dessein de vengeance, et dans celui de se faire un épaulement contre le cardinal, il se jeta plus que jamais aux jésuites, à qui il avoit toute sa vie beaucoup fait sa cour. Il n'oublia pas de leur parler du cardinal de Noailles, dont la haine commune le lia intimement avec le P. Tellier. Celui-ci trouva dans l'archevêque d'Arles tout ce qu'il pouvoit desirer d'ailleurs pour en faire un grand usage contre le cardinal de Noailles : un nom illustre, une alliance avec Mme de Maintenon, une belle-sœur dame d'atour de Mme la duchesse de Bourgogne, un archevêque déjà un peu ancien. Il le falloit mettre en place de s'en pouvoir servir, et pour cela le tirer de Provence ; c'est ce qui le détermina à le faire passer à Reims, dont je ne vis jamais homme si aise que le nouveau duc et pair, par toutes sortes de raisons.

Le cardinal de Janson vivoit bien avec les jésuites, sans penser en rien comme eux : ils voulurent hasarder quelque chose dans son diocèse, et mettre le Roi de la partie, qui, ne voyant que par leurs yeux en ces matières, s'y laissa aller ; mais ils eurent affaire à un homme comblé et au-dessus de tout par ses mœurs, par sa fortune et par

---

1. Voyez tome V, p. 124 et note 1.
2. Ce verbe est bien au singulier.

sa conduite à la cour et dans son diocèse : il prit l'affaire avec la dernière hauteur, et quand le Roi lui voulut parler, duquel avec raison il avoit depuis longtemps la confiance, il lui répondit si ferme que le Roi se tut tout court, et que les jésuites demeurent depuis dans la crainte et le respect avec lui.

Il avoit un neveu à Saint-Sulpice, fort saint prêtre, mais d'une parfaite bêtise, d'une ignorance crasse, et l'homme le plus incrusté de toutes les misères de Saint-Sulpice qui y ait jamais été nourri. Un tel sujet parut propre au P. Tellier pour en faire un archevêque d'Arles, et pour se bien réconcilier le cardinal de Janson, au moins se faire un mérite auprès du Roi de lui proposer son neveu pour en faire tout d'un coup un archevêque, et dans son propre pays.

Le Roi, qui goûta fort ce choix, le voulut apprendre lui-même au cardinal de Janson. Celui-ci, qui étoit droit et vrai, au lieu de remercier, s'écria, dit au Roi qu'il ne connoissoit point l'abbé de Janson, qu'il n'étoit point fait pour être évêque, que ce seroit encore trop pour lui qu'être vicaire d'un curé de campagne, et supplia le Roi de l'en croire, et s'il vouloit lui marquer de la bonté, donner à son neveu de quoi vivre par quelque abbaye de dix ou douze mille livres de rente, qui seroit un Pérou pour lui et ne l'engageroit à rien. Le cardinal eut beau dire et beau faire, même à plusieurs reprises, le Roi le loua fort, mais tint ferme, et l'abbé de Janson fut archevêque d'Arles.

Nîmes fût donné à l'abbé de la Parisière, qui le paya bien à son protecteur, et qui se rendit aussi célèbre en forfaits que Fléchier, son prédécesseur, l'étoit devenu par son esprit, sa rare éloquence, sa vaste érudition, et sa vie et ses vertus épiscopales.

Le Normand eut Évreux. C'étoit un homme fait exprès pour le P. Tellier, un cuistre de la lie du peuple, qui, à force de répéter, puis régenter, après professer, étoit devenu habile en cette science dure de l'école et dans la chicane ecclésiastique, dont il entendoit fort bien les procédures. Je ne sais qui le produisit au cardinal de Noailles, qui le fit son official, et qui, dix ou douze ans après, le chassa honteusement, pour des trahisons considérables qu'il découvrit que les jésuites lui avoient fait faire, et qui l'en récompensèrent par cet évêché.

L'abbé Turgot, aumônier du Roi, eut Séez, et le maréchal de Boufflers eut Autun pour son parent, l'abbé de Dromesnil, qui passa depuis à Verdun, et y a bâti de fond en comble le plus vaste et le plus superbe palais épiscopal qu'il y ait en France.

Autun avoit été donné à l'abbé de Maulevrier, il y avoit plus d'un an, qui le rendit sans en avoir pris de bulles, et à qui on donna l'abbaye de Moustier-Saint-Jean, de quatorze mille livres de rente, dans son pays en Bourgogne, outre ce qu'il avoit déjà. Cet abbé de Maulevrier étoit un grand homme décharné, d'une pâleur de mort qu'on va porter en terre, qui s'appeloit Andrault, et qui étoit frère de Mlle de Langeron qui étoit à Madame la Princesse, et fort comptée à l'hôtel de Condé. Il étoit oncle de Langeron, lieutenant général des armées navales, et de l'abbé de Langeron, si attaché à Monsieur de Cambray, qui fut chassé avec lui, passa le reste de sa vie chez Monsieur de Cambray, dans sa plus intime confiance, et qui y mourut à la fin de cette année. Ces Andraults sont si peu de chose, qu'encore que tout soit comme anéanti en France par la plus que facilité partout où il faut des preuves, je ne sais comment ils ont pu se faire admettre dans le chapitre de Saint-Jean de Lyon, où l'abbé de Maulevrier a été sacristain presque toute sa vie, qui en est une dignité.

Il étoit originairement aumônier de Madame la Dauphine de Bavière, et fort bien avec elle. A sa mort, il eut une place d'aumônier du Roi. Il n'avoit jamais suivi sa profession, et il étoit tout à fait ignorant, mais grand maître en manéges et en intrigues. Il fut ami intime du P. de la Chaise, absolument livré aux jésuites, dans l'intimité de Monsieur de Cambray, par conséquent jusqu'à un certain point des ducs de Chevreuse et de Beauvillier, mais qu'il ne voyoit qu'avec beaucoup de mesure.

Il étoit doux, poli, flatteur, respectueux, obséquieux, obligeant ; il vouloit être bien avec tout le monde, et il avoit des amis considérables des deux sexes. Très-bien avec Chamillart, aussi bien après avec Voysin, il avoit entièrement apprivoisé Desmarets ; des amis de Pontchartrain, et honnêtement seulement avec le chancelier, qui ne s'y fioit pas ; à merveilles encore avec tous les Villeroy. Mais avec tout son miel, tout son desir de s'insinuer, de se mêler, d'être instruit de tout, d'avoir la confiance de grands et de petits, car il étoit sur tout cela à la ville comme à la cour, et dans le clergé encore, c'étoit un homme à qui il ne falloit pas marcher sur le pied, pétulant et dangereux, qui ne pardonnoit point, et capable de toute espèce de fougasse[1].

Ses liaisons intimes avec les jésuites et Monsieur de Cambray l'avoient foncièrement éloigné du cardinal de Noailles, encore qu'il lui fît sa cour, et à tous les Noailles, avec de grands ménagements. Il avoit eu deux agences du clergé de suite, et par conséquent été promoteur après de l'assemblée du clergé. Dans cet emploi, il eut des démêlés avec le cardinal de Noailles, dont les ennemis, ses amis à lui, profitèrent pour l'animer, en sorte que les choses allèrent jusqu'à l'audace de sa part, qui, trop poussée en face, lui attira un traitement fâcheux et qui porta sur l'honneur. Cette affaire lui fit un extrême tort dans le monde, où il déchut beaucoup, nonobstant ses appuis. Le P. de la Chaise n'avoit jamais pu résoudre le Roi à le faire évêque : ses intrigues, sa liaison avec Monsieur de Cambray lui avoient déplu, et ce grand nombre d'amis.

Il avoit été accusé, il y avoit plus d'un an, d'une correspondance étroite et cachée avec Monsieur de Cambray ; le Roi en avoit parlé au P. Tellier avec colère ; cela fut

---

1. De coup de tête, d'incartade.

approfondi : le P. Tellier, qui le portoit doublement, à cause des jésuites et à cause de Monsieur de Cambray, lui obtint une audience du Roi, où il se lava de tout, et le P. Tellier tira sur le temps pour le faire évêque.

L'abbé de Maulevrier étoit vieux et gueux; il aimoit la bonne chère et le jeu; il sentoit que son temps pour l'épiscopat étoit passé, qu'il n'y pourroit rien faire, et qu'il n'auroit qu'à s'ennuyer dans son diocèse : il ne vouloit plus être évêque que pour l'honneur, et comme, avant Notre-Seigneur, les Juives se marioient pour ôter l'opprobre de dessus elles. Il n'eut donc jamais envie que d'être nommé, bien résolu, comme il fit, de rendre son évêché sans en payer de bulles.

Il demeura brouillé avec le cardinal de Noailles. Hors son affaire avec lui, je ne l'ai jamais ouï taxer de fausseté ni d'aucun trait malhonnête, et je ne l'ai vu brouillé ni baissé avec aucun de ses amis; mais pour le gros du monde, il ne revint jamais bien de cette affaire du cardinal de Noailles. Il fut toujours bien avec le cardinal de Bouillon, fort lié avec les cardinaux de Coislin et de Janson, et avec la plupart des grands prélats.

Les deux grosses abbayes furent données, Saint-Remy de Reims au cardinal Gualterio, qui arbora les armes de France sur la porte de son palais à Rome, et celle de Saint-Étienne de Caen au cardinal de la Trémoille.

J'ai oublié, sur le commencement de cette année, la mort de Mme de Caderousse, sans enfants, la dernière de la maison de Rambures. C'étoit une femme qui n'alloit point à la cour, mais qui, à Paris, étoit fort du monde et du jeu. Son mari, qui s'appeloit Cadart, et qui vouloit se nommer Ancezune, étoit un gentilhomme du comtat d'Avignon, qui portoit le nom de duc de Caderousse, dont il n'étoit pas plus avancé.

Il étoit duc d'Avignon, et ces ducs d'Avignon, que le Pape fait, sont inconnus partout, même à Rome, où ils n'ont, non plus qu'ailleurs, ni rang, ni honneur, ni distinction quelconque. A Avignon, ils en ont chez le vice-légat et dans toute cette légation. C'est chose dont les papes ne sont pas avares, et qui se donne[1] assez ordinairement pour de l'argent.

Caderousse étoit un paresseux, grand, bien fait, de beaucoup d'esprit et orné, qui n'avoit guère servi que les dames, et qui n'avoit été qu'un moment fort de la cour. Une longue maladie de poitrine, que les médecins abandonnèrent par écrit, et dont Caret, dont j'ai parlé ailleurs, le guérit, et qui voulut cet écrit des plus fameux médecins de Paris avant de l'entreprendre, commença à lui donner cette grande vogue qu'il eut depuis, et que la guérison de M. de la Feuillade couronna.

Caderousse passa sa vie à Paris, assez dans le bon monde, intime de Mme de Bouillon, et fort des amis de M. de la Rochefoucauld, nonobstant la séparation de lieu. Il aimoit à se mêler, à savoir, surtout à régenter et à dogmatiser, et pour le moins autant à emprunter de qui il pouvoit, et à ne le guère rendre, et tout cela avec les plus grandes manières du monde. Il se mit fort dans la dévotion, et c'étoit merveilles de l'entendre moraliser. Il avoit beaucoup perdu au jeu. Avec tout cela, il étoit considéré et compté, et avoit beaucoup d'amis. Il a vécu fort vieux, et toujours fort pauvre.

Le Camus, lieutenant civil, mourut en ce temps-ci. C'étoit la plus belle représentation du monde de magistrat; il l'étoit bon aussi, et honnête homme, obligeant, et avoit beaucoup d'amis; mais il étoit glorieux à un point qu'on en rioit et qu'on [en] avoit pitié. Il étoit frère du premier président de la cour des aides et du cardinal le Camus; et quand il disoit « mon frère le cardinal », il se rengorgeoit que c'étoit un plaisir. Pelletier, de sa retraite, demanda cette charge pour d'Argouges, qui n'avoit que vingt-six ans, et qui étoit fils de sa fille et de d'Argouges, conseiller d'État, mort longtemps depuis doyen du conseil. Le Roi, qui ne refusoit rien à Pelletier, la lui donna.

---

1. Il y a au manuscrit *donnent*, au pluriel.

La Vienne, premier valet de chambre du Roi, mourut aussi, à plus de quatre-vingts ans. J'ai assez fait connoître ailleurs ce personnage de l'intérieur pour n'en pas dire ici davantage. Chancenay, son fils, avoit sa survivance, et est encore premier valet de chambre.

La vieille marquise de Laval mourut à quatre-vingt-huit ans. Elle étoit fille aînée du chancelier Seguier, sœur de la duchesse de Sully, puis de Verneuil, mère en premières noces des duc, cardinal et chevalier de Coislin, et en secondes de la maréchale de Rochefort. Elle avoit beaucoup d'esprit, et méchante. Elle laissa un prodigieux bien à l'évêque de Metz, son petit-fils. J'ai parlé d'elle et de ses mariages suffisamment ailleurs.

Dénonville mourut aussi, brave et vertueux gentilhomme, qui avoit été gouverneur général de Canada, où il avoit très-bien servi, s'étoit fait aimer, et avoit acquis la confiance de tous les sauvages; mais à la cour, où M. de Beauvillier le fit sous-gouverneur des enfants de Monseigneur, rien de si plat. Il ne fut heureux en femme ni en enfants.

La duchesse de Luynes gagna un procès de quatorze ou quinze cent mille [livres] contre Matignon, sur la succession de Mᵐᵉ de Nemours. Le singulier est que Matignon l'avoit gagné tout d'une voix aux requêtes du Palais, et qu'il le perdit tout d'une voix à la grand'chambre. C'étoit à qui auroit ces terres. Ainsi Matignon manqua seulement cette grande portion d'héritage outre ce qu'il en avoit eu.

Le marquis de Bellefonds, petit-fils du maréchal, mourut tout jeune, laissant un fils en maillot, et le gouvernement et capitainerie de Vincennes vacant, qu'il avoit eu de son père, gendre du duc Mazarin, qui le lui avoit donné. Le Roi ne voulut point voir la liste des demandeurs, qui étoit illustre et nombreuse, et à la prière de Mᵐᵉ la duchesse de Bourgogne, appuyée de Mᵐᵉ de Maintenon, il le donna au marquis du Châtelet, qu'il chargea de quelque chose pour l'enfant, et qu'il déchargea par quelque retranchement du soin et de la nourriture des prisonniers du donjon. Cela valut encore dix-huit mille livres de rente.

La marquise du Châtelet étoit fille du maréchal de Bellefonds, dame du palais de Mme la duchesse de Bourgogne, et d'une vertu de toute sa vie, douce, aimable et généralement reconnue, qui faisoit son service sans se mêler de rien. Elle et son mari, qui étoit un très-brave homme et très-galant homme, fort vertueux aussi, étoient très-pauvres. On a remarqué que ce fut la seule des dames du palais, et la plus retirée de toutes, qui eut une grâce de la cour. La maréchale de Bellefonds, qui par pauvreté demeuroit à Vincennes, eut un brevet qui lui en assura le logement.

Je passerai légèrement ici sur une aventure qui, entée sur quelques autres, fit du bruit, quelque soin qu'on prît à l'étouffer. Mme la duchesse de Bourgogne fit un souper à Saint-Cloud avec Mme la duchesse de Berry, dont Mme de Saint-Simon se dispensa. Mme la duchesse de Berry et M. le duc d'Orléans, mais elle bien plus que lui, s'y enivrèrent au point que Mme la duchesse de Bourgogne, Mme la duchesse d'Orléans et tout ce qui étoit là ne surent que devenir. M. le duc de Berry y étoit, à qui on dit ce qu'on put, et à la nombreuse compagnie, que la grande-duchesse amusa ailleurs du mieux qu'elle put. L'effet du vin, haut et bas, fut tel qu'on en fut en peine, et ne la désenivra point, tellement qu'il la fallut ramener en cet état à Versailles. Tous les gens des équipages le virent, et ne s'en turent pas; toutefois on parvint à le cacher au Roi, à Monseigneur, et à Mme de Maintenon.

La flotte ennemie, qui se promenoit sur la fin de juillet sur les côtes de Languedoc, mit seize cents hommes à terre, qui prirent un petit retranchement qu'on avoit fait devant le port de Cette. Roquelaure envoya un courrier à Perpignan demander secours au duc de Noailles, et un au Roi, qui y fit marcher trois bataillons. Roquelaure, qui n'avoit pas voulu retirer les troupes qui contenoient le

Vivarois et les Cévennes, courut à Cette avec Basville, et trente hommes avec eux. Ils trouvèrent qu'ils s'étoient aussi emparés d'Agde, dont les habitants pouvoient les en empêcher seulement en leur fermant leurs portes. Le duc de Noailles accourut lui-même à temps avec des troupes, qui fort aisément chassèrent les ennemis du port de Cette, l'épée à la main, en tuèrent trois ou quatre cents, en prirent une centaine ; et quantité se noyèrent en se rembarquant à la hâte. Le duc de Noailles avoit amené mille hommes et huit cents chevaux. Ils avoient débarqué trois mille hommes à Cette ou à Agde, qu'ils abandonnèrent, et sans aucun dommage, en même temps. MM. de Noailles et de Roquelaure n'y perdirent que deux grenadiers.

Il [est] temps de venir aux événements d'Espagne. Ils furent si importants cette année qu'on a cru ne les devoir pas interrompre ; ainsi il faut remonter aux premiers mois, pour en voir toute la suite jusqu'à la fin. Elle s'entendra mieux si on a vu auparavant, dans les pièces [1], le triste succès du voyage de Torcy à la Haye, et les prétentions démesurées et plus que barbares de gens résolus à rompre tout moyen de paix, et qui se flattoient de tout envahir, sur quoi roula et se rompit toute l'indigne négociation de Gertruydemberg. On y verra en quel danger étoit l'Espagne, livrée à sa propre foiblesse, que celle où la France étoit réduite à ne pouvoir secourir, bien [en] peine de se défendre elle-même, et qui aimoit mieux se laisser une espérance d'obtenir une paix devenue si pressamment nécessaire, en abandonnant l'Espagne d'effet, que de laisser subsister l'invincible obstacle que formoient les alliés à prescrire cette dure condition d'une manière à ne pouvoir être acceptée.

C'est ce qui engagea le Roi, pour ôter jusqu'aux apparences, à montrer qu'il en retiroit jusqu'à Mme des Ursins ; et Mme des Ursins à faire toute la contenance d'une per-

1. Voyez tome I, p. 420, note 1.

sonne qui va partir, et qui ne prend plus qu'un mois ou six semaines pour régler tout à fait son départ. Elle le manda de la sorte à notre cour, qui prit soin de le répandre. Je doute toutefois que cette résolution fut[1] bien prise ici; et je pense qu'on peut assurer sans se méprendre que Mme des Ursins n'y pensa jamais sérieusement, ni Leurs Majestés Catholiques. Cette façon ne fut qu'une complaisance susceptible d'être différée, puis rompue, comme en effet après cette annonce il n'en fut plus parlé.

D'autre part, on manquoit tout à fait de généraux en Espagne. M. de Vendôme en prit l'occasion d'en profiter. La situation où il se trouvoit, et qu'il voyoit s'approfondir tous les jours, lui devenoit de plus en plus insupportable. Il espéra qu'en se faisant demander par le roi d'Espagne, le Roi se trouveroit soulagé de l'y laisser aller pour s'en défaire. Il le fit sentir à la princesse des Ursins, qui de son côté espéroit, en l'obtenant, montrer aux alliés que la France s'intéressoit toujours essentiellement aux événements de delà les Pyrénées. C'est en effet ce soulagement du Roi qui fit l'affaire de M. de Vendôme; mais cette montre aux ennemis qui en résultoit fut ce qui retarda son envoi, jusqu'à ce qu'on eut vu à Gertruydemberg qu'il n'y avoit point de paix à espérer. J'ai déjà parlé de cette demande faite de M. de Vendôme par l'Espagne. Elle fut renouvelée au mois de mars de cette année; et à la fin de ce même mois, le roi d'Espagne partit de Madrid pour s'aller mettre à la tête de son armée en Aragon.

Villadarias fut choisi pour la commander sous lui. C'étoit un de leurs meilleurs et plus anciens officiers généraux, qui avoit servi longtemps en Flandres sous le règne précédent, qui défendit fort bien Charleroy, lorsqu'en 1693 les maréchaux de Luxembourg et de Villeroy le prirent. Il portoit alors le nom de Castille. Il eut depuis le

---

1. Il y a bien ici *fut*, et dix-neuf lignes plus loin *eut*, à l'indicatif.

titre de marquis de Villadarias et le dernier grade militaire de capitaine général. Il avoit été employé au siége de Gibraltar, que le maréchal de Tessé ne put prendre, et il s'étoit retiré depuis chez lui en Andalousie. Il étoit vieux, et fort galant homme.

Fort peu de jours auparavant, le duc de Medina Celi fut arrêté, et conduit au château de Ségovie. Mme des Ursins l'avoit mis dans les affaires après qu'elle en eut chassé tous ceux qui avoient eu part au testament de Charles II, et d'autres encore avec qui elle s'étoit brouillée, pour qu'il ne fût pas dit qu'aucun Espagnol n'y avoit de part, et se couvrir elle-même du bouclier d'un nom révéré en Espagne. Elle l'avoit mis dans plusieurs confidences, et pour s'ancrer, il s'étoit rendu souple à ses volontés. A la fin il s'en lassa, et voulut pointer de son chef. Je ne sais s'il y eut d'autre crime. Quoi qu'il en soit, il fut mis dans le château destiné aux criminels d'État, où étoit aussi Flotte, avec lequel il fut transféré quelque temps après au château de Bayonne par trente gardes du corps, lorsque l'archiduc fit les progrès dont il va être parlé. Dès qu'il fut arrêté, quatre commissaires, gens de robe, furent chargés d'instruire son procès.

Le roi d'Espagne alla de Saragosse à Lerida, où il fut reçu avec de grandes acclamations des peuples et de son armée, avec laquelle il passa la Sègre le 14 mai, et s'avança dans le dessein de faire le siége de Balaguier. Les grandes pluies qui emportèrent les ponts et firent déborder cette rivière, rompirent le projet, et firent retourner l'armée sous Lerida. Jointe un mois après par les troupes arrivées de Flandres, elle alla chercher celle des ennemis, qu'elle ne put attaquer dans le poste d'Agramont. On se contenta d'envoyer Mahoni avec un gros détachement nettoyer le pays de quelques petites villes où l'archiduc avoit établi de grands magasins, qui furent enlevés avec cinq mille habits qui attendoient leurs troupes d'Italie; et Mahoni, après cette petite expédition, revint joindre le roi d'Espagne à Belpuch. Le marquis de Bay commandoit la petite armée d'Estrémadure. Il fit escalader Miranda-de-Duero par Montenegro, qui prit la place, le gouverneur, sa garnison, et trois cents prisonniers de guerre qu'ils y gardoient. C'est une place assez considérable de Portugal, qui ouvrit les provinces de Tras-os-Montes et Entre-Duero-et-Minho pour la contribution.

Cependant le comte de Staremberg, qui avoit eu une maladie dont on avoit profité dans ces commencements, se rétablit plus tôt qu'on ne le pensoit, rassembla promptement ses quartiers, marcha au milieu de ceux de l'armée du roi d'Espagne, en enleva et en battit, et obligea cette armée étonnée de se retirer sous Saragosse. Le roi d'Espagne entra dans la ville, où il demeura indisposé, et dépêcha un courrier pour redoubler ses instances pour obtenir du Roi M. de Vendôme. Ce mauvais succès tomba tout entier sur Villadarias : il fut accusé d'imprudence et de négligence ; il fut renvoyé chez lui, et le marquis de Bay mandé de la frontière de Portugal pour le remplacer en Aragon.

Le Roi apprit par le duc d'Albe, dans les premiers jours d'août, cette mauvaise nouvelle et la recharge sur le duc de Vendôme : tout étoit rompu à Gertruydemberg ; ainsi il fut accordé sur-le-champ, et mandé. De cette affaire de Catalogne, il n'en avoit coûté qu'environ mille hommes tués ou pris avec quelque bagage. Les ennemis aussi y perdirent quelque monde, et entre autres un prince de Nassau et le lord Carpenter, lieutenant général : ainsi l'effroi et le désordre firent le plus grand mal.

Le duc de Vendôme, qui par la princesse des Ursins en Espagne, et par M. du Maine ici, ne cessoit depuis plusieurs mois ses efforts pour aller en Espagne, s'y étoit préparé d'avance sourdement, et se trouva prêt à partir dès qu'il en eut obtenu la permission. Il fut donc mandé pour ce voyage. Un peu de goutte et un dernier arrangement domestique l'y retint quelques jours. Il arriva à Versailles le mardi matin 19 août. M. du Maine avoit négocié avec Mme de Maintenon de mener Vendôme chez

Mme la duchesse de Bourgogne. La conjoncture leur en parut favorable, allant en Espagne demandé par le Roi et la Reine sa sœur, et y aller sans voir Mme la duchesse de Bourgogne étoit une chose fort désagréable. Le duc du Maine, suivi de Vendôme, arriva donc ce même jour à la toilette de Mme la duchesse de Bourgogne. La rencontre du mardi, jour des ministres étrangers, et de la veille qu'on alloit à Marly, rendit la toilette fort nombreuse en hommes et en dames. Mme la duchesse de Bourgogne se leva pour eux, comme elle faisoit toujours pour tous les princes du sang et autres, et pour tous les ducs et duchesses, se rassit aussitôt comme à l'ordinaire; et après cette première œillade, qui ne se put refuser, elle, qui étoit à sa toilette, comme partout ailleurs, regardante et parlante, et fort peu occupée de son ajustement et de son miroir, fixa les yeux dessus, et ne dit pas un seul mot à personne. M. du Maine et M. de Vendôme, collé à son côté, demeurèrent très-déconcertés, sans que M. du Maine, si libre et si leste, osât proférer un seul mot. Personne ne les approcha et ne leur parla. Ils demeurèrent ainsi un bon demi-quart d'heure dans un silence universel de toute la chambre, qui avoit les yeux sur eux. Ils ne les purent soutenir davantage, et se retirèrent à la sourdine.

Cet accueil ne leur fut pas assez agréable pour persuader à Vendôme de s'exposer à une récidive pour prendre congé, et plus embarrassante, parce qu'il auroit baisé Mme la duchesse de Bourgogne, comme tous les princes du sang et autres, les ducs et les maréchaux de France, qui prennent congé ou qui arrivent d'une campagne ou d'un long voyage. Je ne sais s'il ne craignit point l'affront inouï du refus; quoi qu'il en soit, il s'en tint à l'essai qu'il venoit de faire, et partit sans prendre congé d'elle.

Mgr le duc de Bourgogne le traita assez honnêtement, c'est-à-dire beaucoup trop bien. Le duc d'Albe, Torcy et Voysin furent chez lui. Il fit sa cour au Roi ce jour-là comme à l'ordinaire, et le lendemain mercredi, il eut une assez longue audience du Roi dans son cabinet, après son dîner, y prit congé de lui et s'en vint à Paris. Depuis son mariage il n'y avoit été que vingt-quatre heures, pour voir Madame la Princesse. Mme de Vendôme n'avoit point été à Anet, où il s'étoit toujours tenu, de sorte qu'ils n'avoient pas eu loisir de faire grande connoissance ensemble.

CHAPITRE VI.

Bataille de Saragosse, où l'armée d'Espagne est défaite. — Ducs de Vendôme et de Noailles à Bayonne; Monteil à Versailles. — Duc de Noailles va avec le duc de Vendôme trouver le roi d'Espagne à Valladolid. — Stanhope emporte contre Staremberg de marcher à Madrid. — La cour fort suivie se retire de Madrid à Valladolid; merveilles de la Reine et du peuple. — Magnanimité du vieux marquis de Mancera. — Courage de la cour; prodiges des Espagnols. — L'archiduc à Madrid tristement proclamé et reçu. — Mancera refuse de prêter serment et de reconnoître l'archiduc et de le voir. — Éloge des Espagnols, qui dressent une nouvelle armée. — Insolence de Stanhope à l'égard de Staremberg, qui se retire vers Tolède. — Ducs de Vendôme et de Noailles à Valladolid en même temps que la cour. — Le Roi va à la tête de son armée avec Vendôme; la Reine à Vittoria; le duc de Noailles à Versailles, et de là en Roussillon; son armée. — Six nouveaux capitaines généraux d'armée. — Paredès et Palma, grands, passent à l'archiduc, qui de sa personne se retire à Barcelone; d'autres seigneurs arrêtés. — Staremberg, en quittant Tolède, en brûle le beau palais. — Le roi d'Espagne, pour trois jours à Madrid; y visite le marquis de Mancera. — Piége tendu par Staremberg. — Stanhope, etc., emportés et pris dans Brihuega[1]. — Bataille de Villaviciosa perdue par Staremberg, qui se retire en Catalogne. — Belle action du comte de S. Estevan de Gormaz. — Réflexions sur ces deux actions et sur l'étrange conduite du duc de Vendôme. — Zuniga dépêché au Roi. — Vains efforts de la cabale de Vendôme. — La cour d'Espagne presque tout l'hiver à Saragosse. — Stanhope perdu et dépouillé de ses emplois. — Duc de Noailles investit Girone. — Misérable flatterie de l'abbé de Polignac sur Marly. — Amelot inutilement redemandé en Espagne, qui ne veut point de l'abbé de Polignac.

Staremberg cependant profita de ses avantages : il atta-

---

1. Saint-Simon écrit ici, et presque constamment ailleurs, *Brighuéla*.

qua l'armée d'Espagne presque sous Saragosse, et la défit totalement. Bay la trouva dans un tel effroi, lorsqu'il y arriva pour en prendre le commandement, qu'il en espéra peu de choses; aussi toute l'infanterie, qui n'étoit presque [que] milices, jeta les armes dès qu'elle fut attaquée. Les gardes wallones et le peu d'autres corps de troupes ne purent soutenir seuls, et furent défaits; la cavalerie fut enfoncée; ce fut elle qui fit le moins mal. En un mot, artillerie, bagages, tout fut perdu, et la déroute fut entière. Le duc d'Havrec, colonel des gardes wallones, y fut tué. Ce malheur arriva le 20 août. Le roi d'Espagne étoit demeuré incommodé dans Saragosse, d'où il en fut témoin qui aussitôt prit diligemment le chemin de Madrid. Bay rassembla dix-huit mille hommes, avec lesquels il se retira à Tudela, sans inquiétude de la part des ennemis depuis la bataille.

M. de Vendôme en apprit la nouvelle en chemin, qui prudemment, à son ordinaire, pour soi, se soucia moins de tâcher à rétablir les affaires que de se donner le temps de les voir s'éclaircir avant que d'y prendre une part personnelle. Il poussa donc à Bayonne le temps avec l'épaule. Le duc de Noailles avoit eu ordre de l'y aller trouver, pour prendre des mesures avec lui pour agir du côté de la Catalogne. Ils envoyèrent de là Monteil au Roi, pour recevoir ses ordres sur leur conférence, et gagner temps en l'attendant. C'étoit un mestre de camp qui servoit de maréchal des logis de la petite armée du duc de Noailles. Il arriva le 7 septembre à Marly; il y fut le même jour assez longtemps dans le cabinet, conduit par Voysin, où Torcy fut mandé. Monteil repartit le 9, et trouva MM. de Vendôme et de Noailles encore à Bayonne. A son arrivée, le duc de Noailles publia qu'il alloit trouver le roi d'Espagne avec M. de Vendôme, et fit en effet le voyage avec lui jusqu'à Valladolid, où ils le rencontrèrent.

L'archiduc joignit le comte de Staremberg après la bataille, en présence duquel le parti à prendre fut agité avec beaucoup de chaleur. Staremberg opina de marcher droit à la petite armée que Bay avoit laissée sur la frontière de Portugal sous le marquis de Richebourg, de la défaire, ce qui n'auroit coûté que le chemin, de s'établir pied à pied dans le centre de l'Espagne, pour avoir le Portugal au derrière et les ports de mer à côté et à portée, laisser en Aragon un petit corps suffisant à contenir les pays soumis et faire tête à l'armée battue, lequel petit corps auroit derrière soi Barcelone et la Catalogne, si fort à eux : parti solide, qui eût en peu achevé de ruiner les affaires du roi d'Espagne, ne lui eût laissé de libre que le côté de Bayonne, coupoit toute autre communication, et se saisissoit pied à pied de toute l'Espagne, avec des points d'appui qui n'eussent pu être ébranlés, et qui n'eussent laissé nulle ressource et aucun moyen dans l'intérieur du pays de se mouvoir en faveur du roi d'Espagne.

Stanhope, au contraire, fut d'avis d'aller tout droit à Madrid, d'y mener l'archiduc, l'y faire proclamer roi d'Espagne, d'épouvanter toute l'Espagne par en saisir la capitale, et de là, comme du centre, s'étendre suivant le besoin et l'occasion.

Staremberg avoua l'éclat de ce parti, mais il le maintint peu utile, et de plus dangereux. Il allégua le grand éloignement de Madrid des frontières de Portugal, de Catalogne, de la mer et de leurs magasins ; que cette ville ni aucune voisine n'a de fortifications, ni toutes ces campagnes de la Nouvelle-Castille aucun château fort; la stérilité du pays, où on ne rencontreroit nulle subsistance, qu'ils trouveroient soustraite ou brûlée ; l'affection de ces peuples pour Philippe V ; enfin l'impossibilité de conserver Madrid et de se maintenir dans ce centre, et la perte d'un temps si précieux à bien employer.

Ces raisons étoient sans doute décisives, mais Stanhope, qui commandoit en chef les troupes angloises et hollandoises, sans lesquelles cette armée n'étoit rien, déclara que les ordres de sa reine étoient de marcher à Madrid de préférence à tout si les événements le rendoient possible, qu'il ne souffriroit pas qu'on prît un autre parti, ou qu'il se retireroit avec ses auxiliaires. Staremberg, qui ne pouvoit s'en passer, n'ayant pu vaincre l'inflexibilité de Stanhope, protesta contre un parti si peu sensé, et céda comme plus foible.

Ce fut l'attente de l'archiduc, et cette dispute qui suivit son arrivée, qui les arrêta sans faire aucun mouvement depuis la bataille, faute capitale, et salut du débris de l'armée qu'ils venoient de défaire.

Dès que Staremberg forcé eut consenti, ils firent toutes leurs dispositions pour l'exécution d'un projet qui fit grand'peur, mais qui sauva le roi d'Espagne.

La consternation, déjà grande dans Madrid, y devint extrême dès que l'on ne put plus douter que l'armée de l'archiduc alloit y arriver. Le Roi résolut de se retirer d'un lieu qui ne se pouvoit défendre, et d'emmener la Reine, le prince et les conseils. Cette résolution acheva de porter la désolation au comble. Les grands déclarèrent qu'ils suivroient le Roi et sa fortune partout, et très-peu y manquèrent; le départ suivit la déclaration de vingt-quatre heures. La Reine, tenant le prince entre ses bras, se montra sur un balcon du palais, y parla au peuple accouru de toutes parts, avec tant de grâce, de force et de courage, qu'il est incroyable avec quel succès. L'impression que ce peuple en reçut se communiqua partout, et gagna incontinent toutes les provinces.

La cour sortit donc pour la seconde fois de Madrid, au milieu des cris les plus lamentables, poussés du fond du cœur d'un peuple infini, qui vouloit suivre le Roi et la Reine, et qui accouroit de la ville et de toutes les campagnes; et ce ne fut qu'avec toute l'autorité et toute la douceur qui s'y purent employer qu'il se laissa vaincre, et persuader par son dévouement même de retourner chacun chez soi.

Le marquis de Mancera, dont j'ai parlé plus d'une fois, qui étoit le seigneur le plus respecté d'Espagne, par sa vertu et par les grands emplois qu'il avoit remplis, voulut suivre, quoique il eût plus de cent ans accomplis. Le Roi et la Reine, qui le surent, le lui envoyèrent défendre avec force amitiés; il paya de respects et de compliments, et partit en chaise à porteurs, ne pouvant soutenir d'autre voiture, au hasard de la lenteur, des partis, des périls, et même de l'abandon. Il fit ainsi quelques lieues; mais le Roi et la Reine, qui en furent avertis, envoyèrent lui témoigner combien ils étoient touchés de son zèle et d'une si rare affection, mais avec des ordres si précis de le faire retourner qu'il ne put désobéir. Ce fut en protestant de ses regrets de ce que l'obéissance lui arrachoit l'honneur de mourir pour son roi, qui étoit le meilleur usage qu'il pût faire de ce reste de vie pour couronner tant d'années qu'il avoit passées au service de ses rois, et qui maintenant le trahissoient par leur excès et leur durée, puisqu'elles le rendoient témoin de ce qu'il eût voulu racheter de tout son sang.

Valladolid fut la retraite de cette triste cour, qui dans ce trouble, le plus terrible qu'elle eût encore éprouvé, ne perdit ni le jugement ni le courage. Elle se banda contre la fortune, et n'oublia rien pour se procurer tous les secours dont une pareille extrémité se trouva susceptible. Trente-trois grands signèrent une lettre au Roi, qu'ils lui firent présenter par le duc d'Albe, pour l'assurer de leur fidélité pour Philippe V et lui demander un secours de troupes.

En attendant, on vit en Espagne le plus rare et le plus grand exemple de fidélité, d'attachement et de courage, en même temps le plus universel, qui se soit jamais vu ni lu. Prélats et le plus bas clergé, seigneurs et le plus bas peuple, bénéficiers, bourgeois, communautés ensemble et particuliers à part, noblesse, gens de robe et de trafic, artisans, tout se saigna de soi-même jusqu'à la dernière goutte de sa substance, pour former en diligence de nouvelles troupes, former des magasins, porter avec abondance toutes sortes de provisions à la cour et à tout ce qui l'avoit suivie; chacun, selon ce qu'il put, donna peu ou beaucoup, mais ne se réserva rien : en un mot, jamais corps entier de nation ne fit des efforts si surprenants, sans taxe et sans demande, avec une unanimité et un concert qui agit et qui effectua de toutes parts tout à la fois.

La Reine vendit tout ce qu'elle put, recevoit elle-même quelquefois jusqu'à dix pistoles pour contenter le zèle, et en remercioit avec la même affection que ces sommes lui étoient offertes, grandes pour ceux qui les donnoient, parce qu'ils ne se réservoient rien. Elle disoit à tous moments qu'elle vouloit monter à cheval, se mettre à la tête des troupes avec son fils entre ses bras. Avec ces langages et sa conduite elle se dévoua tous les cœurs, et fut très-utile dans une si étrange extrémité.

L'archiduc étoit cependant arrivé à Madrid avec son armée. Il y étoit entré en triomphe; il y fut proclamé roi d'Espagne par la violence de ses troupes, qui traînèrent le corrégidor tremblant par les rues, qui se trouvèrent toutes désertes, la plupart des maisons vides d'habitants, et le peu qu'il en étoit demeuré dans la ville avoit barricadé les portes et les fenêtres des maisons, et s'étoit enfermé[1] sur le derrière au plus loin des rues, sans que les troupes osassent les enfoncer, de peur de combler le désespoir visible et général, et dans l'espérance d'attirer et de gagner par douceur. L'entrée de l'archiduc ne fut pas moins triste que sa proclamation : à peine y put-on entendre quelques acclamations foibles, et si forcées que l'archiduc, dans un étonnement sensible, les fit cesser lui-même. Il n'osa loger dans les palais ni dans le centre de la ville, mais dans l'extrémité, où il ne coucha même que deux ou trois nuits.

Il envoya Stanhope inviter le vieux marquis de Mancera de le venir voir, qui s'en excusa sur son âge plus que centenaire, sur quoi il lui renvoya le même général avec le serment, et ordre de le lui faire prêter. Mais Mancera

---

1. Au manuscrit, *s'étoient enfermés*, au pluriel.

répondit avec la plus grande fermeté qu'il savoit le respect qu'il devoit à la naissance de l'archiduc, et la fidélité qu'il devoit au Roi son maître, à qui rien ne l'en feroit manquer ni en reconnoître un autre ; et tout de suite pria civilement Stanhope de se retirer, parce qu'il avoit besoin de repos et de se mettre au lit. Il ne lui en fut pas parlé davantage, et il ne lui fut fait aucun déplaisir, ni aux siens. La ville aussi ne souffrit presque aucun dommage. Staremberg fut soigneux d'une discipline exacte, qui sentît la clémence, même l'estime et l'affection, pour tâcher de s'en concilier. Cependant leur armée périssoit de toutes sortes de misères : rien du pays n'y étoit apporté, aucune subsistance pour hommes ni pour chevaux, et même pour de l'argent il ne leur étoit rien fourni ; prières, menaces, exécutions, tout fut parfaitement inutile : pas un Castillan qui ne se crût déshonoré de leur vendre la moindre chose, ni d'en laisser en état d'être pris.

C'est ainsi que ces peuples magnanimes, sans aucun autre secours possible que celui de leur courage et de leur fidélité, se soutinrent au milieu de leurs ennemis, dont ils firent périr l'armée, et par des prodiges inconcevables en reformèrent en même temps une nouvelle et parfaitement équipée et fournie, et remirent ainsi, eux seuls, et pour la seconde fois, la couronne sur la tête de leur roi, avec une gloire à jamais en exemple à tous les peuples de l'Europe, tant il est vrai que rien n'approche de la force qui se trouve dans le cœur d'une nation pour le secours et le rétablissement des rois.

Stanhope, qui n'avoit pu méconnoître la solidité de l'avis de Staremberg dès le premier moment de leur dispute, ne fut pas le moins du monde embarrassé du succès. Il lui échappa insolemment, au milieu de l'entrée de l'archiduc à Madrid, que maintenant qu'il le voyoit avec lui dans cette ville, il avoit fait son affaire, puisqu'il avoit exécuté les ordres de sa reine; que c'étoit maintenant celle de Staremberg, et à son habileté à les tirer d'embarras; qu'on verroit comment il s'y prendroit, dont peu à lui importoit. Ce pas leur parut en effet si glissant qu'au bout de dix ou douze jours ils résolurent de s'éloigner de Madrid vers Tolède, dont rien ne fut emporté que quelques tapisseries du Roi, que Stanhope n'eut pas honte d'emporter, et qu'il eut celle encore de ne garder pas longtemps. Ce trait de vilenie fut même blâmé des siens.

Vendôme et Noailles arrivèrent à Valladolid le 20 septembre, presque en même temps que la cour. Vendôme s'étoit amusé à Bayonne, et depuis en chemin, sous divers prétextes de santé, pour se faire desirer davantage, et voir cependant plus clair au cours que prenoient les affaires. Il fut étonné de les trouver telles qu'il les vit après un si grand désastre. La Reine, peu de jours après, sachant l'archiduc dans Madrid, se retira avec le prince et les conseils à Vittoria, pour être à portée de France, et sûr d'y pouvoir passer quand elle le voudroit. En même temps, elle envoya toutes ses pierreries à Paris au duc d'Albe, pour lui envoyer tout ce qu'il pourroit trouver d'argent dessus. Le duc de Noailles, après deux ou trois jours de séjour et de conférence, reprit le chemin de Catalogne, et trouva un courrier à Toulouse, qui le fit venir à la cour rendre compte au Roi de l'état des affaires en Espagne, et des partis pris à Valladolid. Il arriva à Marly le 14 octobre, eut force longues audiences du Roi, et repartit le 28 pour aller attendre à Perpignan le détachement que le duc de Berwick eut ordre de lui envoyer de Dauphiné, où les neiges avoient terminé la campagne. L'armée du duc de Noailles fut en tout de cinquante escadrons et de quarante bataillons, les places fournies, et cinq lieutenants généraux sous lui.

Le roi d'Espagne fit à Valladolid six capitaines généraux, qui en Espagne est le dernier grade militaire : le marquis d'Ayetone, grand d'Espagne; le duc de Popoli, Italien, grand d'Espagne; le comte de las Torres et le marquis de Valdecañas, Espagnols; le comte d'Aguilar, grand d'Espagne, de qui j'ai souvent parlé et dont j'aurai lieu de parler encore, et M. de Thouy, lieutenant général françois. Il partit incontinent après la Reine et le duc de Noailles, et marcha à Salamanque avec le duc de Vendôme et douze mille hommes bien complets, bien armés et bien payés, tandis que le comte de Staremberg faisoit relever de la terre autour de Tolède, où l'archiduc, en partant de Madrid, ordonna à toutes les dames qui étoient demeurées, et dont les maris avoient suivi le roi et la reine d'Espagne, de s'y retirer sous peine de confiscations de biens et de meubles.

Le marquis de Paredès et le comte de Palma, neveu du feu cardinal Portocarrero et si continuellement maltraité par Mme des Ursins, tous deux grands d'Espagne, passèrent à l'archiduc. Le fils aîné du duc de Saint-Pierre fut arrêté; et le marquis de Torrecusa, grand d'Espagne napolitain, le fut aussi, accusé d'avoir voulu livrer Tortose à l'archiduc. Il partit le 11 novembre d'autour de Madrid, prit une légère escorte de cavalerie pour aller en Aragon, où il ne fit que passer, et de là à Barcelone.

Staremberg ne fit pas grand séjour à Tolède, mais en quittant la ville il brûla le superbe palais que Charles V y avoit bâti à la moresque, qu'on appeloit l'Alcazar, qui fut un dommage irréparable. Il prétendit que cet incendie étoit arrivé par malheur, et tourna vers l'Aragon.

Rien n'empêchant plus le roi d'Espagne d'aller voir ses fidèles sujets à Madrid, il quitta l'armée pour quelques jours, et entra dans Madrid le 2 décembre, au milieu d'un peuple infini et d'acclamations incroyables. Il fut descendre à Notre-Dame d'Atocha, dont je parlerai ailleurs, et qui est la grande dévotion de la ville, d'où il fut trois heures à arriver au palais, tant la foule étoit prodigieuse. La ville lui fit présent de vingt mille pistoles. Dans les trois jours qu'il y demeura, il fit une chose presque inouïe en Espagne, et qui y reçut la plus sensible et la plus générale approbation : ce fut d'aller voir le marquis de Mancera chez lui, qui en pensa mourir de joie. Cette visite fut accompagnée de toutes les marques d'estime, de reconnoissance et d'amitié si justement dues à la vertu, au courage et à la fidélité de ce vieillard si vénérable, et de toutes les distinctions possibles. Le Roi l'entretint seul de sa situation présente, de ses projets, et de tout ce qui lui pouvoit marquer toute sa confiance, puis fit entrer les gens distingués, sans permettre au marquis de se lever de sa chaise. En le quittant il l'embrassa, et ne voulut jamais qu'il mît le pied hors de sa chambre pour le conduire. Je ne sais si aucun roi d'Espagne a jamais visité personne depuis Philippe II, qui alla chez le fameux duc d'Albe, qui se mouroit, et qui le voyant entrer dans sa chambre, lui dit qu'il étoit trop tard, et se tourna de l'autre côté sans lui avoir voulu parler davantage. Le quatrième jour après son arrivée à Madrid, le Roi en repartit, et alla rejoindre M. de Vendôme et son armée.

Ce monarque, presque radicalement détruit, errant, fugitif, sans argent, sans troupes, sans subsistance, se voyoit presque tout à coup à la tête de douze ou quinze mille hommes bien armés, bien habillés, bien payés, avec des vivres et des munitions en abondance, et de l'argent, par la subite conspiration universelle de l'inébranlable fidélité et de l'attachement sans exemple de tous les ordres de ses sujets, par leur industrie et leurs efforts, aussi prodigieux l'une que l'autre. Ses ennemis, au contraire, qui après avoir triomphé dans Madrid de sa défaite, qui pour tout autre étoit sans ressource, périssoient dans la disette de toutes choses, se retiroient parmi des pays soulevés contre eux, qui se voyoient brûler plutôt que de leur fournir la moindre chose, et qui ne donnoient quartier à pas un de leurs traîneurs, jusqu'à cinq cents pas de leurs troupes.

Vendôme, dans la dernière surprise d'un changement si peu espérable, voulut en profiter, et fit le projet de joindre l'armée d'Estrémadure, que Bay tenoit ensemble, trop foible pour se présenter devant celle de Staremberg, mais en état pourtant de la fatiguer, et de percer jusqu'au

Roi à la faveur de ses mouvements. Il s'en fit donc quantité de prompts et de hardis pour exécuter cette jonction, que Staremberg, débarrassé de la personne de l'archiduc, ne songeoit qu'à empêcher.

Il connoissoit bien le duc de Vendôme, pour, à son retour du Tyrol, lui avoir gagné force marches, passé cinq rivières devant lui, et malgré lui joint le duc de Savoie, comme je l'ai raconté en son lieu. Tout occupé à lui tendre des piéges avec adresse et vigilance, il chercha à l'attirer au milieu de son armée, et de l'y mettre en telle posture qu'il lui pût subitement rompre le cou sans qu'il pût échapper. Dans cette vue, il mit son armée en des quartiers dont tous les accès étoient faciles, qui étoient proches les uns des autres, et qui se pouvoient mutuellement secourir avec promptitude et facilité, donna bien ses ordres partout, et mit dans Brihuega Stanhope, avec tous ses Anglois et Hollandois. Brihuega est une petite ville fortifiée, dont le château de plus étoit bon, et où l'art avoit ajouté tout ce que le temps avoit pu permettre. Elle étoit à la tête de tous les quartiers de son armée, et à l'entrée d'un pays plein, et nécessaire à traverser pour la jonction du Roi avec Bay. En même temps, Staremberg étoit à portée d'être joint d'un moment à l'autre par son armée d'Estrémadure, qui s'étoit ébranlée en même temps que Bay avoit fait marcher la sienne, et qui n'avoit ni la distance ni pas une des difficultés que celle de Bay rencontroit pour sa jonction avec celle du roi d'Espagne.

Vendôme cependant, avec une armée bien fournie, qui croissoit tous les jours par les renforts que chaque seigneur, chaque prélat, chaque ville envoyoit à mesure qu'ils étoient prêts, marchoit toujours sur Staremberg, n'ayant que sa jonction pour objet, et malgré la rigueur de la saison trouvant partout ses logements bien fournis, comme dans les meilleurs temps, par les prodiges de soins et de zèle de ces incomparables Espagnols. Il fut informé de la situation où étoit Staremberg, mais en la manière que Staremberg desiroit qu'il le fût, c'est-à-dire qu'il crut

Stanhope aventuré mal à propos, en état d'être enlevé, et trop éloigné de l'armée de Staremberg pour en être secouru à temps, par conséquent tenté de se commettre à un exploit facile qui lui ouvriroit le passage pour sa jonction avec Bay. En effet les choses parurent ainsi à Vendôme. Il pressa sa marche, fit ses dispositions, et le 8 décembre après midi, il s'approcha de Brihuega, la fit sommer, et sur le refus de se rendre, se mit en état de l'attaquer.

Incontinent après, sa surprise fut grande lorsqu'il découvrit qu'il y avoit tant de troupes, et que croyant n'avoir affaire qu'à un poste peu accommodé il se trouvoit engagé devant une place. Il ne voulut pas reculer, et ne l'eût peut-être pas fait bien impunément. Il se mit donc à tempêter avec ses expressions accoutumées, aussi peu honnêtes qu'injurieuses, à payer d'audace, et à faire tout ce qui étoit en lui pour exciter ses troupes à diligenter une conquête si différente de ce qu'il se l'étoit figurée, et avec cela si dangereuse à laisser languir.

Cependant le poids de la bévue s'appesantissant à mesure que les heures s'écouloient et qu'il venoit des nouvelles des ennemis, Vendôme, à qui deux assauts avoient déjà mal réussi, joua à quitte ou à double, et ordonna un troisième assaut. Comme la disposition s'en faisoit, le 9 décembre, on apprit que Staremberg marchoit au roi d'Espagne avec quatre ou cinq mille hommes, c'est-à-dire avec la franche moitié moins qu'il n'en amenoit en effet. Dans cette angoisse, Vendôme ne balança pas à jouer la couronne d'Espagne à trois dés : il hâta tout pour l'assaut, et lui cependant, avec le roi d'Espagne, prit toute sa cavalerie, marcha sur des hauteurs par où venoit l'armée ennemie.

Durant cette marche, toute l'infanterie attaqua Brihuega de toutes ses forces et toute à la fois. Chacun des assaillants, connoissant l'extrémité du danger de la conjoncture, s'y porta avec tant de vaillance et d'impétuosité, que la ville fut emportée malgré une opiniâtre résistance, avec une perte fort considérable des attaquants. Les assiégés, retirés dans le château, capitulèrent incontinent, c'est-à-dire que la garnison, composée de huit bataillons et de huit escadrons, se rendit prisonnière de guerre, et avec elle Stanhope leur général, Carpenter et Wilz, lieutenants généraux, et deux brigadiers, toute leur artillerie, armes, munitions et bagages; et ce fut là où Stanhope, si triomphant dans Madrid, revomit les tapisseries du roi d'Espagne qu'il avoit prises dans son palais.

Tandis qu'on faisoit cette capitulation avec les otages envoyés du château, il vint divers avis de la marche du comte de Staremberg, qu'il fallut avoir une attention extrême à cacher à ces otages, qui auroient pu rompre, et le château se défendre, s'ils avoient su leur libérateur à une lieue et demie d'eux, comme il y étoit déjà, et qu'il continuoit sa marche à l'entrée de la nuit, après s'être un peu reposé avec ses troupes. La nuit fut pourtant tranquille. Le lendemain matin 11, M. de Vendôme se trouva dans un autre embarras : il s'agissoit en même temps de marcher pour aller recevoir Staremberg, déjà fort proche, et de pourvoir à la sortie de Brihuega de cette nombreuse garnison, qui y étoit demeurée enfermée durant la nuit, et qu'il falloit acheminer en la Vieille-Castille. Tout cela se fit pourtant fort heureusement. Les régiments des gardes espagnoles et wallones restèrent à Brihuega jusqu'à la parfaite évacuation; et lorsque Vendôme, toujours marchant à Staremberg, vit l'action prochaine, il envoya chercher en diligence son infanterie à Brihuega, avec ordre de n'y laisser que quatre cents hommes.

Alors il mit son armée en bataille, dans une plaine assez unie, mais embarrassée par de petites murailles sèches en plusieurs endroits, fort nuisibles pour la cavalerie. Incontinent après, le canon commença à tirer de part et d'autre, et presque aussitôt les deux lignes du roi d'Espagne s'ébranlèrent pour charger. Il étoit alors trois heures et demie après midi, et il faut remarquer que les jours d'hiver sont un peu moins courts en Espagne qu'en ces pays-ci. La bataille commença dans cet instant par la droite de la cavalerie, qui rompit leur gauche, la mit en déroute, et tomba sur quelques-uns de leurs bataillons, les enfonça, et s'empara d'une batterie que ces bataillons avoient à leur gauche. Un moment après, la gauche du roi d'Espagne chargea leur droite, fit plusieurs charges, poussa et fut poussée à diverses reprises, repoussa enfin, gagna les derrières de leur infanterie, et fut jointe par la cavalerie de la droite du roi d'Espagne, qui avoit battu et enfoncé les ennemis de son côté, par les derrières de cette infanterie de leur droite, qui combattoit la cavalerie de notre gauche avec beaucoup de vigueur et la poussoit sur la réserve. Cette réserve étoit les gardes wallones, qui venoient d'arriver de Brihuega. Elles pénétrèrent les deux lignes des ennemis et leur corps de réserve, et poussèrent ce qui se trouva devant elles bien au delà du champ de bataille. Néanmoins le centre espagnol plioit, et la gauche de sa cavalerie n'entamoit pas la droite des ennemis. M. de Vendôme s'en aperçut si fort qu'il crut qu'il falloit songer à se retirer vers Torija, et qu'il en donna les ordres. Il s'y achemina avec le roi d'Espagne et une bonne partie des troupes. Dans cette retraite, il eut nouvelle que le marquis de Valdecañas et Mahoni avoient chargé l'infanterie ennemie avec la cavalerie qu'ils avoient à leurs ordres, l'avoient fort maltraitée, et s'étoient rendus maîtres du champ de bataille, d'un grand nombre de prisonniers, et de l'artillerie que les ennemis avoient abandonnée. Des avis si agréables et si peu attendus firent prendre le parti au duc de Vendôme de remarcher avec le roi d'Espagne et les troupes qui les avoient suivis, et de s'avancer, en attendant qu'il fût jour, sur les hauteurs de Brihuega, pour rentrer au champ de bataille et y joindre les deux vainqueurs. Ils y avoient formé, fort près des ennemis, un corps de cavalerie, et ces ennemis étoient cinq ou six bataillons et autant d'escadrons, qui étoient demeurés sur le champ de bataille ne sachant où se retirer, et qui se firent jour avec précipitation, abandonnant vingt pièces de canon, deux mortiers, leurs blessés et leurs équipages, que la cavalerie victorieuse avoit pillés le soir et entièrement dispersés sur le champ de bataille. Aussitôt on détacha après les débris de l'armée. Beaucoup de fuyards, de traîneurs et d'équipages furent pris; mais le comte de Staremberg se retira en bon ordre, avec sept ou huit mille hommes, parce qu'il avoit l'avance de toute la nuit. Ses bagages et la plupart des charrettes de son armée et de ses munitions furent la proie du vainqueur.

On ne doit pas oublier une action particulière, dont la piété, la résolution et la valeur méritent une louange immortelle. Comme on alloit donner le troisième assaut à Brihuega, le comte de S. Estevan de Gormaz, grand d'Espagne, officier général et capitaine général d'Andalousie, vint se mettre avec les grenadiers les plus avancés. Le capitaine qui les commandoit, surpris de voir un homme si distingué vouloir marcher avec lui, lui représenta combien ce poste étoit au-dessous de lui. S. Estevan de Gormaz lui répondit froidement qu'il savoit là-dessus tout ce qu'il pouvoit lui dire, mais que le duc d'Escalona son père, plus ordinairement nommé le marquis de Villena, étoit depuis très-longtemps prisonnier des Impériaux, indignement traité à Pizzighettone, avec les fers aux pieds, sans qu'ils eussent jamais voulu entendre à aucune rançon; qu'il y avoit dans Brihuega des principaux officiers généraux impériaux et anglois; qu'il étoit résolu à les prendre pour délivrer son père, ou de mourir en la peine. Il donna dans la place avec ce détachement, fit merveilles, prit de sa main quelques-uns de ces généraux, et peu de temps [après] en fit l'échange avec son père, qui avoit été pris à Gaëte, vice-roi de Naples, les armes à la main, comme je l'ai raconté en son lieu.

J'aurai occasion ailleurs de parler de ce père et de ce fils illustres, morts tous deux successivement majordomes-majors du Roi, chose qui n'a point d'exemple en Espagne. Le père surtout étoit la vertu, la valeur, la modestic et la piété même, le seigneur le plus estimé et respecté d'Espagne, et, chose bien rare en ce pays-là, fort savant.

En comptant la garnison de Brihuega, il en coûta aux ennemis onze mille hommes tués ou pris, leurs munitions, artillerie, bagages, et grand nombre de drapeaux et d'étendards. Le roi d'Espagne y perdit deux mille hommes. Thouy, bien que fort blessé à la main, dont il demeura estropié, à l'attaque de Brihuega, se voulut trouver encore à la bataille, qui fut appelée de Villaviciosa, d'une villette fort proche. Il s'y distingua fort, et y servit très-utilement. Il fut même fait prisonnier, mais bientôt après relâché, quand le désordre commença à se mettre parmi les ennemis. Il faut dire, pour fixer la position, que Brihuega est entre Siguenza et Guadalaxara, et plus près de la dernière, qui est sur le chemin de France, à vingt-cinq de nos lieues en deçà de Madrid, lorsqu'on prend le chemin de Pampelune.

Quand on considère le péril extrême, et pour cette fois si elle eût mal bâté, sans ressource, de la fortune du roi d'Espagne dans cette occasion, on en tremble encore aujourd'hui. Celle qu'il avoit trouvée[1] dans le cœur et le courage des fidèles et magnanimes Espagnols, après sa défaite à Saragosse, étoit un prodige inespéré, qui, une fois perdue encore, ne pouvoit plus se réparer. Il y en avoit encore moins à espérer de la France dans une seconde catastrophe : son épuisement et ses pertes ne lui permettoient pas d'entreprendre de relever de telles ruines. Flattée par des pensées ténébreuses de paix, dont le besoin extrême croissoit à tous moments par l'impuissance de se défendre elle-même, elle auroit vu la perte de la couronne d'Espagne comme un affranchissement des conditions affreuses d'y contribuer qui lui étoient imposées, pour obtenir cette honteuse et dure paix après laquelle elle soupiroit avec tant de violence. Au lieu de

---

1. Il y a au manuscrit *Celles* au pluriel, et *trouvée* au singulier.

ménager des forces comme miraculeusement rassemblées, et rétablir peu à peu les affaires sans les commettre toutes à la fois aux derniers hasards, l'imprudence de M. de Vendôme le fait jeter à corps perdu dans le panneau qui lui est tendu. Sa négligence ne se donne pas la peine d'être instruit du lieu qu'il prétend enlever d'emblée : au lieu d'un poste, il trouve une place, lorsqu'il a le nez dessus; au lieu de quelque foible détachement avancé, il rencontre une grosse garnison, commandée par la seconde personne, mais la plus puissante de l'armée ennemie, et cette armée à portée de venir tomber sur lui pendant son attaque. Alors il commence à voir où il s'est embarqué, il voit le double péril d'une double action à soutenir tout à la fois contre Stanhope, qu'il faut emporter de furie, après y avoir été repoussé par deux fois, et Staremberg, qu'il faut aller recevoir, et le défaire; et s'il les manque, leur laisser la couronne d'Epagne sûrement, et peut-être la personne de Philippe V, pour prix de sa folie. Le prodige s'achève : Brihuega est emporté sans lui, et sans lui la bataille de Villaviciosa est gagnée. Seconde faute insigne : ce coup d'œil tant vanté par les siens se trouble, il ne voit pas le succès, il n'aperçoit qu'un léger ébranlement du centre. Ce héros, qui se récrie si outrageusement à Audenarde contre une indispensable retraite, la précipite ici avec ce qu'il trouve de troupes sous sa main; et ce même homme qui crut tout perdu à Cassan, qui se retire seul dans une cassine éloignée du lieu du combat, qui y pourpense tristement par où se sauver de ce revers, et qui y apprend par Albergotti, qui l'y découvre enfin après l'avoir longtemps cherché, que le combat [est] gagné, qui y pique des deux à sa parole et s'y va montrer en vainqueur, ce même homme apprend dans Torija même, où il s'étoit retiré et où il étoit arrivé, que la bataille est gagnée; il y retourne avec les troupes qu'il en avoit emmenées, et quand il est jour il aperçoit toutes les marques de la victoire. Il n'est honteux ni de sa lourde méprise, ni de l'étrange contre-temps de sa retraite, ni d'avoir sauvé Staremberg par l'absence des troupes dont il s'étoit fait suivre, sans s'embarrasser de ce que deviendroient les autres. Il s'écrie qu'il a vaincu, avec une impudence à laquelle il n'avoit pas encore accoutumé l'Espagne comme il avoit fait l'Italie et la France, et qui aussi ne s'en paya pas, tellement qu'après avoir mis le roi d'Espagne à un cheveu de sa perte radicale, il manqua encore, par cette aveugle retraite, de finir la guerre d'un seul coup, en détruisant l'armée de Staremberg, qui ne lui auroit pu échapper s'il n'avoit pas emmené les troupes, et qui par cette faute insigne eut le moyen de se retirer, et toute la nuit devant soi et longue pour se mettre en ordre et ramasser tout ce qu'il put pour se grossir. Tel fut l'exploit de ce grand homme de guerre, si desiré en Espagne pour la ressusciter, et la première montre de sa capacité tout en y arrivant.

Du moment que le roi d'Espagne fut ramené sur le champ de bataille avec ses troupes par Vendôme, et qu'ils ne purent plus douter de leur bonheur, il fut dépêché un courrier à la Reine. Ses mortelles angoisses furent à l'instant changées en une si grande joie qu'elle sortit à l'instant à pied par les rues de Vittoria, où tout retentit d'allégresse, ainsi que par toute l'Espagne, et surtout à Madrid, qui en donna des marques extraordinaires. Don Gaspard de Zuniga, frère du duc de Bejar, jeune homme de vingt-deux ans, qui avoit fort servi en Flandres pour son âge, fut dépêché au Roi, à qui le roi d'Espagne manda qu'il ne pouvoit lui envoyer personne qui lui rendît un meilleur compte de l'action, où il s'étoit fort distingué. Il le rendit en effet tel que le Roi et tout le monde en admirèrent la justesse, l'exactitude, la netteté et la modestie. J'aurai lieu de parler de lui ailleurs ; j'eus loisir et commodité de l'entretenir et de le questionner tout à mon aise chez le duc de Lauzun, tout en arrivant à Versailles, où je dînai avec lui. Il ne cacha ni au Roi ni au public rien de ce qui vient d'être expliqué sur le duc de Vendôme, dont la cabale essaya de triompher, vainement pour cette fois : il étoit démasqué, il étoit disgracié; sa cabale ne put se dissimuler ce que le Roi en savoit, et pensoit de cette dernière affaire; elle n'osa s'élever à la cour ni guère dans le monde : elle se contenta de ses manéges accoutumés dans les cafés de Paris et dans les provinces, ignorantes des détails et frappées en gros d'une bataille gagnée. Bergheyck étoit venu faire un tour à Versailles, où il apprit cette grande nouvelle.

Le roi d'Espagne marcha à Siguenza, où il prit quatre ou cinq cents hommes qui s'étoient sauvés de la bataille, et quelque bagage, parmi lequel étoit celui du comte de Staremberg, que le roi d'Espagne lui renvoya civilement. Ce général gagna comme il put la Catalogne. Le roi d'Espagne mena son armée en Aragon, et s'établit à Saragosse, où il passa une partie de l'hiver, et où après un assez long temps la Reine le fut joindre.

Tout tomba sur Stanhope, dans le dépit extrême que les alliés conçurent de cette révolution si merveilleuse. Les assaillants étoient fort peu supérieurs à ce qu'il avoit dans Brihuega, et il y avoit abondance de munitions de guerre et de bouche, et de l'artillerie à suffisance; le lieu étoit bon, et il savoit le dessein de Staremberg, et pourquoi il l'y avoit mis; que sept ou huit heures de résistance de plus faisoit réussir, et écrasoit tout ce qui restoit de troupes et de ressources au roi d'Espagne. Staremberg, outré d'un succès si différent, et qui changeoit en entier la face des affaires, cria fort contre Stanhope, qui pouvoit tenir encore longtemps dans le château. Quelques-uns des principaux officiers qui y étoient avec lui secondèrent les plaintes de Staremberg; Stanhope même n'osa trop disconvenir de sa faute. Il fut contraint de demander congé pour s'aller défendre. Il fut mal reçu, dépouillé de tout grade militaire en Angleterre et en Hollande, et lui et les autres officiers qui comme lui avoient été d'avis de se rendre ne furent pas sans inquiétude pour leur dégradation et pour leur vie.

Le duc de Noailles investit Girone le 15 décembre. Cette

expédition, qui est plus de l'année 1711 que de celle-ci, y sera remise, pour retourner aux choses qui se sont passées et qui ont été suspendues ici, pour n'interrompre point la suite importante des événements d'Espagne. On eut envie d'y envoyer l'abbé de Polignac ambassadeur. Il brilloit cependant à Marly à son retour de Gertruydemberg. Le Roi lui fit voir ses jardins, comme à un nouveau venu : la pluie surprit la promenade sans l'interrompre. Le Roi en fit une honnêteté à l'abbé de Polignac, qui étoit l'hôte de cette journée; il répondit avec toutes ses grâces que la pluie de Marly ne mouilloit point. Il crut avoir dit merveilles: mais le rire du Roi, la contenance du courtisan, et leurs propos au retour dans le salon, lui montrèrent qu'il n'avoit dit qu'une fade et plate sottise[1]. L'Espagne ne voulut point de lui, et redemanda instamment Amelot, qui y avoit si parfaitement réussi : elle n'eut ni l'un ni l'autre.

CHAPITRE VII.

Prince de Lorraine coadjuteur de Trèves. — Mort et caractère du cardinal Grimani. — Mort et famille de la duchesse de Modène; son deuil. — Mort et fortune du prince de Salm. — Mort du comte de Noailles. — Mort et caractère de Mme de Ravetot; sa famille et celle de son mari. — Mort, famille et singularité de l'abbé de Pompadour. — Dixième denier. — P. Tellier persuade le Roi que tous les biens de ses sujets sont à lui. — Explication du conseil des finances. — Monseigneur et Mgr le duc de Bourgogne fâchés du dixième; sortie de Mgr le duc de Bourgogne contre les financiers. — Du Mont m'avertit de la plus folle calomnie persuadée contre moi à Monseigneur; crédulité inconcevable de ce prince. — Mme de Saint-Simon s'adresse à Mme la duchesse de Bourgogne, qui détrompe pleinement Monseigneur et me tire d'affaire.

Monsieur de Lorraine, par la protection de l'Empereur, avoit forcé le chapitre de Trèves de souffrir que son frère y entrât; je dis forcé, parce que ce chapitre et celui de Mayence, faits sages, et en cela appuyés de toute la

1. Saint-Simon a déjà raconté cette anecdote plus haut, tome IV, p. 347.

noblesse de l'Empire, par l'exemple de celui de Cologne, qui n'a plus d'archevêque, il y a longtemps, que de la maison de Bavière, depuis que ces princes se sont introduits dans le chapitre, ne veulent plus souffrir de princes dans les leurs; ce que celui de Trèves craignoit du frère du duc de Lorraine, et qui lui arriva. Les prières et les menaces furent employées par la cour de Vienne: Monsieur de Lorraine traita, et répandit l'argent à pleines mains; l'archevêque, qui étoit un baron d'Orgbreicht, et qui avoit soixante-quinze ans, fut gagné; la brigue emporta les chanoines, et le frère du duc de Lorraine fut élu coadjuteur sur la fin de septembre.

L'Empereur fit incontinent après une perte d'un de ses plus effrénés partisans, en la personne du cardinal Grimani, qui n'eut de Dieu que son service, à qui les crimes ne coûtoient rien, et qui en fut singulièrement récompensé de la vice-royauté de Naples, où il mourut à la grande satisfaction de ce royaume, qu'il tyrannisoit fort, et du Pape et de tout Rome, qu'il maîtrisoit sans ménagement d'une étrange sorte. Ce prince perdit aussi sa belle-sœur, la duchesse de Modène : elle n'avoit que trente-neuf ans, et avoit deux ans plus que l'Impératrice, toutes deux filles de la duchesse d'Hanovre, desquelles j'ai parlé à l'occasion de ce qui les fit sortir de France, et de la feue princesse de Salm, dont le mari mourut aussi fort peu après. Il avoit eu les premiers emplois à la cour de Vienne; il avoit été gouverneur de la personne de l'Empereur, et avoit fait son mariage avec sa nièce : des mécontentements l'avoient fait renoncer à toutes ses charges et à la cour depuis quelques années; il s'étoit retiré chez lui, et il mourut à Aix-la-Chapelle. Madame la Princesse étoit sœur de sa femme et de la duchesse d'Hanovre. Le Roi prit le deuil quatre ou cinq jours de Madame de Modène : Monsieur de Modène avoit l'honneur d'être son parent.

Le jeune comte de Noailles mourut de la petite vérole, à Perpignan. De beaucoup de frères qu'avoit eus le duc de Noailles, c'étoit le seul qu'il restoit. Il lui avoit donné son régiment de cavalerie, et il étoit aussi lieutenant général au gouvernement d'Auvergne ; cela ne vaut que huit mille livres de rente. Le Roi donna l'un et l'autre au duc de Noailles.

Mme de Ravetot mourut aussi. Ce fut une perte pour ses amis, dont elle avoit beaucoup, des deux sexes, et la plupart de haut parage ; c'en fut aussi une pour le monde, dont elle étoit fort, et avec considération. On l'appeloit *belle et bonne*, et elle étoit l'une et l'autre, avec de l'esprit, des grâces, et rien de recherché ni d'affecté. Elle avoit été fort de la cour de Monsieur. Elle étoit fille de Pertuis, autrefois capitaine des gardes de M. de Turenne, qui s'étoit fait estimer et considérer, et étoit mort gouverneur de Menin. Le nom de son mari étoit Canonville, gentilshommes riches, anciens et bien alliés, de haute Normandie. Le maréchal de Gramont avoit une fille aînée borgnesse, boiteuse et fort laide, qui ne voulut point être religieuse. Ne sachant qu'en faire, il la maria à Ravetot presque pour rien, après la mort duquel elle se ravisa et se fit carmélite. C'est la belle-mère de celle dont je parle. Le mari étoit un fort brave homme, qui buvoit bien, fort bête et fort débauché, qui s'est ruiné, et est mort lieutenant général, et qui n'a laissé qu'une fille, son seul fils étant mort longtemps devant lui, sans avoir été marié, après avoir perdu sa fortune par une prison de douze ou quinze ans, pour s'être battu avec Armentières, mort depuis premier gentilhomme de la chambre de M. le duc d'Orléans.

L'abbé de Pompadour mourut en même temps, et emporta moins de regrets. C'étoit un petit homme qui, à quatre-vingt-cinq ou six ans, couroit encore la ville, et qui n'avoit jamais fait la moindre figure. Son père et son frère étoient chevaliers de l'ordre en 1633 et en 1661. Son père s'étoit bien différemment marié, d'abord à une Montgommery, après à une Rohan Guémené, sans enfants d'aucune, enfin à une Fabri, dont il en eut. Son fils aîné fut père de Mmes de Saint-Luc et d'Hautefort, et cet abbé, leur oncle paternel, a fini cette branche, qui étoit l'aînée. Il avoit un laquais presque aussi vieux que lui, à qui il donnoit, outre ses gages, tant par jour pour dire son bréviaire en sa place, et qui le barbotoit dans un coin des antichambres où son maître alloit. Il s'en croyoit quitte de la sorte, apparemment sur l'exemple des chanoines qui payent des chantres pour aller chanter au chœur pour eux. Il avoit un autre frère, de qui le fils n'a laissé que Mme de Courcillon, dont la fille unique, veuve d'un fils du maréchal-duc de Chaulnes, s'est remariée au prince de Rohan, et n'a point d'enfants de l'un ni de l'autre.

L'impossibilité, trop bassement éprouvée, d'obtenir la paix, et l'épuisement où étoit le royaume, jetèrent le Roi dans les plus cruelles angoisses, et Desmarets dans le plus funeste embarras. Les papiers de toutes les espèces dont le commerce se trouvoit inondé, et qui tous avoient plus ou moins perdu crédit, faisoient un chaos dont on n'apercevoit point le remède : billets d'État, billets de monnoie, billets des receveurs généraux, billets sur les tailles, billets d'ustensile, étoient la ruine des particuliers, que le Roi forçoit de prendre en payement de lui, qui perdoient moitié, deux tiers et plus, et avec le Roi comme avec les autres. Ces escomptes enrichissoient les gens d'argent et de finance aux dépens du public, et la circulation de l'argent ne se faisoit plus, parce que l'espèce manquoit, parce que le Roi ne payoit plus personne et qu'il tiroit toujours, et que ce qu'il y avoit d'espèces hors de ses mains étoit bien enfermé dans les coffres des partisans. La capitation doublée et triplée à volonté arbitraire des intendants des provinces, les marchandises et les denrées de toute espèce imposées en droits au quadruple de leur valeur, taxes d'aisés et autres de toute nature et sur toutes sortes de choses, tout cela écrasoit nobles et roturiers, seigneurs et gens d'Église, sans que ce qu'il en revenoit au Roi pût suffire, qui tiroit le sang de tous ses sujets sans distinction, qui en exprimoit jusqu'au pus, et qui enrichissoit une armée infinie de traitants et d'employés à ces divers genres d'impôts, entre les mains de qui en demeuroit la plus grande et la plus claire partie.

Desmarets, en qui enfin le Roi avoit été forcé de mettre toute sa confiance pour les finances, imagina d'établir, en sus de tant d'impôts, cette dîme royale sur tous les biens de chaque communauté et de chaque particulier du royaume, que le maréchal de Vauban d'une façon, et que Boisguilbert de l'autre, avoient autrefois proposée, ainsi que je l'ai rapporté alors, comme une taxe unique, simple, qui suffiroit à tout, qui entreroit toute entière dans les coffres du Roi, au moyen de laquelle tout autre impôt seroit aboli, même la taille et jusqu'à son nom. On a vu au même lieu, et avec quel succès, que les financiers en frémirent, que les ministres en rugirent, avec quel anathème cela fut rejeté, et à quel point ces deux excellents et habiles citoyens en demeurèrent perdus. C'est dont il faut se souvenir ici, puisque Desmarets, qui n'avoit pas perdu de vue ce système, non comme soulagement et remède, crime irrémissible dans la doctrine financière, mais comme surcroît, y eut maintenant recours.

Sans dire mot à personne, il fit son projet, qu'il donna à examiner et à limer à un bureau qu'il composa exprès et uniquement de Bouville, conseiller d'État, mari de sa sœur, Nointel, conseiller d'État, frère de sa femme, Vaubourg, conseiller d'État, son frère, Bercy, intendant des finances, son gendre, Harlay Celi, maître des requêtes, son affidé, mort depuis conseiller d'État et intendant de Paris, et de trois maîtres financiers. Ce fut donc à ces gens si bien triés à digérer l'affaire, à en diriger l'exécution et à en dresser l'édit. Nointel, seul d'entre eux, eut horreur d'une exaction si monstrueuse, et sous prétexte du travail du bureau qu'il avoit des vivres des armées, il s'excusa d'entrer en celui-ci; il fut imité par un des trois traitants, à qui apparemment il restoit encore quelque sorte d'âme. On fut étonné que Vaubourg ne s'en fût point retiré, lui qui avoit beaucoup de probité et de piété, et qui s'étoit retiré des intendances par scrupule, où il avoit longtemps et bien servi.

Ces commissaires travaillèrent donc, avec assiduité et grand'peine, à surmonter les difficultés qui se présentoient de toutes parts. Il falloit d'abord tirer de chacun une confession de bonne foi, nette et précise, de son bien, de ses dettes actives et passives, de la nature de tout cela. Il en falloit exiger des preuves certaines, et trouver les moyens de n'y être pas trompé. Sur ces points roulèrent toutes les difficultés. On compta pour rien la désolation de l'impôt même dans une multitude d'hommes de tous les états si prodigieuse, et leur désespoir d'être forcés à révéler eux-mêmes le secret de leurs familles, la turpitude d'un si grand nombre, le manque de bien suppléé par la réputation et le crédit, dont la cessation alloit jeter dans une ruine inévitable, la discussion des facultés de chacun, la combustion des familles par ces cruelles manifestations, et par cette lampe portée sur leurs parties les plus honteuses; en un mot, plus que le cousin germain de ces dénombrements impies qui ont toujours indigné le Créateur, et appesanti sa main sur ceux qui les ont fait faire, et presque toujours attiré d'éclatants châtiments.

Moins d'un mois suffit à la pénétration de ces humains commissaires pour rendre bon compte de ce doux projet au cyclope qui les en avoit chargés. Il revit avec eux l'édit qu'ils en avoient dressé, tout hérissé de foudres contre les délinquants qui seroient convaincus, mais qui n'avoit aucun égard aux charges que les biens portent par leur nature, et dès lors il ne fut plus question que de le faire passer.

Alors Desmarets proposa au Roi cette affaire, dont il sut bien faire sa cour; mais le Roi, quelque accoutumé qu'il fût aux impôts les plus énormes, ne laissa pas de s'épouvanter de celui-ci. Depuis longtemps il n'entendoit parler que des plus extrêmes misères; ce surcroît l'inquiéta jusqu'à l'attrister d'une manière si sensible, que ses valets intérieurs s'en aperçurent dans les cabinets plusieurs jours de suite, et assez pour en être si en peine que Maréchal, qui m'a conté toute cette curieuse anecdote, se hasarda de lui parler de cette tristesse qu'il remarquoit. et qui étoit telle depuis plusieurs jours qu'il craignoit pour sa santé. Le Roi lui avoua qu'il sentoit des peines infinies, et se jeta vaguement sur la situation des affaires. Huit ou dix jours après, et toujours la même mélancolie, le Roi reprit son calme accoutumé. Il appela Maréchal, et seul avec lui, il lui dit que maintenant qu'il se sentoit au large, il vouloit bien lui dire ce qui l'avoit si vivement peiné, et ce qui avoit mis fin à ses peines.

Alors il lui conta que l'extrême besoin de ses affaires l'avoit forcé à de furieux impôts; que l'état où elles se trouvoient réduites le mettoit dans la nécessité de les augmenter très-considérablement; qu'outre la compassion, les scrupules de prendre ainsi les biens de tout le monde l'avoient fort tourmenté; qu'à la fin il s'en étoit ouvert au P. Tellier, qui lui avoit demandé quelques jours à y penser, et qu'il étoit revenu avec une consultation des plus habiles docteurs de Sorbonne, qui décidoit nettement que tous les biens de ses sujets étoient à lui en propre, et que, quand il les prenoit, il ne prenoit que ce qui lui appartenoit; qu'il avouoit que cette décision l'avoit mis fort au large, ôté tous ses scrupules, et lui avoit rendu le calme et la tranquillité qu'il avoit perdue. Maréchal fut si étonné, si éperdu d'entendre ce récit, qu'il ne put proférer un seul mot. Heureusement pour lui le Roi le quitta dès qu'il le lui eut fait, et Maréchal resta quelque temps seul en même place, ne sachant presque où il en étoit. Cette anecdote, qu'il me conta peu de jours après, et dont il étoit presque encore dans le premier effroi, n'a pas besoin de commentaire : elle montre, sans qu'on ait besoin de le dire, ce qu'est un roi livré à un pareil confesseur, et qui ne parle qu'à lui, et ce que devient un État livré en de telles mains.

Maintenant il faut dire ce que c'étoit que le conseil des finances, et ce qui s'y faisoit, et qui est de même encore aujourd'hui. Le Roi le tenoit tous les mardis matin, et les samedis matin encore, mais celui du samedi étoit supprimé toujours à Marly. Outre Monseigneur et M`gr` le duc de Bourgogne, qui entroient en tous, il étoit composé du chancelier, parce qu'il avoit été contrôleur général, du duc de Beauvillier, comme chef du conseil des finances, de Desmarets, comme contrôleur général, et de deux conseillers d'État comme conseillers du conseil royal des finances, qui étoient lors Pelletier de Sousy et Daguesseau, père du chancelier d'aujourd'hui. Il faut se souvenir ici de ce qui a été rapporté ailleurs de la création de l'inutile charge de chef de ce conseil, lorsque Colbert, pour perdre Foucquet et se rendre maître des finances, persuada au Roi d'en supprimer le surintendant et d'en faire la fonction lui-même. Ainsi ce conseil se passoit presque entier en signatures et en bons, que le Roi mettoit et faisoit au lieu du surintendant, en jugement d'affaires entre particuliers, que leur nature ou la volonté du ministre y portoit, et en appel du jugement du conseil des prises des vaisseaux ennemis, mais marchands, que tenoit chez lui M. le comte de Toulouse, dont l'appel venoit au conseil des finances, que Pontchartrain y rapportoit, et où, pour ces affaires seulement, le comte de Toulouse entroit avec voix délibérative. Toutes les autres y étoient rapportées par le contrôleur général, où le comte de Toulouse et Pontchartrain n'entroient pas. Rien autre n'y étoit agité ni délibéré. Tout ce qui s'appelle affaires de finances, taxes, impôts, droits, impositions de toute espèce, nouveaux, augmentation des anciens, régies de toutes les sortes, tout cela est fait par le contrôleur général seul chez lui, avec un intendant des finances dont la fonction est d'être son commis, quelquefois avec le traitant seul. Si la chose est considérable à un certain point, elle est rapportée au Roi par le contrôleur général seul, dans son travail avec lui tête à tête, tellement qu'il sort des arrêts du conseil en finance qui n'ont jamais vu que le cabinet du contrôleur général, et des édits bursaux les plus ruineux qui de même n'ont pas été portés ailleurs, que le secrétaire d'État ne peut refuser de signer, ni le chancelier de viser et sceller sans voir, sur la simple signature du contrôleur général; et ceux qui entrent au conseil des finances n'en apprennent rien que par l'impression de ces pièces devenues publiques, comme tous les particuliers les plus éloignés des affaires. Cela se passoit ainsi alors, et s'est toujours continué de même depuis jusqu'à aujourd'hui.

L'établissement de la capitation fut proposé, et passa sans examen au conseil des finances, comme je l'ai raconté en son lieu, singularité donnée à l'énormité de cette espèce de dénombrement. La même énormité redoublée engagea Desmarets à la même cérémonie, ou plutôt au même jeu. Le Roi, mis au large par le P. Tellier et sa consultation de Sorbonne, ne douta plus que tous les biens de tous ses sujets ne fussent siens, et que ce qu'il n'en prenoit pas et qu'il leur laissoit étoit pure grâce. Ainsi il ne fit plus de difficulté de les prendre à toutes mains et en toutes les sortes. Il goûta donc le dixième en sus de tous les autres droits, impôts et affaires extraordinaires, et Desmarets n'eut plus qu'à exécuter. Ainsi le mardi matin, 30 septembre, Desmarets entra au conseil des finances avec l'édit du dixième dans son sac.

Il y avoit déjà quelques jours que chacun savoit la bombe en l'air, et en frémissoit avec ce reste d'espérance qui n'est fondé que sur le désir, et toute la cour ainsi que Paris attendoit dans une morne tristesse ce qui en alloit arriver. On s'en parloit à l'oreille, et bien que ce projet près d'éclore fût déjà exprès rendu public, personne n'en osoit parler tout haut. Ceux du conseil des finances y entrèrent ce jour-là sans en savoir davantage que le public, ni même si l'affaire baiseroit ou non le bureau[1] de ce conseil.

---

1. Toucherait ou non au bureau.

Tout le monde assis, et Desmarets tirant un gros cahier de son sac, le Roi prit la parole, et dit que l'impossibilité d'avoir la paix et l'extrême difficulté de soutenir la guerre avoient fait travailler Desmarets à trouver des moyens extraordinaires, qui lui paroissoient bons; qu'il lui en avoit rendu compte, et qu'il avoit été du même avis, quoique bien fâché d'être réduit à ces secours; qu'il ne doutoit pas qu'ils ne fussent d'avis semblable après que Desmarets le leur auroit expliqué.

Après une préface si décisive et si contraire à la coutume du Roi, Desmarets fit un discours pathétique sur l'opiniâtreté des ennemis et l'épuisement des finances, court et plein d'autorité, qu'il conclut par dire qu'entre laisser le royaume en proie à leurs armes ou se servir des seuls expédients qui restoient, lui n'en sachant aucuns autres, il croyoit encore moins dur de les mettre en usage que de souffrir l'entrée des ennemis dans toutes les provinces de France; qu'il s'agissoit de l'imposition du dixième denier, sans exception de personne; qu'outre la raison d'impossibilité susdite, chacun encore y trouveroit son compte, parce que cette levée, qui seroit modique pour chacun en comparaison de ce qu'il avoit sur le Roi en rentes ou en bienfaits (mais outre cette iniquité criante à ceux-là, combien de gens qui n'avoient rien du Roi ni sur le Roi!), en procureroit le payement régulier désormais, et par là un recouvrement de moyens pour tous les particuliers, et une circulation pour le général qui remettroit une sorte de petite abondance et de mouvement d'argent; qu'il avoit tâché de prévenir tous les inconvénients tant pour le Roi que pour ses sujets, et que ces Messieurs en jugeroient mieux par la lecture de l'édit même qu'il alloit faire que par tout ce qu'il leur en pourroit dire de plus. Aussitôt, et sans attendre de réponse, il se mit à lire l'édit, et il le lut d'un bout à l'autre tout de suite, sans aucune interruption, puis il se tut.

Personne ne prenant la parole, le Roi demanda l'avis à Daguesseau, à qui, comme le dernier du conseil, c'étoit à parler le premier. Ce digne magistrat répondit que l'affaire lui paroissoit d'une si grande importance qu'il n'en pouvoit dire ainsi son avis sur-le-champ, qu'il lui faudroit pour le former lire longtemps chez lui l'édit, tant sur la chose même que sur la forme, partant qu'il supplioit le Roi de le dispenser d'opiner là-dessus. Le Roi dit que Daguesseau avoit raison, que l'examen qu'il demandoit étoit même inutile, puisqu'il ne pourroit être travaillé plus que ce qu'avoit fait Desmarets, qui étoit d'avis de faire cet édit, et tel qu'ils le venoient d'entendre; que c'étoit aussi son sentiment à lui, à qui Desmarets en avoit rendu compte, et qu'ainsi ce ne seroit que perdre le temps que de le discuter davantage.

Tous se turent, hormis le duc de Beauvillier, qui séduit par le neveu de Colbert, son beau-père, qu'il croyoit un oracle en finance, et touché de la réduction à l'impossible, dit en peu de mots que, tout fâcheux qu'il reconnût ce secours, il ne pouvoit ne le pas préférer à voir les ennemis ravager la France, ni trouver que ce parti ne fût plus salutaire à ceux-là même qui en souffriroient le plus.

Ainsi fut bâclée cette sanglante affaire, et immédiatement après signée, scellée, enregistrée parmi les sanglots suffoqués, et publiée parmi les plus douces mais les plus pitoyables plaintes. La levée ni le produit n'en furent pas tels à beaucoup près qu'on se l'étoit figuré dans ce bureau d'anthropophages, et le Roi ne paya non plus un seul denier à personne qu'il faisoit auparavant. Ainsi tourna en fumée ce beau soulagement, cette sorte de petite abondance, cette circulation et ce mouvement d'argent, lénitif unique du beau discours de Desmarets. Je sus dès le lendemain tout le détail que je viens de rapporter, par le chancelier. Quelques jours après la publication de l'édit, il se répandit qu'il s'y étoit opposé avec vigueur au conseil des finances; cela lui fit grand honneur, mais il s'en fit un bien plus véritable en rejetant hautement le faux : il avoua à quiconque lui en parla qu'il s'étoit tu absolument, qu'il n'avoit pas été mis à portée de dire un seul mot là-dessus, qu'il en étoit même bien aise, parce que tout ce qu'il auroit pu dire n'auroit rien changé à une résolution de ce poids, absolument prise, dont on ne leur avoit parlé que par forme, cérémonie qui l'avoit même surpris. D'ailleurs il ne se cacha pas de blâmer cette invention affreuse, avec toute l'amertume que méritoit un remède tourné en poison.

Le maréchal de Vauban étoit mort de douleur du succès de son zèle et de son livre, comme je l'ai raconté en son lieu. Le pauvre Boisguilbert, qui avoit survécu à l'exil que le sien lui avoit coûté, conçut une affliction extrême de ce que, par n'avoir songé qu'au bien de l'État et au soulagement universel de tous ses membres, il se trouvoit l'innocent donneur d'avis d'une si exécrable monopole[1], lui qui n'avoit imaginé et proposé le dixième denier qu'en haine et pour la destruction totale de la taille et de toute monopole, et soutint constamment que ce dixième denier en sus des monopoles ne produiroit presque rien, par le défaut de circulation et de débit qui formoit l'impuissance, et l'événement fit voir en bref qu'il ne se trompoit pas. Ainsi tout homme, sans aucun excepter, se vit en proie aux exacteurs, réduit à supputer et à discuter avec eux son propre patrimoine, à recevoir leur attache et leur protection sous les peines les plus terribles, à montrer en public tous les secrets de sa famille, à produire eux-mêmes[2] au grand jour les turpitudes domestiques enveloppées jusqu'alors sous les replis des précautions les plus sages et les plus multipliées, la plupart à convaincre, et vainement, qu'eux-mêmes propriétaires ne jouissoient pas de la dixième partie de leurs fonds. Le Languedoc entier, quoique sous le joug du comite[3] Basville, offrit en corps d'abandonner au Roi tous ses biens sans réserve, moyennant assurance d'en pouvoir conserver quitte et

---

1. Voyez tome V, p. 378, note 1.
2. *Lui-même* serait plus régulier.
3. Les comites étaient préposés aux travaux des galériens.

franche la dixième partie, et le demanda comme une grâce. La proposition non-seulement ne fut pas écoutée, mais réputée à injure, et rudement tancée. Il ne fut donc que trop manifeste que la plupart payèrent le quint[1], le quart, le tiers de leurs biens pour cette dîme seule, et que par conséquent ils furent réduits aux dernières extrémités. Les seuls financiers s'en sauvèrent, par leurs portefeuilles inconnus, et par la protection de leurs semblables, devenus les maîtres de tous les biens des François de tous les ordres. Les protecteurs du dixième denier virent clairement toutes ces horreurs, sans être capables d'en être touchés.

Quelques jours après la publication de l'édit, Monseigneur, par grand extraordinaire, alla dîner à la Ménagerie, avec les princes ses enfants et leurs épouses, et des dames en petit nombre. Là Mgr le duc de Bourgogne, moins gêné que d'ordinaire, se mit sur les partisans, dit qu'il falloit qu'il en parlât, parce qu'il en avoit jusqu'à la gorge, déclama contre le dixième denier et contre cette multitude d'autres impôts, s'expliqua avec plus que de la dureté sur les financiers et les traitants, même sur les gens de finance, et par cette juste et sainte colère, rappela le souvenir de saint Louis, de Louis XII, père du peuple, et de Louis le Juste. Monseigneur, ému par cette sorte d'emportement de son fils, qui lui étoit si peu ordinaire, y entra aussi un peu avec lui, et montra de la colère de tant d'exactions aussi nuisibles que barbares, et de tant de gens de néant si monstrueusement enrichis de ce sang; et tous deux surprirent infiniment ce peu de témoins qui les entendirent, et les consolèrent un peu, dans l'espérance en eux de quelque ressource.

Mais le décret en étoit porté, le vrai successeur de Louis XIV étoit le fils d'un rat de cave, qui ajouta, dans son long et funeste gouvernement, à tout ce qui s'étoit auparavant inventé en ce genre, et qui mit les publicains

---

1. Le cinquième. Voyez tome V, p. 248.

et leurs vastes armées en effroi, et s'il étoit possible en honneur, par la vénération qu'il leur porta, la puissance et le crédit sans bornes qu'il leur donna, le respect odieux qu'il leur fit porter par les plus grands et par tout le monde, et les grâces et les distinctions de la cour, de l'Église et de la guerre, qu'ils partagèrent avec les seigneurs, même avec préférence, jusqu'à pas une desquelles jusqu'alors aucun d'eux n'avoit osé lever les yeux.

Il faut maintenant parler d'une nouvelle bombe qui me tomba sur la tête, et rapporter ce que je n'ai fait qu'indiquer ailleurs de l'incroyable crédulité de Monseigneur.

Il faut se souvenir de ce que j'ai [dit] de du Mont, de la confiance de Monseigneur pour lui, et de son constant souvenir de ce que mon père avoit fait pour le sien. Il faut encore remarquer que le Roi déclara, le lundi 2 juin, à Marly, le mariage de M. le duc de Berry, et qu'il alla le même jour faire à Madame la demande de Mademoiselle: que le dimanche 15 juin, Mme de Saint-Simon fut nommée dame d'honneur de la future duchesse de Berry, de la manière qui a été rapportée, dans le cabinet du Roi à Versailles; que le dimanche 6 juillet, le mariage se fit dans la chapelle de Versailles; que le mercredi suivant 9 juillet, le Roi alla [à] Marly jusqu'au samedi 2 août; qu'il y retourna le mercredi 20 août, jusqu'au samedi 13 septembre; qu'il y retourna encore le mercredi 8 octobre, jusqu'au samedi 18 du même mois; enfin qu'il y retourna le lundi 3 novembre, jusqu'au samedi 15 du même mois, et qu'il n'alla point à Fontainebleau cette année, retenu par les fâcheuses affaires et par la dépense de ce voyage. Ce sont quatre voyages de Marly depuis le mariage de Mme la duchesse de Berry, et il n'y en eut plus après de cette année.

Quelques jours après, le second voyage de Marly commencé, revenant avec le Roi de la messe, du Mont, dans le resserré de la porte du petit salon de la chapelle, prit son temps de n'être pas aperçu, me tira par mon habit, et comme je me tournai, mit un doigt sur sa bouche, et me montra les jardins qui sont au bas de la rivière, c'est-à-dire de cette superbe cascade que le cardinal Fleury a détruite, et qui étoit en face derrière le château. En même temps du Mont me glissa dans l'oreille : « Aux berceaux. » Cette partie du jardin en étoit entourée avec des palissades qui ôtoient la vue de ce qui étoit dans ces berceaux : c'étoit le lieu le moins fréquenté de Marly, qui ne conduisoit à rien, et où l'après-dînée même et les soirs il étoit rare qu'on se promenât.

Inquiet de ce que me vouloit du Mont avec tant de mystère, je gagnai doucement l'entrée des berceaux, où, sans être vu, je regardai par une des ouvertures que je le visse paroître. Il s'y glissa par le coin de la chapelle, et j'allai au-devant de lui. En me joignant il me pria de retourner vers la rivière, afin d'être encore plus écartés, et nous nous y mîmes contre la palissade la plus épaisse, et dans l'éloignement des ouvertures, pour être encore plus cachés sous ces berceaux. Tant de façons me surprirent et m'effrayèrent; je le fus bien autrement quand j'appris de quoi il étoit question.

Après quelques compliments de reconnoissance sur mon père et d'amitié pour moi, du Mont me dit qu'il venoit me donner la plus grande marque de l'une et de l'autre, mais à deux conditions : la première, que je ne ferois pas en la moindre chose du monde aucun semblant de savoir rien de ce qu'il m'alloit apprendre; l'autre, que je n'en ferois aucun usage que lorsqu'il me le diroit et que de concert avec lui, et je lui donnai parole de l'un et de l'autre. Alors il me dit que deux jours après le mariage de M. le duc de Berry, étant entré sur la fin de la matinée dans le cabinet de Monseigneur, où il étoit tout seul, avec l'air fort sérieux, il l'avoit suivi tout seul encore par le jardin, où il entroit par les fenêtres de ses cabinets chez Mme la princesse de Conti, chez laquelle il entroit aussi de la terrasse de l'Orangerie de Versailles, par les fenêtres de son appartement, laquelle aussi il trouva seule dans son cabinet; que tout en entrant, Monseigneur lui avoit dit d'un air contre son naturel fort enflammé, et comme par interrogation, qu'elle étoit là bien tranquille, ce qui la surprit à tel point, qu'elle lui demanda avec frayeur s'il y avoit des nouvelles de Flandres, et qu'est-ce qui étoit arrivé. Monseigneur répondit avec un air de dépit qu'il n'y avoit point de nouvelles, sinon que j'avois dit que maintenant que le mariage du duc de Berry étoit fait, il falloit faire chasser Madame la Duchesse et elle, et qu'après cela nous gouvernerions tout à notre aise ce bon imbécile, en parlant de soi; qu'elle ne devoit donc pas être si assurée ni si en repos. Puis tout à coup, et comme se battant les flancs pour s'irriter davantage, il tint tous les propos qu'eût mérités ce discours, ajouta des menaces, et dit qu'il avertiroit bien le duc de Bourgogne de me craindre, de m'écarter, et de s'éloigner tout à fait de moi. Cette manière de soliloque dura assez longtemps, sans que j'aie su ce que Mme la princesse de Conti dit là-dessus; mais par le silence de du Mont à cet égard, par le dépit qu'elle montra du mariage, et par presque tout ce qui l'environnoit, je n'eus pas lieu de croire qu'elle cherchât à rien adoucir. Du Mont seul en tiers, collé à la muraille, frémissoit sans oser dire une parole, et la scène ne finit qu'à l'arrivée de Sainte-Maure, qui fit tout court changer de discours.

On ne peut comprendre l'effet que fit sur moi ce récit. Entre plusieurs l'étonnement l'emporta : je regardai du Mont, je lui demandai comment un pareil rapport se pouvoit concevoir, comment il osoit se faire, et comment il pouvoit être cru, et je le priai de me dire par quel biais et par quel moyen proposer au Roi, et réussir à lui faire chasser ses deux filles, princesses du sang, qu'il aimoit, et Monseigneur encore mieux ; et s'il ne falloit pas être plus fou que les plus enfermés pour concevoir un projet si radicalement insensé et si parfaitement impossible, plus fou encore de s'en vanter et de le dire, et plus que démon pour l'inventer et en affubler quelqu'un qui au moins n'avoit jamais passé pour fou ni pour visionnaire. Je lui demandai encore ce qu'il lui sembloit de celui qui s'en étoit si aisément persuadé. Du Mont m'avoua que tout ce que je disois étoit véritable et d'une évidence parfaite, mais que la calomnie n'en étoit pas moins faite et reçue. Je n'osai enfoncer sur la crédulité de Monseigneur, content que du Mont, en haussant les épaules, et par quelques mots échappés, me laissât entendre qu'il en pensoit tout comme moi.

Après la première surprise, qui fut en moi le sentiment le plus fort, je vis l'abîme qu'on avait creusé sous mes pieds, et je demandai à du Mont qu'y faire : « Rien du tout pour le présent, me dit-il; je n'ai osé vous avertir plus tôt, parce qu'ayant été le seul témoin de la scène avec Mme la princesse de Conti, j'ai voulu laisser éloigner le temps; il n'est pas encore venu de rien faire : attendez que je vous avertisse; et je le ferai soigneusement. — Mais, Monsieur, lui répondis-je, qui suis-je, moi, vis-à-vis de Monseigneur en fureur, et toujours dans les mêmes lieux que lui, hors à Meudon ? Que devenir ici dans le salon en sa présence ? Comment oser lui faire ma cour chez lui, et comment oser ne la lui pas faire, en attendant que vous m'avertissiez et que nous ayons trouvé moyen de lui faire entendre raison, avec tous les démons qui l'obsèdent et qui l'entretiendront dans cette humeur, ceux surtout qui ont osé abuser de lui jusqu'à lui faire accroire une absurdité trop forte même pour un enfant de six ans ? — Tout cela est très-embarrassant, me répliqua du Mont : ne demandez point pour Meudon ; ne vous approchez guère ici de Monseigneur dans le salon ; allez chez lui de loin à loin, mais allez-y : vous ne vous êtes aperçu de rien de lui jusqu'à cette heure. En vivant de la sorte à son égard, il ne s'échappera à rien avec vous; c'est tout ce que je puis vous dire. » Il me recommanda après tant et plus l'observation exacte des deux conditions qu'il m'avoit fait promettre, reçut mes remerciements à la hâte, et s'enfuit par où il étoit venu, dans la frayeur d'être avisé par quelqu'un.

Je demeurai assez longtemps à me promener sous ces berceaux, à rêver à l'excès de la scélératesse, à l'opinion que ceux qui l'avoient conçue pouvoient avoir d'un prince à qui ils avoient osé espérer de la lui faire croire et à qui ils l'avoient si bien persuadée, et à m'abîmer dans les réflexions de ce qu'on pourroit devenir sous un roi gouverné par de pareils démons, et incapable de ne pas gober les absurdités les plus grossières et les plus palpables. Revenant à moi, je ne savois ni comment me tirer de celle-ci, bien moins encore parer toutes celles qu'il plairoit aux mêmes gens d'inventer et d'en coiffer ce pauvre prince. Je me retirai chez moi dans tout le malaise qu'il est aisé de s'imaginer, et que je ne confiai qu'à Mme de Saint-Simon, qui n'en fut pas moins étonnée que moi, ni moins épouvantée. Je suivis exactement la conduite que du Mont m'avoit prescrite.

J'allois assez médiocrement chez Monseigneur, et même à Marly fort rarement autour de lui, parce que cette cabale qui le gouvernoit, et dont j'ai plus d'une fois parlé, étoit toute composée de gens qui me haïssoient parfaitement. Je n'avois donc aucune familiarité avec Monseigneur; j'allois assez rarement à Meudon : ainsi la conduite que j'eus à garder fut imperceptible au monde.

Je n'ai jamais su, et j'en loue Dieu encore, qui avoit fait accroire à Monseigneur cette ineptie si cruelle, et parmi cette troupe mâle et femelle de cette cabale, je n'ai pu démêler ni asseoir aucun soupçon sur personne de distinct. Les choses de rang pour les deux Lislebonnes et leur oncle de Vaudemont, Rome à l'égard de d'Antin, ce qui s'étoit passé avec feu Monsieur le Duc et Madame la Duchesse, les choses de Flandres sur le tout les avoient tous rendus mes ennemis personnels. Ils m'avoient vu, malgré toutes leurs menées, ressusciter auprès du Roi; ils frémissoient de ce que je n'étois pas resté perdu; ma liaison intime avec M. et Mme la duchesse d'Orléans aigrissoit leur haine; enfin le mariage de M. le duc de Berry en avoit comblé la mesure. Quoique les détails en demeurassent ignorés, il n'avoit que trop transpiré que je l'avois fait, et la démarche que je fis par Bignon auprès de la Choin, si proche de la déclaration du mariage, acheva de les en persuader, quoique je me fusse bien gardé d'en rien laisser imaginer dans tout ce qui se passa entre Bignon et moi. Mes liaisons si intimes avec le chancelier, les ducs de Chevreuse et de Beauvillier, ces deux derniers qu'ils haïssoient parfaitement, et tant d'autres principaux personnages des deux sexes, leur faisoient[1] peur; et plus que tout, comme je le sentis par ce qu'en dit Monseigneur, ce qui commençoit à se former d'intime entre Mgr le duc de Bourgogne et moi, que des yeux si perçants et si attentifs commençoient à apercevoir parmi les ténèbres, leur faisoit frayeur[2], et les déterminoit à tout oser et à tout entreprendre.

Dans une situation d'autant plus violente, dans la contrainte de son secret, que l'avenir en étoit plus terrible que le présent n'en étoit fâcheux et embarrassant à quelque point qu'il le fût, je pris du Mont dans le salon, un matin, tout à la fin de ce même voyage. Après force répétitions de l'absurdité de la calomnie, de respects pour Monseigneur, je lui proposai de lui dire qu'ayant appris ce qui m'étoit imputé auprès de lui, et le regardant comme étant déjà roi par avance, je ne pouvois demeurer dans cet état, et que j'avois prié du Mont d'obtenir de lui la grâce de le pouvoir entretenir un quart d'heure, ou de recevoir comme un sacrifice fait à son injuste colère de me retirer en Guyenne jusqu'à ce qu'il me permît de lui démontrer l'absurdité d'une si noire calomnie. Du Mont ne put désapprouver mon impatience de sortir de cette étrange affaire, ni le respect avec lequel je m'y prenois. Il me promit de parler à Monseigneur avec étendue, mais il le fit avec un air beaucoup moins ouvert, et en homme que cela embar-

---

1. Saint-Simon a écrit *faisoit*, au singulier.
2. *Frayeur* corrige *peur* au manuscrit.

rassoit pour avoir été témoin de la scène. C'étoit un homme de fort peu d'esprit, timide et fort mesuré, qui craignoit tout et qui s'embarrassoit de tout. Il me dit qu'il n'étoit pas temps encore, qu'il le prendroit dès qu'il le verroit à propos, et se rabattit à m'exhorter à la patience et au secret, et à la conduite que je lui avois promise.

Monseigneur traversa le salon et me vit parler à du Mont tête à tête. J'en fus bien aise, dans l'espérance qu'il lui demanderoit ce que je lui disois, et qu'il en pourroit profiter pour ce que je desirois. La messe du Roi finit notre conversation.

Ce Marly, comme je l'ai dit, étoit le second depuis le mariage. J'espérois peu des mesures et de la foiblesse de du Mont; nous songeâmes donc, Mme de Saint-Simon et moi, à nous aider d'ailleurs, dès que du Mont m'en laisseroit libre; mais comme ce que nous résolûmes ne s'exécutoit pas aisément par la mécanique, si principale en toutes les choses de la cour, fatigués d'ailleurs d'une situation si pénible, et dans le dessein de ne laisser pas refroidir les promesses de liberté, pour y accoutumer de bonne heure et s'établir sur le pied d'en prendre, un peu avant le troisième Marly, Mme de Saint-Simon eut une audience de Mme la duchesse de Bourgogne, qui depuis le mariage ne pouvoit plus être remarquée.

Elle la supplia d'obtenir la permission du Roi pour elle d'aller passer ce voyage de Marly, qui devoit être court, à la Ferté, pour se trouver au retour à Versailles. Cela ne fit aucune difficulté, mais grand bruit, et grande envie par la distinction. Aucune dame d'honneur, pas même celle[1] des bâtardes du Roi, n'avoit eu liberté de s'absenter deux jours seulement, et cet esclavage étoit passé en loi par l'habitude. Mme de Saint-Simon usa sagement de cette liberté, mais elle en usa plusieurs fois, et fut la seule à qui elle fut accordée, laquelle même lui tourna à

---

1. Il y a bien *celle*, au singulier.

bien. Nous allâmes donc nous reposer et réfléchir à la Ferté, et nous y prîmes la résolution dont je parlerai tout à l'heure.

De retour à Versailles, le Roi fit le troisième voyage à Marly depuis le mariage. Vers le milieu du voyage, du Mont, comme la première fois, me tira en revenant de la messe du Roi, et me montra les berceaux. J'allai aussitôt l'y attendre. Là il me dit qu'il croyoit maintenant que je pouvois faire parler à Monseigneur, parce qu'il y avoit assez longtemps de ce dont il m'avoit averti pour que j'eusse pu l'être d'ailleurs, et le laisser hors de soupçon de l'avoir fait; que néanmoins, après y avoir bien réfléchi, il n'avoit pas cru pouvoir hasarder de parler à Monseigneur, parce qu'il avoit été témoin de la scène, mais que si Monseigneur, plein de ce qu'on lui auroit dit pour moi là-dessus, lui en parloit, il saisiroit l'occasion et diroit merveilles. Je lui fis valoir l'exactitude si pénible avec laquelle je lui avois tenu les deux conditions qu'il m'avoit demandées; je ne fis pas semblant de sentir sa foiblesse et sa timidité, parce qu'on ne peut tirer des gens plus que ce qui est en eux, et que le service de l'avis n'en étoit pas moins grand; et pour accomplir toute fidélité avec lui, je lui proposai de faire parler à Monseigneur par Mme la duchesse de Bourgogne : il l'approuva fort. Je ne laissai pas pourtant de lui demander si ce canal seroit agréable, et il m'en assura. Je lui promis de l'instruire du succès, et nous nous séparâmes de la sorte, avec force amitiés et recommandations de sa part de continuer ma même conduite à l'égard de Monseigneur, jusqu'à ce qu'il pût être pleinement détrompé.

L'impossibilité de trouver personne assez de nos amis et assez avant dans la privance de Monseigneur pour lui faire parler nous avoit tournés vers Mme la duchesse de Bourgogne. Mme de Saint-Simon en eut une audience, dans laquelle elle lui conta ce qui vient d'être rapporté, sans lui nommer du Mont, l'excita sur le mariage imputé à crime, auquel elle avoit eu une si principale part, lui fit sentir jusque pour elle-même et pour M{sr} le duc de Bourgogne en quel danger chacun étoit par l'incroyable crédulité de Monseigneur, livré sans réserve à de tels scélérats. Mme la duchesse de Bourgogne en fut vivement touchée; elle en sentit tout le péril, entra pleinement en tout ce que Mme de Saint-Simon lui dit, lui parla avec toute sorte d'intérêt et d'amitié, reçut avec mille bontés la prière qu'elle lui fit de parler à Monseigneur, et lui promit de prendre son temps pour le faire, avec l'étendue que la chose méritoit, et en soi, et à mon égard. Quinze ou vingt jours après, elle eut l'attention de dire à Mme de Saint-Simon, qui ne lui en avoit point reparlé, de ne s'impatienter pas, qu'elle n'avoit pu trouver encore occasion de pouvoir parler avec étendue, mais qu'elle pouvoit compter qu'elle la cherchoit et ne la manqueroit pas. Cela dura jusqu'après le quatrième et dernier voyage de Marly, d'où le Roi revint le samedi 15 novembre.

Le lendemain dimanche, Monseigneur s'en alla à Meudon pour plusieurs jours. Il vint à Versailles le mercredi suivant, 19 novembre, pour le conseil d'État, au sortir duquel il retourna dîner à Meudon, et y mena tête à tête avec lui Mme la duchesse de Bourgogne. Ce fut là qu'elle lui parla : sûre du temps, d'être seule, et de ne pouvoir être interrompue, elle entama sur Mme de Saint-Simon, qui alloit aussi dîner à Meudon, avec Messeigneurs ses fils et Mme la duchesse de Berry. Sur ce que Monseigneur la loua fort, la princesse lui dit qu'il la mettoit pourtant au désespoir. Il fut très-surpris, et demanda comment. Alors elle lui parla franchement de l'affaire qu'on m'avoit faite auprès de lui. Il l'avoua, et s'en irrita de nouveau. Elle lui laissa tout dire, et puis lui demanda si bien sérieusement il en étoit persuadé; de là, lui dit avec adresse qu'elle aimoit fort Mme de Saint-Simon, que de moi elle ne s'en soucioit point, mais que pour lui-même elle ne pouvoit souffrir de le voir la dupe d'une invention si grossière; qu'il n'étoit pas imaginable qu'un homme avec la moindre teinture de la cour, combien moins un homme qu'on lui avoit dépeint comme si remuant, si plein d'esprit et de connoissances, si dangereux, pût se mettre dans la tête un projet aussi insensé que celui de faire chasser de la cour deux veuves de princes du sang, si aimées de lui et du Roi, qui étoit leur père, bien moins encore de le dire, et qu'à la première vue de la chose, nul homme du moindre sens n'y pourroit ajouter foi.

Il n'en fallut pas davantage à ce pauvre prince pour lui persuader l'ineptie d'une supposition qu'il avoit si aisément gobée, et tout d'un coup pour lui faire naître la honte d'avoir si pleinement donné dans un panneau si grossièrement tendu. Il l'avoua à l'instant de bonne foi, convint de tout avec elle, et dit qu'il n'avoit pas tant fait de réflexion, parce que la colère l'avoit surpris.

Elle en prit occasion de lui donner des soupçons contre des personnes qui avoient eu assez peu de respect pour lui pour l'exposer à une colère si peu fondée et si fort à leur gré, et pour lui représenter qu'étant ce qu'il étoit, il ne pouvoit être trop en garde contre les faux rapports, et contre les gens qu'il y auroit surpris, et si grossiers encore. Elle n'osa lui demander qui c'étoit, et se contenta de lui dire que tout ce qui l'approchoit me haïssoit, les uns par rang, les autres par d'autres raisons. Elle le laissa changer de discours, dont il eut hâte, après qu'elle lui eut fait suffisamment sentir combien ce rapport étoit peu respectueux, hardi, scélérat et incroyable, et combien honteux et dangereux pour lui d'y avoir donné sans y faire la moindre attention.

Elle ne voulut faire semblant de rien à Mme de Saint-Simon à Meudon; mais à Versailles, le soir même, elle lui rendit toute cette conversation, dont Mme de Saint-Simon lui rendit les grâces que méritoit ce service, rendu avec tant de force, d'esprit, de bonté et de succès. Dès que je pus voir du Mont, je lui dis, mais sans détail, que Mme la duchesse de Bourgogne avoit parlé à merveilles, et réussi à détromper Monseigneur, dont il me parut fort aise. M. de Beauvillier et le chancelier, qui étoient en grand'peine de me savoir dans ce bourbier, se réjouirent fort de m'en savoir dehors, et fort d'avis[1] du parti que je m'étois proposé, de continuer à l'égard de Monseigneur, avec qui je n'avois qu'à perdre par ses entours infernaux et rien à gagner, la même conduite que je gardois depuis cette aventure, et de laisser croire ainsi aux honnêtes gens qui m'y avoient mis que j'y étois encore, pour ne leur pas donner envie de quelque autre invention, qui me perdroit peut-être auprès d'un prince si facile à croire, et si fort entre leurs mains, sans que j'en pusse être averti.

CHAPITRE VIII.

Abbé de Vaubrun rappelé après dix ans d'exil; sa famille, son caractère — Bulle qui condamne les jésuites sur les usages chinois — Cinq hommes d'augmentation par compagnie d'infanterie. — Taxe d'usuriers. — Refonte et profit de la monnoie. — Pont de Moulins tombé; ravages de la Loire. — Grand prieur enlevé par une espèce de partisan impérial. — Apanage et maisons de M. et de Mme la duchesse de Berry. — Rare méprise. — Benoist, contrôleur de la bouche, homme dangereux — Scrupule du Roi sur la vénalité des charges de ses aumôniers. — Mme de la Rochepot fort étrangement admise, comme femme du chancelier de M. le duc de Berry, à Marly, à table, et dans les carrosses de Mme la duchesse de Bourgogne; Mme la duchesse de Bourgogne seule maîtresse indépendante de sa maison. — Retour des généraux. — Fervaques quitte le service. — Mort du lord Greffin. — Mort de Spanheim. — Mort et deuil de la duchesse de Mantoue. — Prétendu faiseur d'or; Boudin, son état et son caractère — Bals, fêtes et plaisirs à la cour tout l'hiver.

L'abbé de Vaubrun, depuis dix ans en exil, et les dernières avec permission d'être à Paris, sans approcher plus près de la cour, eut enfin permission de venir saluer le Roi, le jour du retour à Versailles du dernier voyage de Marly de cette année. Son nom étoit

---

1. Et furent fort d'avis.

Bautru, de la plus petite et nouvelle bourgeoisie de Tours.

Vaubrun, son père, étoit frère de Nogent, tué maître de garde-robe au passage du Rhin, qui avoit épousé la sœur de M. de Lauzun, du chevalier de Nogent, et de la Montauban, cette fausse princesse dont j'ai parlé quelquefois. Leur père avoit fait sa fortune, par beaucoup d'esprit et de souplesse, sur la fin de Louis XIII, et surtout dans la minorité de Louis XIV, et étoit devenu capitaine de la porte. Nogent eut sa charge à sa mort, et après celle de maître de la garde-robe, pour épouser pour rien la sœur de M. de Lauzun, qui étoit fille de la Reine mère. Vaubrun avoit épousé la fille de Serrant, frère de son père, qui étoit très-riche et avoit été maître des requêtes, qui vivoit encore à quatre-vingt-cinq ou six ans, retiré à Serrant en Anjou, où l'abbé de Vaubrun avoit passé son exil. Vaubrun fut tué lieutenant général au combat d'Altenheim, à cette belle et fameuse retraite que mon beau-père fit à la mort de M. de Turenne.

Il laissa deux filles, dont l'aînée fut, en 1688, seconde femme du duc d'Estrées, et une autre, dont j'ai parlé à l'occasion de son enlèvement, et qui fut depuis enfermée aux Annonciades de Saint-Denis, où elle a fait profession, et un fils unique, mais absolument nain, extrêmement boiteux, qui par ces défauts naturels se fit d'Église. Avec ses jambes torses et une tête à faire peur, il ne laissoit pas d'être fort audacieux avec les femmes, pour lesquelles il se croyoit de grands talents. Il avoit du savoir, beaucoup d'esprit, peu ou point de jugement, une grande hardiesse, la science du monde, où il vouloit tout savoir, être de tout, se mêler de tout, frappant à toutes les portes, obséquieux, respectueux, bassement valet de tous gens en place, souvent ennemis, toujours dès qu'ils y arrivoient, et se fourrant chez tout ce qui figuroit. Une folle ambition et la passion du grand monde lui firent acheter une charge de lecteur, pour s'introduire à la cour. L'intrigue étoit son élément, mais dangereux, imprudent, peu sûr d'ailleurs, et comme tel, craint, évité, méprisé. Il se dévoua au cardinal de Bouillon, dont les intrigues le firent chasser, et les siennes avec les jésuites le firent revenir. Il finit par se faire l'âme damnée de M. et de Mme du Maine, qui ne le menèrent à rien. Toute sa vie il eut la rage d'être évêque.

En ce temps-ci parut une bulle du Pape, qui décida très-nettement toutes les disputes des missionnaires et des jésuites de la Chine sur les cérémonies chinoises de Confucius, des Ancêtres et autres, qui les déclara idolâtriques, les proscrivit, condamna les jésuites dans leur tolérance et leur pratique là-dessus, approuva la conduite du feu cardinal de Tournon, dont les souffrances, la constance et la mort y étoient fort louées, et les menées et la désobéissance des jésuites fort tancées. Cette bulle les mortifia moins qu'elle ne les mit en furie : ils l'éludèrent, puis à découvert la sautèrent à joint pied. On a tant écrit sur ces matières que je n'en dirai pas davantage; je fais seulement mention de cette bulle, comme de la source de tout le fracas qui arriva bientôt après, et dont la persécution dure encore, et n'a fait que croître en fureur. Je parlerai en son temps de ce chef-d'œuvre du démon et des jésuites, et en particulier du P. Tellier.

Le dixième établi donna lieu à augmenter toute l'infanterie de cinq hommes par compagnie. On fit aussi une taxe sur les usuriers, qui avoient gagné gros à trafiquer les papiers du Roi, c'est-à-dire à profiter du besoin de ceux à qui le Roi les donnoit en payement. On appeloit ces gens-là agioteurs; et leur manége, suivant la presse où étoient les porteurs de billets, de donner par exemple trois ou quatre cents francs, et souvent encore la plupart en denrées, pour un billet de mille francs, ce manége, dis-je, s'appeloit agio. On prétendit tirer une trentaine de millions de cette taxe : bien des gens y gagnèrent gros; je ne sais si le Roi y fut le mieux traité. Bientôt après on refondit la monnoie, ce qui fit un grand profit au Roi et un extrême tort aux particuliers et au commerce. On a dans tous les temps regardé comme un très-grand malheur, et comme quelque chose de plus, de toucher aux blés et aux monnoies : Desmarets a accoutumé au manége de la monnoie ; Monsieur le Duc et le cardinal Fleury, à celui des blés et de la famine factice.

Le pont que Mansart avoit bâti à Moulins sur l'Allier avoit été emporté aussitôt qu'achevé, comme je l'ai rapporté en son lieu. Il y en avoit rebâti un autre, qu'il avoit assuré devoir durer jusqu'à la postérité la plus reculée. Il avoit coûté plus de huit cent mille livres. Il fut emporté aux premiers commencements de cet hiver par l'inondation de la Loire, qui par ses ravages coûta plus de dix millions au royaume, qui, comme il a été expliqué ailleurs, en fut redevable au crédit du duc de la Feuillade.

Le grand prieur, encore sorti du royaume, comme il a été rapporté en son lieu, s'étoit, à force d'errer, établi à Venise. Ne se trouvant bien nulle part, il alla promener ses inquiétudes tout à la fin d'octobre, et se mit en chemin pour Lausanne en Suisse. Une manière de bandit, nommé Massenar, ayant pourtant une commission de l'Empereur, et dont le fils avoit été pris depuis quelques mois, et mis à Pierre-Encise pour les crimes de son père et pour les siens, attrapa le grand prieur dans son chemin, lui fit passer diligemment le Rhin, l'enferma dans un château de l'Empereur, et lui déclara qu'il le traiteroit tout pareillement que son fils seroit traité. Il eut permission d'en envoyer avertir le comte du Luc, ambassadeur du Roi en Suisse, qui en donna avis par un courrier. Il ne parut pas que le Roi fût fort ému de cette nouvelle, ni que personne y prît grand'part.

L'emprunt continuel où M. le duc et Mme la duchesse de Berry étoient sans cesse réduits d'officiers de chambre, et de gardes du Roi, et de table de Mme la duchesse de Bourgogne, lassa enfin par l'importunité, tellement qu'au lieu d'attendre la paix, qui paroissoit encore si éloignée, le Roi, contre sa première résolution, se porta à donner un apanage à son petit-fils. Les pensions furent accordées sur le pied de celles qu'avoient eues Monsieur et Madame, mais l'apanage fut fort différent. La Reine mère, qui aimoit tendrement Monsieur, et qui étoit régente, régla le sien et n'y garda point de mesure; on tomba pour celui-ci dans l'extrémité contraire. Le revenu ne suffit pas à la dépense du pied de la maison; les extraordinaires, si souvent indispensables, se trouvèrent sans fonds; on ne donna pas le moindre meuble, ni aucune maison de ville ni de campagne; et ce ne fut que du temps après que le palais de Luxembourg ou d'Orléans leur fut donné à Paris. Cet apanage fut des duchés d'Angoulême et d'Alençon, avec quelque extension légère, et du pays de Ponthieu, avec la collation de tous les bénéfices de nomination royale, excepté les évêchés, comme à feu Monsieur, mais qui s'y trouvèrent rares et petits.

Tout cela fait et passé, Messieurs d'Abbeville, qui par leur ancienne fidélité et services ont obtenu et conservé le privilége de garder eux-mêmes le Roi lorsqu'il passe par leur ville, et de n'y recevoir aucunes troupes, députèrent pour demander, en cette considération, que leur ville fût détachée de l'apanage et réservée immédiatement à la couronne. La Vrillière, secrétaire d'État, qui l'avoit dans son département, en rendit compte au Roi, dont la surprise fut extrême d'apprendre qu'Abbeville fût de l'apanage, et demanda pourquoi. La question parut étrange; mais l'étonnement le devint quand, à la réponse, il dit qu'il ne savoit pas que le Ponthieu fût là, ni qu'Abbeville en fût la capitale. Il ajouta que ce pays sentoit trop la poudre à canon pour être donné en apanage, et le fit retirer.

Le Berry en la place, et même tout d'abord, convenoit mieux qu'aucune autre pièce, puisque le prince en portoit le nom. Mais, en examinant, on trouva que tout le domaine en étoit engagé à la maison de Condé. On eut donc recours au comté de Gisors et à quelques environs pour remplacer le Ponthieu; et comme les noms d'Angoulême et d'Alençon avoient été profanés par la bâtardise de Charles IX, et par le fils mort enfant du dernier duc de Guise, le Roi fit expédier des lettres patentes à son petit-fils pour porter le nom de duc de Berry, qui lui avoit été imposé en naissant, quoique il n'y eût aucune propriété. L'affaire de l'apanage consommée, on mit en vente les charges de la maison de M. et de Mme la duchesse de Berry. Comme ils y desirèrent des noms, la chose fila assez lentement. Son peu d'importance n'en fera pas ici à deux fois.

Le duc de Beauvillier, qui, comme ayant été gouverneur de M. le duc de Berry, étoit seul de droit premier gentilhomme de sa chambre, eut la disposition de cette charge. Comme tout se régloit sur le premier pied de la maison de feu Monsieur, pour le nombre des charges et de leurs appointements, M. de Beauvillier fit deux charges de la sienne. Il fit présent en plein de l'une au duc de Saint-Aignan, son frère, dont la naissance et encore plus la dignité flattèrent extrèmement M. et Mme la duchesse de Berry, et vendit l'autre au marquis de Béthune, gendre de Desmarets, devenu depuis duc de Sully. Le chevalier de Roye acheta une des deux charges de capitaine des gardes; Clermont-d'Amboise, gendre d'O, prit l'autre; Montendre, celle de capitaine des Cent-Suisses.

Razilly, porté par le duc de Beauvillier, qui l'avoit fait sous-gouverneur des princes, et qui depuis la fin de cet emploi n'avoit pas quitté M. le duc de Berry d'un pas, avec des fatigues de courses, de chasses et de veilles incroyables, par ordre du Roi et sans appointements, en fut récompensé par le beau présent de la charge de premier écuyer, demandée pour un prix fort haut par des gens de la première qualité. Toute la cour applaudit à cette grâce, parce qu'il la méritoit, et qu'il s'étoit fait universellement aimer, estimer et considérer. Mme la duchesse de Berry, qui y vouloit de plus grands noms, en pleura amèrement, et n'en cacha son dépit à personne. Il est pourtant vrai que Razilly étoit gentilhomme ancien, de fort bon lieu, bien allié, lieutenant général de sa province, et que ses pères l'avoient été quand ne l'étoit pas qui vouloit, ni pour de l'argent.

Cette princesse ne fut pas si délicate pour la Haye, écuyer de M. le duc de Berry, à qui elle fit donner pour rien la charge de premier veneur, et bientôt après lui fit acheter par M. le duc de Berry celle de premier chambellan, qui lui donnoit place dans son carrosse, et à sa table quand il mangeoit avec des hommes. Il s'en redressa et s'en regarda au miroir avec plus de complaisance. Il étoit bien fait, mais avec une taille haute de planche contrainte, et un visage écorché qui d'ailleurs n'avoit rien de beau. Il fut heureux en plus d'une sorte, et plus attaché à sa nouvelle maîtresse qu'à son maître. Le Roi fut fort en colère quand il sut que M. le duc de Berry avoit emprunté ce présent.

De Pons et Monchy, gens de bonne maison, achetèrent les deux charges de maîtres de la garde-robe. Champignelle, gentilhomme de bon lieu, et gendre de feu Dénonville, premier sous-gouverneur des princes, prit celle de premier maître d'hôtel, et la fit très-honorablement. Le fils du baron de Beauvais et de cette Mme de Beauvais, première femme de chambre si confidente de la Reine mère, desquels j'ai parlé ailleurs, acheta celle de capitaine de la porte. Le Roi l'avoit fait défaire de la capitainerie de Grenelle, Montrouge, etc., en faveur de Bontemps, par une noire malice de Benoist, contrôleur de la bouche[1].

C'étoit un gros brutal, qui servoit toute l'année, fils d'un cuisinier de Louis XIII. Il s'étoit rendu si familier avec le Roi, par son assiduité et son attention à ses mets, qu'il s'étoit fait craindre à toute la cour, à Livry même, et ménager jusque par Monsieur le Prince et Monsieur le Duc. Il traita souvent fort mal ce petit Beauvais sur du

---

1. Voyez tome II, p. 468, note 1.

gibier assez mal à propos, qui se rebéqua. Benoist fit languir le gibier, vanta les autres capitaines des chasses, qui en envoyoient de bonne heure, et quantité, se plaignit qu'il n'en pouvoit tirer de celui-ci, l'accusa de le vendre, et fit si bien qu'il mit le Roi en colère, et qu'il le perdit. Je sens bien qu'en soi c'est la dernière des bagatelles pour être rapportée, mais elle caractérise et dépeint.

L'abbé Turgot, aumônier du Roi, venoit d'être sacré évêque de Séez, et cherchoit à vendre sa charge. Il n'y avoit plus que lui et l'abbé Morel qui les eussent achetées; le Roi les avoit toutes retirées peu à peu, par scrupule de simonie. Il croyoit avec raison que ces charges s'achetoient pour se frayer et s'abréger le chemin aux abbayes et à l'épiscopat, et que c'étoit indirectement les acheter. Cette considération fit l'évêque de Séez premier aumônier de M. le duc de Berry, pour la plupart du prix de sa charge, dont le Roi lui paya le surplus. C'étoit un très-bon et honnête homme.

Je procurai à Coettenfao, mon ami de tout temps, la charge de chevalier d'honneur de Mme la duchesse de Berry, la plus belle sans comparaison et la plus commode de toutes à faire, et qui portoit naturellement à être chevalier de l'ordre. Il étoit lieutenant général, et des bons, et premier officier des chevau-légers, qu'il vendit. Pour m'être trop pressé, il n'eut point la diminution que la faculté de vendre introduisit quelque temps après qu'il fut pourvu. Le chevalier d'Hautefort acheta la charge de premier écuyer; le frère de son père l'étoit de la Reine. Il fut curieux de voir en même temps lui avec cette charge chez une fille de France, et son frère écuyer de M. le comte de Toulouse, lequel encore faisoit l'important. Saumery, frère du sous-gouverneur des princes, mais homme droit, simple et d'honneur, qui s'ennuyoit de sa retraite après avoir longtemps servi, acheta la charge de premier maître d'hôtel, et la remplit très-honnêtement.

Celle de premier aumônier demeura longtemps à

vendre, ainsi qu'une infinité de petites. A la fin, l'abbé de Castries, frère du chevalier d'honneur de Mᵐᵉ la duchesse d'Orléans, maintenant archevêque d'Alby et commandeur de l'ordre du Saint-Esprit, le fut très-longtemps après.

Voysin profitant de sa faveur, et ne sachant que faire de sa fille aînée, qu'il aimoit fort, et qui étoit exclue de tout par avoir épousé un homme de robe, la Rochepot, fils de la Berchère, fort riche, il lui fit acheter[1] la charge de chancelier de M. le duc de Berry, et fit accroire au Roi qu'avec cela il pouvoit lui faire la grâce de l'admettre dans les carrosses et à la table de Mᵐᵉ la duchesse de Bourgogne, et par là la mener à Marly, ce qui fut très-extraordinaire.

En même temps, le Roi fit pour Mᵐᵉ la duchesse de Bourgogne ce qu'il n'avoit accordé ni à la Reine ni à Madame la Dauphine. Il lui laissa l'entier gouvernement des affaires de sa maison, et la disposition de toutes les charges et places, même sans lui rendre compte de rien : en un mot maîtresse absolue. Il s'en expliqua ainsi tout haut, dit qu'il se fioit assez en elle pour cela, et qu'elle seroit capable de choses plus difficiles et plus importantes. Cette faveur très-signalée vint de lui-même : Mᵐᵉ la duchesse de Bourgogne se seroit perdue avec lui pour toujours si elle avoit fait la moindre tentative pour l'obtenir. On peut croire qu'elle sut ménager une faveur si distinguée, et que pour peu que ce dont elle eut à disposer ne fût pas tout à fait dans le petit, elle connoissoit trop bien le Roi pour rien faire sans lui, mais sûre alors de son approbation et du gré de cette déférence.

Berwick, chassé par les neiges, revint le premier, après avoir détaché une partie de ses troupes pour le Roussillon. Harcourt revint ensuite, Besons après, et tous les officiers de leurs armées, entrées en quartier d'hiver.

---

1. On lit ici *a* au manuscrit.

Villars aussi arriva des eaux de Bourbonne. Goesbriant fut reçu en gendre de ministre, et eut avec l'ordre une pension de vingt mille livres, en attendant le premier gouvernement.

Fervaques, colonel du régiment de Piémont, et brigadier d'infanterie avec réputation, quitta le service. J'ai parlé ailleurs de ces Bullions, à l'occasion du carrosse de Madame, où Mme de Bullion sa mère entra une fois pour de l'argent qu'elle donna à Mme de Ventadour, mais sans que cela ait été plus loin. C'étoit une femme fort impérieuse, qui fit quitter son fils, piquée qu'il ne fût pas maréchal de camp au sortir de Douay, quoi[que] brigadier seulement de l'hiver. Le Roi en fut fort blessé. Qui lui auroit dit que ce même Fervaques seroit fait officier général comme s'il n'eût point quitté, et chevalier de l'ordre en 1724, il auroit été étrangement étonné et scandalisé, comme le fut aussi toute la France. Le Roi le punit par la bourse : Piémont lui avoit coûté cent mille livres, il le fixa à soixante-quinze mille. Ils purent être fâchés de ce petit coup de houssine, mais trop riches pour se soucier de vingt-cinq mille livres.

Le lord Greffin, pris avec le marquis de Lévy, en mer, lors de la tentative d'Écosse, dont il a été fait à cette occasion mention honorable, mourut à Londres, dans un grand âge, de sa mort naturelle, ayant eu des répits de sa condamnation de temps en temps et sûreté qu'il en auroit toujours. Il a été parlé alors assez de lui pour n'avoir rien à y ajouter.

Spanheim, si connu dans la république des lettres, et qui ne l'a pas moins été par ses négociations et ses emplois, mourut en ce même temps à Londres, à quatre-vingt-quatre ans, avec une aussi bonne tête que jamais et une santé parfaite jusqu'à la fin. Il avoit été longtemps à Paris envoyé de l'électeur de Brandebourg, et il passa en la même qualité à Londres lorsque les affaires se brouillèrent sur la succession d'Espagne.

La duchesse de Mantoue mourut aussi à Paris, à la fleur de son âge, et d'une beauté qui promettoit une grande santé, le 16 décembre. Sa maladie fut longue, dont elle sut heureusement profiter. Depuis son bizarre mariage sa vie avoit été fort triste; aucun des beaux projets de la duchesse d'Elbeuf ni de ses grandes prétentions pour elle n'avoit pu réussir. Elle avoit, depuis son retour, mené à Paris une vie fort triste. Elle n'avoit point d'enfants et n'eut rien de son mari. Il avoit l'honneur d'appartenir au Roi, qui prit le deuil en noir pour cinq ou six jours.

Il se produisit en ces derniers jours de l'année un de ces aventuriers escrocs, qui prétendoit avoir le grand secret de faire de l'or. Boudin, premier médecin de Monseigneur, le fit travailler chez lui, sous ses yeux et sous clef. On le verra dans quelque temps un hardi et dangereux personnage pour un homme de son espèce. Il est bon d'en dire un mot puisqu'il se trouve naturellement ici sous la main. Il étoit boudin de figure comme de nom, fils d'un apothicaire du Roi dont personne n'avoit jamais fait cas. Il étudia en médecine, fut laborieux, curieux, savant. S'il fût demeuré dans l'application et le sérieux, c'eût été un bel et bon esprit; il l'avoit d'ailleurs extrêmement orné de littérature et d'histoire, et en avoit infiniment, d'un tour naturel, plein d'agrément, de vivacité, de reparties, et si naïvement plaisant que personne n'étoit plus continuellement divertissant, sans jamais vouloir l'être. Il fut doyen de la Faculté de Paris, médecin du Roi, et enfin premier médecin de Monseigneur, avec lequel il étoit au mieux. Il subjugua M. Fagon, le tyran de la médecine et le maître absolu des médecins, au point d'en faire tout ce qu'il vouloit, et d'entrer chez lui à toute heure, lui toujours sous cent verrous. Il haïssoit le tabac jusqu'à le croire un poison; Boudin lui dédia une thèse de médecine contre le tabac, et la soutint toute en sa présence, se crevant de tabac, dont il eut toujours les doigts pleins, sa tabatière à la main, et le visage bar-

bouillé. Cela eût mis Fagon en fureur d'un autre ; de lui
tout passoit. Un homme de si bonne compagnie réussit
bientôt dans une cour où il ne pouvoit faire envie à personne. Il fut des soupers familiers de Monsieur le Duc, de
ceux de M. le prince [de] Conti. C'étoit à qui l'auroit,
hommes et femmes du plus haut parage et de la meilleure
compagnie, et ne l'avoit pas qui vouloit, vieux à dîner,
jeunes dans leurs parties ; libertin et débauché à l'excès,
gourmand à faire plaisir à table, et tout cela avec une
vérité et un sel qui ravissoit. De cette façon, Boudin fut
bientôt gâté. D'ailleurs c'étoit un compagnon hardi, audacieux, qui se refusoit peu de choses, et qui n'en ménageoit aucune quand il n'en craignoit point les retours ou
quand il étoit poussé, et devenu fort familier, et de là
fort tôt très-impertinent. Initié de cette sorte dans le
monde le plus choisi, il se mit dans l'intrigue, et il sut
et fut de bien des choses secrètes et importantes de la
cour.

Le maréchal de Villeroy, durant sa brillante faveur, se
mit à le plaisanter devant Monseigneur, un matin qu'il
prenoit médecine. Ses grands airs déplurent à Boudin,
qui répondit sec. Le maréchal continua ; l'autre n'en fit
pas à deux fois : il l'insolenta si net que la compagnie en
resta confondue et le maréchal muet et outré. Monseigneur, qui n'aimoit pas le maréchal et qui se divertissoit de son médecin, fort bien avec lui et avec tout
ce qui l'environnoit, ne dit mot. Après un peu de
silence, le maréchal s'en alla, et Monseigneur se mit à
rire. L'histoire courut incontinent, et il n'en fut autre
chose.

Quoique Boudin aimât son métier, il s'y rouilla tout à
fait, parce qu'il ne prenoit plus la peine de voir les malades ; mais sa curiosité pour toutes sortes de remèdes et
de secrets ne l'abandonna point. Il étoit sur cela de la
meilleure foi du monde, et tomboit sur la Faculté, qui
n'en veut point, et qui laisse mourir les gens dans ses
règles. Il aimoit la chimie, il y étoit savant et aussi bon

artiste; mais il alla plus loin, il souffla[1]. Il se mit dans la tête que la pierre philosophale n'étoit pas impossible à trouver, et avec toute sa science et son esprit il y fut cent fois dupé. Il lui en coûta beaucoup d'argent, et quoique il l'aimât beaucoup, rien ne lui coûtoit pour cela, et il quittoit les parties et les meilleures compagnies pour ses alambics et pour les fripons qui l'escroquoient. Mille fois attrapé, mille autres il s'y laissoit reprendre. Il s'en moquoit lui-même, et de ses frayeurs, car il avoit peur de tout et en faisoit les contes les plus comiques. Ce faiseur d'or ci l'amusa et le trompa enfin comme les autres, et lui coûta bien de l'argent, qu'il regretta fort, car il ne négligeoit pour en amasser aucun des moyens que sa faveur lui pouvoit fournir. Seigneurs et ministres le comptoient et le ménageoient comme un homme fort dangereux, et lui aussi, pourvu qu'il ne fût pas poussé, connoissoit à qui il avoit affaire, et ne laissoit pas de se ménager aussi avec eux. Il tenoit fort à la cabale de Meudon et assez à celle des seigneurs.

Dès le commencement de décembre, le Roi déclara qu'il vouloit qu'il y eût à Versailles des comédies et des appartements, même lorsque Monseigneur seroit à Meudon. Contre l'ordinaire, il crut apparemment devoir tenir sa cour en divertissements, pour cacher mieux au dehors, et au dedans s'il l'eût pu, le désordre et l'extrémité des affaires. La même raison fit qu'on ouvrit de bonne heure le carnaval, et qu'il y eut tout l'hiver force bals à la cour de toutes les sortes, où les femmes des ministres en donnèrent de fort magnifiques, et comme des espèces de fêtes, à Mme la duchesse de Bourgogne et à toute la cour; mais Paris n'en demeura pas moins triste, ni les provinces moins désolées.

1. Voyez tome VI, p. 183 et note 1.

CHAPITRE IX.

1711. — Prince de Conti, Medavid, du Bourg, Albergotti, Goesbriant, reçus chevaliers de l'ordre. — Singularités sur le prince de Conti. — Goesbriant gouverneur de Verdun. — Mariage de Châtillon avec une fille de Voysin. — Électeur de Cologne à Paris et à la cour, dit la messe à Mme la duchesse de Bourgogne; son étrange poisson d'avril. — Mort de l'électeur de Trèves. — La Porte déclare la guerre à la Russie. — Nangis colonel du régiment du Roi. — Mort, famille et caractère de Feuquières. — Réflexion sur les vilains. — Mort et caractère d'Estrades; sa naissance. — Prétention et procès de d'Antin sur la dignité de duc et pair d'Espernon. — D'Antin obtient permission du Roi d'intenter son procès; ruse et artifice de son discours. — Appartement du Roi à Marly. — Ferme et nombreuse résolution de défense. — Avis sensé et hardi d'Harcourt. — Causes de fermeté. — Mesures prises. — Je refuse la direction de l'affaire, dont je fais charger les ducs de Charost et d'Humières. — Opposition à d'Antin signée — Étrange procédé du duc de Mortemart. — Souplesse de d'Antin. — Partialité du Roi pour d'Antin inutile. — Misérable procédé de la Feuillade. — Ducs dyscoles[1]. — Aiguillon. — Le Roi fait déclarer son impartialité au Parlement. — Inquiétude singulière du duc de Beauvillier à la réception du duc de Saint-Aignan, son frère.

Cette année commença par la cérémonie de faire chevalier de l'ordre M. le prince de Conti, Medavid et du Bourg, longtemps depuis maréchaux de France, Albergotti et Goesbriant.

M. le prince de Conti n'avoit pas quinze ans; Madame sa mère ne laissoit pas de demander l'ordre pour lui depuis longtemps avec le dernier empressement. L'âge des princes du sang pour l'avoir est vingt-cinq ans; mais le Roi, qui l'avoit donné au comte de Toulouse avant quatorze ans, ne sut que répondre à cet exemple que M. du Maine fit valoir, dans la liaison intime où les affaires de la succession de Monsieur le Prince l'avoient mis avec Mme la princesse de Conti. Ainsi, moyennant les bâtards, qui peu à peu renversèrent tout et défigurèrent tout, les

---

1. *Dyscole*, difficile à vivre.

princes du sang eurent l'ordre sans âge comme les fils de France, c'est-à-dire que, les fils de la couronne et ceux de l'adultère y étant traités pour l'âge en toute égalité, les princes du sang ne purent demeurer exclus du même avantage.

La présentation de M. le prince de Conti fut une autre nouveauté tout aussi étrange. Les parrains doivent être de même rang que le présenté. Lorsque les chevaliers manquent, comme en 1661 et en 1688, on n'y regarde point par l'impossibilité, et les fils de France sont parrains indifféremment de tous les chevaliers novices, à leur tour; mais quand il y a des chevaliers suffisamment, on revient à la règle toujours observée. C'étoit donc à deux princes du sang à présenter le prince de Conti, mais il n'y avoit de prince du sang que Monsieur le Duc qui fût chevalier de l'ordre. La raison vouloit donc que, pour le second parrain, on en approchât au plus près, et que M. du Maine, ou, si sa jambe boiteuse l'en empêchoit, le comte de Toulouse le fût, puisqu'il ne leur manquoit rien, nulle part en France, du rang de prince du sang que des bagatelles au Parlement imperceptibles, et que les enfants même de M. du Maine y étoient pareillement montés. Néanmoins, avec la pique d'entre Madame la Duchesse et M. du Maine, qui étoit dès lors très-vive, sur la succession de Monsieur le Prince, le Roi hésita à coupler M. du Maine avec Monsieur le Duc. On pouvoit, pour honorer les princes du sang, coupler Monsieur le Duc avec M. le duc d'Orléans; mais le rang de petit-fils de France, si récent et si distingué de celui des princes du sang, s'accommoda encore moins de cela que Monsieur le Duc de M. du Maine. Pour couper court, on remonta au faîte, afin que tout y fût sans proportion : on ne s'arrêta point aux fils de France, quoique il n'y en pût avoir d'un prince du sang avec eux, et la présentation se fit par Monseigneur et M⁹ʳ le duc de Bourgogne.

Les quatre autres, on a vu à quelle occasion ils furent nommés, et jusqu'à quel point la décoration de la cour, des plus hautes dignités, de la première naissance, devint de plus en plus, depuis Louvois et sa promotion de 1688, récompense militaire. Les deux premiers portoient l'ordre depuis longtemps, jusqu'à ce qu'ils pussent être reçus. A cette occasion, ils furent mandés pour l'être, l'un de Strasbourg, où il commandoit sur toute la frontière du Rhin, l'autre de Grenoble, où il commandoit sur toute la frontière de Savoie. Les deux autres venoient d'être nommés, et ne portèrent l'ordre qu'après avoir été reçus. Les deux premiers retournèrent bientôt après à leur commandement; et Goesbriant s'en alla commander à Saint-Omer. Le Roi lui donna une pension de vingt mille livres, en attendant le premier gouvernement vacant. C'étoit bien le moins pour le gendre de celui qui les payoit. Goesbriant n'attendit pas longtemps le gouvernement de Verdun, que la mort de Feuquières lui procura.

Voysin maria sa seconde fille au comte de Châtillon, fils et neveu des deux premiers gentilshommes de la chambre de Monsieur et de M. le duc d'Orléans, qui sûrement n'auroient pas cru à son horoscope si elle leur eût dit la fortune dans laquelle il est aujourd'hui, et que son oncle, le favori de Monsieur, a eu loisir de voir quelque année avant sa mort, à quatre-vingt-sept ou huit ans, retiré depuis longtemps dans sa province. Voysin, au lieu des deux cent mille livres que le Roi, avant cette dernière guerre, donnoit aux filles de ses ministres, eut, comme ils ont eu depuis, dix mille livres de pension pour sa fille.

L'électeur de Cologne, qui étoit venu de Valenciennes, voir l'électeur de Bavière à Compiègne, arriva à Paris les deux ou trois premiers jours de cette année. Il eut incontinent après une audience du Roi incognito, et alla de même tout de suite chez Mme la duchesse de Bourgogne, où Mgr le duc de Bourgogne se trouva. L'électeur s'amusa quelques semaines à Paris, et vint après dîner à Meudon. Monseigneur se mit à table dans son fauteuil à sa place ordinaire, sans cadenas[1] parce qu'à Meudon il n'en avoit jamais, et comme à l'ordinaire une serviette plissée sur la nappe sous son couvert, et servi par du Mont, avec une soucoupe pour boire. L'électeur de Cologne se mit vis-à-vis de Monseigneur, parmi les courtisans, sur un siége pareil à eux ; et cette place vis-à-vis de Monseigneur n'étoit point celle des princes du sang, ni distinguée en rien. Il n'eut point de serviette sous son couvert, ni de couvert distingué, mais fut servi par un officier de la bouche, et sans soucoupe pour boire, comme tous les autres courtisans. Il fut par toute la maison avec Monseigneur, qui aux portes étroites passoit devant lui sans aucun compliment, et l'électeur s'arrêtoit et se rangeoit avec un air de respect, et parlant à lui l'appela toujours Monseigneur, usage qui avoit tellement prévalu que le Roi ne lui parloit jamais autrement, et que parlant de lui il le nommoit plus ordinairement Monseigneur qu'il ne disoit mon fils ; mais Monsieur le Dauphin, il ne le disoit jamais.

Deux jours après, qui fut le mardi 3 février, il vit l'électeur dans son cabinet, lequel en sortant de là s'en alla dire la messe à Mᵐᵉ la duchesse de Bourgogne. Il aimoit à la dire, et basse et haute, et à faire toutes sortes de fonctions. Il avoit fort prié Mᵐᵉ la duchesse de Bourgogne de l'entendre. Il la dit au grand autel de la chapelle, basse, et comme un évêque ordinaire. Mᵐᵉ la duchesse de Bourgogne étoit en haut dans la tribune, pour éviter le corporal que le prêtre lui apporte à baiser, à la fin de la messe, quand elle étoit en bas, et pour que cette messe eût l'air d'une messe ordinaire ; mais l'électeur la salua profondément en entrant et en sortant de l'autel, et s'inclina comme un chapelain ordinaire aux *Dominus vobiscum* et à la bénédiction. En entrant et en sortant de l'autel, Mᵐᵉ la duchesse de Bourgogne reçut debout son inclination profonde, et lui fit une révérence fort mar-

[1] Voyez tome I, p. 30, note 2.

quée. Madame fut outrée de cette messe, et se garda bien de s'y trouver. L'électeur en effet auroit pu s'en passer; mais non-seulement ce fut lui qui la proposa, mais qui en pressa, et qui témoigna que Mme la duchesse de Bourgogne le désobligeroit si elle l'en refusoit. Il n'y avoit point de cérémonies qu'il n'aimât à faire. Enfin il aimoit même à prêcher, et on peut juger comment il prêchoit. Il s'avisa un premier jour d'avril de monter en chaire; il y avoit envoyé inviter tout ce qui étoit à Valenciennes, et l'église étoit toute remplie. L'électeur parut en chaire, regarda la compagnie de tous côtés, puis tout à coup se prit à crier : « Poisson d'avril ! poisson d'avril ! » et sa musique avec force trompettes et timbales à lui répondre. Lui cependant fit le plongeon et s'en alla. Voilà des plaisanteries allemandes, et de prince, dont l'assistance, qui en rit fort, ne laissa pas d'être bien étonnée.

Après avoir dit la messe à Mme la duchesse de Bourgogne, il dîna chez le duc de Villeroy, et fut ensuite voir Mme de Maintenon à Saint-Cyr, qui lui donna Mme de Dangeau pour le conduire à voir toutes les classes des demoiselles, et l'accompagner par toute la maison. Il avoit pris congé du Roi le matin, qui lui fit donner beaucoup d'argent et le renvoya fort content. Deux jours après, il apprit la vacance d'un canonicat de Liége, dont il étoit aussi évêque; il l'envoya offrir galamment à Mme de Dangeau, pour le comte de Lowenstein, son frère, chanoine de Cologne et grand doyen de Strasbourg, mort longtemps depuis évêque de Tournay; et le canonicat fut accepté avec l'agrément du Roi. L'électeur de Cologne s'en alla le 7 février à Compiégne, d'où il s'en retourna à Valenciennes.

On apprit quelques jours après la mort de l'électeur de Trèves. Ainsi le frère de Monsieur de Lorraine ne fut pas longtemps coadjuteur; et ces chapitres de Mayence et de Trèves, si résolus, par l'exemple de celui de Cologne, à se faire sages contre l'ambition des princes, et à n'en point recevoir parmi eux, tombèrent dans le même inconvénient, Trèves dès lors et Mayence ensuite, dont le coadjuteur étoit le grand maître de l'ordre Teutonique, frère de l'électeur palatin et de l'Impératrice douairière.

Le roi de Suède, de son asile de Bender, sut si bien remuer la Porte en sa faveur, qu'on sut par des Alleurs, qui avoit succédé à Fériol dans l'ambassade de Constantinople, que le Grand Seigneur déclaroit la guerre, et prétendoit, avec une armée de trois cent mille Turcs, Tartares ou Cosaques, chasser les Moscovites et les Saxons de Pologne, et rétablir le roi de Suède et le roi Stanislas. Cette nouvelle, qui pouvoit influer sur les affaires de l'Empereur, fit un peu de soulagement.

Le Roi, lassé de voir son régiment d'infanterie dans un assez mauvais état, donna le gouvernement de Landrecies à du Barail et le fit maréchal de camp. Il étoit lieutenant-colonel lorsque le Roi l'ôta, comme on l'a dit, à Surville, et le donna à du Barail, à qui il le reprit, et le donna à Nangis. Cela parut un grand commencement de fortune, à tous les détails que le colonel de ce régiment avoit fréquemment tête à tête avec le Roi, qui se croyoit le colonel particulier de ce régiment, avec le même goût qu'un jeune homme qui sort des mousquetaires.

Feuquières mourut en ce temps-ci. Il étoit ancien lieutenant général, d'une grande et froide valeur, de beaucoup plus d'esprit qu'on n'en a d'ordinaire, orné et instruit, et d'une science à la guerre qui l'auroit porté à tout, pour peu que sa méchanceté suprême lui eût permis de cacher au moins un peu qu'il n'avoit ni cœur ni âme. On en a vu quelques traits ici répandus, dont sa vie ne fut qu'un tissu. C'étoit un homme qui ne servoit jamais dans une armée qu'à dessein de la commander, de s'emparer du général, de s'approprier tout, de se jouer de tous les officiers généraux et particuliers ; et comme il ne trouva point de général d'armée qui s'accommodât de son joug, il devenoit son ennemi, et encore celui de l'État, en lui faisant, tant qu'il pouvoit, manquer toutes ses entreprises. On feroit un livre de ces sortes de crimes. Aussi ne servoit-il plus il y avoit très-longtemps, parce qu'aucun général ne le vouloit dans son armée, pour en avoir tous tâté. Il a laissé des Mémoires sur la guerre, qui seroient un chef-d'œuvre en ce genre, et savamment, clairement, précisément et noblement écrits, si, comme un chien enragé, il n'avoit pas déchiré, et souvent mal à propos, tous les généraux sous lesquels il a servi. Aussi mourut-il pauvre, sans récompense et sans amis. Il n'avoit qu'une pension de six mille livres, que le Roi laissa à sa famille. Leur nom est Pas, bonne et ancienne noblesse de Picardie. Son père fut tué approchant fort du bâton, vers lequel il avoit rapidement et vertueusement couru ; et son grand-père s'étoit signalé dans les plus importantes négociations de son temps, sur les traces duquel Rebenac, frère de celui-[ci], commençoit à marcher quand il mourut ; et avec cela ils n'ont jamais pu rien obtenir de la fortune que le gouvernement de Verdun, qui fut donné à Goesbriant. Son fils mourut bientôt après lui, sans enfants ; et sa fille unique, dont la mère étoit fille du marquis d'Hocquincourt, chevalier de l'ordre, fils du maréchal, laquelle hérita de tous ses frères, porta tous ces biens à un Seiglière, dont la vie honteuse a même déshonoré jusqu'à la bassesse de sa naissance, et dont la mère, fille du marquis de Soyecourt, chevalier de l'ordre et grand veneur, avoit aussi hérité de ses deux frères, tués sans alliance tous deux à la bataille de Fleurus. Et voilà comme on donne des filles de qualité à des vilains, parce qu'ils les prennent pour rien, desquelles après ils ont tous les biens de leurs maisons !

Ce faux Soyecourt est mort fugitif à Venise, sa femme bientôt après ; et leur fils a eu un régiment, tandis que les gens les plus qualifiés n'en peuvent obtenir du cardinal Fleury : *Similis simili gaudet*. Cela se retrouve en tout. Il n'y a plus d'Hocquincourt, qui est Monchy, ni de Pas. Rebenac n'a laissé que Mme de Souvré, mascarade de Tellier, et leur troisième frère est mort fort vieux, sans enfants de la fille de Mignard, ce peintre fameux, qui pour sa beauté l'a peinte en plusieurs endroits de la galerie de Versailles et dans plusieurs autres de ses ouvrages.

Estrades mourut presque en même temps. Il étoit fils aîné de ce maréchal d'Estrades, si capable dans son métier, et si célèbre par le nombre, l'importance et le succès de ses négociations, et qui mourut, en 1686, en février, à soixante-dix-neuf ans, gouverneur de M. le duc de Chartres. Il venoit de conclure et de signer la paix à Nimègue en 1678. Il dépêcha ce fils au Roi sur-le-champ. Il s'amusa à Bruxelles à une maîtresse, et donna ainsi le temps au prince d'Orange, qui étoit au désespoir d'une paix qui mettoit des bornes à sa puissance en Hollande, de donner la bataille de Saint-Denis à M. de Luxembourg, qui ne s'attendoit à rien moins, comptant la paix faite, et qui en reçut la nouvelle du Roi le lendemain. Le prince d'Orange l'avoit dans sa poche avant le combat, mais il espéra la rompre par une victoire, et s'il ne la remportoit pas, profiter de la paix.

Estrades fit dire vrai encore à ce proverbe : *Filii heroum noxæ* : il mena toujours une vie obscure, avec peu de commerce, peu d'amis, et moins de considération. Celle de son père, qui sut faire le marché si important du secours maritime des états généraux pour prendre Dunkerque, dont il eut le gouvernement après le maréchal de Rantzau, le lui valut après lui, et la mairie perpétuelle de Bordeaux. Son fils, devenu lieutenant général, voulut bien accompagner les enfants de M. du Maine en Hongrie, où il fut tué devant Belgrade, en 1717, et a laissé des enfants qui n'ont pas percé dans le monde.

Le maréchal d'Estrades avoit deux fils qui valoient mieux que l'aîné : le chevalier d'Estrades, attaché à M. le duc de Chartres d'alors, qui fut tué à la tête de son régiment à Steinkerque, en 1692, et qui seroit devenu digne de son père ; et l'abbé d'Estrades, dont il sera parlé ailleurs.

On ne connoît rien au delà du grand-père du maréchal

d'Estrades. Son père, qui étoit brave et sage, et qui avoit servi Henri IV contre la Ligue, fut successivement gouverneur du comte de Moret, bâtard d'Henri IV, et des ducs de Mercœur et de Beaufort, enfin des ducs de Nemours, de Guise et d'Aumale. La mère de celui-là étoit fille d'un conseiller au parlement de Bordeaux et d'une Jeanne, dite de Mendoze, qui étoit de race juive [1] d'Espagne. On a parlé ailleurs de la ridicule coutume de ce pays-là, de donner aux juifs qui se convertissent, et dont on est parrain, non-seulement son nom de baptême comme partout, mais encore son nom de maison et ses armes, qui deviennent le nom et les armes du juif filleul et de sa postérité. Le père ou le grand-père de cette Jeanne Mendoze eut ainsi le nom et les armes de Mendoze de son parrain, et M. d'Estrades en décora ses armes et sa postérité après lui. Il y [a] d'excellents Mémoires du maréchal d'Estrades.

Maintenant il est temps de venir au procès que d'Antin intenta sur des chimères aussi folles que rances de l'ancienne duché-pairie d'Espernon, et aux adresses incomparables par lesquelles il sembla faire grâce au Roi et aux ducs de le devenir, et à l'édit qui à cette occasion, sous prétexte de grâces et de bienfaits, donna comme le dernier coup à une dignité que le Roi voulut sans cesse abattre, et dont le sort étoit d'en recevoir des coups de massue à chaque occasion de procès de préséance que des chimères et l'ambition intentoit aux ducs. Ce récit, qui ne sauroit être court, et qui pourra même avoir des parties ennuyeuses, sert si fort à peindre les ruses d'un courtisan, la jalousie des autres, les artifices des bâtards, un intérieur de cour et de seigneurs peu connu, et à montrer à découvert les pierres d'attente et la préparation de grands événements de cour et d'intérieur d'État, qu'il ne sera pas un des moins curieux de ce genre.

1. Il y a au manuscrit : « de race de juive. »

On a vu, lors du procès de préséance de feu M. de Luxembourg, la tentative que firent les Estrées en faveur de Mlle de Rouillac, pour ce duché d'Espernon en sa personne, et que le comte d'Estrées devoit épouser en cas de succès, et qui fut depuis gendre de M. de Noailles. Ce coup manqué, feu M. de Montespan avoit passé avec elle tous les actes nécessaires pour succéder après elle à sa terre d'Espernon et à ses prétentions, et n'avoit rien oublié pour les tenir secrets, quoique il n'eût pu se tenir d'essayer de prendre dans ses terres de Guyenne, où il demeuroit, le nom de duc d'Espernon, et de s'y faire moquer de lui. Il étoit mort dans ces idées, et d'Antin s'en étoit toujours nourri.

Arrivé enfin à la faveur et aux privances, avec le funeste appui de la coupable fécondité de sa mère, il sentit ses forces, et il se crut en état de se faire écouter du Roi, et craindre de ceux qu'il avoit à attaquer. Il choisit Marly comme un lieu qui lui étoit encore plus favorable. Il épia son moment dans les cabinets, et le trouva le samedi 10 janvier de cette année. Là il dit au Roi que, comblé de ses grâces, il lui siéroit mal de l'importuner pour de nouvelles, mais qu'étant le plus juste des rois, il croyoit devoir à Sa Majesté et à soi-même de lui représenter qu'il souffroit une injustice de sa part, qu'il ne pouvoit se persuader qui fût dans sa mémoire, puisque, comblé de ses bienfaits, il ne pouvoit croire qu'il la voulût faire au plus inconnu de ses sujets. Après ce bel exorde, il dit au Roi que sa coutume étoit de laisser à chacun le libre cours de la justice, et entre particuliers de ne se mêler point de leurs affaires ; que néanmoins il en avoit une où il alloit de toute sa fortune, qui ne touchoit le Roi en rien, et qui étoit arrêtée par sa seule autorité ; que cette affaire étoit la prétention à la dignité de duc et pair d'Espernon, que le dernier marquis de Rouillac avoit poursuivie après son père, et que le crédit des ducs prêts à la perdre avoit suspendue par un coup d'autorité du Roi ; que depuis il avoit eu la bonté de permettre à Mlle de

Rouillac de reprendre cette instance, dont le succès auroit fait son établissement; que les difficultés toujours plus fâcheuses à ce sexe, et la grande piété de Mlle de Rouillac lui avoient fait prendre le parti d'un saint repos, dans lequel elle étoit morte; qu'il avoit recueilli ses droits avec sa succession, dans des temps où il n'avoit pas trop osé demander justice; que maintenant qu'il se croyoit assez heureux pour que ces temps fussent changés, il ne demandoit pous toute grâce que celle qu'il ne refusoit à personne, et de lui permettre de faire valoir son droit; qu'il ne seroit importuné de rien; que ce seroit un procès à l'ordinaire à la grand'chambre; qu'il avoit extrêmement examiné et fait examiner la question; qu'elle étoit indubitable, et que de plus, quoique il dût s'attendre à des oppositions, il tâcheroit de mériter par sa conduite de s'en attirer une dont il n'eût pas lieu de se plaindre; que d'ailleurs c'étoit si peu de chose pour chacun des ducs de reculer d'un pas, et pour lui une si grande fortune que de se trouver leur confrère, et du même coup à leur tête, qu'il ne savoit si beaucoup s'opposeroient bien sérieusement à lui; que par là devenu duc et pair sans grâce, personne ne seroit en droit d'exemple d'importuner Sa Majesté; qu'il espéroit assez de ses bontés pour oser se flatter qu'il ne seroit point fâché de le voir en ce rang, sans qu'il lui en coûtât rien.

C'étoit là toucher le Roi par l'endroit sensible, après lui avoir menti de point en point sur tous les faits qu'il avoit avancés, et avoir mis dans son discours tout l'art du plus délié et du plus expérimenté courtisan. Il étoit vrai que, le Roi subjugué par lui, il étoit hors de portée du refus. Mais la prostitution des dignités et l'outrecuidance françoise y portoit des gens que le Roi ne vouloit ni faire ni mécontenter. Mais la raison intime, et que d'Antin avoit bien sentie, étoit la jalousie du Roi contre ses favoris, dont il redoutoit autant l'apparence d'être gouverné, comme il leur en abandonnoit la réalité de bonne grâce. La faveur si éclatante de d'Antin n'avoit pas besoin d'un nouvel accroissement aux yeux du monde; et il sut mettre le Roi si avant dans ses intérêts, par ce tour adroit et si ajusté à son goût, que la partialité du Roi eut peine à demeurer en quelques bornes. Parler donc en ce sens et obtenir ne fut qu'une même chose, laquelle fut plus tôt faite qu'éventée.

Le lendemain dimanche j'entrai dans le salon vers l'heure que le Roi alloit sortir pour la messe. Je m'approchai d'abord d'une des cheminées, où la Vrillière se chauffoit avec je ne sais plus qui. A peine les eus-je joints que la Vrillière m'apprit la nouvelle. Je baissai la tête et haussai les épaules. Il me demanda ce que j'en pensois: je lui dis que je croyois que le triomphe ne coûteroit guère sur des victimes comme nous. Un moment après, je vis de l'autre côté du salon les ducs de Villeroy, de Berwick et de la Rocheguyon, qui parloient tous trois ensemble, et qui dès qu'ils m'aperçurent m'appelèrent. Non-seulement ils savoient la chose, mais tout le propos de d'Antin que j'ai rapporté.

Le Roi, à Marly, n'avoit que deux cabinets, encore le second étoit-il retranché en deux pour une chaise percée, dont le lieu étoit assez grand, aux dépens du reste du cabinet, qui lui donnoit le jour, pour que ce fût là que le Roi se tînt après son souper avec sa famille. Ainsi les valets intérieurs, dont ces cabinets étoient pleins, et dont les portes étoient toujours toutes ouvertes, voyoient tout ce qui s'y passoit et entendoient tout. Bloin, qui n'aimoit pas d'Antin, n'avoit pas perdu un mot de son discours, et l'avoit rendu aux ducs de Villeroy et de la Rocheguyon, ses intimes, et qui soupoient chez lui presque tous les soirs.

Dès que je fus à eux, ils me le rendirent et me demandèrent mon avis: je leur répondis comme je venois de faire à la Vrillière. Ma surprise fut grande de les voir tous trois s'en irriter, et me demander si j'avois résolu de ne me point défendre. Je dis languissamment que je ferois comme les autres; et dans la vérité c'étoit bien ma résolution de laisser tout aller, par les expériences que j'avois de ces choses et ce qui m'en étoit arrivé, qui se trouvent ici en plusieurs endroits. Mais je trouvai une vigueur qui ranima un peu la mienne, mais sans me faire sortir des bornes, que je crus ne pas devoir outrepasser.

Ils me dirent qu'ils venoient de parler aux maréchaux de Boufflers et d'Harcourt, qui pensoient comme eux à une juste et verte défense; que d'Antin, sorti exprès des cabinets, leur venoit de dire ce qu'il avoit obtenu; qu'il y avoit ajouté des respects infinis, entre autres, que s'il lui étoit possible de détacher l'ancienneté de la prétention, il s'estimeroit trop honoré d'être le dernier de nous, et toutes sortes de déférences et de beaux propos sur les procédés dans l'affaire, que je supprime ici; qu'ils lui avoient répondu, avec la politesse que demandoit son compliment, mais avec la fermeté la plus nette, sur la défense, qu'ils y étoient résolus; qu'il y auroit de la honte à marquer de la crainte de sa faveur et de la défiance du droit; que j'étois celui qui entendoit le mieux ces sortes d'affaires, pour avoir défendu celle contre M. de Luxembourg et empêché celle d'Aiguillon; que ne doutant pas de mon courage, ils venoient à moi me prier de me joindre à eux et de leur dire ce qu'il y avoit à faire. Ils ajoutèrent qu'il ne falloit pas douter que le Roi ne fût pour d'Antin, que l'espérance de celui-ci étoit qu'il ne se trouveroit personne qui osât le traverser, chose dont sûrement le Roi seroit bien aise, mais que ce seroit la dernière lâcheté; qu'il falloit tous nous bien entendre et marcher d'un pas égal; que cela fait, le Roi n'oseroit nous en montrer du mécontentement, ni, pour d'Antin seul, fâcher tout ce qui l'environnoit dans les principales charges, qui, réunis, feroient au favori la moitié de la peur; qu'il falloit commencer par rassembler ce qui étoit à Marly, et que cet exemple seroit puissant sur les autres. La Rocheguyon surtout insista que céder seroit abandonner la cause pendante contre M. de Luxembourg, ouvrir la porte à toutes les prétentions du monde, et prit avidement ce hameçon [1] de l'affaire de M. de Luxembourg, que je lâchai froidement dans le discours. Ils insistèrent donc vivement pour savoir mon sentiment, et surtout comment il s'y falloit prendre pour se bien et fermement défendre.

A ce qu'ils venoient de dire sur le Roi, je sentis qu'ils parloient de bonne foi sur tout le reste. Je leur dis donc, mais sans sortir du flegme, que j'étois bien aise de les voir dans des sentiments que l'expérience de toute ma vie les devoit empêcher de douter qu'ils ne fussent les miens; mais que je leur avouois aussi que mon expérience particulière me rendoit leur ardeur nécessaire pour rallumer la mienne; que puisqu'ils vouloient savoir ce qu'il falloit faire, et ne pas perdre un moment, la première démarche nécessaire étoit de signer une opposition à ce que nul ne fût reçu duc et pair à la dignité d'Espernon, et de la faire signifier au procureur général et au greffier en chef du Parlement, moyennant quoi il n'y avoit plus de surprise à craindre; la seconde, de nous former un conseil, que le meilleur, à mon avis, étoit de prendre ce qui restoit du nôtre contre M. de Luxembourg, et que je m'offrois de pourvoir à ces deux préliminaires. Ils m'en conjurèrent avec mille protestations de courage et d'union.

Aussitôt j'exécutai, par une lettre chez moi, l'engagegement que je venois de prendre. Rentrant au château, je trouvai M. de Bauvillier, qui se jeta dans mon oreille et me dit de ne me point séparer des autres ducs, de faire même tout ce que je pourrois contre d'Antin, mais de me contenir dans l'extérieur en des mesures d'honnêteté et de modération, et qu'il en avoit dit autant à son frère et à son gendre. C'étoit bien mon projet; mais je ne laissai pas d'être surpris et encouragé de cet avis d'un homme si mesuré, surtout en ces sortes d'affaires.

Arrivant dans le salon, les trois qui m'avoient parlé, et

---

1. Voyez tome IV, p. 348, note 1.

que j'y avois laissés, m'avertirent de me trouver chez le maréchal de Boufflers dans une demi-heure, où ils se devoient rendre. Les ducs de Tresmes et d'Harcourt y vinrent. Je leur rendis compte de ce que je venois de faire, et je les réjouis fort de leur apprendre que les ducs de Mortemart et de Saint-Aignan seroient des nôtres, de l'aveu du duc de Beauvillier, d'autant que le duc de Mortemart avoit répondu au duc de Villeroy, qui lui avoit parlé, à ce qu'il nous dit là, qu'il consulteroit son beau-père. Nous raisonnâmes sur une liste de ducs sur lesquels on pourroit compter ou non. Chacun se chargea d'écrire à ses amis, excepté à ceux qui avoient des duchés femelles, quoique l'exemple de M. de Richelieu contre M. de Luxembourg les dût rassurer. On parla ensuite de notre conduite de cour.

Il fut résolu, M. d'Harcourt menant la parole, que nous payerions d'Antin de compliments; que nous déclarerions notre union et notre attachement à notre défense; que nous ne ferions pas semblant de nous douter que le Roi, quoi qu'il fît, pût souhaiter contre nous, afin de l'obliger par cette surdité volontaire à des démarches plus marquées, que nous savions bien que d'Antin, avec toute sa faveur, n'arracheroit pas contre des personnes desquelles plusieurs l'approchoient de si près dans ses affaires, ou autour de sa personne, outre sa conduite ordinaire en ces sortes d'affaires de se piquer de neutralité. On discuta ensuite les démarches du Palais. Il fut question de donner une forme à la conduite de l'affaire.

Je rendis compte de celle du procès contre M. de Luxembourg. Il fut jugé à propos de l'imiter en tout pour celui-ci. M. d'Harcourt appuya fort sur la nécessité d'en choisir un ou deux parmi nous qui eussent la direction de l'affaire, qui y donnassent le mouvement par leur soin et leur présence, et qui eussent le pouvoir d'agir et de signer pour tous, quand il seroit nécessaire, pour ne point perdre de temps aux occasions pressées, puis proposa de me prier de vouloir bien m'en charger. Je n'avois pas eu peine à reconnoître que la chose avoit été agitée entre eux auparavant l'assemblée, et résolue. Tous applaudirent, et joignirent à l'invitation la plus empressée toute l'adresse et la plus flatteuse politesse pour piquer mon courage. Je répondis avec modestie, bien résolu à ne pas accepter un emploi dont j'avois bien prévu la nécessité et les inconvénients, et qu'il me seroit présenté. Je fus pressé avec éloquence; je représentai que mon assiduité à la cour ne m'en pouvoit permettre assez à Paris pour suivre l'affaire d'aussi près qu'il étoit nécessaire. Comme je vis que rien ne les satisfaisoit, je leur dis que ces affaires communes ne m'avoient pas personnellement assez bien réussi pour m'engager de nouveau à les conduire, que d'ailleurs les raisons particulières qui m'avoient plus d'une fois commis avec M. d'Antin ne me permettoient pas de m'exposer volontairement à une occasion nouvelle, que je les suppliois de n'imputer point mes excuses à paresse ni à mollesse, mais à une nécessité qui ne pouvoit se surmonter. Nous nous séparâmes de la sorte, contents de nos mesures prises en si peu de moments, mais ces Messieurs fort peu de mon refus à travers toutes les honnêtetés possibles.

Tant de fermeté, dans un temps de si misérable foiblesse, et parmi des courtisans si rampants qui voyoient clairement le Roi contre eux, eut des raisons que dans ma surprise je découvris sans peine. Les ducs de Villeroy et de la Rocheguyon avoient de tout temps vécu dans un parfait mépris pour d'Antin, et si marqué que d'Antin, dont la politique avoit toujours été de ne s'aliéner personne, s'en étoit souvent plaint à eux par des tiers, et quelquefois par lui-même; et comme ç'avoit été sans succès, il s'en étoit formé une inimitié, même assez peu voilée, que la jalousie de la cour intérieure de Monseigneur avoit fomentée, et que la faveur déclarée de d'Antin auprès du Roi avoit comblée dans les deux beaux-frères, qui avant de l'être, et de toute leur vie, n'avoient jamais été qu'un, et M. de Liancourt avec eux. Harcourt, extrêmement leur ami, et plus encore du premier écuyer, qui haïssoit sournoisement d'Antin, et qui de plus ne lui pouvoit pardonner les bâtiments, sur lesquels il avoit eu lieu de compter, avoit épousé leurs sentiments avec d'autant plus de facilité, qu'il regardoit d'Antin comme un dangereux rival pour le conseil et comme un obstacle à y entrer. Boufflers, si droit, et si touché de la dignité, n'avoit pas oublié les mauvais offices de d'Antin lors de la bataille de Malplaquet; et Villars, lié à d'Antin par la raison contraire, n'osa jamais abandonner une communauté d'intérêts qui lui faisoit un si prodigieux honneur. Tresmes, né noble, je ne sais pas pourquoi, avoit de plus Harcourt pour boussole ; et Berwick, fort anglois, ne pouvoit souffrir l'interversion des rangs.

Notre conseil fut formé en vingt-quatre heures, et notre opposition dressée me fut renvoyée. Il fut singulier que le hasard fît que celui de d'Antin fut celui de Madame la Duchesse pour la succession de Monsieur le Prince ; et le nôtre, le même qui lui fut opposé par ses belles-sœurs. Je dis à ces Messieurs, en arrivant pour la messe du Roi, que j'avois l'opposition. Le Roi, au sortir de sa messe, étant entré chez Mme de Maintenon, MM. de Tresmes et d'Harcourt firent sortir tout ce qui se trouva dans l'antichambre, et en firent fermer les portes. Là, je rendis compte aux mêmes de la veille de la formation de notre conseil et des mesures prises, et il fut arrêté qu'on proposeroit l'opposition à signer aux ducs qui étoient à Marly. On y dansoit, et le Roi y avoit mené pour cela de jeunes gens, entre autres le duc de Brissac. Je fis observer qu'à son âge sa signature de plus ou de moins n'auroit pas grand poids, et qu'il embarrasseroit fort au contraire s'il s'avisoit de consulter auparavant son oncle Desmarets, et celui-ci le Roi, et qu'après il refusât sa signature : cela fit qu'on ne lui en parla point.

On reprit après l'article, qui étoit demeuré indécis la veille, de la conduite de l'affaire, dont je fus pressé de me charger, sans comparaison plus fortement que je ne l'avois été. Plus j'y avois pensé depuis vingt-quatre heures, plus je m'étois fortifié dans ma résolution, mais de faire en sorte d'en tenir les rênes de derrière la tapisserie. Ainsi, après avoir fait valoir les excuses que j'avois déjà apportées, je leur dis que ce n'étoit pas pour refuser mon temps ni mes soins, que je me rendrois même le plus souvent que je le pourrois aux assemblées de notre conseil, mais que, ne pouvant me livrer à ce qu'ils desiroient de moi, j'estimois qu'il y avoit deux de nos confrères très-capables d'y suppléer, et assez de mes amis pour vouloir bien user de mes conseils dans le cours de l'emploi dont j'étois d'avis qu'ils fussent priés de se charger; et je leur proposai les ducs de Charost et d'Humières, par qui je comptois bien gouverner l'affaire comme si j'en avois accepté le soin. J'ajoutai que d'Antin attaquant tous les ducs, les vérifiés n'avoient pas un moins juste sujet de défense que les pairs, que les vérifiés se trouveroient flattés d'avoir part en la direction de l'affaire; et après avoir dit ce que je crus de convenable sur ceux que je proposois, je les assurai qu'encore que M. d'Humières fût l'ancien de M. de Charost, il lui céderoit sans difficulté partout en une cause de pairie. Ces raisons, et, s'il faut l'avouer, celle de l'influence que j'aurois avec ces Messieurs sur la conduite de l'affaire, déterminèrent à s'y arrêter. Ils n'étoient ni l'un ni l'autre à Marly : on remit à le leur proposer au retour à Versailles, et on résolut de signer ce jour même l'opposition.

Elle fut datée de Paris, en faveur de ceux qui y étoient et qui la voudroient signer le lendemain avant qu'elle fût signifiée, comme elle le fut ce lendemain-là même à Daguesseau, procureur général, et au greffier en chef du Parlement. Ceux qui la signèrent furent : les ducs de la Trémoille, Sully, Saint-Simon, Louvigny, Villeroy, Mortemart, Tresmes, Aumont, Charost, Boufflers, Villars, Harcourt et Berwick, pairs; la Rocheguyon, pour soi et pour M. de la Rochefoucauld, pair et aveugle; Humières et Lauzun, vérifiés. On ne jugea pas à propos d'en faire signer davantage, pour en réserver en adjonction.

Je fus averti par le duc de Villeroy de me trouver le soir de ce même jour chez le duc de la Rocheguyon, pour y discuter encore je ne sais quoi. Comme j'y entrois, on proposa d'attendre le duc de Mortemart. Je le connoissois trop, depuis mon aventure avec lui sur Mme de Soubise, pour parler de rien devant lui; je le dis à la compagnie, avec ménagement toutefois pour le gendre du duc de Beauvillier, et je me contentai de les avertir que ce n'étoit pas un homme sûr. La Rocheguyon et Villeroy, qui pourtant en savoit davantage là-dessus que son beau-frère, traitèrent cela de fantaisie, et soutinrent que, tout fou et léger qu'étoit Mortemart, il ne feroit rien de mal à propos dans une affaire où il avoit même intérêt, et dans laquelle il étoit entré de bonne grâce. Là-dessus il entra. Ces Messieurs lui firent signer l'opposition, et la lui donnèrent pour la faire signer à Villars, et me la remettre après, le soir même, dans le salon, sans qu'on pût s'en apercevoir, et lui recommandèrent fortement le secret de l'opposition même. Je me défendis de la reprendre en lieu si public. Toutefois cela passa brusquement, et ils renvoyèrent aussitôt le duc de Mortemart, sous prétexte de diligenter la signature dont il s'étoit chargé, et en effet pour me laisser la parole libre. Quand nous eûmes achevé, je retournai au salon. Bientôt après j'y aperçus M. de Mortemart au milieu d'un tas de jeunes gens, qui parloit d'un air fort sérieux à M. de Gondrin, fils aîné de d'Antin. Je m'approchai doucement par derrière, j'entendis des compliments, et je me retirai. Un peu après, le duc de Mortemart vint à moi, son papier à la main, qui tout haut, en plein salon et devant tout le monde, me dit qu'il n'avoit pu trouver le maréchal de Villars, et qu'il me le rendoit. Le trait étoit complet. Nous ne voulions pas qu'il parût d'autres mesures que de simple raisonnement entre nous, moins encore que d'Antin sût qu'il y avoit des opposants, quels, ni combien, que par la signification. Tout cela avoit été bien expliqué au duc de Mortemart, et le secret fort recommandé ; et moi, qui plus que nul des autres craignois d'y paroître, je m'y vis affiché dans le salon, et tout auprès du lansquenet. Je me battis en retraite, et le Mortemart après moi, disant : « Tenez, tenez ! » son papier à découvert en main, jusque dans le petit salon de la Perspective, plein de gens et de valets. Là je le lui pris rudement sans lui dire un seul mot ; je m'en allai chez moi, et j'eus encore la peine de le faire signer à Villars ce même soir.

Une heure après, Gondrin donna au public notre opposition, avec les compliments que lui avoit faits le duc de Mortemart. Le duc de Villeroy en fut outré de colère plus que pas un de nous, avec plus de raison qu'aucun parce qu'il en avoit davantage de se défier de lui après ce qu'il en avoit su de moi. Chacun de nous s'expliqua sur lui sans ménagement ; et il fut résolu de se défier de lui comme de d'Antin même, et de l'exclure de toutes nos assemblées, en pas une desquelles aussi il n'osa se présenter depuis, ni même s'informer de l'affaire. D'Antin, de son côté, pouilla[1] son fils d'importance d'avoir compromis leur cousin, comme si la chose se fût passée tête à tête. Il apprit donc par là qu'il y avoit une opposition, et quoique il ne pût savoir que le petit nombre de ceux de Marly qui avoient signé, il ne laissa pas d'être étonné que quelqu'un osât lui résister, et de trouver des charges et du crédit déclarés contre lui. Ce n'étoit pas qu'il n'eût affecté de publier que, s'il avoit un fils honoré de cette dignité, il l'obligeroit à s'opposer à lui ; mais le gascon parloit au plus loin de sa pensée. Il jetoit ce propos à tout événement, comme un sentiment de douceur et d'équité, pour voir comme il seroit reçu dans le monde, et pour décorer sa cause si la lâcheté se trouvoit telle qu'il espéroit par un silence unanime, ou rompu seulement par un si petit nombre, et de considération si légère, qu'il en pût encore plus triompher.

1. Voyez tome II, p. 225 et note 1, et tome IV, p. 461.

Ce début si peu attendu lui fit juger à propos de tâcher à ralentir ce premier feu par des marques de partialité du Roi, qui effrayassent et qui empêchassent de pousser contre lui les mesures qu'il voyoit prises.

Je fus pressé par mes amis de faire une honnêteté à d'Antin, à l'exemple des autres, en même intérêt : j'eus peine à m'y rendre, mais je le fis. Je n'ai point pénétré quel put être son objet, mais si j'eusse été le favori, il ne m'eût pas accablé de plus de respects, ni de plus profonds, et de remerciements plus excessifs de l'honnêteté que je lui voulois bien faire. Non content de cela, il vint chez moi les redoubler, quoique je n'eusse point été chez lui ; il affecta de publier ma politesse à son égard, et la satisfaction qu'il en ressentoit ; il s'en vanta au Roi, et cela me revint aussitôt : j'en fus extrêmement surpris, et beaucoup de gens aussi le furent.

Cependant notre opposition signifiée avoit eu le temps de lui revenir ; les seize noms qu'il y trouva achevèrent de le presser de faire usage de son crédit. Le Roi, à la promenade, parla de l'absence de d'Antin, et à ce propos de l'affaire qui le rendoit absent. Il choisit le duc de Villeroy, qu'il compta apparemment embarrasser davantage, et lui demanda d'un air et d'un ton mal satisfait s'il seroit des opposants : ce n'étoit pas sans doute qu'il ignorât ce qui en étoit. Il répondit qu'il y en avoit déjà nombre, que la chose lui importoit trop pour n'en être pas, et qu'il croyoit qu'il y en auroit encore d'autres. Le Roi reprit que d'Antin avoit fort consulté son affaire, et qu'il la croyoit indubitable, et, sans plus adresser particulièrement la parole, il tâcha en prolongeant le propos d'engager des réponses auxquelles il pût répliquer ; mais Villeroy, content de n'avoir point molli, s'en tint à ce qui avoit été arrêté entre nous, et fut sourd et muet.

Le lendemain, le duc de Tresmes essuya la même question, et fit la même réponse. Le Roi dit qu'au moins ne se falloit-il point fonder en longueurs, et aller de bon pied au jugement. Une troisième fois le Roi parla vaguement de l'affaire, et s'adressant encore au duc de Villeroy, lui dit qu'il ne comprenoit pas que personne se pût opposer à d'Antin, que sa prétention ne faisoit rien à personne, hormis quelques anciens devant lesquels il se trouveroit, ce qui seroit imperceptible à tous les autres, et qu'il n'y avoit point d'intérêt à être avancé ou reculé d'un rang. Villeroy répondit que chacun y étoit fort intéressé, puisque ce pas de plus ou de moins étoit ce qui de tout temps étoit le plus cher aux hommes, qu'il retomboit sur les nouveaux comme sur les anciens, que d'ailleurs la prétention de d'Antin ouvriroit la porte à quantité d'autres, que chacun disputoit bien une mouvance, à plus forte raison ce qui appartenoit à la première dignité du royaume. Le Roi, qui ne s'attendoit qu'à étourdir son homme, et de là sans doute à étonner et ralentir les opposants, ne répliqua rien à une si digne réponse; il cessa même de plus rien témoigner sur ce procès, non qu'il pût se tenir d'en parler encore quelquefois, mais vaguement, et sans plus rien témoigner de partial. Nous reconnûmes bien à quel point il l'étoit, et combien salutaire la résolution que nous avions prise à cet égard, puisque, si on eût molli et parlé en vils courtisans qui veulent faire leur cour, nous étions désarmés sans ressource, au lieu que nous conduisant comme nous l'avions arrêté, le Roi, rebuté de ses tentatives et en garde contre la réputation d'être gouverné, n'osa jamais passer outre dans cette crainte, et par le même esprit professa bientôt la neutralité.

Maintenant il est juste de montrer tout de suite quels furent les ducs qui surent se respecter, quels les lâches, quels enfin les déserteurs. Les ducs de Ventadour, Montbazon, Lesdiguières, Brissac, la Rochefoucauld, la Force, Valentinois, Saint-Aignan et Foix, pairs; la Feuillade et Lorges, vérifiés, se joignirent à nous. Notre surprise fut grande d'apprendre que M. de Luxembourg, qui avoit été envoyé en Normandie pour quelque émeute qui le retenoit à Rouen, trouvoit la prétention de d'Antin si étrange malgré la sienne, qui ne l'étoit guère moins, que [il] s'unit à nous contre lui, mais en même temps se mit en état de recommencer son procès de préséance.

La Feuillade, moins uni et plus semblable à lui-même, s'étoit joint à nous, et il avoit paru que c'étoit de bonne foi. Séduit tôt après par l'abbé de Lignerac, détaché par d'Antin, il chercha à se retirer. Il prit pour prétexte que les pairs, moins anciens qu'il n'étoit duc, le précéderoient dans les actes et les énoncés d'un procès de pairie. Cette fantaisie, qu'auroit dû guérir, si elle avoit été réelle, l'exemple des autres ducs vérifiés joints à nous, ne put être soutenue. Quelques jours après s'être rendu là-dessus, il allégua au duc de Charost une prétention de pairie et d'ancienneté de Roannois, qu'il inventa parce qu'elle étoit sans apparence. Le bon Charost, qui goba ce leurre, eut la facilité de lui répondre que nous ne prétendions pas lui faire tort en rien, et que c'étoit à lui à voir son intérêt. J'avois su le manége de l'abbé de Lignerac, et que d'Antin s'en vantoit. J'en parlai vivement chez moi à Mme Dreux, et du peu de succès que ce procédé trouvoit dans le monde; et je me moquai un peu de ce qu'il songeoit, dans l'état où il étoit plongé depuis Turin, à faire valoir ce que son père avoit oublié dans sa longue faveur. J'ajoutai qu'il étoit plaisant de voir un homme de plus de quarante ans, qui dans sa courte prospérité avoit à propos de rien insulté d'Antin à Meudon de la façon la plus cruelle, qui depuis ses infortunes avoit abdiqué la cour avec éclat, n'oublier rien pour s'y raccrocher, jusqu'à l'infamie d'agir contre sa signature, qui étoit entre nos mains, pour acheter la protection du même d'Antin, qui ne feroit, avec l'ancienne rancune, que le mépriser et en rire, après en avoir fait ce qu'il auroit voulu. J'étendis ces choses avec peu de ménagement pour la Feuillade, et peu de souci, de notre part, de lui de plus ou de moins, mais par amitié pour Chamillart, qui seroit très-affligé des suites. Je lui appris en même temps qu'étant informés de l'usage juridique que d'Antin se proposoit de faire de la désertion, la résolution étoit prise et arrêtée entre nous de faire énoncer par nos avocats en plaidant, et la chose étoit vraie, les raisons et les motifs de chacun des déserteurs, sans ménagement aucun pour des gens qui en avoient si peu pour nous et pour eux-mêmes. Deux jours après, la Feuillade se plaignit qu'il avoit été mal entendu et rigoureusement traité. Sans s'expliquer mieux, il protesta qu'il n'avoit jamais eu dessein de se séparer de nous, et nous le fit dire en forme. Peu de jours après, je le trouvai chez Chamillart, que je voyois régulièrement tous les jours que j'étois à Paris. La Feuillade m'y demanda un entretien tête à tête : il s'entortilla dans un long éclaircissement, dans des protestations inutiles, dans des compliments personnels sans fin.

Je pris tout cela pour bon ; la fin fut que la peur le tint joint à nous, mais le premier payement fait, il n'en voulut plus ouïr parler, et que nous ne le vîmes ni aux assemblées, ni aux sollicitations, ni en aucune des démarches sur ce procès. Avec cette conduite il s'attira ceux que d'effet il abandonnoit, et qui ne s'en contraignirent pas dans le monde, lequel leur fit écho sur un homme peu estimé et aimé, pour avoir abusé de sa faveur, et en être tombé par ses fautes avec une grande brèche à l'État. Il n'apaisa pas l'ancienne haine de d'Antin, bien loin de se concilier son secours, par n'oser prendre son parti, et il n'y eut pas jusqu'à l'entremetteur Lignerac qui fut trouvé fort ridicule.

Les ducs, démis, destitués de qualité pour agir, ne purent que demeurer dans l'inaction ; les pairs ecclésiastiques furent réservés pour être juges, quoique les trois ducs nous eussent offert leur jonction ; et Monsieur de Metz n'étoit pas encore en situation de rien faire. Le duc de Noailles ne répondit jamais un mot là-dessus aux maréchaux de Boufflers et d'Harcourt, qui lui en écrivirent plus d'une fois. Le cardinal son oncle avoit alors bien d'autres affaires à démêler. Le duc d'Uzès en usa tout autrement : il manda franchement à d'Antin qu'étant son beau-frère, et alors en Languedoc, il se tairoit sous prétexte d'ignorance, mais que s'il s'avisoit de le faire assigner, comme il prétendoit faire à tous pour les obliger à une déclaration expresse, il feroit la sienne contre lui, sur quoi d'Antin n'osa passer outre avec lui. M. d'Elbœuf, au-dessus ou au-dessous de tous procédés, en avoit eu un fort inégal dans l'affaire de M. de Luxembourg, et fort différent de celui de son père, qui s'étoit porté vivement toujours et de grand concert dans cette affaire et dans les pareilles qui s'étoient offertes de son temps, et qui n'intéressoient pas les prétentions de sa naissance. M. d'Elbœuf, seul de tous les pairs de sa maison, ne s'étoit point fait recevoir au Parlement, et il n'eut point honte de chercher bassement à faire sa cour en se déclarant verbalement pour d'Antin. Le duc de Chevreuse, toujours arrêté par son idée de l'ancien Chevreuse, et par une nouvelle, aussi peu fondée pour le moins, sur Chaulnes, se tint à part comme il avoit fait sur l'affaire de M. de Luxembourg, et en fit user de même au jeune duc de Luynes son petit-fils. Les ducs de Richelieu et de Rohan, si vifs sur M. de Luxembourg, ne jugèrent pas à propos d'entrer dans celle-ci. Véritablement leurs procédés avoient été si pénibles à supporter en cette affaire, leur crédit présent si peu de chose, qu'on fut aisément consolé de n'avoir rien de commun avec eux. On les a vus dans le récit de cette affaire. M. de Rohan prit feu d'abord, et se plaignit de n'avoir pas été invité, comme quelques autres le furent, à signer d'abord l'opposition, et s'en étoit pris à moi. La vérité étoit que cela s'étoit proposé à Marly chez le maréchal de Boufflers, et que ses disparates m'engagèrent à en détourner pour cette première signature. Je sus ses plaintes; je dis mes raisons, qui ne lui plurent pas : il demeura piqué et spectateur, et nous y gagnâmes plus que nous n'y perdîmes. M. de Fronsac suivit M. de Richelieu son père. M. de Bouillon, qui lors du procès de M. de Luxembourg s'étoit si bien fait moquer de lui avec sa chimère de l'ancien Albret et Château-Thierry, qui l'avoit empêché de se joindre à nous, laissa entendre la même excuse, sans pourtant oser l'énoncer. Nous comprîmes que dans la situation critique où l'éclat du cardinal de Bouillon l'avoit mis, il comptoit avoir besoin de tout, et n'osoit choquer d'Antin, de la faveur duquel il pouvoit espérer et craindre. Le duc d'Estrées, fidèle au cabaret et au tripot, y attendit paisiblement les événements, si toutefois il sut l'affaire. M. Mazarin absent, et toujours au troisième ciel, ne se détourna point aux choses de la terre. Le duc de la Meilleraye, son fils, de vie et de mœurs si opposées, mais qui ne mettoit jamais le pied à la cour, se rangea du côté de d'Antin, sans qu'il sût lui-même pourquoi, et s'attira la risée. Le duc de Duras, qui depuis son mariage ne connoissoit plus que les Noailles, si liés à d'Antin, n'osa se déclarer contre lui. Il s'étoit attaché au comte de Toulouse, et avoit demandé à servir en Catalogne, sous le duc de Noailles, qui l'avoit envoyé peu décemment porter la nouvelle de la prise de Girone. Il étoit avec eux sur le pied de ces sortes d'amis qu'on souffre pour en abuser. Cela m'avoit impatienté souvent d'un homme de sa naissance, de sa dignité, et si proche de Mme de Saint-Simon ; cette conduite sur d'Antin acheva de me choquer, tellement qu'il m'échappa qu'il n'en falloit pas attendre une autre du portemanteau de M. le comte de Toulouse et du courrier de M. le duc de Noailles : ils le surent, et en furent désolés. Le duc de Châtillon, malgré la démarche du duc de Luxembourg son frère, prétexta son procès contre nous pour ne pas entrer dans celui-ci. Le duc de Noirmonstiers, plus franchement, déclara qu'étant aveugle, sans enfants ni espérance d'en avoir, il n'avoit aucun intérêt à prendre. On ne laissa pas de tomber fortement de notre part sur ces Messieurs, qui cependant se trouvèrent fort embarrassés. MM. de Charost et d'Humières conduisirent l'affaire avec une suite et un concert qui furent extrêmement utiles, et qui méritèrent toute la reconnoissance des intéressés.

 Ce seroit ici le lieu d'expliquer la prétention de d'Antin,

et les raisons contraires : cela seroit long et peut-être ennuyeux ; cela couperoit trop aussi la suite des matières : cette explication se trouvera plus convenablement parmi les pièces, ainsi que celle de la prétention de Matignon au duché d'Estouteville[1]. Il perdit cette terre par un grand procès contre la duchesse de Luynes, héritière de la duchesse de Nemours. Il la racheta ensuite, et forma sa prétention à la dignité. Je fis un mémoire sur cela, que je donnai au chancelier : sur le compte qu'il en rendit au Roi, la permission de poursuivre fut refusée. On verra aux pièces l'ineptie de pareilles prétentions. J'y joindrois ce qui regarde celle d'Aiguillon, qui n'est pas mieux fondée ; mais ayant été, depuis ce règne, portée au Parlement, malgré le refus du feu Roi et l'édit sur les duchés dont il sera parlé, le procès, mal défendu de notre part et sollicité par Mme la princesse de Conti, qui en fit publiquement son affaire, réussit pour Aiguillon, comme fit, vers le même temps, la Czarine pour la Courlande, et par les mêmes raisons, que ni l'une ni l'autre ne s'embarrassèrent pas de cacher. Ainsi les factums imprimés, quoique mauvais, font assez connoître de quoi il s'agissoit pour me dispenser d'en grossir les pièces.

Tout ce qui reste pour le présent à ajouter sur l'affaire de d'Antin, c'est que nos sollicitations faites ensemble et en apparat contre lui l'étonnèrent fort, et qu'il se sentit tout à fait déconcerté sur la partialité du Roi, qu'il avoit adroitement su persuader au Parlement. Les maréchaux de Boufflers et d'Harcourt en parlèrent ensemble au Roi, en gens de leur sorte, et si bien que le Roi ne fut pas fâché de s'en trouver quitte pour une déclaration d'entière neutralité : il la déclara tout de suite au premier président, avec ordre de la rendre de sa part à sa Compagnie. Nous eûmes soin de nous assurer de son exécution, MM. de Charost, d'Humières et moi, en allant chez le premier président, qui nous la certifia, et de nous en procurer la

---

[1]. Voir les pièces sur Espernon et sur Estouteville (*Note de Saint-Simon.*) Voyez tome I, p. 420, note 1.

dernière certitude par plusieurs juges, qui nous certifièrent que le premier président l'avoit signifiée à la Compagnie de la part du Roi, d'une manière nette et positive. Une déclaration si précise et si contraire aux idées, et beaucoup au delà, que d'Antin avoit données au Parlement, et dont il avoit rempli le public, qui fut incontinent informé du vrai, changea fort l'affaire de face. Les noms de faveur, de grandes charges, de généraux d'armée, de gens de privance et de réputation qui se trouvèrent parmi nous emportèrent la balance sur d'Antin, dès que le Roi se fut si nettement et si hautement expliqué. Les fins de non-recevoir contre d'Antin ajoutèrent fort au démérite du fond de ses prétentions. Le public revint de l'opinion qu'il avoit prise que la cause du favori étoit celle du Roi, et le Parlement commença à trouver qu'il avoit au moins la cause à juger, et non plus uniquement les personnes.

Outre toutes les raisons du fond, on verra dans les pièces que la terre d'Espernon avoit été vendue à Armenonville, que d'Antin lui avoit fait parler si net par Monseigneur qu'il la lui revendit, que ce manége avoit été couvert par toutes sortes d'artifices, jusqu'à avoir retiré des notaires les deux minutes des deux contrats de vente et les avoir brûlés[1], parce qu'une vente éteint de droit un duché, et qu'il ne peut être recueilli que par héritage par celui qui a le droit le plus clair à sa dignité. C'est ce que d'Antin s'étoit voulu ménager. Il fut bien étonné de la découverte des deux ventes, et lui, et plus encore Armenonville, effrayés du parti que nous résolûmes, et dont nous ne nous cachâmes pas, de les faire jurer. Il se trouvera encore parmi les pièces que l'érection d'Espernon portoit une clause par laquelle tout roturier en étoit exclu, c'est-à-dire la femelle en droit de recueillir la dignité épousant un roturier, ce roturier ni sa postérité ne pouvoient succéder à la dignité, qui s'éteignoit par cette clause. La

---

1. Ce participe est bien au masculin.

prétention de d'Antin venoit de sa grand'mère, Chr. Zamet, mère de M. de Montespan, qui étoit fille du fameux Séb. Zamet, si connu sous Henri IV, qui s'intituloit plaisamment seigneur de dix-sept cent mille écus, somme alors prodigieuse pour un particulier. Ce riche partisan avoit épousé une Goth, sœur et tante des Rouillacs, dont la mère étoit sœur du célèbre duc d'Espernon, et morte avant qu'il fût fait duc. Or, pour s'en tenir ici à la roture et renvoyer tout le reste aux pièces, ces Zamets étoient du bas peuple de Lucques, que la banque avoit enrichis, et qui ne s'étoient jamais prétendus autre chose. J'écrivis donc au cardinal Gualterio de faire chercher par ses amis, et par l'autorité du grand-duc, avec lequel il étoit intimement, tout ce qui pouvoit prouver juridiquement cette roture, de le faire authentiquer par la république de Lucques, et de me l'envoyer.

Nous tînmes cela secret entre quatre ou cinq de nous autres, de peur que le dessein ne transpirât, et que d'Antin ne le fît échouer par Torcy, ou par le Roi même, sans s'y montrer, et pour avoir aussi le plaisir de le servir tout à coup de cette bombe en plein Parlement. Les choses n'allèrent pas jusqu'au jugement, comme on le verra ci-après. Il faut maintenant terminer cette matière par une frayeur du duc de Beauvillier, qui ne fut pas sans fondement.

Il avoit cédé son duché à son frère en le mariant, qui de ce moment avoit joui du rang et des honneurs, sans que personne se fût avisé même d'en parler. Cette année il le fit recevoir pair au Parlement, le 22 janvier, et il voulut se trouver à la cérémonie, avec sa famille, dans la lanterne. Comme j'entrois ce matin-là dans la grand'chambre, je fus surpris de trouver le duc de Beauvillier qui m'attendoit derrière la porte, qui, dès que je la débouchai, me prit par la main et me mena en un coin. Là il me dit qu'il m'attendoit avec impatience, dans l'inquiétude extrême où il étoit sur un avis qui ne lui étoit venu que depuis qu'il étoit arrivé au Palais, mais qu'on lui avoit redoublé de plusieurs endroits : on l'avoit averti que plusieurs du Parlement étoient résolus à s'opposer à la réception de son frère, même plusieurs pairs, fondés sur ce que la duchesse de Beauvillier pouvoit mourir avant lui, lui se remarier et avoir un fils, que ce fils excluroit son oncle de droit, et pourtant se trouveroit lui-même exclu par la réception de ce même oncle, dont la postérité prétendroit succéder. M. de Beauvillier, fort alarmé d'une difficulté plausible, me demanda ce que je lui conseillois.

Je pensai un moment, je lui dis ensuite que la cérémonie, commencée par l'arrivée des pairs et par celle des princes du sang et du reste des pairs qui alloit suivre, ne se pouvoit remettre ni interrompre ; que je n'avois pas ouï dire un mot de ce qu'il m'apprenoit ; que j'avois grand'peine à croire qu'il y eût là-dessus plus que quelque raisonnement de conversation, et point du tout de dessein ni de résolution prise sur un futur contingent sans apparence, et qui ne blessoit personne ; que, de plus, arrêter la réception en sa présence, étant ce qu'il étoit, et d'un homme jouissant, par le consentement du Roi, du rang et des honneurs de sa dignité, me paroissoit une démarche bien forte pour le temps où nous étions, n'étant surtout excitée par l'intérêt de personne. « Mais néanmoins que faire si la chose arrive ? interrompit le duc fort peiné. — Le voici, lui dis-je, et je réponds du succès ; mais, encore une fois, je ne croirai point qu'il y ait une seule voix qui s'élève que je ne l'aie entendue ; mais si le cas arrive, je compterai bien exactement les voix pour et contre, et je crois encore en ce cas que les voix contre seront si rares que ce ne sera pas la peine de les réfuter ; que si à toute reste[1] il le faut faire, j'attendrai mon tour à parler : alors je dirai que je suis surpris que quelqu'un dans la Compagnie puisse faire difficulté de recevoir celui que le Roi en a si publiquement jugé

---

1. A toute extrémité. *Reste* était féminin dans cette locution.

capable et digne, en lui permettant, et à vous, de céder
et d'accepter le duché, en le faisant jouir du rang et des
honneurs, et en lui permettant de se faire recevoir; que
le cas possible qui sert de fondement à la difficulté proposée est un cas chimérique et reconnu tel par le Roi,
qu'il auroit dû arrêter sur la démission s'il en eût fait le
moindre cas, sur lequel le Parlement ne devoit par montrer plus de délicatesse d'exécution que le Roi n'en avoit
eu pour la permission; qu'enfin, pour lever tout scrupule, la cour avoit dans ses registres un exemple tout
semblable, non en sa cause, mais en son effet, qui paroissoit fait exprès pour servir d'exemple et de modèle de ce
qui se devoit faire si le cas proposé arrivoit : que la duchesse d'Halluyn avoit épousé le fils aîné du premier duc
d'Espernon, qui, comme duc et pair d'Halluyn, avoit été
reçu au Parlement; que huit ans après, ces époux s'étant
brouillés, et n'ayant point d'enfants, ils s'étoient accordés
à faire casser leur mariage; qu'ensuite la duchesse d'Halluyn s'étoit remariée au fils du maréchal de Schomberg,
depuis aussi maréchal de France, lequel, au titre de ce
mariage, étoit devenu aussi duc d'Halluyn et pair de
France, et avoit été reçu au Parlement en cette qualité,
encore que l'autre mari l'eût conservée en sa totalité,
parce que les rangs et les honneurs acquis par titres ne
se perdent point; qu'à la cour, aux cérémonies, le premier mari précédoit le second; qu'au Parlement, où on
ne pouvoit connoître qu'un seul titulaire à la fois, celui
des deux qui arrivoit le premier prenoit place, et l'autre
venant après trouvoit le premier huissier, qui l'abordoit
dans la grand'chambre et lui disoit que M. le duc d'Halluyn étoit en place, et aussitôt celui-ci s'en retourneroit;
que le cas prévu arrivant, l'âge de l'oncle et du neveu
seroient trop différents pour causer aucun embarras,
mais qu'enfin leur leçon se trouveroit toute réglée, tant à
la cour qu'au Parlement, par l'exemple des deux ducs
d'Halluyn; qu'à l'égard de la succession, il n'étoit pas
douteux que le fils de l'oncle ne pourroit être duc au pré-

judice de son cousin, et par le teneur de l'érection, et parce qu'on ne peut passer duc sans posséder de droit la terre érigée, qui retourneroit de droit à ce fils qu'on imaginoit, dont la naissance feroit tomber et annuleroit seule toutes les donations du père. » Cet exemple, ignoré du duc de Beauvillier, et je crois de bien d'autres, le soulagea extrêmement. Il regagna sa lanterne, et je me mis en place.

Peu après que j'y fus, je remarquai quelque chose, des gens qui se parloient bas ; et comme les pairs qui arrivent successivement coupent ceux qui sont placés pour se mettre en leurs rangs, je me trouvai d'abord voisin des ducs de la Meilleraye et de Villeroy, qui en effet, sifflés apparemment par quelques-uns, me firent la difficulté. Je la rejetai comme ridicule ; je leur fis peur du Roi, à qui on voudroit apprendre la leçon ; enfin j'alléguai MM. d'Halluyn, qui leur firent ouvrir les oreilles. Je ne sais si, en attendant et pendant le rapport, cela courut par les bancs ; mais, quoi qu'il en soit, nulle voix ne s'éleva. Le duc de Saint-Aignan fut reçu tout à l'ordinaire, et M. de Beauvillier sortit de là fort aise et fort content.

CHAPITRE X.

Prise de Girone ; Brancas en est fait gouverneur. — Estaires et Beauffremont chevaliers de la Toison d'or, et le duc de Noailles grand d'Espagne de la première classe, qui passe en Espagne, dont l'armée ne peut s'assembler qu'en août. — Dix mille livres de pension du roi d'Espagne à Mme de Rupelmonde, dont le mari avoit été tué à Brihuega. — Mort du duc de Medina Celi. — Mort du marquis de Legañez. — Mort du prince de Médicis, auparavant cardinal. — Bergheyck à Paris, passe en Espagne, d'où il est bientôt renvoyé par la princesse des Ursins. — Premier mariage du duc de Fronsac, peu après mis en correction à la Bastille. — Fortune de Mme de Villefort ; fortune de Mlle Pincré, qui épouse le fils de Mme de Villefort. — Mariage d'un cadet de Nassau-Siegen avec la sœur du marquis de Nesle. — Famille et mariage de Saint-Germain

Beaupré avec la fille de Doublet, qui se fourre de tout ; mot cruel du premier président Harlay aux deux frères Doublet. — Mouvements du procès de la succession de Monsieur le Prince. — Monsieur le Duc perd en plein son procès contre Mesdames ses tantes, et avec des queues fâcheuses. — Mort et court éloge du maréchal de Choiseul. — Chevalier de Luxembourg gouverneur de Valenciennes. — Mort de Boileau Despréaux. — Mort du fils aîné du maréchal de Boufflers, dont la survivance passe au cadet.

On a vu, dans les derniers jours de l'année précédente, le siége de Girone formé par le duc de Noailles après la bataille de Villaviciosa, et que les neiges ayant fini la campagne de Savoie, il avoit reçu un grand renfort de l'armée du maréchal de Berwick. Ce siége commençoit à s'avancer lorsqu'un furieux ouragan, suivi d'un grand débordement d'eaux, renversa le camp et les travaux, mit l'armée en état de mourir de faim, et pensa sauver la place. L'activité fut grande à réparer un inconvénient si fâcheux, qui donna une grande inquiétude au Roi et retarda fort le siége. La basse ville fut emportée l'épée à la main ; le 23 février la haute ville capitula, à condition de se rendre le 30 avec les deux forts s'ils n'étoient pas secourus : Staremberg n'y songea pas ; la garnison sortit avec les honneurs de la guerre. Planque, qui en apporta la première nouvelle, en fut fait brigadier ; et le duc de Duras apporta celle de l'évacuation de la place, dont le gouvernement fut donné aussitôt au marquis de Brancas, au grand scandale des Espagnols.

Le comte d'Estaires porta la nouvelle de cette conquête au roi d'Espagne : il en eut la Toison ; et en même temps Beauffremont eut celle que la mort de Listenois, son frère, avoit laissée vacante dans Aire, où il fut tué. En même temps aussi le duc de Noailles fut fait grand d'Espagne de la première classe. On le sut aussitôt à la cour : la maréchale de Noailles, ravie de cette nouvelle élévation de son fils, en reçut les compliments ; mais le Roi trouva les compliments et la grandesse fort mauvais. Il étoit convenu avec le roi d'Espagne, depuis que les affaires tournoient mal et qu'on se voyoit forcé de desirer la paix en l'abandonnant, qu'il ne donneroit plus de grandesses ni de Toisons à des François ; il fut donc fort choqué des trois grâces qui viennent d'être rapportées, et il le témoigna. La maréchale de Noailles et les siens en furent transis, revomirent les compliments reçus, et ne savoient plus où ils en étoient, lorsqu'enfin le Roi, apaisé par Mᵐᵉ de Maintenon, sans la participation de qui Mᵐᵉ des Ursins ne l'eût pas hasardé, consentit enfin, et les compliments furent de nouveau faits et reçus.

Le duc de Noailles pourvut Girone, sépara son armée, alla passer un mois à Perpignan, et de là à Saragosse et à la suite de la cour d'Espagne, où il demeura plusieurs mois. On y envoya bientôt après vingt-six bataillons et trente-six escadrons, que le duc de Noailles y devoit commander à part, mais aux ordres de M. de Vendôme, et le roi d'Espagne se mettre de bonne heure à la tête de l'armée. Mais tout manqua tellement en Espagne, par les désastres et les efforts précédents, que les troupes ne purent être mises en mouvement avant la fin d'août, et que le duc de Noailles, au lieu d'être un peu général en Espagne, n'y fut que courtisan.

Malgré l'étrange détresse des affaires de ce pays-là, Mᵐᵉ de Rupelmonde, dont le triste mari avoit été tué à Brihuega dans les troupes d'Espagne, et lui avoit laissé un fils, sut si bien intriguer dans les deux cours, faire pitié à Mᵐᵉ de Maintenon, et s'aider de Desmarets, beau-père de sa sœur, qu'elle obtint du roi d'Espagne une pension de dix mille livres.

Le duc de Medina Celi mourut prisonnier à Bayonne bientôt après y avoir été transféré ; ce fut les premiers jours de février. En lui finit la seconde race de ce titre, sortie d'un bâtard de Gaston-Phœbus comte de Foix, qui épousa l'héritière de la Cerde[1]. Le marquis de Priego, déjà plus d'une fois grand d'Espagne, fils de la sœur aînée du duc de Medina Celi, en prit le titre et succéda à

---

1. De Lacerda.

ses biens et à ses grandesses. Son nom est Figueroa ; il y ajoute celui de Cordoue.

Peu de jours après mourut à Paris, dans un honnête exil, après la prison de Vincennes, le marquis de Legañez, à qui Mme des Ursins fit accroire qu'on avoit trouvé un grand amas d'armes au Buen-Retiro, dont il étoit gouverneur, et le fit arrêter et paqueter en France, comme il a été dit en son lieu. Il n'y eut jamais d'informations contre lui, beaucoup moins de preuves, et il fit à Paris, entre les mains du duc d'Albe, ambassadeur d'Espagne, les serments qu'on voulut. Il avoit été vice-roi de Catalogne et gouverneur du Milanois, capitaine général de l'artillerie d'Espagne et conseiller d'État, à la vérité fort autrichien. On fut honteux enfin de le tenir à Vincennes, on y adoucit sa prison ; on lui permit enfin de demeurer à Paris, mais on ne voulut pas le voir à la cour, et on n'osa le renvoyer en Espagne. Il étoit veuf et sans enfants. Le comte d'Altamire hérita de ses grandesses et de ses biens. Je ferois ici une disgression trop longue sur la naissance et la fortune de ces deux seigneurs : j'aurai lieu de parler d'eux lorsque je m'étendrai sur l'Espagne, à l'occasion de mon ambassade à Madrid.

Le frère du grand-duc de Toscane mourut en ce même temps, celui qui quitta le chapeau pour épouser une Guastalle, dont il n'eut point d'enfants, et dont il a été parlé à l'occasion du voyage du roi d'Espagne à Naples. Il avoit l'abbaye de Saint-Amand étant cardinal, et lorsqu'il se maria il se réserva trente mille livres de rente dessus. Ce fut un deuil en noir de quelques jours.

Bergheyck, qui avoit toujours servi le roi d'Espagne avec tant de fidélité et de capacité à la tête de toutes ses affaires en Flandres, et mandé par lui pour l'aller trouver, passa à Paris et eut plusieurs audiences du Roi. On croyoit, et le Roi l'auroit fort desiré, qu'il auroit grand part aux affaires en Espagne, mais plus on en étoit capable et moins on en étoit à portée, tant que la princesse des

Ursins y gouvernoit, qui sut barrer et renvoyer bientôt celui[-ci], comme elle en avoit chassé, puis exclu tant d'autres.

Le duc de Fronsac épousa la fille unique du feu marquis de Noailles, frère du cardinal et de la troisième femme du duc de Richelieu, son père, qui en se mariant avoient arrêté cette affaire entre leurs enfants. Ce petit duc de Fronsac, qui n'avoit guère alors que seize ans, étoit la plus jolie créature de corps et d'esprit qu'on pût voir. Son père l'avoit présenté déjà à la cour, où Mme de Maintenon, ancienne amie de M. de Richelieu, comme je l'ai dit ailleurs, en fit comme de son fils, et par conséquent Mme la duchesse de Bourgogne et tout le monde lui fit merveilles, jusqu'au Roi. Il y sut répondre avec tant de grâce, et se démêler avec tant d'esprit, de finesse, de liberté, de politesse, qu'il devint bientôt la coqueluche de la cour. Son père lui laissa la bride sur le cou. Sa figure enchanta les dames; celle de sa femme, qui n'avoit pourtant rien de désagréable, ne le charma pas : livré au monde avec tout ce qu'il falloit pour plaire et ne rien valoir, il fit force sottises, qui firent faire, moins de trois mois après son mariage, celle à son père de le faire mettre à la Bastille. Ce fut un lieu avec lequel il fit si bonne connoissance qu'on l'y verra plus d'une fois.

Il se fit un petit mariage qui sembleroit devoir être omis ici, mais dont les singularités méritent d'y trouver place; c'est celui de Villefort avec Jeannette. Cela ne promet pas, et toutefois cela va rendre. Il faut expliquer les personnages : la mère de Villefort étoit belle, de grand air, de belle taille; elle perdit son mari, officier-major de je ne sais plus quelle place; elle n'avoit rien que des enfants, ou fort peu à partager avec eux. Elle avoit de l'esprit et de l'intrigue, mais sans galanterie, et de la vertu. Elle eut quelque recommandation particulière auprès de Mme de Maintenon, à qui par là elle parvint à être présentée. Mme de Maintenon, ainsi que le Roi, étoit la personne du monde qui se prenoit le plus par les figures. L'air modeste, affligé, malheureux de celle-ci la toucha. Elle lui fit donner une pension, la prit en protection singulière, lui trouva de l'esprit; la figure la soutint. Son mari étoit bien gentilhomme, et elle demoiselle. Mme de Maintenon ne l'appeloit que sa belle veuve, et la fit une des deux sous-gouvernantes des enfants de France.

Jeannette étoit une demoiselle de Bretagne dont le nom est Pincré. Son père mourut, et laissa sa femme sans pain, avec un tas d'enfants tous petits. Réduite à la mendicité, elle s'en vint avec eux, comme elle put, se jeter à genoux au carrosse dans lequel Mme de Maintenon s'en alloit à Saint-Cyr. Elle étoit charitable, se fit informer de cette malheureuse famille, leur donna quelque chose, plaça les enfants, selon leur âge, où elle put, et prit une petite fille tout enfant chez elle, qu'elle mit avec ses femmes en attendant que ses preuves fussent faites, et elle en âge d'entrer à Saint-Cyr. Cette enfant étoit très-jolie: elle amusa les femmes de Mme de Maintenon par son petit caquet, et bientôt elle l'amusa elle-même. Le Roi la trouva quelquefois comme on la renvoyoit, il la caressa, elle ne s'effaroucha point de lui, il fut ravi de trouver une jolie petite enfant à qui il ne faisoit point peur, il s'accoutuma à badiner avec elle, et si bien que lorsqu'il fut question de la mettre à Saint-Cyr, il ne le voulut pas. Devenue plus grandelette, elle devint plus amusante et plus jolie, et montra de l'esprit et de la grâce, devint plus amusante[1] avec une familiarité discrète et avisée qui n'importunoit jamais. Elle parloit au Roi de tout, lui faisoit des questions et des plaisanteries, le tiralloit quand elle le voyoit de bonne humeur, se jouoit même avec ses papiers quand il travailloit, mais tout cela toujours avec jugement et mesure. Elle en usoit de même avec Mme de Maintenon, et se fit aimer de tous ses gens. Mme la duchesse de Bourgogne à la fin la ménageoit, la craignoit même, et la soupçonnoit d'aller redire au Roi. Néanmoins elle n'a jamais fait mal à personne.

---

1. Les mots *devint plus amusante* sont ainsi répétés ici au manuscrit.

Mme de Maintenon elle-même commença à lui trouver trop d'esprit et de jugement, et que le Roi s'y attachoit trop. La crainte et la jalousie la déterminèrent à s'en défaire honnêtement par un mariage ; elle en proposa au Roi, qui trouva à tous quelque chose à redire. Cela la pressa encore plus. Enfin elle fit celui du fils de sa belle veuve. Le Roi avoit donné des fonds à Jeannette à diverses fois ; il lui en donna encore pour ce mariage, le gouvernement de Guérande en Bretagne pour son mari, qui étoit capitaine de cavalerie, avec assurance du premier régiment d'infanterie. Mme de Maintenon se crut délivrée ; elle s'y trompa : tout conclu, le Roi lui déclara bien sérieusement qu'il n'agréoit le mariage qu'à condition que Jeannette demeureroit chez elle après le mariage, tout comme elle y étoit devant, et il en fallut passer là. Croiroit-on qu'un an après elle devint la seule ressource des moments oisifs de leur particulier, jusqu'à la fin de la vie du Roi ! Le mariage se fit la nuit dans la chapelle ; Mme Voysin donna le souper ; les mariés couchèrent chez Mme de Villefort, où Mme la duchesse de Bourgogne donna la chemise à Mme d'Ossy : c'est le nom que Jeannette porta. Son mari fut dans la suite un des gentilshommes de la manche du Roi d'aujourd'hui, et se poussa à la guerre.

Le marquis de Nesle avoit une sœur qui, moyennant la substitution des vieux Mailly, avoit fort peu de chose, et montoit en graine sans vouloir tâter du voile. Il trouva un arrière-cadet de Nassau-Siegen, qui n'avoit pas de chausses, et qui servoit en petite charge subalterne en Flandres, dans les gardes du[1] roi d'Espagne. Le nom flatta les Mailly, qui firent ce mariage, où la faim épousa la soif, qui fut très-malheureux, et qui donna force scènes au monde.

En même temps Saint-Germain Beaupré maria son fils à la fille de Doublet de Persan, conseiller au Parlement, fort riche, qui avoit un frère conseiller aussi, qui s'appe-

---

1. *De*, au manuscrit.

loit Doublet de Crouy[1]. Ils se firent annoncer un jour au premier président Harlay sous ces noms de seigneurie. Le premier président leur fit d'abord de grandes révérences, les regarda après depuis les pieds jusqu'à la tête, et faisant semblant de ne les avoir pas connus auparavant : « Masques, je vous connois, » leur dit-il, et leur tourna le dos, les laissant confondus devant toute son audience. Cette Doublet, qui étoit riche, et qui aimoit le monde, se mit à jouer gros jeu, s'intrigua chez Madame la Duchesse, et fut plus heureuse que sa belle-grand'mère, fille du président le Bailleul et sœur de la mère du maréchal d'Huxelles. J'ai parlé ailleurs de ces deux sœurs. Jamais la belle-grand'mère ne put parvenir par tous ses amis et amies, dont elle avoit beaucoup, à manger, ni à entrer dans les carrosses. Sa belle-petite-fille l'obtint fort promptement, et alla à Marly. Le père étoit gouverneur de la Marche, qui n'avoit jamais rien fait qu'ennuyer le monde, où sa femme, qui étoit aussi de robe, n'avoit jamais paru ni guère vécu. Le Roi permit au père de donner son gouvernement à son fils, aussi ennuyeux que lui, mais bien plus obscur et goutteux, qui n'a presque jamais paru nulle part. Le maréchal Foucault étoit frère de son grand-père, c'est-à-dire du mari de la Bailleul. Il porta le nom de du Daugnon avant d'être maréchal de France ; il fut page du cardinal de Richelieu, qui le mit après, comme un homme de confiance, auprès du duc de Fronsac, qu'il avoit fait amiral, et du Daugnon vice-amiral. Il étoit auprès de lui lorsqu'il fut tué, en 1646, devant Orbitelle. Du Daugnon s'en revint tout court s'emparer de Brouage, et comme c'étoit la mode alors de faire la loi à la cour, il s'y maintint, et ne s'en démit que moyennant le bâton de maréchal de France, qu'il eut en mars 1652 ; et il mourut à Paris sans alliance, à quarante-trois ans, en octobre 1659, sans avoir figuré depuis.

Le procès de la succession de Monsieur le Prince,

---

1. Voyez tome V, p. 170, où cette anecdote est déjà racontée.

suspendu par la mort de Monsieur le Duc, n'avoit pu être accommodé, et tous les soins de Madame la Princesse, peu secourue de lumière et de fermeté, avoient échoué à mettre la paix dans sa famille. Elle eut le déplaisir de voir la seule fille qui lui restoit lui échapper par un mariage qui ne pouvoit être de son goût, et qui, fait par M. et Mme du Maine, la tira de chez elle et de la neutralité pour prendre le parti de Mesdames ses sœurs et de son propre intérêt. Madame la Duchesse partagea son temps entre Paris, pour y vaquer à cette affaire, et la cour, où le soin de se rendre de plus en plus considérable en dominant Monseigneur la tenoit attentive à tout, et où celui de l'amuser chez elle avoit étrangement mitigé les lois du deuil de sa première année.

On peut juger que les meilleurs avocats furent retenus de part et d'autre, et que de chaque côté ils se firent un point d'honneur de vaincre. Le Roi avoit défendu de part et d'autre de se faire accompagner, comme on l'a dit, et de faire solliciter. Le premier fut exécuté, le second écorné par les sollicitations secrètes, qui furent recherchées des deux côtés. La bâtardise me répugnoit; je ne pouvois aussi souhaiter pour Madame la Duchesse, après tout ce qui a été rapporté : je demeurai donc exactement spectateur, à l'abri de l'ordre du Roi. Madame la Duchesse, en pauvre veuve vexée par ses belles-sœurs, qui vouloient, disoit-elle, ruiner ses enfants, vit chez eux ses juges plusieurs fois, marchant modestement avec Mesdemoiselles ses filles, sa dame d'honneur, et la seule fille de sa dame d'honneur pour suite des siennes, se rangeoit aux heures de trouver Messieurs, les complimentoit, entroit peu dans son affaire, mais s'étendoit fort à exciter leur compassion par l'excès des demandes qui étoient faites, et si elles avoient lieu, par la dissipation des grands biens de Monsieur le Prince, par l'autorité de sa dernière volonté, par le nombre et le bas âge de ses enfants, par la dignité de l'aîné, par les pertes qui la livroient sans appui aux vexations de ses belles-sœurs, au mépris de son contrat de mariage, et du testament et de l'honneur du père commun, qu'elle soutenoit seule contre des attaques si dures. Monsieur le Duc, accompagné de M. le comte de Charolois, son frère, encore enfant et le plus beau du monde, alloit à part rendre les mêmes devoirs à Messieurs, et les toucher moins par ses paroles, qu'il n'a jamais eues à la main, que par l'état humilié devant eux de cette maison de Condé, qui avoit été si formidable au Parlement et à l'État, et dont toute la fortune se trouvoit entre leurs mains. En revanche de tant de modestie, la cour ne retentissoit que du bon droit de Madame la Duchesse, et de son autorité à le faire valoir. On y avoit peine à comprendre d'où pouvoient sortir de si hautes demandes contre la sœur si fort la bien-aimée d'un Dauphin de cinquante ans, si près du trône et si déclaré pour elle. Mme la princesse de Conti y passoit pour une emportée sans raison, pour une princesse du sang de Paris, à qui personne ne prenoit la peine de parler, et ses enfants pour ne pouvoir vivre qu'à l'ombre de la protection de ceux de Madame la Duchesse, et qui, renfermés dans leur faubourg Saint-Germain, croissoient obscurément sous une mère folle, dont la conduite avec Madame la Duchesse feroit le malheur de leur vie, s'ils n'obtenoient de sa générosité le pardon des fautes dont leur âge les pouvoit excuser en quelque sorte. M. du Maine, plus craint et par là plus ménagé, étoit, disoit-on, le complaisant forcé de Madame sa femme sur cette affaire comme dans tout le reste, laquelle haïssoit trop Madame la Duchesse pour être capable de raison, et pour la laisser suivre à M. du Maine. La vie de Sceaux, l'assemblage bizarre des commensaux, les fêtes, les spectacles, les plaisirs de ce lieu, étoient chamarrés en ridicule, et les brocards tomboient sur la vie à part de Mme de Vendôme, et jusque sur sa figure.

Tel étoit l'air de la cour, et de cette partie de la ville qui établit tout son mérite sur l'imitation de la cour. Tout ce qui environnoit Monseigneur et tout ce qui se proposoit de l'environner, même de s'en approcher, le gros du monde qui suivoit le torrent, parloit le même langage : tous s'empressoient de servir Madame la Duchesse et de se faire un mérite de ses¹ soins. Le formidable triumvirat se remua solidement, et Monseigneur, tout asservi qu'il étoit à suivre les moindres impulsions du Roi, ne put refuser Madame la Duchesse à ce coup de parti de laisser nommer son auguste nom tout bas à l'oreille de ses juges.

Mais la robe du Parlement est toute différente de celle du conseil : la première est sans commerce avec la cour, comme elle vit sans espérance d'elle ; elle n'a point de part aux intendances, aux places de conseiller d'État, aux emplois brillants qui dévouent celle du conseil à la fortune. La robe du Parlement n'est pas insensible à se dédommager d'un état fixe et borné par le mépris de ceux qui distribuent les grâces, et les occasions lui en sont d'autant plus chères qu'elles se rencontrent plus rarement.

Cet esprit parut dans celle-ci, où le parti des princesses ne négligea pas de piquer le courage des juges par les propos et le triomphe anticipé de celui de Madame la Duchesse. Ces princesses, assidues à leur conseil et à leurs sollicitations, les firent avec apparat ; mais elles y ajoutèrent le solide, en plaidant elles-mêmes leur cause, qu'elles possédoient fort bien. Elles demeuroient des heures entières, et souvent davantage, avec chaque juge, et elles les ravissoient de se montrer si instruites. M. du Maine les voyoit à part, et résumoit avec eux ce qui s'étoit dit aux visites des princesses. Lui-même travailloit aux écritures, et procuroit par de sourdes mais fortes sollicitations le fruit à son travail. Son crédit auprès du Roi n'étoit pas ignoré au Parlement, ni sa partialité effective pour ce fils bien-aimé, qui fit impression sur ceux qui comptèrent le temps présent ; et dans la vérité, les dernières années surtout de Monsieur le Prince avoient telle-

---

1 Saint-Simon a bien écrit *ses*, et non *leurs*.

ment informé le public de presque toute sa vie, qu'on fut moins indigné que persuadé de tout ce qui fut plaidé sur l'état de son esprit, avec une licence fort indécente. Il fut surprenant combien peu de gens demeurèrent neutres. Le Roi, qui le voulut paroître, ne put souvent s'empêcher de laisser échapper des demi-mots, et peut-être à dessein, qui ne gardoient pas ce caractère, et qui ne purent empêcher Monseigneur de se montrer de plus en plus partial de l'autre côté, à mesure que l'affaire tendoit à sa fin. Elle produisit plusieurs contrastes qui augmentèrent l'aigreur. Madame la Duchesse s'y prétendit lésée, et ne se contraignit pas en propos, tandis que ses parties surent se taire et cheminer à leur but.

La cause solennellement plaidée, et tant qu'il plut aux deux parties, Joly de Fleury, avocat général, parla avec grand applaudissement, et conclut en faveur des princesses. Une heure après, car les opinions furent longues et à huis clos, son avis fut confirmé; mais l'arrêt alla plus loin encore : Monsieur le Duc perdit tout ce qui lui étoit demandé, de toutes les voix excepté quatre, dont le poids même passa pour fort léger. Il est aisé de comprendre quelle fut la joie des victorieux et quelle la rage de Madame la Duchesse. Elle se jeta au lit à l'instant à l'hôtel de Condé, et ne voulut voir qui que ce fût de toute la journée.

D'Antin, qui, moins en frère commun qu'en courtisan habile, avoit gardé un parfait équilibre, s'étoit tenu au Palais, pour être plus à portée d'être instruit à l'instant même du jugement. Il avoit secrètement dépêché trois courriers au Roi pendant la séance, tellement que le Roi fut le premier averti; mais il n'en fit pas semblant lorsque Chambonnas lui porta la nouvelle de la part du duc du Maine : le Roi se contint tant qu'il put; mais quelque longue habitude qu'il eût contractée d'être le maître de soi et de savoir se posséder et se masquer parfaitement, sa joie le trahit, et perça à travers des propos d'amitié commune à tous.

Monseigneur, qui avoit été en des inquiétudes qu'il ne prenoit plus la peine de dissimuler, montra son dépit dans toute l'étendue qu'il put avoir. Il s'émerveilla de l'issue, demanda à tout ce qu'il vit ce qu'il leur en sembloit, se tourmenta des noms des principaux juges, trouva l'arrêt mauvais, s'inquiéta fort du chagrin de Madame la Duchesse et de l'état des affaires de ses enfants, lui dépêcha un message, ne se contraignit pas le soir au cabinet d'en montrer son dépit à M. du Maine, et de le laisser remarquer à tout le monde plusieurs jours de suite.

Mme la duchesse d'Orléans, à qui M. du Maine avoit envoyé un courrier sur-le-champ, me le manda à l'instant même. L'arrêt laissoit des queues cruelles à démêler à Madame la Duchesse, qui eurent de fortes suites.

M. du Maine consulta longtemps à l'hôtel de Conti leurs affaires communes en conséquence de l'arrêt, et alla de là chez Madame la Princesse. Il lui témoigna, avec cette vérité qu'on connoissoit en lui, qu'il ne pouvoit sentir de joie dans un événement qui donnoit du déplaisir à Madame la Duchesse, avec tous les compliments si aisés à faire quand on a vaincu et qu'on nage dans la joie. Madame la Princesse ne lui conseilla pas de voir Madame la Duchesse dans ces premiers instants, et se chargea des compliments. Il vint coucher à Versailles, où il déclara qu'il n'en recevroit aucuns, avec une modestie qui ne trompa personne.

Madame la Duchesse donna plusieurs jours à Paris à sa douleur et à ses affaires. Elle fut longtemps à se remettre d'un revers que le triumvirat et que Monseigneur qualifièrent d'affront. On chercha à renouer un accommodement, pour éviter une hydre de procès qui naissoit du jugement de celui-ci; mais le surcroît d'aigreur y fut un obstacle invincible.

Les tenants de Madame la Duchesse se lâchèrent en propos qui ne demeurèrent pas sans repartie, et sa consolation fut de se venger un jour des injures du barreau par Monseigneur. M. du Maine me conta peu de jours après, à Marly, que le parti de Madame la Duchesse s'exhaloit en injures contre lui, et publioit qu'il avoit fait agir maîtresses et confesseurs, qu'il avoit soulevé jusqu'aux jansénistes, en mémoire de l'ancien hôtel de Conti. Le parti victorieux alla remercier les juges, et jusque chez les avocats de son conseil, qui triomphèrent de joie.

Je perdis le 15 mars un ami que je regretterai toute ma vie, et de ces amis qui ne se trouvent plus, dont j'ai fait ici mention en diverses occasions : ce fut le maréchal de Choiseul, doyen des maréchaux de France (et ils étoient encore dix-sept), chevalier de l'ordre et gouverneur de Valenciennes. Quoique de la plus grande naissance, sans bien et sans parents, il ne dut rien qu'à sa vertu et à son mérite, assez grands l'un et l'autre pour s'être soutenus, malgré fort peu d'esprit, contre la persécution de Louvois et de son fils, avec une hauteur qu'il n'eut jamais pour personne, et un courage qu'il montra égal dans toutes les occasions de sa vie. La vérité, l'équité, le désintéressement au milieu des plus grands besoins, la dignité, l'honneur, l'égalité furent les compagnes de toute sa vie, et lui acquirent beaucoup d'amis et la vénération publique. Compté partout, quoique sans crédit; considéré du Roi, quoi[que] sans distinctions et sans grâces; accueilli partout, quoique peu amusant, il n'eut d'ennemis et de jaloux que ceux de la vertu même, qui n'osoient même le montrer, et des ministres qui haïssoient et redoutoient également la capacité, le courage et la grande naissance. On a vu en plus d'un endroit ci-dessus combien il étoit capitaine; il avoit aussi l'estime et l'affection des armées. Tout pauvre qu'il étoit, il ne demandoit rien. Il n'étoit jaloux de personne, il ne parloit mal de qui que ce soit; et il savoit trouver les deux bouts de l'année sans dettes, avec un équipage et une table simple et modeste, mais qui satisfaisoit les plus honnêtes gens, et où ceux du plus haut parage de la cour s'honoroient d'être conviés et de s'y trouver. Il avoit soixante-dix-sept ans, et ne se prostituoit ni à la cour, où il paroissoit des moments rares par devoir, ni dans le monde, où il se montroit avec la même rareté ; mais il avoit chez lui bonne compagnie ; et il se peut dire qu'au milieu d'un monde corrompu, la vertu triompha en lui de tous les agréments et de la faveur qu'il recherche. Il mourut avec une grande fermeté, la tête entière toute sa vie, et le corps sain, sans être presque malade, et reçut tous les sacrements avec beaucoup de piété. Monsieur le Prince, qu'il avoit suivi en Flandres comme tant d'autres, a toujours fait un cas très-distingué de lui. Il ne laissa point d'enfants de la sœur du marquis de Renti, qu'il avoit perdue, mais dont il étoit séparé de corps et de biens depuis un grand nombre d'années.

Le chevalier du Luxembourg eut aussitôt après le gouvernement de Valenciennes.

En même temps mourut Boileau Despréaux si connu par son esprit, ses ouvrages, et surtout par ses satires. Il se peut dire que c'est en ce dernier genre qu'il a excellé, quoique ce fût un des meilleurs hommes du monde. Il avoit été chargé d'écrire l'histoire du Roi ; il ne se trouva pas qu'il y eût presque travaillé.

Peu de jours après il arriva un cruel malheur au maréchal de Boufflers. Son fils aîné avoit quatorze ans, joli, bien fait, qui promettoit toutes choses, et qui réussit à merveilles à la cour, lorsque son père l'y présenta au Roi pour le remercier de la survivance du gouvernement général de Flandres et particulier de Lille, qu'il lui avoit donnée. Il retourna ensuite au collége des jésuites, où il étoit pensionnaire. Je ne sais quelle jeunesse il y fit avec les deux fils d'Argenson ; les jésuites voulurent montrer qu'ils ne craignoient et ne considéroient personne, et fouettèrent le petit garçon, parce qu'en effet ils n'avoient rien à craindre du maréchal de Boufflers ; mais ils gardèrent bien d'en faire autant aux deux autres, quoique également coupables, si cela se peut appeler ainsi, parce qu'ils avoient à compter tous les jours avec Argenson, lieutenant de police très-accrédité, sur les livres, les jansénistes, et toutes sortes de choses et d'affaires qui leur importoient beaucoup. Le petit Boufflers, plein de courage, et qui n'en avoit pas plus fait que les deux d'Argenson, et avec eux, fut saisi d'un tel désespoir qu'il en tomba malade le jour même. On le porta chez le maréchal, où il fut impossible de le sauver. Le cœur étoit saisi, le sang gâté ; le pourpre parut : en quatre jours cela fut fini. On peut juger de l'état du père et de la mère. Le Roi, qui en fut touché, ne les laissa ni demander ni attendre : il leur envoya témoigner la part qu'il prenoit à leur perte par un gentilhomme ordinaire, et leur manda qu'il donnoit la même survivance au cadet qui leur restoit. Pour les jésuites, le cri universel fut prodigieux, mais il n'en fut autre chose.

CHAPITRE XI.

Commencement de l'affaire qui a produit la constitution *Unigenitus*. — Bagatelles d'Espagne. — Maillebois, resté otage à Lille, s'en sauve. — Étrange fin de l'abbé de la Bourlie à Londres. — Mariage de Lassay ; sa famille. — Enfants de M. du Maine en princes du sang à la chapelle. — Mort de la duchesse douairière d'Aumont ; son caractère. — Mort et famille de Mme de Châteauneuf. — Mon embarras à l'égard de Monseigneur et de sa cour intérieure.

Ce même mois de mars vit éclore les premiers commencements de l'affaire qui produisit la constitution *Unigenitus*, si fatale à l'Église et à l'État, si honteuse à Rome, si funeste à la religion, si avantageuse aux jésuites, aux sulpiciens, aux ultramontains, aux ignorants, aux gens de néant, et surtout à tout genre de fripons et de scélérats, dont les suites, dirigées autant qu'il leur a été possible sur le modèle de celles de la révocation de l'édit de Nantes, [ont[1]] mis le désordre, l'ignorance, la tromperie, la confusion partout, avec une violence qui dure-

1. Saint-Simon a écrit *a*.

encore, sous l'oppression de laquelle tout le royaume tremble et gémit, et qui, après plus de trente ans de la persécution la plus effrénée, en éprouve, en tout genre et en toutes professions, un poids qui s'étend à tout, et qui s'appesantit toujours. Je me garderai bien d'entreprendre une histoire théologique, ni même celle qui seroit bornée aux faits et aux procédés; cette dernière partie seule composeroit plusieurs volumes. Il seroit à desirer qu'il y en eût moins de donnés au public sur la doctrine, où bien des répétitions se trouvent multipliées, et qu'il y en eût davantage sur l'historique de la naissance, du cours et des progrès de cette terrible affaire, de ses suites, de ses branches, de la conduite et des procédés des deux côtés, des fortunes, même séculières, qui en sont nées et qui en ont été ruinées, et des effets si étendus et si prodigieux de l'ouverture de cette boîte de Pandore, si fort au delà des espérances des uns et de l'étonnement des autres, qui ont fait taire les lois, les tribunaux, les règles, pour faire place à une inquisition militaire qui ne cesse point d'inonder la France de lettres de cachet, et d'anéantir toute justice. Je me bornerai à ce peu d'historique qui s'est passé sous mes yeux, et quelquefois par mes mains, pour traiter cette matière comme j'ai tâché de traiter toutes les autres, et laisser ce que je n'ai ni vu ni appris des acteurs à des plumes plus instruites, meilleures et moins paresseuses.

Pour entendre ce peu qui de temps en temps sera rapporté d'une affaire qui a si principalement occupé tout le reste du règne de Louis XIV, la minorité de Louis XV, et tout le règne, caché sous Monsieur le Duc et à découvert depuis sa chute, du cardinal Fleury, il faut se souvenir de bien des choses qui se trouvent éparses dans ces *Mémoires*, et qui seroient trop longues et trop ennuyeuses à répéter ici, mais qu'il faut remettre en deux mots sous les yeux, pour en donner le souvenir et le moyen de se les rappeler aisément dans les lieux épars où elles se trouvent rapportées. Il faut d'abord se remettre l'orage du quiétisme, la disgrâce de Monsieur de Cambray, le danger des ducs de Chevreuse et de Beauvillier, qui fut extrême, et qui n'a fait que resserrer les liens de leur abandon à ce prélat, le triumvirat contre lui, la conduite secrète des jésuites, dont le gros et le ministère public se déclara contre lui, mais sans lui nuire, et le sanhédrin ténébreux et mystérieux le servit de toutes ses forces, l'union qui en résulta, ce qui a été dit de Saint-Sulpice, de Bissy, évêque de Toul, puis de Meaux et cardinal, enfin du P. Tellier, conséquemment de l'état de l'épiscopat, soigneusement rempli de gens sans nom, sans lumière, de plusieurs sans conscience et sans honneur, et de quelques-uns publiquement vendus à l'ambition la plus déclarée, et à la servitude la plus parfaite du parti qui les pouvoit élever, l'affaire de la Chine, la situation si fâcheuse des jésuites à cet égard, la part si personnelle que le P. Tellier y prenoit, la haine des jésuites et la sienne particulière pour le cardinal de Noailles, et l'usage si heureux qu'ils ont toujours su faire du jansénisme, enfin le caractère du cardinal de Noailles, et ce qu'on a vu de ceux du Roi et de Mme de Maintenon.

Ces choses rappelées à l'esprit et à la mémoire, on se persuadera aisément de l'extrême désir du P. Tellier de sauver les jésuites de l'opprobre où leur condamnation sur la Chine les livroit, et d'abattre le cardinal de Noailles. Pour frapper deux si puissants coups il falloit une affaire éclatante, qui intéressât Rome en ce qu'elle a de plus sensible, et sur laquelle elle ne pût espérer qu'en la protection du P. Tellier. Il étoit sans cesse occupé d'en trouver les moyens et d'en ménager la conjoncture. L'affaire de la Chine, qui ne lui laissoit plus le temps de différer, précipita son entreprise, dans laquelle il n'eut pour conseil unique, à la totale exclusion de tous autres, même jésuites,[1] que les PP. Doucin et Lallemant, aussi fins, aussi faux, aussi profonds que lui, et dont les preuves

---

1. On lit ici *et* au manuscrit.

étoient faites que les crimes ne leur coûtoient rien, jésuites, aussi furieux que lui, et aussi emportés contre le cardinal de Noailles, qui, pour quelque excès du P. Doucin, lui avoit fait ôter une pension du clergé, qu'il avoit attrapée d'un temps de foiblesse et de disgrâce des dernières années d'Harlay, archevêque de Paris. Ces deux jésuites demeuroient à Paris, en leur maison professe, où le P. Tellier demeuroit aussi ; et tous trois, pour leur violence, leur profondeur et leur méchanceté, étoient secrètement la terreur de tous les autres jésuites, jusqu'aux plus confits et les plus livrés aux vues, aux sentiments et aux intérêts de la Société.

Les conjonctures aussi parurent favorables au P. Tellier. Il avoit par Monsieur de Cambray les ducs de Chevreuse et de Beauvillier ; il avoit Pontchartrain par opposition à son père et par basse politique, il avoit d'Argenson : par ces deux hommes il étoit maître de faire revenir au Roi tout ce qui lui seroit utile sans y paroître. L'alliance et la liaison personnelle du cardinal de Noailles avec Mme de Maintenon ne l'embarrassoit plus : elle étoit usée dans cet esprit changeant. Trois hommes avoient succédé auprès d'elle à Monsieur de Chartres : l'évêque successeur et neveu à cause de Saint-Cyr, mais qui, à vingt-sept ou vingt-huit ans, en étoit pour ainsi dire à recevoir encore du bonbon de sa main ; la Chétardie, curé de Saint-Sulpice, son confesseur, dont on a vu ailleurs l'extrême imbécillité ; et Bissy, évêque de Meaux, que feu Monsieur de Chartres lui avoit donné comme son Élisée, qu'elle avoit adopté sur le même pied, et qui, sans qu'elle s'en aperçût, étoit à vendre et dépendre corps et âme, pour sa fortune, aux jésuites, et plus particulièrement encore au P. Tellier et à ses deux acolytes. C'étoit une suite de ses menées secrètes à Rome pour la pourpre, du temps qu'il étoit à Toul ; et il s'étoit d'autant plus attaché à eux depuis sa translation à Meaux, que la confiance déclarée de Mme de Maintenon en lui le leur rendoit très-considérable, comme eux à lui, en supplément à Rome des moyens d'arriver, qui lui étoient retranchés par sa translation, qui faisoit cesser ses disputes avec Monsieur de Lorraine. Quelque bien qu'il fût avec Mme de Maintenon, le siége et l'alliance du cardinal de Noailles avec elle, un reste de considération et de privance qu'elle ne pouvoit lui refuser, faisoit toujours peur à l'évêque de Meaux, qui par cet intérêt n'étoit pas moins ardent à la ruine du cardinal de Noailles que le P. Tellier même. Tous ces côtés assurés, l'épiscopat ne leur fit point de peur. Il faut se souvenir ici du crédit que feu Monsieur de Chartres avoit emblé[1] sur les nominations pendant les dernières années du P. de la Chaise, et de quels misérables sujets il l'avoit rempli, avec les meilleures intentions du monde; et le P. Tellier avoit renchéri par art et dessein en pernicieux choix. Ainsi, ils méprisèrent le gros, et ne doutèrent pas d'intimider et d'entraîner presque tous les autres.

Il ne faut pas oublier encore qu'avec toute l'aversion et la crainte de ceux de Saint-Sulpice, des jésuites, et la jalousie et la haine de ceux-ci pour ceux-là, ils convenoient entièrement sur tout ce qui regardoit jansénisme en détestation et Rome en adoration : les uns par le plus puissant intérêt, les autres par la plus grossière ignorance. Ainsi, les jésuites menèrent en cette affaire Saint-Sulpice en laisse tant qu'il leur plut, les yeux bandés, et s'en servirent à tous les usages qu'ils voulurent.

Le plan dressé et les mesures prises, il fut résolu d'exciter l'orage sans y paroître, et de le faire tomber sur un livre intitulé *Réflexions morales sur le Nouveau Testament*, par le P. Quesnel, et d'en choisir l'édition approuvée par le cardinal de Noailles, lors évêque-comte de Châlons. Quel étoit le P. Quesnel, dont il a été quelquefois mention dans ces *Mémoires*, et d'ailleurs si universellement connu, ce seroit chose superflue à expliquer. Ce livre avoit été approuvé par un grand nombre de prélats et de théolo-

---

[1] Voyez tome I, p. 46 et note 1, et tome II, p. 245 et note 1.

giens. Le célèbre Vialart, prédécesseur à Châlons du cardinal de Noailles, en avoit été un. Son successeur, qui avec toute l'Église de France avoit une grande vénération pour un prélat d'une si grande réputation de piété et de doctrine, ne balança pas sur la même approbation, sans autre examen, et à donner la sienne à une nouvelle édition qui s'en fit. Il y avoit plus de quarante ans que ce livre édifioit toute l'Église, sans avoir reçu la moindre contradiction. Bissy, évêque de Toul, qu'on va voir faire tant de figure et de fortune à ses dépens, l'avoit proposé à tout son diocèse ; et par un mandement public, imprimé et fait exprès, avoit recommandé à tous ses curés d'en avoir chacun un exemplaire, en les assurant que, dans l'impossibilité où leur peu de moyens les mettoit d'avoir plusieurs livres, celui-là seul leur suffiroit pour y trouver, pour eux et pour l'instruction de leurs peuples, toute la doctrine et toute la piété qui leur étoient nécessaires. Le P. de la Chaise l'avoit toujours sur sa table ; et sur ce qu'au nom de l'auteur quelques personnes lui en parlèrent avec surprise, il leur répondit qu'il aimoit le bien et le bon, de quelque part qu'il vînt, que ses occupations lui ôtoient le temps de faire des lectures, que ce livre étoit une mine de doctrine et de piété excellente, que c'étoit pour suppléer à son peu de loisir qu'il le vouloit toujours sous sa main, parce que, dès qu'il avoit quelques moments, il l'ouvroit, et qu'il y trouvoit toujours de quoi s'édifier et s'instruire.

Il sembloit qu'un livre si universellement lu et estimé depuis un si grand nombre d'années, et dont la bonté et la sûreté étoit annoncée dès les premières pages par un si grand nombre d'approbateurs célèbres, eût dû être à couvert de tout dessein de l'attaquer ; mais l'exemple du succès obtenu contre le livre *de la Fréquente communion*, de M. Arnauld, plus illustre encore par le nom de son auteur, le nombre, la dignité, la réputation de ses approbateurs, l'applaudissement avec lequel il fut reçu et lu, avoit rassuré le P. Tellier contre de pareilles craintes, et il ne douta point de le faire attaquer conjointement avec le cardinal de Noailles, comme l'ayant approuvé.

Pour un coup si hardi, il se servit de deux hommes les plus inconnus, les plus isolés, les plus infimes, pour qu'ils pussent être moins abordés, et plus dans sa parfaite dépendance. Champflour, évêque de la Rochelle, étoit l'ignorance et la grossièreté même, qui ne savoit qu'être follement ultramontain, qui avoit été exilé pour cela lors des propositions du clergé de 1682, et que Saint-Sulpice et les jésuites, réunis en faveur de ce martyr de leur cause favorite, avoient à la fin bombardé à la Rochelle. L'autre étoit Valderies de Lescure, moins ignorant, mais aussi grossier et aussi ultramontain que l'autre, aussi abandonné aux jésuites, qui l'avoient fait évêque de Luçon, ardent impétueux et boute-feu par sa nature : celui-ci pauvre et petit gentilhomme, l'autre le néant, et tous deux noyés dans la plus parfaite obscurité et sans commerce avec personne.

Pour les dresser à ce qu'on leur voulut faire faire, on leur envoya un prêtre nommé Chalmet, élève de Saint-Sulpice, perfectionné à Cambray, et bien instruit par le célèbre Fénelon, qui espéroit son retour, et tout ce qui le pouvoit suivre de plus flatteur, de la chute de celui de ses trois vainqueurs qui restoit et de l'appui du P. Tellier, appuyé lui-même de ses anciens amis, mais qui ne pouvoient ouvrir la bouche en sa faveur. Ce Chalmet avoit de l'esprit et de la véhémence, en pédant dur et ferré, livré aux maximes ultramontaines de Saint-Sulpice, dévoué à Monsieur de Cambray, et abandonné sans réserve aux jésuites, et en particulier au P. Tellier. Il s'en alla donc secrètement en Saintonge, s'établit tantôt à la Rochelle, tantôt à Luçon, et fort caché dans ces commencements, les fit aboucher souvent tous deux en sa présence, les endoctrina, mais si durement et si haut à la main qu'ils firent souvent leurs plaintes d'un précepteur si absolu, et les ont depuis très-souvent renouvelées, avec peu de jugement et de discrétion pour leur honneur.

Il leur fit faire un mandement en commun, portant condamnation du *Nouveau Testament* du P. Quesnel, de l'édition approuvée par le cardinal de Noailles, lors évêque-comte de Châlons, avec une censure si reconnoissable de ce prélat que personne ne l'y put méconnoître, comme fauteur d'hérétiques, et avec les plus vives couleurs, sans aucune sorte de ménagement. Cette pièce, qui étoit proprement un tocsin, n'étoit pas faite pour demeurer ensevelie dans les diocèses de Luçon et de la Rochelle : elle fut non-seulement envoyée à Paris, qu'on en inonda, mais contre toute règle ecclésiastique et de police, affichée partout, et principalement aux portes de l'église et de l'archevêché de Paris; et ce fut par où le cardinal de Noailles et tout Paris en eurent la première notion.

Ces deux évêques avoient chacun un neveu au séminaire de Saint-Sulpice, fort sots enfants pour leur âge, et aussi peu capables que leurs oncles de quoi que ce fût sans impulsion d'autrui, beaucoup moins d'une publication de ce mandement si nerveuse, si prompte, si hardie, qui marquoit un concert entre plusieurs. Le cardinal de Noailles, si étrangement outragé par deux évêques de campagne, commit la faute capitale d'imiter le chien qui mord la pierre qu'on lui jette et qui laisse le bras qui l'a ruée. Il manda le supérieur du séminaire de Saint-Sulpice, à qui il ordonna de mettre dehors de sa maison ces deux jeunes gens sitôt qu'il y seroit retourné. Le supérieur représenta le scandale d'un congé si subit, la vertu des deux ecclésiastiques, le tort que cela feroit à leur réputation : rien ne fut écouté. Le curé de Saint-Sulpice, averti par le supérieur en arrivant de l'archevêché, espéra mieux de son crédit. Sa piété et sa simplicité n'étoient pas à l'abri de l'enflure que lui donnoit la confiance entière de Mme de Maintenon, et la considération mêlée de crainte qui en résultoit. Il courut à l'archevêché[1] plein de cette confiance; elle fut trompée. Il s'en revint

---

1. Saint-Simon a écrit en abrégé : *arch.*

plein d'indignation. Il fallut obéir sur-le-champ. Mais il arriva que Mme de Maintenon fut piquée du peu de considération que le cardinal de Noailles avoit montré pour son cher directeur, dont Bissy, évêque de Meaux, sut bien profiter.

Cette expulsion fit grand vacarme. Le cardinal rendit compte au Roi de l'injure qu'il recevoit, et lui en demanda justice. Le Roi entra dans sa peine, mais lui fit entendre qu'il avoit commencé par se la faire; et la chose traîna par la lenteur naturelle du cardinal, et par le délai de ses audiences de huit jours en huit jours, qu'il ne crut pas devoir prévenir.

Pendant ces intervalles on aigrissoit le Roi, qui différoit toujours, mais qui aimoit et respectoit le cardinal. Le P. Tellier directement, et le Meaux par Mme de Maintenon, retenoient le Roi, que le cardinal ne pressoit que mollement, et qui ne doutoit pas d'obtenir justice d'une chose si criante, tandis qu'on envoyoit aux deux évêques une lettre toute faite pour le Roi, à signer, qui la reçut par le P. Tellier, à qui elle fut adressée comme au ministre naturel de tous les évêques, et qui la présenta au Roi comme une fonction de sa place qui ne se pouvoit refuser.

La lettre étoit également furieuse et adroite, et en commun des deux évêques. Il ne falloit que jeter les yeux dessus, car elle devint bientôt publique, pour voir que ces deux animaux mitrés n'y avoient eu de part que leur signature, et qu'elle étoit du plus habile et du plus délié courtisan, aussi bien que de l'écrivain le plus malicieusement emporté. Après avoir comblé le Roi d'éloges, et l'avoir comparé à Constantin et à Théodose par son amour et sa protection pour l'Église, ils la lui demandoient non pour eux-mêmes, prosternés à ses pieds, ni pour leurs neveux, mais pour l'Église, pour l'épiscopat, pour la liberté de la bonne doctrine, et justice de l'attentat par lequel le cardinal de Noailles prétendoit l'opprimer, en montrant par l'exemple fait sur leurs neveux ce que pouvoit attendre tout homme soupçonné de défendre la bonne cause, sans en être même convaincu, comme leurs neveux ne l'étoient pas de la distribution ni de l'affiche de leur mandement. Après une longue et forte prosopopée contre le P. Quesnel et ses *Réflexions morales sur le Nouveau Testament*, approuvées par le cardinal de Noailles, ils représentèrent ce cardinal[1] comme un ennemi de l'Église, du Pape et du Roi, tel que sous Constantin et ses premiers successeurs furent ces évêques de la ville impériale, qui faisoient tout trembler sous leur autorité, et sous qui les évêques orthodoxes gémissoient. La lettre étoit longue, et se soutenoit par tout le style, l'art qui perçoit à travers la ruse. Ce portrait si dissemblable au naturel, à la vie, aux mœurs, à la conduite du cardinal de Noailles, l'emportement de toute la pièce dévoiloit à nu le mystère d'iniquité, et découvroit à plein qu'une lettre si hardie, si fine, si forte, n'avoit pas été composée à la Rochelle ni à Luçon, et que dans l'embarras[2] de couvrir une attaque faite de gaieté de cœur, avec l'éclat le plus irrégulier et le plus injurieux, dont l'art étoit employé à profiter de l'expulsion des neveux du séminaire de Saint-Sulpice, pour irriter un roi si jaloux de son autorité, et pour changer l'état de la question, se rendre agresseurs, et réduire le cardinal à la défensive.

C'est ce qui lui arriva en effet. Il avoit été bien reçu sur les plaintes des injures du mandement; l'expulsion des neveux lui avoit été plutôt remise devant les yeux que reprochée; mais quand il voulut porter ses plaintes de la lettre, le Roi, qu'on avoit eu le temps d'aigrir et de préparer, revint sèchement aux neveux, avec un reproche amer de s'être fait justice au lieu de l'attendre de lui. Néanmoins, quoique pris à un hameçon si grossier, il demeura encore plus choqué de l'insolence des deux évêques. Il laissa voir au cardinal qu'il sentoit que la

---

1. Saint-Simon a écrit : « ils *le* représentèrent ce cardinal » ; mais les deux derniers mots ont été ajoutés en interligne.
2. Et n'avait été composée que dans l'embarras.

querelle sur le livre étoit aussi peu nécessaire que peu attendue, après un si long espace de la réputation non interrompue de cet ouvrage, et qu'ils lui en vouloient moins qu'à sa personne.

Ce fut une seconde et très-lourde faute du cardinal, de n'avoir pas porté le mandement et la lettre à cette audience. Pour peu qu'il en eût lu au Roi quelques endroits principaux en injures et en adresse, qu'il eût su les paraphraser, profiter de la disposition du Roi à cet égard, lui faire sentir la cabale, le désir de faire du bruit, et combien deux plats évêques de campagne étoient peu capables d'eux-mêmes d'enfanter ce dessein, et de l'exécuter avec tant d'art, d'éclat et de hauteur, il auroit déterminé le Roi à imposer de façon que l'affaire auroit été dès là étouffée. Mais le cardinal, lent, doux, peu né pour la cour et pour les affaires, plein de confiance en sa conscience et en ce qu'il étoit en soi et auprès du Roi, se tint pour content d'avoir remis les choses, à la fin de son audience, où elles en étoient avant la lettre des deux évêques, et ne douta point de recevoir une satisfaction convenable, telle que le Roi la lui avoit promise lorsqu'il lui en avoit parlé la première fois.

A son tour le P. Tellier eut son audience. Il y eut moyen de piquer le Roi de nouveau sur son autorité, et sur la protection due à des prélats infimes et abandonnés, qui se trouvoient à la veille d'être persécutés pour la bonne doctrine. L'évêque de Meaux avoit de son côté travaillé auprès de Mme de Maintenon, de manière que, lorsque huit jours après le cardinal de Noailles revint à l'audience, il fut bien étonné que le Roi lui ferma la bouche sur cette affaire, et lui déclara que, puisque sans lui il s'étoit fait justice à lui-même, il n'avoit qu'à s'en tirer tout comme il voudroit, sans l'y mêler davantage, et que c'étoit tout ce qu'il pouvoit de plus en sa faveur. C'étoit bien là où on en vouloit venir pour les deux évêques, qui ne s'étoient plaints que pour se soustraire à ce que méritoit l'injure qu'ils avoient faite, et qui, ainsi mis hors de cour, se trouvoient après une calomnie si publique, et sur la foi, égalés au cardinal de Noailles, malgré tant et de si grandes disproportions.

Dans ce fâcheux état, le cardinal dit au Roi que, puisqu'il l'abandonnoit à la calomnie et à l'insulte, sans même avoir pu mériter ni deviner ce qui lui arrivoit, il le supplioit au moins de trouver bon qu'il se défendît; et il se retira avec la sèche permission de faire tout ce qu'il jugeroit à propos.

Deux jours après, il publia un mandement court et fort, par lequel il prétendit montrer diverses erreurs dans celui des deux évêques. Il l'y traita de libelle fait sous leur nom, dont il disoit assez peu à propos qu'il les croyoit incapables, s'éleva contre l'inquiétude du temps sur la doctrine, et sur la licence de quelques évêques de s'ingérer dans la moisson d'autrui, défendit sous les peines de droit la lecture de ce mandement, qu'il flétrit en plusieurs manières. Il sembloit qu'il eût droit d'en user de la sorte, par l'abandon et par la permission du Roi, et que c'étoit encore avec ménagement par rapport à la nature de la chose : néanmoins ce fut un nouveau crime, qui lui fit envoyer défense d'aller à la cour s'il n'y étoit mandé.

Les deux évêques, c'est-à-dire ceux qui les mettoient en avant, profitant du succès de leur trame, écrivirent de nouveau. Hébert, de la congrégation de la Mission, avoit acquis une grande et juste réputation étant curé de Versailles. Le cardinal de Noailles lui avoit fait donner l'évêché d'Agen, nonobstant les constitutions de cette congrégation, qui excluent leurs membres de l'épiscopat. Il faisoit merveilles dans son diocèse, où il étoit comprovincial des deux évêques. Il leur écrivit une excellente lettre, savante, forte, pieuse, par laquelle il leur représenta, avec beaucoup de modestie épiscopale, le tort extrême qu'ils avoient de troubler l'Église, et d'attaquer personnellement le cardinal de Noailles.

Cependant ses ennemis ne dormoient pas, et travailloient à lui en susciter d'autres. Il parut un mandement de Berger de Malissoles, évêque de Gap, moins grossier, mais aussi mordant, que le cardinal défendit par un autre, comme il avoit fait celui des deux évêques. Ensuite il écrivit une belle lettre à l'évêque d'Agen, contenant l'histoire de tout ce qui s'étoit passé, mais avec une mesure et une modestie qui la relevoit encore, et qui fut comme un manifeste de sa part, qui fut distribué partout. L'affaire en elle-même avoit indigné tout ce qui n'étoit pas dévoué aux jésuites ou à la fortune, ou aveuglé de l'abus qui se faisoit du jansénisme pour décrier et perdre qui on vouloit. Ce manifeste acheva d'enlever ce qui restoit de gens neutres, et fit un tel effet que les agresseurs, qui pensoient déjà avoir étourdi le cardinal de Noailles, en furent effrayés, et ne songèrent que plus efficacement aux moyens de profiter de tous leurs avantages, et de le pousser en si beau chemin. J'en demeurerai là pour le présent : il est temps de rentrer en d'autres matières.

L'Espagne, comme je l'ai dit d'avance, produisit peu de choses cette année. Ses incroyables efforts l'avoient trop épuisée pour pouvoir profiter, par de nouveaux succès, de ceux qu'ils avoient produits contre toute espérance ; et les ennemis, battus contre la leur, après un court triomphe, n'étoient pas en état de se relever. Ils abandonnèrent Balaguer, où ils n'avoient que deux ou trois cents hommes, sur le bruit qu'il alloit être assiégé. Bientôt après, Muret, lieutenant général, prit la Seu-d'Urgel ; mais peu après, le gouverneur de Miranda-de-Duero, place importante sur la frontière de Portugal, se laissa corrompre, et vendit pour une grosse somme d'argent aux Portugais la place et mille hommes qu'il avoit dedans ; et bientôt après, en Sicile, les Autrichiens se saisirent de Palerme.

Maillebois, fils de Desmarets, à qui sa femme et le cardinal Fleury ont longtemps depuis fait faire un si grand et si triste personnage, étoit toujours à Lille, depuis sa

[1711] ÉTRANGE FIN DE L'ABBÉ DE LA BOURLIE. 227

prise, demeuré par la capitulation¹ en otage, avec un commissaire des guerres, de ce qui étoit dû aux magistrats et aux bourgeois de la ville. Ils surent que, pour en presser le payement, on étoit sur le point de les enfermer dans la citadelle, contre la teneur de la capitulation : ils se sauvèrent, et gagnèrent Arras avec une escorte que le maréchal de Montesquiou envoya à mi-chemin au-devant d'eux. D'Arras, ils écrivirent au comte d'Albemarle, qui commandoit en Flandres pour les ennemis, et lui rendirent raison de leur conduite ; et de là Maillebois vint à la cour, où le Roi l'entretint longtemps dans son cabinet, Desmarets seul en tiers. Il avoit rencontré en chemin Surville, en otage aussi à Tournay, d'où il avoit eu permission de faire un tour chez lui, et qui s'en retournoit à Tournay. Maillebois l'avertit de son aventure, lui fit peur d'être mis dans la citadelle de Tournay, tellement que Surville s'en retourna chez lui en Picardie, en attendant les ordres du Roi là-dessus.

J'ai parlé ailleurs de l'abbé de la Bourlie, frère de Guiscard, qui, ayant plusieurs bénéfices et nul mécontentement, passa en Hollande et en Angleterre, promit merveilles aux Cévennes, qu'il ne tint pas, et publia des libelles très-séditieux par le Languedoc. Traître à sa patrie, il ne fut pas plus fidèle à ceux à qui il s'étoit donné. Je ne sais de quoi il se mêla contre le ministère, mais à la fin de mars il fut arrêté à Londres, dans le parc de S. James, par ordre de la Reine, pour des commerces suspects. Conduit chez Saint-Jean, secrétaire d'État, il se saisit d'un canif qu'il trouva sur une table de l'antichambre, sans qu'on s'en aperçût ; il entra dans le cabinet où il étoit attendu par les ducs d'Ormond, de Buckingham et d'Argyle, et par les deux secrétaires d'État Harley et Saint-Jean. Le premier l'interrogea : au lieu de lui répondre, il lui donna deux coups de canif dans le ventre, qui heureusement ne firent que glisser légèrement. On

1. Saint-Simon a répété *demeuré* après *capitulation*.

se jeta sur ce galant homme, qui reçut trois coups d'épée. Il fallut le lier pour le panser à la prison de Newgate, où on le mena. Il demanda à parler en particulier au duc d'Ormond, qui y fut. Ce malheureux y mourut peu de jours après, sans avoir voulu prendre de nourriture ni parler, et des blessures qu'il se fit.

Lassay maria, en ce temps-ci, son fils à sa sœur. Leur nom est Madaillan, trop connu dans l'histoire de la vie du fameux duc d'Espernon sur la fin. Lassay avoit fait toutes sortes de métiers, dont Madame la Duchesse a fait une chanson, qui les décrit d'une manière très-plaisante et peu flatteuse. Elle ne se doutoit pas alors de ce qui lui est arrivé depuis avec son fils.

Le père avoit été marié plusieurs fois, et mal toutes. Il épousa en secondes noces la fille d'un apothicaire, que le duc Charles IV de Lorraine avoit voulu épouser aussi, et dont il ne put être empêché que par force. Lassay la perdit, et, dans le désespoir de son amour, il se retira dans la plus grande solitude, auprès des Incurables, et dans une grande dévotion. Quelques années le consolèrent; l'ennui le prit : il ajusta sa maison et chercha à se remettre dans le monde. Il avoit de l'esprit, de la lecture, de la valeur; il avoit peu servi, et fait après le noble de province, avant sa retraite. Le voyage des princes de Conti en Hongrie lui parut propre pour en sortir tout à fait. Comme ils y allèrent contre le gré du Roi, ils étoient fort seuls; tout leur fut bon : Lassay les suivit. Au retour, l'un étant mort, l'autre exilé à Chantilly, Lassay s'attacha à Monsieur le Duc, se fourra dans ses parties obscures, y fut acteur commode, s'intrigua vainement, mais tant qu'il put. Il épousa une bâtarde de Monsieur le Prince, qui mourut folle quelques années après. Il fréquenta la cour sans avoir jamais pu en être.

Son fils servit, et fut brigadier d'infanterie, non sans talent et avec beaucoup d'esprit. Par son père il se trouva attaché à la maison de Condé. Avec un visage de singe, il étoit parfaitement bien fait. Il plut à Madame la Duchesse vers ce temps-ci de son mariage avec sa tante ; elle le trouva sous sa main : la liaison entre eux se fit la plus intime, et la plus étrangement publique. Il devint à visage découvert le maître de Madame la Duchesse et le directeur de toutes ses affaires. Il y eut bien quelque voile de gaze là-dessus pendant le reste de la vie du Roi, qui ne laissa pas de le voir, mais qui, dans ces fins, laissoit aller bien des choses, de peur de se fâcher et de se donner de la peine ; mais après lui il n'y eut plus de mesure. Cela se retrouvera en son temps.

C'est ce qui fit son père chevalier de l'ordre, en la promotion de 1724, si abondante en étranges choix. Lassay père a vécu très-vieux, fade et abandonné adulateur du cardinal Fleury, qui avaloit ses louanges à longs traits et lui en savoit le meilleur gré du monde. Ce pauvre flatteur se cramponnoit au monde, qu'il fatiguoit, et mourut enfin en homme qui avoit quitté Dieu pour le monde. Il avoit eu une fille de son premier mariage, qui épousa le dernier de cette ancienne et illustre race des Colignis, de laquelle il sera parlé dans la suite. De la fille de l'apothicaire il eut son fils, et de la bâtarde de Monsieur le Prince et de la Montalais, dont Mme de Sévigné parle si plaisamment dans ses lettres, il eut une fille, qu'il maria au fils de M. d'O. Elle fut galante, et après folle, et mourut à l'hôtel de Condé. Elle ne laissa qu'une fille, belle comme le jour, à qui Lassay, plein de millions et sans enfants ni parents, donna prodigieusement pour épouser le fils du duc de Villars Brancas, dont la noce se fit chez Madame la Duchesse, comme de sa petite-nièce bâtarde. C'est peut-être une des moindres infamies où ce duc de Villars Brancas soit tombé.

Les enfants de M. du Maine triomphèrent toute la semaine sainte en rang de princes du sang. La joie de M. et de Mme du Maine en fut grande, la complaisance que le Roi en prit extrême, le scandale encore plus fort.

La duchesse douairière d'Aumont mourut le jour de

Pâques, assez brusquement, à soixante et un ans, veuve depuis sept ans, et peu regrettée dans sa famille. Elle étoit sœur aînée des duchesses de Ventadour et de la Ferté, et n'eut d'enfants que le duc d'Humières. C'étoit une grande et grosse femme, qui avoit eu plus de grande mine que de beauté, impérieuse, méchante, difficile à vivre, grande joueuse, grande dévote à directeurs. Elle avoit été fort du grand monde et de la cour, où elle ne paroissoit plus depuis beaucoup d'années. Elle étoit riche, et fut très-attachée à son bien. Le Roi lui donnoit dix mille livres de pension. Il envoya un gentilhomme ordinaire faire compliment aux ducs d'Humières et d'Aumont, et aux duchesses de Ventadour, la Ferté, Aumont et d'Humières. Monseigneur, Mgr et Mme la duchesse de Bourgogne, M. et Mme la duchesse de Berry, et Madame, allèrent voir la duchesse de Ventadour. J'ai parlé ailleurs de la suppression de la visite aux duchesses et princesses étrangères; celle-ci fut donnée à la place de gouvernante des enfants de France, et de fille de la maréchale de la Mothe, qui avoit été la leur. Madame y fut par amitié, et comme ayant été sa dame d'honneur.

Mme de Châteauneuf mourut quelques semaines après, à cinquante-cinq ans, à Versailles, d'où elle n'avoit presque bougé de sa chambre, et y avoit passé sa vie fort seule. Elle étoit d'une prodigieuse grosseur, la meilleure femme du monde, et veuve depuis onze ans du secrétaire d'État, et mère de la Vrillière. Elle étoit fille de Fourcy, conseiller au grand conseil, et d'une sœur d'un premier lit d'Armenonville, depuis garde des sceaux, qui avoit plus de vingt ans plus que lui, et qui se remaria à Pelletier, depuis ministre d'État et contrôleur général des finances, qui fit la fortune d'Armenonville.

Cette année le dimanche de Pâques échut au 5 avril. Le mercredi suivant 8, Monseigneur, au sortir du conseil, alla dîner à Meudon en *parvulo*, et y mena Mme la duchesse de Bourgogne tête à tête. On a expliqué ailleurs ce que c'étoit que ces *parvulo*. Les courtisans avoient demandé pour Meudon, où le voyage devoit être de huit jours, jusqu'à celui de Marly, annoncé pour le mercredi suivant. Je m'en étois allé dès le lundi saint, pour me trouver à Marly le même jour que le Roi. Les Meudons m'embarrassoient étrangement. Depuis cette rare crédulité de Monseigneur qui a été rapportée, et que Mme la duchesse de Bourgogne l'avoit dépersuadé, jusqu'à lui en avoir fait honte, je n'avois osé me commettre à Meudon. C'étoit pour moi un lieu infesté de démons : Madame la Duchesse, délivrée des bienséances de sa première année, y retournoit régner, et y menoit Mesdemoiselles ses filles; d'Antin y gouvernoit; Mlle de Lislebonne et sa sœur y dominoient à découvert; c'étoient mes ennemis personnels; ils gouvernoient Monseigneur; c'étoit bien certainement à eux à qui je devois cet inepte et hardi godant[1] qu'ils avoient donné à Monseigneur, et qui l'avoit mis dans une si grande colère. Capable de prendre à celui-là, et eux capables d'oser l'inventer, et y réussir en plein, à quoi ne pouvois-je point m'attendre! tout ce qui étoit là à leurs pieds ne songeant qu'à leur plaire, et ne pouvant espérer que par eux; par conséquent moi tout à en craindre, dès qu'il conviendroit à des ennemis si autorisés de me susciter quelque nouvelle noirceur sur leur terrain; Mlle Choin, la vraie tenante, en mesures extrêmes et en tous ménagements pour eux, fée invisible dont on n'approchoit point, et moi moins que personne, et qui en étant inconnu ne pouvois rien espérer d'elle, et du Mont pour toute ressource, sans force et sans esprit. Je ne pouvois douter qu'ils ne me voulussent perdre après l'échantillon que j'en avois éprouvé; et ce qui les excitoit contre moi n'étoit pas de nature à s'émousser, beaucoup moins à pouvoir jamais me raccommoder avec eux. Ce qui s'étoit passé à l'égard de feu Monsieur le Duc et de Madame la Duchesse, les choses de rang à l'égard des deux Lorraines et de leur oncle le Vaudemont; l'affaire de Rome pour d'Antin, et de

---

1. *Godant*, conte, tromperie.

nouveau sa prétention d'Espernon ; les choses de Flandres ; ma liaison intime avec ce qu'ils ne songeoient qu'à anéantir, Mgr et Mme la duchesse de Bourgogne, M. et Mme la duchesse d'Orléans, les ducs de Chevreuse et de Beauvillier ; la part qu'ils me donnoient au mariage de M. le duc de Berry, qui avoit comblé leur rage, c'en étoit trop, et sans aucun contre-poids, pour ne me pas faire regarder cette cour comme hérissée pour moi de dangers et d'abîmes.

Je poussois donc le temps avec l'épaule sur les voyages de Meudon, embarrassé de Monseigneur et du monde, en ne m'y présentant jamais, beaucoup plus en peine d'y hasarder des voyages. Si ce continuel présent me causoit ces soucis, combien de réflexions plus fâcheuses ! la perspective d'un avenir qui s'avançoit tous les jours, qui mettroit Monseigneur sur le trône, et qui, à travers le chamaillis de ce qui le gouvernoit et le voudroit dominer alors à l'exclusion des autres, porteroit très-certainement sur le trône avec lui les uns ou les autres de ces mêmes ennemis qui ne respiroient que ma perte, et à qui elle ne coûteroit alors que le vouloir. Faute de mieux, je me soutenois de courage ; je me disois qu'on n'éprouvoit jamais ni tout le bien ni tout le mal qu'on avoit, à ce qu'il sembloit, le plus de raison de prévoir : j'espérois ainsi, contre toute espérance, de l'incertitude attachée aux choses de cette vie, et je coulois le temps ainsi à l'égard de l'avenir, mais dans le dernier embarras sur le présent pour Meudon.

J'allai donc rêver et me délasser à mon aise, pendant cette quinzaine de Pâques, loin du monde et de la cour, qui, à celle de Monseigneur près, n'avoit pour moi rien que de riant ; mais cette épine, et sans remède, m'étoit cruellement poignante, lorsqu'il plut à Dieu de m'en délivrer au moment le plus inattendu. Je n'avois à la Ferté que M. de Saint-Louis, vieux brigadier de cavalerie fort estimé du Roi, de M. de Turenne et de tout ce qui l'avoit vu servir, retiré depuis trente ans dans l'abbatial de la

Trappe, où il menoit une vie fort sainte; et un gentilhomme de Normandie qui avoit été capitaine dans mon régiment, et qui m'étoit fort attaché. Je m'étois promené avec eux tout le matin du samedi 11, veille de la Quasimodo, et j'étois entré seul dans mon cabinet un peu avant le dîner, lorsqu'un courrier, que Mme de Saint-Simon m'envoya, m'y rendit une lettre d'elle qui m'apprit la maladie de Monseigneur.

CHAPITRE XII.

Maladie de Monseigneur. — Le Roi à Meudon.. — Le Roi mal à son aise hors de ses maisons; Mme de Maintenon encore plus. — Contrastes dans Meudon. — Versailles. — Harengères à Meudon, bien reçues. — Singulière conversation avec Mme la duchesse d'Orléans chez moi. — Spectacle de Meudon. — Extrémité de Monseigneur. — Mort de Monseigneur; le Roi va à Marly. — Spectacle de Versailles. — Surprenantes larmes de M. le duc d'Orléans.

Ce prince, allant, comme je l'ai dit, à Meudon le lendemain des fêtes de Pâques, rencontra à Chaville un prêtre qui portoit Notre-Seigneur à un malade, et mit pied à terre pour l'adorer à genoux, avec Mme la duchesse de Bourgogne. Il demanda à quel malade on le portoit; il apprit que ce malade avoit la petite vérole. Il y en avoit partout quantité. Il ne l'avoit eue que légère, volante, et enfant; il la craignoit fort. Il en fut frappé, et dit le soir à Boudin, son premier médecin, qu'il ne seroit pas surpris s'il l'avoit. La journée s'étoit cependant passée tout à fait à l'ordinaire.

Il se leva le lendemain jeudi, 9, pour aller courre le loup; mais en s'habillant il lui prit une foiblesse qui le fit tomber dans sa chaise. Boudin le fit remettre au lit. Toute la journée fut effrayante par l'état du pouls. Le Roi, qui en fut foiblement averti par Fagon, crut que ce n'étoit rien, et s'alla promener à Marly après son dîner, où il eut plusieurs fois des nouvelles de Meudon. Mgr et Mme la duchesse de Bourgogne y dînèrent, et ne voulurent pas quitter Monseigneur d'un moment. La princesse ajouta aux devoirs de belle-fille toutes les grâces qui étoient en elle, et présenta tout de sa main à Monseigneur. Le cœur ne pouvoit pas être troublé de ce que l'esprit lui faisoit envisager comme possible ; mais les soins et l'empressement n'en furent pas moins marqués, sans air d'affectation ni de comédie. Mgr le duc de Bourgogne, tout simple, tout saint, tout plein de ses devoirs, les remplit outre mesure ; et quoique il y eût déjà un grand soupçon de petite vérole, et que ce prince ne l'eût jamais eue, ils ne voulurent pas s'éloigner un moment de Monseigneur, et ne le quittèrent que pour le souper du Roi.

A leur récit, le Roi envoya le lendemain matin vendredi, 10, des ordres si précis à Meudon qu'il apprit à son réveil le grand péril où on trouvoit Monseigneur. Il avoit dit la veille, en revenant de Marly, qu'il iroit le lendemain matin à Meudon, pour y demeurer pendant toute la maladie de Monseigneur, de quelque nature qu'elle pût être ; et en effet il s'y en alla au sortir de la messe. En partant, il défendit à ses enfants d'y aller ; il le défendit en général à quiconque n'avoit pas eu la petite vérole, avec une réflexion de bonté, et permit à tous ceux qui l'avoient eue de lui faire leur cour à Meudon, ou de n'y aller pas, suivant le degré de leur peur ou de leur convenance.

Du Mont renvoya plusieurs de ceux qui étoient de ce voyage de Meudon, pour y loger la suite du Roi, qu'il borna à son service le plus étroit et à ses ministres, excepté le chancelier, qui n'y coucha pas, pour y travailler avec eux. Madame la Duchesse et Mme la princesse de Conti, chacune uniquement avec sa dame d'honneur ; Mlle de Lislebonne, Mme d'Espinoy et Mlle de Melun, comme si particulièrement attachées à Monseigneur, et Mlle de Bouillon, parce qu'elle ne quittoit point son père, qui suivit comme grand chambellan, y avoient devancé le Roi, et furent les seules dames qui y demeurèrent, et qui mangèrent les soirs avec le Roi, qui dîna seul comme à

Marly. Je ne parle point de Mlle Choin, qui y dîna dès le mercredi, ni de Mme de Maintenon, qui vint trouver le Roi après dîner avec Mme la duchesse de Bourgogne. Le Roi ne voulut point qu'elle approchât de l'appartement de Monseigneur, et la renvoya assez promptement. C'est où en étoient les choses lorsque Mme de Saint-Simon m'envoya le courrier, les médecins souhaitant la petite vérole, dont on étoit persuadé, quoiqu'elle ne fût pas encore déclarée.

Je continuerai à parler de moi avec la même vérité dont [je] traite les autres et les choses, avec toute l'exactitude qui m'est possible. A la situation où j'étois à l'égard de Monseigneur et de son intime cour, on sentira aisément quelle impression je reçus de cette nouvelle. Je compris, par ce qui m'étoit mandé de l'état de Monseigneur, que la chose en bien ou en mal seroit promptement décidée ; je me trouvois fort à mon aise à la Ferté : je résolus d'y attendre des nouvelles de la journée. Je renvoyai un courrier à Mme de Saint-Simon, et je lui en demandai un pour le lendemain. Je passai la journée dans un mouvement vague et de flux et de reflux qui gagne et qui perd du terrain, tenant l'homme et le chrétien en garde contre l'homme et le courtisan, avec cette foule de choses et d'objets qui se présentoient à moi dans une conjoncture si critique, qui me faisoit entrevoir une délivrance inespérée, subite, sous les plus agréables apparences pour les suites.

Le courrier que j'attendois impatiemment arriva le lendemain, dimanche de Quasimodo, de bonne heure dans l'après-dînée. J'appris par lui que la petite vérole étoit déclarée, et alloit aussi bien qu'on le pouvoit souhaiter ; et je le crus d'autant mieux que j'appris que la veille, qui étoit celle du dimanche de Quasimodo, Mme de Maintenon, qui à Meudon ne sortoit point de sa chambre, et qui y avoit Mme de Dangeau pour toute compagnie, avec qui elle mangeoit, étoit allée dès le matin à Versailles, y avoit dîné chez Mme de Caylus, où elle avoit vu Mme la duchesse de Bourgogne, et n'étoit pas retournée de fort bonne heure à Meudon.

Je crus Monseigneur sauvé, et voulus demeurer chez moi ; néanmoins je crus conseil, comme j'ai fait toute ma vie et m'en suis toujours bien trouvé : je donnai ordre à regret pour mon départ le lendemain, qui étoit celui de la Quasimodo, 13 avril, et je partis en effet de bon matin. Arrivant à la Queue, à quatorze lieues de la Ferté et à six de Versailles, un financier qui s'appeloit la Fontaine, et que je connoissois fort pour l'avoir vu toute ma vie à la Ferté, chargé de Senonches et des autres biens de feu Monsieur le Prince de ce voisinage, aborda ma chaise comme je relayois ; il venoit de Paris et de Versailles, où il avoit vu des gens de Madame la Duchesse : il me dit Monseigneur le mieux du monde, et avec des détails qui le faisoient compter hors de danger. J'arrivai à Versailles rempli de cette opinion, qui me fut confirmée par Mme de Saint-Simon et tout ce que je vis de gens, en sorte qu'on ne craignoit plus que par la nature traîtresse de cette sorte de maladie, dans un homme de cinquante ans fort épais.

Le Roi tenoit son conseil et travailloit le soir avec ses ministres, comme à l'ordinaire. Il voyoit Monseigneur les matins et les soirs, et plusieurs fois l'après-dînée, et toujours longtemps dans la ruelle de son lit. Ce lundi que j'arrivai, il avoit dîné de bonne heure, et s'étoit allé promener à Marly, où Mme la duchesse de Bourgogne l'alla trouver. Il vit en passant au bord des jardins de Versailles Messeigneurs ses petits-fils, qui étoient venus l'y attendre, mais qu'il ne laissa pas approcher, et leur cria bonjour. Mme la duchesse de Bourgogne avoit eu la petite vérole, mais il n'y paroissoit point.

Le Roi ne se plaisoit que dans ses maisons, et n'aimoit point à être ailleurs. C'est par ce goût que ses voyages à Meudon étoient rares et courts, et de pure complaisance. Mme de Maintenon s'y trouvoit encore plus déplacée. Quoique sa chambre fût partout un sanctuaire où il n'entroit que des femmes de la plus étroite privance, il lui falloit partout une autre retraite entièrement inaccessible, sinon à Mme la duchesse de Bourgogne, encore pour des instants, et seule. Ainsi elle avoit Saint-Cyr pour Versailles et pour Marly, et à Marly encore ce repos dont j'ai parlé ailleurs; à Fontainebleau sa maison à la ville. Voyant donc Monseigneur si bien, et conséquemment un long séjour à Meudon, les tapissiers du Roi eurent ordre de meubler Chaville, maison du feu chancelier le Tellier, que Monseigneur avait achetée et mise dans le parc de Meudon; et ce fut à Chaville où Mme de Maintenon destina ses retraites pendant la journée.

Le Roi avoit commandé la revue des gens d'armes et des chevau-légers pour le mercredi, tellement que tout sembloit aller à souhait. J'écrivis en arrivant à Versailles à M. de Beauvillier, à Meudon, pour le prier de dire au Roi que j'étois revenu sur la maladie de Monseigneur, et que je serois allé à Meudon si, n'ayant pas eu la petite vérole, je ne me trouvois dans le cas de la défense. Il s'en acquitta, me manda que mon retour avoit été fort à propos, et me réitéra de la part du Roi la défense d'aller à Meudon, tant pour moi que pour Mme de Saint-Simon, qui n'avoit point eu non plus la petite vérole. Cette défense particulière ne m'affligea point du tout. Mme la duchesse de Berry, qui l'avoit eue, n'eut point le privilége de voir le Roi, comme Mme la duchesse de Bourgogne: leurs deux époux ne l'avoient point eue. La même raison exclut M. le duc d'Orléans de voir le Roi; mais Mme la duchesse d'Orléans, qui n'étoit pas dans le même cas, eut permission de l'aller voir, dont elle usa pourtant fort sobrement. Madame ne le vit point, quoiqu'il n'y eût point pour elle de raison d'exclusion, qui, excepté les deux fils de France, par juste crainte pour eux, ne s'étendit dans la famille royale que selon le goût du Roi.

Meudon, pris en soi, avoit aussi ses contrastes: la Choin y étoit dans son grenier; Madame la Duchesse, Mlle de Lislebonne et Mme d'Espinoy ne bougeoient de la chambre de Monseigneur, et la recluse n'y entroit que lorsque le Roi n'y étoit pas, et que Mme la princesse de Conti, qui y étoit aussi fort assidue, étoit retirée. Cette princesse sentit bien qu'elle contraindroit cruellement Monseigneur si elle ne le mettoit en liberté là-dessus, et elle le fit de fort bonne grâce. Dès le matin du jour que le Roi arriva (et elle y avoit déjà couché), elle dit à Monseigneur qu'il y avoit longtemps qu'elle n'ignoroit pas ce qui étoit dans Meudon ; qu'elle n'avoit pu vivre hors de ce château dans l'inquiétude où elle étoit, mais qu'il n'étoit pas juste que son amitié fût importune ; qu'elle le prioit d'en user très-librement, de la renvoyer toutes les fois que cela lui conviendroit, et qu'elle auroit soin, de son côté, de n'entrer jamais dans sa chambre sans savoir si elle pouvoit le voir sans l'embarrasser. Ce compliment plut infiniment à Monseigneur. La princesse fut en effet fidèle à cette conduite, et docile aux avis de Madame la Duchesse et des deux Lorraines pour sortir quand il étoit à propos, sans air de chagrin ni de contrainte, et revenoit après quand cela se pouvoit, sans la plus légère humeur, en quoi elle mérita de vraies louanges.

C'étoit Mlle Choin dont il étoit question, qui figuroit à Meudon, avec le P. Tellier, d'une façon tout à fait étrange. Tous deux incognito, relégués chacun dans leur grenier, servis seuls chacun dans leur chambre, vus des seuls indispensables, et sus pourtant de chacun, avec cette différence que la demoiselle voyoit Monseigneur nuit et jour, sans mettre le pied ailleurs, et que le confesseur alloit chez le Roi et partout, excepté dans l'appartement de Monseigneur ni dans tout ce qui en approchoit. Mme d'Espinoy portoit et rapportoit les compliments entre Mme de Maintenon et Mlle Choin. Le Roi ne la vit point. Il croyoit que Mme de Maintenon l'avoit vue ; il le lui demanda un peu sur le tard : il sut que non, et il ne l'approuva pas. Là-dessus Mme de Maintenon chargea Mme d'Espinoy d'en faire ses excuses à Mlle Choin, et de lui dire qu'elle espéroit qu'elles se verroient, compliment bizarre d'une chambre à l'autre, sous le même toit. Elles ne se virent jamais depuis.

Versailles présentoit une autre scène : Mgr et Mme la duchesse de Bourgogne y tenoient ouvertement la cour, et cette cour ressembloit à la première pointe de l'aurore. Toute la cour étoit là rassemblée, tout Paris y abondoit; et comme la discrétion et la précaution ne furent jamais françoises, tout Meudon y venoit, et on en croyoit les gens sur leur parole de n'être pas entrés chez Monseigneur ce jour-là. Lever et coucher, dîner et souper avec les dames, conversations publiques après les repas, promenades, étoient les heures de faire sa cour, et les appartements ne pouvoient contenir la foule. Courriers à tous quarts d'heure, qui rappeloient l'attention aux nouvelles de Monseigneur, cours de maladie à souhait, et facilité extrême d'espérance et de confiance, désir et empressement de tous de plaire à la nouvelle cour, majesté et gravité gaie dans le jeune prince et la jeune princesse, accueil obligeant à tous, attention continuelle à parler à chacun, et complaisance dans cette foule, satisfaction réciproque, duc et duchesse de Berry à peu près nuls : de cette sorte s'écoulèrent cinq jours, chacun pensant sans cesse aux futurs contingents, tâchant d'avance de s'accommoder à tout événement.

Le mardi 14 avril, lendemain de mon retour de la Ferté à Versailles, le Roi, qui, comme j'ai dit, s'ennuyoit à Meudon, donna à l'ordinaire conseil des finances le matin, et contre sa coutume conseil de dépêches l'après-dînée, pour en remplir le vide. J'allai voir le chancelier à son retour de ce dernier conseil, et je m'informai beaucoup à lui de l'état de Monseigneur. Il me l'assura bon, et me dit que Fagon lui avoit dit ces mêmes mots : que les choses alloient selon leurs souhaits, et au delà de leurs espérances. Le chancelier me parut dans une grande confiance; et j'y ajoutai foi d'autant plus aisément qu'il étoit extrêmement bien avec Monseigneur, et qu'il ne bannissoit pas toute crainte, mais sans en avoir d'autre que celle de la nature propre à cette sorte de maladie.

Les harengères de Paris, amies fidèles de Monseigneur, qui s'étoient déjà signalées à cette forte indigestion qui fut prise pour apoplexie, donnèrent ici le second tome de leur zèle. Ce même matin, elles arrivèrent en plusieurs carrosses de louage à Meudon. Monseigneur les voulut voir. Elles se jetèrent au pied de son lit, qu'elles baisèrent plusieurs fois; et ravies d'apprendre de si bonnes nouvelles, elles s'écrièrent dans leur joie qu'elles alloient réjouir tout Paris, et faire chanter le *Te Deum*. Monseigneur, qui n'étoit pas insensible à ces marques d'amour du peuple, leur dit qu'il n'étoit pas encore temps; et après les avoir remerciées, il ordonna qu'on leur fît voir sa maison, qu'on les traitât à dîner, et qu'on les renvoyât avec de l'argent.

Revenant chez moi, de chez le chancelier, par les cours, je vis Mme la duchesse d'Orléans se promenant sur la terrasse de l'aile neuve, qui m'appela, et que je ne fis semblant de voir ni d'entendre, parce que la Montauban étoit avec elle, et je gagnai mon appartement l'esprit fort rempli de ces bonnes nouvelles de Meudon. Ce logement étoit dans la galerie haute de l'aile neuve, qu'il n'y avoit presque qu'à traverser pour être dans l'appartement de M. et de Mme la duchesse de Berry, qui ce soir-là devoient donner à souper chez eux à M. et à Mme la duchesse d'Orléans et à quelques dames, dont Mme de Saint-Simon se dispensa sur ce qu'elle avoit été un peu incommodée.

Il y avoit peu que j'étois dans mon cabinet seul avec Coettenfao, qu'on m'annonça Mme la duchesse d'Orléans, qui venoit causer en attendant l'heure du souper. J'allai la recevoir dans l'appartement de Mme de Saint-Simon, qui étoit sortie, et qui revint bientôt après se mettre en tiers avec nous. La princesse et moi étions, comme on dit gros de nous voir et de nous entretenir dans cette conjoncture, sur laquelle elle et moi nous pensions si pareillement. Il n'y avoit guère qu'une heure qu'elle étoit revenue de Meudon, où elle avoit vu le Roi, et il en étoit alors huit du soir de ce même mardi 14 avril.

Elle me dit la même expression dont Fagon s'étoit servi, que j'avois apprise du chancelier; elle me rendit la confiance qui régnoit dans Meudon; elle me vanta les soins et la capacité des médecins, qui ne négligeoient pas jusqu'aux plus petits remèdes qu'ils ont coutume de mépriser le plus; elle nous en exagéra le succès; et pour en parler franchement et en avouer la honte, elle et moi nous lamentâmes ensemble de voir Monseigneur échapper, à son âge et à sa graisse, d'un mal si dangereux. Elle réfléchissoit tristement, mais avec ce sel et ces tons à la Mortemart, qu'après une dépuration de cette sorte il ne restoit plus la moindre pauvre petite espérance aux apoplexies; que celle des indigestions étoit ruinée sans ressource depuis la peur que Monseigneur en avoit prise et l'empire qu'il avoit donné sur sa santé aux médecins; et nous conclûmes plus que langoureusement qu'il falloit désormais compter que ce prince vivroit et régneroit longtemps. De là, des raisonnements sans fin sur les funestes accompagnements de son règne, sur la vanité des apparences les mieux fondées d'une vie qui promettoit si peu, et qui trouvoit son salut et sa durée au sein du péril et de la mort. En un mot, nous nous lâchâmes, non sans quelque scrupule qui interrompoit de fois à autre cette rare conversation, mais qu'avec un tour languissamment plaisant elle ramenoit toujours à son point. Mme de Saint-Simon, tout dévotement, enrayoit tant qu'elle pouvoit ces propos étranges; mais l'enrayure cassoit, et entretenoit ainsi un combat très-singulier entre la liberté des sentiments, humainement pour nous très-raisonnables, mais qui ne laissoit pas de nous faire sentir qui n'étoient pas selon la religion.

Deux heures s'écoulèrent de la sorte entre nous trois, qui nous parurent courtes, mais que l'heure du souper termina. Mme la duchesse d'Orléans s'en alla chez Madame sa fille, et nous passâmes dans ma chambre, où bonne compagnie s'étoit cependant assemblée, qui soupa avec nous.

Tandis qu'on étoit si tranquille à Versailles, et même à Meudon, tout y changeoit de face. Le Roi avoit vu Monseigneur plusieurs fois dans la journée, qui étoit sensible à ces marques d'amitié et de considération. Dans la visite de l'après-dînée, avant le conseil des dépêches, le Roi fut si frappé de l'enflure extraordinaire du visage et de la tête, qu'il abrégea, et qu'il laissa échapper quelques larmes en sortant de la chambre. On le rassura tant qu'on put, et après le conseil des dépêches il se promena dans les jardins.

Cependant Monseigneur avoit déjà méconnu Mme la princesse de Conti, et Boudin en avoit été alarmé. Ce prince l'avoit toujours été : les courtisans le voyoient tous les uns après les autres, les plus familiers n'en bougeoient jour et nuit ; il s'informoit sans cesse à eux si on avoit coutume d'être, dans cette maladie, dans l'état où il se sentoit. Dans les temps où ce qu'on lui disoit pour le rassurer lui faisoit le plus d'impression, il fondoit sur cette dépuration des espérances de vie et de santé ; et en une de ces occasions, il lui échappa d'avouer à Mme la princesse de Conti qu'il y avoit longtemps qu'il se sentoit fort mal sans en avoir voulu rien témoigner, et dans un tel état de foiblesse que, le jeudi saint dernier, il n'avoit pu durant l'office tenir sa *Semaine sainte* dans ses mains.

Il se trouva plus mal vers quatre heures après midi, pendant le conseil des dépêches, tellement que Boudin proposa à Fagon d'envoyer querir du conseil, lui représenta qu'eux, médecins de la cour, qui ne voyoient jamais aucune maladie de venin, n'en pouvoient avoir d'expérience, et le pressa de mander promptement des médecins de Paris ; mais Fagon se mit en colère, ne se paya d'aucunes raisons, s'opiniâtra au refus d'appeler personne, à dire qu'il étoit inutile de se commettre à des disputes et à des contrariétés, soutint qu'ils feroient aussi bien et mieux que tout le secours qu'ils pourroient faire venir, voulut enfin tenir secret l'état de Monseigneur, quoique il empirât d'heure en heure, et que sur les sept heures du soir quelques valets et quelques courtisans même commençassent à s'en apercevoir. Mais tout en ce genre trembloit sous Fagon : il étoit là, et personne n'osoit ouvrir la bouche pour avertir le Roi ni Mme de Maintenon. Madame la Duchesse et Mme la princesse de Conti, dans la même impuissance, cherchoient à se rassurer. Le rare fut qu'on voulut laisser mettre le Roi à table pour souper avant d'effrayer par de grands remèdes, et laisser achever son souper sans l'interrompre et sans l'avertir de rien, qui, sur la foi de Fagon et le silence public, croyoit Monseigneur en bon état, quoique il l'eût trouvé enflé et changé dans l'après-dînée, et qu'il en eût été fort peiné.

Pendant que le Roi soupoit ainsi tranquillement, la tête commença à tourner à ceux qui étoient dans la chambre de Monseigneur : Fagon et les autres entassèrent remèdes sur remèdes, sans en attendre l'effet. Le curé, qui tous les soirs avant de se retirer chez lui alloit savoir des nouvelles, trouva, contre l'ordinaire, toutes les portes ouvertes, et les valets éperdus. Il entra dans la chambre, où voyant de quoi il n'étoit que trop tardivement question, il courut au lit, prit la main de Monseigneur, lui parla de Dieu; et le voyant plein de connoissance, mais presque hors d'état de parler, il en tira ce qu'il put pour une confession, dont qui que ce soit ne s'étoit avisé, lui suggéra des actes de contrition. Le pauvre prince en répéta distinctement quelques mots, confusément les autres, se frappa la poitrine, serra la main au curé, parut pénétré des meilleurs sentiments, et reçut d'un air contrit et desireux l'absolution du curé.

Cependant le Roi sortoit de table, et pensa tomber à la renverse lorsque Fagon, se présentant à lui, lui cria tout troublé que tout étoit perdu. On peut juger quelle horreur saisit tout le monde en ce passage si subit d'une sécurité entière à la plus désespérée extrémité.

Le Roi, à peine à lui-même, prit à l'instant le chemin de l'appartement de Monseigneur, et réprima très-sèchement l'indiscret empressement de quelques courtisans à le retenir, disant qu'il vouloit voir encore son fils, et s'il n'y avoit plus de remède. Comme il étoit près d'entrer dans la chambre, Mme la princesse de Conti, qui avoit eu le temps d'accourir chez Monseigneur dans ce court intervalle de la sortie de table, se présenta pour l'empêcher d'entrer; elle le repoussa même des mains, et lui dit qu'il ne falloit plus désormais penser qu'à lui-même. Alors le Roi, presque en foiblesse d'un renversement si subit et si entier, se laissa aller sur un canapé qui se trouva à l'entrée de la porte du cabinet par lequel il étoit entré, qui donnoit dans la chambre. Il demandoit des nouvelles à tout ce qui en sortoit, sans que presque personne osât lui répondre. En descendant chez Monseigneur, car il logeoit au-dessus de lui, il avoit envoyé chercher le P. Tellier, qui venoit de se mettre au lit : il fut bientôt rhabillé et arrivé dans la chambre; mais il n'étoit plus temps, à ce qu'ont dit depuis tous les domestiques, quoique le jésuite, peut-être pour consoler le Roi, lui eût assuré qu'il avoit donné une absolution bien fondée. Mme de Maintenon, accourue auprès du Roi, et assise sur le même canapé, tâchoit de pleurer. Elle essayoit d'emmener le Roi, dont les carrosses étoient déjà prêts dans la cour, mais il n'y eut pas moyen de l'y faire résoudre que Monseigneur ne fût expiré.

Cette agonie sans connoissance dura près d'une heure depuis que le Roi fut dans le cabinet. Madame la Duchesse et Mme la princesse de Conti se partageoient entre les soins du mourant et ceux du Roi, près duquel elles revenoient souvent, tandis que la Faculté confondue, les valets éperdus, le courtisan bourdonnant, se poussoient les uns les autres, et cheminoient sans cesse sans presque changer de lieu. Enfin le moment fatal arriva. Fagon sortit, qui le laissa entendre.

Le Roi, fort affligé, et très-peiné du défaut de confession, maltraita un peu ce premier médecin, puis sortit, emmené par Mme de Maintenon et par les deux princesses. L'appartement étoit de plein pied à la cour; et comme il se présenta pour monter en carrosse, il trouva devant lui la breline[1] de Monseigneur. Il fit signe de la main qu'on lui amenât un autre carrosse, par la peine que lui faisoit celui-là. Il n'en fut pas néanmoins tellement occupé que, voyant Pontchartrain, il ne l'appelât pour lui dire d'avertir son père et les autres ministres de se trouver le lendemain matin un peu tard à Marly, pour le conseil d'État ordinaire du mercredi. Sans commenter ce sens froid[2], je me contenterai de rapporter la surprise extrême de tous les témoins et de tous ceux qui l'apprirent. Pontchartrain répondit que, ne s'agissant que d'affaires courantes, il vaudroit mieux remettre le conseil d'un jour que de l'en importuner. Le Roi y consentit. Il monta avec peine en carrosse, appuyé des deux côtés, Mme de Maintenon tout de suite après, qui se mit à côté de lui; Madame la Duchesse et Mme la princesse de Conti montèrent après elle, et se mirent sur le devant. Une foule d'officiers de Monseigneur se jetèrent à genoux tout du long de la cour, des deux côtés, sur le passage du Roi, lui criant avec des hurlements étranges d'avoir compassion d'eux, qui avoient tout perdu et qui mouroient de faim.

Tandis que Meudon étoit rempli d'horreur, tout étoit tranquille à Versailles, sans en avoir le moindre soupçon. Nous avions soupé; la compagnie, quelque temps après, s'étoit retirée, et je causois avec Mme de Saint-Simon, qui achevoit de se déshabiller pour se mettre au lit, lorsqu'un ancien valet de chambre, à qui elle avoit donné une charge de garçon de la chambre de Mme la duchesse de Berry, et qui y servoit à table, entra tout effarouché. Il

---

1. Telle est l'orthographe de Saint-Simon.
2. Voyez tome I, p. 224 et note 4, et tome II, p. 255, note 4.

nous dit qu'il falloit qu'il y eût de mauvaises nouvelles de Meudon; que Mgr le duc de Bourgogne venoit d'envoyer parler à l'oreille à M. le duc de Berry, à qui les yeux avoient rougi à l'instant; qu'aussitôt il étoit sorti de table, et que, sur un second message fort prompt, la table où la compagnie étoit restée s'étoit levée avec précipitation, et que tout le monde étoit passé dans le cabinet. Un changement si subit rendit ma surprise extrême. Je courus chez Mme la duchesse de Berry aussitôt; il n'y avoit plus personne : ils étoient tous allés chez Mme la duchesse de Bourgogne; j'y poussai tout de suite.

J'y trouvai tout Versailles rassemblé ou y arrivant; toutes les dames en déshabillé, la plupart prêtes à se mettre au lit; toutes les portes ouvertes, et tout en trouble. J'appris que Monseigneur avoit reçu l'extrême-onction, qu'il étoit sans connoissance et hors de toute espérance, et que le Roi avoit mandé à Mme la duchesse de Bourgogne qu'il s'en alloit à Marly, et de le venir attendre dans l'avenue entre les deux écuries, pour le voir en passant.

Le spectacle attira toute l'attention que j'y pus donner parmi les divers mouvements de mon âme et ce qui tout à la fois se présenta à mon esprit : les deux princes et les deux princesses étoient dans le petit cabinet derrière la ruelle du lit; la toilette pour le coucher étoit à l'ordinaire dans la chambre de Mme la duchesse de Bourgogne, remplie de toute la cour en confusion; elle alloit et venoit du cabinet dans la chambre, en attendant le moment d'aller au passage du Roi, et son maintien, toujours avec ses mêmes grâces, étoit un maintien de trouble et de compassion que celui de chacun sembloit prendre pour douleur; elle disoit ou répondoit, en passant devant les uns et les autres, quelques mots rares. Tous les assistants étoient des personnages vraiment expressifs; il ne falloit qu'avoir des yeux, sans aucune connoissance de la cour, pour distinguer les intérêts peints sur les visages, ou le néant de ceux qui n'étoient de rien : ceux-ci tranquilles à eux-mêmes, les autres pénétrés de douleur ou de gravité et d'attention sur eux-mêmes, pour cacher leur élargissement et leur joie.

Mon premier mouvement fut de m'informer à plus d'une fois, de ne croire qu'à peine au spectacle et aux paroles, ensuite de craindre trop peu de cause pour tant d'alarme, enfin de retour sur moi-même, par la considération de la misère commune à tous les hommes, et que moi-même je me trouverois un jour aux portes de la mort. La joie néanmoins perçoit à travers les réflexions momentanées de religion et d'humanité par lesquelles j'essayois de me rappeler : ma délivrance particulière me sembloit si grande et si inespérée qu'il me sembloit, avec une évidence encore plus parfaite que la vérité, que l'État gagnoit tout en une telle perte. Parmi ces pensées, je sentois malgré moi un reste de crainte que le malade en réchappât, et j'en avois une extrême honte.

Enfoncé de la sorte en moi-même, je ne laissai pas de mander à Mme de Saint-Simon qu'il étoit à propos qu'elle vînt, et de percer de mes regards clandestins chaque visage, chaque maintien, chaque mouvement, d'y délecter ma curiosité, d'y nourrir les idées que je m'étois formées de chaque personnage, qui ne m'ont jamais guère trompé, et de tirer de justes conjectures de la vérité de ces premiers élans, dont on est si rarement maître, et qui par là, à qui connoît la carte et les gens, deviennent des indictions[1] sûres des liaisons et des sentiments les moins visibles en tous autres temps rassis.

Je vis arriver Mme la duchesse d'Orléans, dont la contenance majestueuse et compassée ne disoit rien. Elle entra dans le petit cabinet, d'où bientôt après elle sortit avec M. le duc d'Orléans, duquel l'activité et l'air turbulent marquoient plus l'émotion du spectacle que tout autre sentiment. Ils s'en allèrent, et je le remarque exprès, par ce qui bientôt après arriva en ma présence.

1. Saint-Simon a bien écrit *indictions*, soit pour *indications*, soit pour *inductions*.

Quelques moments après, je vis de loin, vers la porte du petit cabinet, M*^gr^* le duc de Bourgogne avec un air fort ému et peiné ; mais le coup d'œil que j'assenai vivement sur lui ne m'y rendit rien de tendre, et ne me rendit que l'occupation profonde d'un esprit saisi.

Valets et femmes de chambre crioient déjà indiscrètement, et leur douleur prouva bien tout ce que cette espèce de gens alloit perdre. Vers minuit et demi, on eut des nouvelles du Roi ; et aussitôt je vis M*^me^* la duchesse de Bourgogne sortir du petit cabinet avec M*^gr^* le duc de Bourgogne, l'air alors plus touché qu'il ne m'avoit paru la première fois, et qui rentra aussitôt dans le cabinet. La princesse prit à sa toilette son écharpe et ses coiffes, debout et d'un air délibéré, traversa la chambre, les yeux à peine mouillés, mais trahie par de curieux regards lancés de part et d'autre à la dérobée, et, suivie seulement de ses dames, gagna son carrosse par le grand escalier.

Comme elle sortit de sa chambre, je pris mon temps pour aller chez M*^me^* la duchesse d'Orléans, avec qui je grillois d'être. Entrant chez elle, j'appris qu'ils étoient chez Madame ; je poussai jusque-là à travers leurs appartements. Je trouvai M*^me^* la duchesse d'Orléans qui retournoit[1] chez elle, et qui, d'un air fort sérieux, me dit de revenir avec elle. M. le duc d'Orléans étoit demeuré. Elle s'assit dans sa chambre, et auprès d'elle la duchesse de Villeroy, la maréchale de Rochefort et cinq ou six dames familières. Je petillois cependant de tant de compagnie ; M*^me^* la duchesse d'Orléans, qui n'en étoit pas moins importunée, prit une bougie et passa derrière sa chambre. J'allai alors dire un mot à l'oreille à la duchesse de Villeroy : elle et moi pensions de même sur l'événement présent ; elle me poussa, et me dit tout bas de me bien contenir. J'étouffois de silence parmi les plaintes et les surprises narratives de ces dames, lorsque M. le duc d'Orléans parut à la porte du cabinet et m'appela.

---

1. On lit ici *et* au manuscrit.

Je le suivis dans son arrière-cabinet en bas sur la galerie, lui près de se trouver mal, et moi les jambes tremblantes de tout ce qui se passoit sous mes yeux et au dedans de moi. Nous nous assîmes par hasard vis-à-vis l'un de l'autre ; mais quel fut mon étonnement lorsque incontinent après je vis les larmes lui tomber des yeux : « Monsieur ! » m'écriai-je en me levant dans l'excès de ma surprise. Il me comprit aussitôt, et me répondit d'une voix coupée et pleurant véritablement : « Vous avez raison d'être surpris, et je le suis moi-même ; mais le spectacle touche. C'est un bon homme avec qui j'ai passé ma vie ; il m'a bien traité et avec amitié tant qu'on l'a laissé faire et qu'il a agi de lui-même. Je sens bien que l'affliction ne peut pas être longue ; mais ce sera dans quelques jours que je trouverai tous les motifs de me consoler dans l'état où on m'avoit mis avec lui ; mais présentement le sang, la proximité, l'humanité, tout touche, et les entrailles s'émeuvent. » Je louai ce sentiment, mais j'en avouai mon extrême surprise, par la façon dont il étoit avec Monseigneur. Il se leva, se mit la tête dans un coin, le nez dedans[1], et pleura amèrement et à sanglots, chose que si je n'avois vue je n'eusse jamais crue. Après quelque peu de silence, je l'exhortai à se calmer : je lui représentai qu'incessamment il faudroit retourner chez Mme la duchesse de Bourgogne, et que si on l'y voyoit avec des yeux pleureux, il n'y avoit personne qui ne s'en moquât comme d'une comédie très-déplacée, à la façon dont toute la cour savoit qu'il étoit avec Monseigneur. Il fit donc ce qu'il put pour arrêter ses larmes, et pour bien essuyer et retaper ses yeux. Il y travailloit encore, lorsqu'il fut averti que Mme la duchesse de Bourgogne arrivoit, et que Mme la duchesse d'Orléans alloit retourner chez elle. Il la fut joindre, et je les y suivis.

---

1. Saint-Simon a écrit, sans doute par erreur : « le nez *de* dedans. »

CHAPITRE XIII.

Continuation du spectacle de Versailles. — Plaisante aventure d'un Suisse. — Horreur de Meudon. — Confusion de Marly. — Caractère de Monseigneur. — Problème si Monseigneur avoit épousé Mlle Choin. — Monseigneur sans agrément, sans liberté, sans crédit avec le Roi. — Monsieur et Monseigneur morts outrés contre le Roi. — Monseigneur peu à Versailles. — Complaisant aux choses du sacre. — Monseigneur et Mme de Maintenon fort éloignés. — Cour intime de Monseigneur. — Monseigneur plus que sec avec Mgr et Mme la duchesse de Bourgogne, aime M. le duc de Berry et traite bien Mme la duchesse de Berry. — Monseigneur favorable aux ducs contre les princes. — Monseigneur fort vrai; Mlle Choin aussi. — Opposition de Monseigneur à l'alliance du sang bâtard prétendue. — Désintéressement de Mlle Choin. — Monseigneur attaché à la mémoire et à la famille du duc de Montausier. — Amours de Monseigneur. — Ridicule aventure. — Monseigneur n'aime point M. du Maine et traite bien le comte de Toulouse. — Cour plus ou moins particulière de Monseigneur. — Infamies du maréchal d'Huxelles. — Aversions de Monseigneur. — Éloignement de Monseigneur, de Mgr et de Mme la duchesse de Bourgogne. — M. et Mme la duchesse de Berry bien avec Monseigneur. — Crayon et projets de Mme la duchesse de Berry. — Affection de Monseigneur pour le roi d'Espagne. — Portrait raccourci de Monseigneur. — Ses obsèques.

Mme la duchesse de Bourgogne, arrêtée dans l'avenue entre les deux écuries, n'avoit attendu le Roi que fort peu de temps. Dès qu'il approcha, elle mit pied à terre et alla à sa portière. Mme de Maintenon, qui étoit de ce même côté, lui cria : « Où allez-vous, Madame ? N'approchez pas ; nous sommes pestiférés. » Je n'ai point su quel mouvement fit le Roi, qui ne l'embrassa point à cause du mauvais air. La princesse à l'instant regagna son carrosse, et s'en revint.

Le beau secret que Fagon avoit imposé sur l'état de Monseigneur avoit si bien trompé tout le monde, que le duc de Beauvillier étoit revenu à Versailles après le conseil de dépêches, et qu'il y coucha contre son ordinaire depuis la maladie de Monseigneur. Comme il se levoit fort matin, il se couchoit toujours sur les dix heures, et il s'étoit mis au lit sans se défier de rien. Il n'y fut pas longtemps sans être réveillé par un message de Mme la duchesse de Bourgogne, qui l'envoya chercher, et il arriva dans son appartement peu avant son retour du passage du Roi. Elle retrouva les deux princes et Mme la duchesse de Berry avec le duc de Beauvillier, dans ce petit cabinet où elle les avoit laissés.

Après les premiers embrassements d'un retour qui signifioit tout, le duc de Beauvillier, qui les vit étouffants dans ce petit lieu, les fit passer par la chambre dans le salon qui la sépare de la galerie, dont, depuis quelque temps, on avoit fermé ce salon d'une porte pour en faire un grand cabinet. On y ouvrit des fenêtres, et les deux princes, ayant chacun sa princesse à son côté, s'assirent sur un même canapé près des fenêtres, le dos à la galerie, tout le monde épars, assis et debout, et en confusion dans ce salon, et les dames les plus familières par terre aux pieds ou proche du canapé des princes.

Là, dans la chambre et par tout l'appartement, on lisoit apertement sur les visages. Monseigneur n'étoit plus ; on le savoit, on le disoit ; nul contrainte ne retenoit plus à son égard, et ces premiers moments étoient ceux des premiers mouvements peints au naturel, et pour lors affranchis de toute politique, quoique avec sagesse, par le trouble, l'agitation, la surprise, la foule, le spectacle confus de cette nuit si rassemblée.

Les premières pièces offroient les mugissements contenus des valets, désespérés de la perte d'un maître si fait exprès pour eux, et pour les consoler d'une autre qu'ils ne prévoyoient qu'avec transissement, et qui par celle-ci devenoit la leur propre. Parmi eux s'en remarquoient d'autres des plus éveillés de gens principaux de la cour, qui étoient accourus aux nouvelles, et qui montroient bien à leur air de quelle boutique ils étoient balayeurs.

Plus avant commençoit la foule des courtisans de toute

espèce. Le plus grand nombre, c'est-à-dire les sots, tiroient des soupirs de leurs talons, et, avec des yeux égarés et secs, louoient Monseigneur, mais toujours de la même louange, c'est-à-dire de bonté, et plaignoient le Roi de la perte d'un si bon fils. Les plus fins d'entre eux, ou les plus considérables, s'inquiétoient déjà de la santé du Roi; ils se savoient bon gré de conserver tant de jugement parmi ce trouble, et n'en laissoient pas douter par la fréquence de leurs répétitions. D'autres, vraiment affligés, et de cabale frappée, pleuroient amèrement, ou se contenoient avec un effort aussi aisé à remarquer que les sanglots. Les plus forts de ceux-là, ou les plus politiques, les yeux fichés à terre, et reclus en des coins, méditoient profondément aux suites d'un événement si peu attendu, et bien davantage sur eux-mêmes. Parmi ces diverses sortes d'affligés, point ou peu de propos, de conversation nulle, quelque exclamation parfois échappée à la douleur, et parfois répondue par une douleur voisine, un mot en un quart d'heure, des yeux sombres ou hagards, des mouvements de mains moins rares qu'involontaires, immobilité du reste presque entière; les simples curieux et peu soucieux presque nuls, hors les sots, qui avoient le caquet en partage, les questions, et le redoublement du désespoir des affligés, et l'importunité pour les autres. Ceux qui déjà regardoient cet événement comme favorable avoient beau pousser la gravité jusqu'au maintien chagrin et austère, le tout n'étoit qu'un voile clair, qui n'empêchoit pas de bons yeux de remarquer et de distinguer tous leurs traits. Ceux-ci se tenoient aussi tenaces en place que les plus touchés, en garde contre l'opinion, contre la curiosité, contre leur satisfaction, contre leurs mouvements; mais leurs yeux suppléoient au peu d'agitation de leurs corps. Des changements de posture, comme des gens peu assis ou mal debout; un certain soin de s'éviter les uns les autres, même de se rencontrer des yeux; les accidents momentanés qui arrivoient de ces rencontres; un je ne sais quoi de plus vif[1], de plus libre en toute la personne, à travers le soin de se tenir et de se composer; un vif. une sorte d'étincelant autour d'eux, les distinguoit malgré qu'ils en eussent.

Les deux princes et les deux princesses assises à leurs côtés, prenant soin d'eux, étoient les plus exposés à la pleine vue. Mgr le duc de Bourgogne pleuroit d'attendrissement et de bonne foi, avec un air de douceur, des larmes de nature, de religion, de patience. M. le duc de Berry, tout d'aussi bonne foi, en versoit en abondance, mais des larmes pour ainsi dire sanglantes, tant l'amertume en paroissoit grande, et poussoit non des sanglots, mais des cris, mais des hurlements. Il se taisoit parfois, mais de suffocation, puis éclatoit, mais avec un tel bruit, et un bruit si fort, la trompette forcée du désespoir, que la plupart éclatoient aussi à ces redoublements si douloureux, ou par un aiguillon d'amertume, ou par un aiguillon de bienséance. Cela fut au point qu'il fallut le déshabiller là même, et se précautionner de remèdes et de gens de la Faculté. Mme la duchesse de Berry étoit hors d'elle; on verra bientôt pourquoi. Le désespoir le plus amer étoit peint avec horreur sur son visage. On y voyoit comme écrit une rage de douleur, non d'amitié, mais d'intérêt; des intervalles secs, mais profonds et farouches, puis un torrent de larmes et de gestes involontaires, et cependant retenus, qui montroit une amertume d'âme extrême, fruit de la méditation profonde qui venoit de précéder. Souvent réveillée par les cris de son époux, prompte à le secourir, à le soutenir, à l'embrasser, à lui présenter quelque chose à sentir, on voyoit un soin vif pour lui, mais tôt après une chute profonde en elle-même, puis un torrent de larmes qui lui aidoient à suffoquer ses cris. Mme la duchesse de Bourgogne consoloit aussi son époux, et y avoit moins de peine qu'à acquérir le besoin d'être elle-même consolée, à quoi pourtant, sans rien montrer

---

1. *Vif* est biffé au manuscrit, mais il ne nous semble pas que ce soit de la main de Saint-Simon.

de faux, on voyoit bien qu'elle faisoit de son mieux pour s'acquitter d'un devoir pressant de bienséance sentie, mais qui se refuse au plus grand besoin : le fréquent moucher répondoit aux cris du prince son beau-frère ; quelques larmes amenées du spectacle, et souvent entretenues avec soin, fournissoient à l'art du mouchoir pour rougir et grossir les yeux et barbouiller le visage, et cependant le coup d'œil fréquemment dérobé se promenoit sur l'assistance et sur la contenance de chacun.

Le duc de Beauvillier, debout auprès d'eux, l'air tranquille et froid, comme à chose non avenue ou à spectacle ordinaire, donnoit ses ordres pour le soulagement des princes, pour que peu de gens entrassent, quoique les portes fussent ouvertes à chacun, en un mot pour tout ce qu'il étoit besoin, sans empressement, sans se méprendre en quoi que ce soit ni aux gens ni aux choses : vous l'auriez cru au lever ou au petit couvert, servant à l'ordinaire. Ce flegme dura sans la moindre altération, également éloigné d'être aise, par religion, et de cacher aussi le peu d'affliction qu'il ressentoit, pour conserver toujours la vérité.

Madame, rhabillée en grand habit, arriva hurlante, ne sachant bonnement pourquoi ni l'un ni l'autre, les inonda tous de ses larmes en les embrassant, fit retentir le château d'un renouvellement de cris, et fournit un spectacle bizarre d'une princesse qui se remet en cérémonie, en pleine nuit, pour venir pleurer et crier parmi une foule de femmes en déshabillé de nuit, presque en mascarades.

Mme la duchesse d'Orléans s'étoit éloignée des princes, et s'étoit assise le dos à la galerie, vers la cheminée, avec quelques dames. Tout étant fort silencieux autour d'elle, ces dames peu à peu se retirèrent d'auprès elle, et lui firent grand plaisir. Il n'y resta que la duchesse Sforze, la duchesse de Villeroy, Mme de Castries, sa dame d'atour, et Mme de Saint-Simon. Ravies de leur liberté, elles s'approchèrent en un tas, tout le long d'un lit de veille à pavillon et le joignant; et comme elles étoient toutes affectées de même à l'égard de l'événement qui rassembloit là tant de monde, elles se mirent à en deviser tout bas ensemble dans ce groupe avec liberté.

Dans la galerie et dans ce salon il y avoit plusieurs lits de veille, comme dans tout le grand appartement, pour la sûreté, où couchoient des Suisses de l'appartement et des frotteurs, et ils y avoient été mis à l'ordinaire avant les mauvaises nouvelles de Meudon. Au fort de la conversation de ces dames, Mme de Castries, qui touchoit au lit, le sentit remuer, et en fut fort effrayée, car elle l'étoit de tout, quoique avec beaucoup d'esprit. Un moment après elles virent un gros bras presque nu relever tout à coup le pavillon, qui leur montra un bon gros Suisse entre deux draps, demi-éveillé et tout ébahi, très-long à reconnoître son monde, qu'il regardoit fixement l'un après l'autre, qui enfin, ne jugeant pas à propos de se lever en si grande compagnie, se renfonça dans son lit et ferma son pavillon. Le bonhomme s'étoit apparemment couché avant que personne eût rien appris, et avoit assez profondément dormi depuis pour ne s'être réveillé qu'alors. Les plus tristes spectacles sont assez souvent sujets aux contrastes les plus ridicules : celui-ci fit rire quelque dame de là autour, et quelque peur[1] à Mme la duchesse d'Orléans et à ce qui causoit avec elle d'avoir été entendues; mais, réflexion faite, le sommeil et la grossièreté du personnage les rassura.

La duchesse de Villeroy, qui ne faisoit presque que les joindre, s'étoit fourrée un peu auparavant dans le petit cabinet, avec la comtesse de Roucy et quelques dames du palais, dont Mme de Lévy n'avoit osé approcher, par penser trop conformément à la duchesse de Villeroy. Elles y étoient quand j'arrivai.

Je voulois douter encore, quoique tout me montrât ce qui étoit, mais je ne pus me résoudre à m'abandonner à

---

1. Et fit quelque peur.

le croire que le mot ne m'en fût prononcé par quelqu'un à qui on pût ajouter foi. Le hasard me fit rencontrer M. d'O, à qui je le demandai, et qui me le dit nettement. Cela su, je tâchai de n'en être pas bien aise. Je ne sais pas trop si j'y réussis bien, mais au moins est-il vrai que ni joie ni douleur n'émoussèrent ma curiosité, et qu'en prenant bien garde à conserver toute bienséance, je ne me crus pas engagé par rien au personnage douloureux. Je ne craignois plus les retours du feu de la citadelle de Meudon, ni les cruelles courses de son implacable garnison, et je me contraignis moins qu'avant le passage du Roi pour Marly de considérer plus librement toute cette nombreuse compagnie, d'arrêter mes yeux sur les plus touchés et sur ceux qui l'étoient le moins avec une affection différente, de suivre les uns et les autres de mes regards, et de les en percer tous à la dérobée. Il faut avouer que, pour qui est bien au fait de la carte intime d'une cour, les premiers spectacles d'événements rares de cette nature, si intéressante à tant de divers égards, sont d'une satisfaction extrême : chaque visage vous rappelle les soins, les intrigues, les sueurs employées à l'avancement des fortunes, à la formation, à la force des cabales, les adresses à se maintenir et à en écarter d'autres, les moyens de toute espèce mis en œuvre pour cela, les liaisons plus ou moins avancées, les éloignements, les froideurs, les haines, les mauvais offices, les manéges, les avances, les ménagements, les petitesses, les bassesses de chacun, le déconcertement des uns au milieu de leur chemin, au milieu ou au comble de leurs espérances, la stupeur de ceux qui en jouissoient en plein, le poids donné du même coup à leurs contraires et à la cabale opposée, la vertu de ressort qui pousse dans cet instant leurs menées et leurs concerts à bien, la satisfaction extrême et inespérée de ceux-là, et j'en étois des plus avant, la rage qu'en conçoivent les autres, leur embarras et leur dépit à le cacher. La promptitude des yeux à voler partout en sondant les âmes, à la faveur de ce premier trouble de surprise et de dérangement subit, la combinaison de tout ce qu'on y remarque, l'étonnement de ne pas trouver ce qu'on avoit cru de quelques-uns, faute de cœur ou d'assez d'esprit en eux, et plus en d'autres qu'on n'avoit pensé, tout cet amas d'objets vifs et de choses si importantes forme un plaisir à qui le sait prendre qui, tout peu solide qu'il devient, est un des plus grands dont on puisse jouir dans une cour.

Ce fut donc à celui-là que je me livrai tout entier en moi-même, avec d'autant plus d'abandon que, dans une délivrance bien réelle, je me trouvois étroitement lié et embarqué avec les têtes principales qui n'avoient point de larmes à donner à leurs yeux. Je jouissois de leur avantage sans contre-poids, et de leur satisfaction qui augmentoit la mienne, qui consolidoit mes espérances, qui me les élevoit, qui m'assuroit un repos auquel, sans cet événement, je voyois si peu d'apparence que je ne cessois point de m'inquiéter d'un triste avenir, et que d'autre part, ennemi de liaison, et presque personnel, des principaux personnages que cette perte accabloit, je vis, premier coup d'œil vivement porté, tout ce qui leur échappoit et tout ce qui les accableroit, avec un plaisir qui ne se peut rendre. J'avois si fort imprimé dans ma tête les différentes cabales, leurs subdivisions, leurs replis, leurs divers personnages et leurs degrés, la connoissance de leurs chemins, de leurs ressorts, de leurs divers intérêts, que la méditation de plusieurs jours ne m'auroit pas développé et représenté toutes ces choses plus nettement que ce premier aspect de tous ces visages, qui me rappeloient encore ceux que je ne voyois pas, et qui n'étoient pas les moins friands à s'en repaître.

Je m'arrêtai donc un peu à considérer le spectacle de ces différentes pièces de ce vaste et tumultueux appartement. Cette sorte de désordre dura bien une heure, où la duchesse du Lude ne parut point, retenue au lit par la goutte. A la fin M. de Beauvillier s'avisa qu'il étoit temps de délivrer les deux princes d'un si fâcheux public. Il leur proposa donc que M. et Mme la duchesse de Berry se retirassent dans leur appartement, et le monde de celui de Mme la duchesse de Bourgogne. Cet avis fut aussitôt embrassé. M. le duc de Berry s'achemina donc, partie seul et quelquefois appuyé par son épouse, Mme de Saint-Simon avec eux, et une poignée de gens. Je les suivis de loin, pour ne pas exposer ma curiosité plus longtemps. Ce prince vouloit coucher chez lui, mais Mme la duchesse de Berry ne le voulut pas quitter ; il était si suffoqué et elle aussi, qu'on fit demeurer auprès d'eux une Faculté complète et munie.

Toute leur nuit se passa en larmes et en cris. De fois à autre M. le duc de Berry demandoit des nouvelles de Meudon, sans vouloir comprendre la cause de la retraite du Roi à Marly. Quelquefois il s'informoit s'il n'y avoit plus d'espérance ; il vouloit envoyer aux nouvelles ; et ce ne fut qu'assez avant dans la matinée que le funeste rideau fut tiré de devant ses yeux, tant la nature et l'intérêt ont de peine à se persuader des maux extrêmes sans remède. On ne peut rendre l'état où il fut quand il le sentit enfin dans toute son étendue. Celui de Mme la duchesse de Berry ne fut guère meilleur, mais qui ne l'empêcha pas de prendre de lui tous les soins possibles.

La nuit de M. et de Mme la duchesse de Bourgogne fut plus tranquille ; ils se couchèrent assez paisiblement. Mme de Lévy dit tout bas à la princesse que, n'ayant pas lieu d'être affligée, il seroit horrible de lui voir jouer la comédie. Elle répondit bien naturellement que, sans comédie, la pitié et le spectacle la touchoient et la bienséance la contenoit, et rien de plus ; et en effet elle se tint dans ces bornes-là, avec vérité et avec décence. Ils voulurent que quelques-unes des dames du palais passassent la nuit dans leur chambre dans des fauteuils. Le rideau demeura ouvert, et cette chambre devint aussitôt le palais de Morphée. Le prince et la princesse s'endormirent promptement, s'éveillèrent une fois ou deux un instant; à la vérité ils se levèrent d'assez bonne heure, et assez doucement. Le réservoir d'eau étoit tari chez eux; les larmes ne revinrent plus depuis que rares et foibles, à force d'occasion. Les dames qui avoient veillé et dormi dans cette chambre contèrent à leurs amis ce qui s'y étoit passé. Personne n'en fut surpris, et comme il n'y avoit plus de Monseigneur, personne aussi n'en fut scandalisé.

Mme de Saint-Simon et moi, au sortir de chez M. et Mme la duchesse de Berry, nous fûmes encore deux heures ensemble. La raison plutôt que le besoin nous fit coucher, mais avec si peu de sommeil qu'à sept heures du matin j'étois debout; mais, il faut l'avouer, de telles insomnies sont douces, et de tels réveils savoureux.

L'horreur régnoit à Meudon. Dès que le Roi en fut parti, tout ce qu'il y avoit de gens de la cour le suivirent, et s'entassèrent dans ce qui se trouva de carrosses, et dans ce qu'il en vint aussitôt après. En un instant Meudon se trouva vide. Mlle de Lislebonne et Mlle de Melun montèrent chez Mlle Choin, qui, recluse dans son grenier, ne faisoit que commencer à entrer dans les transes funestes. Elle avoit tout ignoré, personne n'avoit pris soin de lui apprendre de tristes nouvelles. Elle ne fut instruite de son malheur que par les cris. Ces deux amies la jetèrent dans un carrosse de louage qui se trouva encore là par hasard, y montèrent avec elle, et la menèrent à Paris.

Pontchartrain, avant partir, monta chez Voysin. Il trouva ses gens difficiles à ouvrir, et lui profondément endormi. Il s'étoit couché sans aucun soupçon sinistre, et fut étrangement surpris à ce réveil. Le comte de Brionne le fut bien davantage. Lui et ses gens s'étoient couchés dans la même confiance; personne ne songea à eux. Lorsqu'en se levant il sentit ce grand silence, il voulut aller aux nouvelles, et ne trouva personne, jusqu'à ce que, dans cette surprise, il apprit enfin ce qui étoit arrivé.

Cette foule de bas officiers de Monseigneur, et bien d'autres, errèrent toute la nuit dans les jardins. Plusieurs courtisans étoient partis épars à pied. La dissipation fut entière et la dispersion générale. Un ou deux valets au plus demeurèrent auprès du corps; et, ce qui est très-digne de louange, la Vallière fut le seul des courtisans qui, ne l'ayant point abandonné pendant sa vie, ne l'abandonna point après sa mort. Il eut peine à trouver quelqu'un pour aller chercher des capucins pour venir prier Dieu auprès du corps. L'infection en devint si prompte et si grande que l'ouverture des fenêtres qui donnoient en portes sur la terrasse ne suffit pas, et que la Vallière, les capucins et ce très-peu de bas étage qui étoit demeuré passèrent la nuit dehors. Du Mont et Casau son neveu, navrés de la plus extrême douleur, y étoient ensevelis dans la capitainerie. Ils perdoient tout, après une longue vie toute de petits soins, d'assiduité, de travail, soutenue par les plus flatteuses et les plus raisonnables espérances, et les plus longuement prolongées, qui leur échappoient en un moment. A peine sur le matin du Mont put-il donner quelques ordres. Je plaignis celui-là avec amitié.

On s'étoit reposé sur une telle confiance que personne n'avoit songé que le Roi pût aller à Marly. Aussi n'y trouva-t-il rien de prêt : point de clefs des appartements, à peine quelque bout de bougie, et même de chandelle. Le Roi fut plus d'une heure dans cet état, avec Mme de Maintenon, dans son antichambre à elle, Madame la Duchesse, Mme la princesse de Conti, Mmes de Dangeau et de Caylus, celle-ci accourue de Versailles auprès de sa tante. Mais ces deux dames ne se tinrent que peu, par-ci par-là, dans cette antichambre, par discrétion; ce qui avoit suivi et qui arrivoit à la file étoit dans le salon, en même désarroi et sans savoir où gîter. On fut longtemps à tâtons, et toujours sans feu, et toujours les clefs mêlées, égarées par l'égarement des valets. Les plus hardis de ce qui étoit dans le salon montrèrent peu à peu le nez dans l'antichambre, où Mme d'Espinoy ne fut pas des dernières ; et de l'un à l'autre tout ce qui étoit venu s'y présenta, poussés de curiosité et de desir de tâcher que leur empressement fût remarqué. Le Roi, reculé en un coin, assis entre Mme de Maintenon et les deux princesses, pleuroit à longues reprises. Enfin la chambre de Mme de Maintenon fut ouverte, qui le délivra de cette importunité. Il y entra seul avec elle, et y demeura encore une heure. Il alla ensuite se coucher, qu'il étoit près de quatre heures du matin, et la laissa en liberté de respirer et de se rendre à elle-même. Le Roi couché, chacun sut enfin où loger ; et Bloin eut ordre de répandre que les gens qui desireroient des logements à Marly s'adressassent à lui, pour qu'il en rendît compte au Roi et qu'il avertît les élus.

Monseigneur étoit plutôt grand que petit, fort gros, mais sans être trop entassé, l'air fort haut et fort noble, sans rien de rude, et il auroit eu le visage fort agréable si M. le prince de Conti, le dernier mort, ne lui avoit pas cassé le nez par malheur en jouant, étant tous deux enfants. Il étoit d'un fort beau blond, avoit le visage fort rouge de hâle partout et fort plein, mais sans aucune physionomie, les plus belles jambes du monde, les pieds singulièrement petits et maigres. Il tâtonnoit toujours en marchant, et mettoit le pied à deux fois : il avoit toujours peur de tomber, et il se faisoit aider pour peu que le chemin ne fût pas parfaitement droit et uni. Il étoit fort bien à cheval et y avoit grande mine, mais il n'y étoit pas hardi. Casau couroit devant lui à la chasse ; s'il le perdoit de vue, il croyoit tout perdu ; il n'alloit guère qu'au petit galop, et attendoit souvent sous un arbre ce que devenoit la chasse, la cherchoit lentement, et s'en revenoit. Il avoit fort aimé la table, mais toujours sans indécence. Depuis cette grande indigestion qui fut prise d'abord pour apoplexie, il ne faisoit guère qu'un vrai repas, et se contenoit fort, quoique grand mangeur comme toute la maison royale. Presque tous ses portraits lui ressemblent bien.

De caractère, il n'en avoit aucun; du sens assez, sans aucune sorte d'esprit, comme il parut dans l'affaire du testament du roi d'Espagne; de la hauteur, de la dignité par nature, par prestance, par imitation du Roi; de l'opiniâtreté sans mesure, et un tissu de petitesses arrangées, qui formoient tout le tissu de sa vie; doux par paresse et par une sorte de stupidité, dur au fond, avec un extérieur de bonté qui ne portoit que sur des subalternes, et sur des valets, et qui ne s'exprimoit que par des questions basses; il étoit avec eux d'une familiarité prodigieuse, d'ailleurs insensible à la misère et à la douleur des autres, en cela peut-être plutôt en proie à l'incurie et à l'imitation qu'à un mauvais naturel; silencieux jusqu'à l'incroyable, conséquemment fort secret, jusque-là qu'on a cru qu'il n'avoit jamais parlé d'affaires d'État à la Choin, peut-être que parce que tous n'y entendoient guère[1]. L'épaisseur d'une part, la crainte de l'autre, formoient en ce prince une retenue qui a peu d'exemples; en même temps glorieux à l'excès, ce qui est plaisant à dire d'un Dauphin, jaloux du respect, et presque uniquement attentif et sensible à ce qui lui étoit dû, et partout. Il dit une fois à Mlle Choin, sur ce silence dont elle lui parloit, que les paroles de gens comme lui portant un grand poids, et obligeant ainsi à de grandes réparations quand elles n'étoient pas mesurées, il aimoit mieux très-souvent garder le silence que de parler. C'étoit aussi plus tôt fait pour sa paresse et sa parfaite incurie; et cette maxime excellente, mais qu'il outroit, étoit apparemment une des leçons du Roi ou du duc de Montausier qu'il avoit le mieux retenue.

Son arrangement étoit extrême pour les affaires particulières : il écrivoit lui-même toutes ses dépenses prises sur lui; il savoit ce que lui coûtoient les moindres choses, quoique il dépensât infiniment en bâtiments, en meubles, en joyaux de toute espèce, en voyages de Meudon, et à

---

1. Tel est bien le texte du manuscrit.

l'équipage du loup, dont il s'étoit laissé accroire qu'il aimoit la chasse. Il avoit fort aimé toute sorte de gros jeu, mais depuis qu'il s'étoit mis à bâtir il s'étoit réduit à des jeux médiocres ; du reste, avare au delà de toute bienséance, excepté de très-rares occasions, qui se bornoient à quelques pensions à des valets ou à quelques médiocres domestiques ; mais assez d'aumônes au curé et aux capucins de Meudon.

Il est inconcevable le peu qu'il donnoit à la Choin, si fort sa bien-aimée : cela ne passoit point quatre cents louis par quartier, en or, quoi qu'ils valussent, faisant pour tout seize cents louis par an. Il les lui donnoit lui-même, de la main à la main, sans y ajouter ni s'y méprendre jamais d'une pistole, et tout au plus une boîte ou deux par an ; encore y regardoit-il de fort près.

Il faut rendre justice à cette fille, et convenir aussi qu'il est difficile d'être plus désintéressée qu'elle l'étoit, soit qu'elle en connût la nécessité avec ce prince, soit plutôt que cela lui fût naturel, comme il a paru dans tout le tissu de sa vie. C'est encore un problème si elle étoit mariée ; tout ce qui a été le plus intimement initié dans leurs mystères s'est toujours fortement récrié qu'il n'y a jamais eu de mariage. Ce n'a jamais été qu'une grosse camarde brune, qui avec toute la physionomie d'esprit, et aussi le jeu, n'avoit l'air que d'une servante, et qui longtemps avant cet événement-ci étoit devenue excessivement grasse, et encore vieille et puante. Mais de la voir aux *parvulo* de Meudon, dans un fauteuil devant Monseigneur, en présence de tout ce qui y étoit admis, M{{me}} la duchesse de Bourgogne et M{{me}} la duchesse de Berry, qui y fut tôt introduite, chacune sur un tabouret, dire devant Monseigneur et tout cet intérieur *la duchesse de Bourgogne* et *la duchesse de Berry* et *le duc de Berry*, en parlant d'eux, répondre souvent sèchement aux deux filles de la maison, les reprendre, trouver à redire à leur ajustement, et quelquefois à leur air et à leur conduite, et le leur dire, on a peine à tout cela à ne pas reconnoître la belle-mère et la parité avec Mme de Maintenon. A la vérité, elle ne disoit pas *mignonne* en parlant à Mme la duchesse de Bourgogne, qui l'appeloit *Mademoiselle*, et non *ma tante*; mais aussi c'étoit toute la différence d'avec Mme de Maintenon. D'ailleurs encore, cela n'avoit jamais pris de même entre elles. Madame la Duchesse, les deux Lislebonnes et tout cet intérieur y étoit un obstacle; et Mme la duchesse de Bourgogne, qui le sentoit et qui étoit timide, se trouvoit toujours gênée et en brassière à Meudon, tandis qu'entre le Roi et Mme de Maintenon elle jouissoit de toute aisance et de toute liberté. De voir encore Mlle Choin à Meudon, pendant une maladie si périlleuse, voir Monseigneur plusieurs fois le jour, le Roi non-seulement le savoir, mais demander à Mme de Maintenon, qui, à Meudon non plus qu'ailleurs, ne voyoit[1] personne, et qui n'entra peut-être pas deux fois chez Monseigneur, lui demander, dis-je, si elle avoit vu la Choin, et trouver mauvais qu'elle ne l'eût pas vue, bien loin de la faire sortir du château, comme on le fait toujours en ces occasions, c'est encore une preuve du mariage d'autant plus grande que Mme de Maintenon, mariée elle-même, et qui affichoit si fort la pruderie et la dévotion, n'avoit, ni le Roi non plus, aucun intérêt d'exemple et de ménagement à garder là-dessus s'il n'y avoit point de sacrement, et on ne voit point qu'en aucun temps la présence de Mlle Choin ait causé le plus léger embarras. Cet attachement incompréhensible, et si semblable en tout à celui du Roi, à la figure près de la personne chérie, est peut-être l'unique endroit par où le fils ait ressemblé au père.

Monseigneur, tel pour l'esprit qu'il vient d'être représenté, n'avoit pu profiter de l'excellente culture qu'il reçut du duc de Montausier, et de Bossuet et de Fléchier, évêques de Meaux et de Nîmes. Son peu de lumière, s'il en eut jamais, s'éteignit au contraire sous la rigueur d'une

---

1. On lit ici *et* au manuscrit.

éducation dure et austère, qui donna le dernier poids à sa timidité naturelle, et le dernier degré d'aversion pour toute espèce, non pas de travail et d'étude, mais d'amusement d'esprit, en sorte que, de son aveu, depuis qu'il avoit été affranchi des maîtres, il n'avoit de sa vie lu que l'article de Paris de la *Gazette de France*, pour y voir les morts et les mariages.

Tout contribua donc en lui, timidité naturelle, dur joug d'éducation, ignorance parfaite et défaut de lumière, à le faire trembler devant le Roi, qui, de son côté, n'omit rien pour entretenir et prolonger cette terreur toute sa vie. Toujours roi, presque jamais père avec lui, ou s'il lui en échappa bien rarement quelques traits, ils ne furent jamais purs et sans mélange de royauté, non pas même dans les moments les plus particuliers et les plus intérieurs. Ces moments même étoient rares tête à tête, et n'étoient que des moments presque toujours en présence des bâtards et des valets intérieurs, sans liberté, sans aisance, toujours en contrainte et en respect, sans jamais oser rien hasarder ni usurper, tandis que tous les jours il voyoit faire l'un et l'autre au duc du Maine avec succès, et Mme la duchesse de Bourgogne dans une habitude de tous les temps particuliers, des plus familiers badinages, et des privautés avec le Roi quelquefois les plus outrées. Il en sentoit contre eux une secrète jalousie, mais qui ne l'élargissoit pas. L'esprit ne lui fournissoit rien comme à M. du Maine, fils d'ailleurs de la personne et non de la royauté, et en telle disproportion qu'elle n'étoit point en garde. Il n'étoit plus de l'âge de Mme la duchesse de Bourgogne, à qui on passoit encore les enfances par habitude et par la grâce qu'elle y mettoit. Il ne lui restoit donc que la qualité de fils et de successeur, qui étoit précisément ce qui tenoit le Roi en garde, et lui sous le joug. Il n'avoit donc pas l'ombre seulement de crédit auprès du Roi; il suffisoit même que son goût se marquât pour quelqu'un pour que ce quelqu'un en sentît un contre-coup nuisible; et le Roi étoit si jaloux de montrer qu'il ne pouvoit rien, qu'il n'a rien fait pour aucun de ceux qui se sont attachés à lui faire une cour plus particulière, non pas même pour aucun de ses menins, quoique choisis et nommés par le Roi, qui même eût trouvé très-mauvais qu'ils n'eussent pas suivi Monseigneur avec grande assiduité. J'en excepte d'Antin, qui a été sans comparaison de personne, et Dangeau, qui ne l'a été que de nom, qui tenoit au Roi d'ailleurs, et dont la femme étoit dans la parfaite intimité de Mme de Maintenon. Les ministres n'osoient s'approcher de Monseigneur, qui aussi ne se commettoit comme jamais à leur rien demander, et si quelqu'un d'eux ou des courtisans considérables étoient bien avec lui, comme le chancelier, le Premier[1], Harcourt, le maréchal d'Huxelles, ils s'en cachoient avec un soin extrême, et Monseigneur s'y prêtoit. Si le Roi en découvroit, il traitoit cela de cabale; on lui devenoit suspect et on se perdoit. Ce fut la cause de l'éloignement si marqué pour M. de Luxembourg, que ni la privance de sa charge, ni la nécessité de s'en servir à la tête des armées, ni les succès qu'il y eut, ni que[2] toutes les flatteries et les bassesses qu'il employa ne purent jamais rapprocher. Aussi Monseigneur, pressé de s'intéresser pour quelqu'un, répondoit franchement que ce seroit le moyen de tout gâter pour lui.

Il lui est quelquefois échappé des monosyllabes de plaintes amères là-dessus, quelquefois après avoir été refusé du Roi, et toujours avec sécheresse; et la dernière fois de sa vie qu'il alla à Meudon, d'où il ne revint plus, il y arriva si outré d'un refus de fort peu de chose qu'il avoit demandé au Roi pour Casau, qui me l'a conté, qu'il lui protesta qu'il ne lui arriveroit jamais plus de s'exposer pour personne, et de dépit le consola par les espérances d'un temps plus favorable, lorsque la nature l'ordonneroit, qui étoit, pour lui, dire comme par prodige. Ainsi on remarquera en passant que Monsieur et

---

1. Voyez tome I, p. 98, note 1.
2. Ce second *que* est écrit en interligne.

Monseigneur moururent tous deux dans des moments où ils étoient outrés contre le Roi.

La part entière que Monseigneur avoit à tous les secrets de l'État, depuis bien des années, n'avoit jamais eu aucune influence aux affaires : il les savoit, et c'étoit tout. Cette sécheresse, peut-être aussi son peu d'intelligence, l'en faisoit retirer tant qu'il pouvoit. Il étoit cependant assidu aux conseils d'État, mais quoique il eût la même entrée en ceux de finance et de dépêches, il n'y alloit presque jamais. Pour au travail particulier du Roi, il n'en fut pas question pour lui, et hors de grandes nouvelles, pas un ministre n'alloit jamais lui rendre compte de rien, beaucoup moins les généraux d'armée, ni ceux qui revenoient d'être employés au dehors.

Ce peu d'onction et de considération, cette dépendance, jusqu'à la mort, de n'oser faire un pas hors de la cour sans le dire au Roi, équivalent de permission, y mettoit Monseigneur en malaise. Il y remplissoit les devoirs de fils et de courtisan avec la régularité la plus exacte, mais toujours la même, sans y rien ajouter, et avec un air plus respectueux et plus mesuré qu'aucun sujet. Tout cela ensemble lui faisoit trouver Meudon et la liberté qu'il y goûtoit délicieuse ; et bien qu'il ne tînt qu'à lui de s'apercevoir souvent que le Roi étoit peiné de ces fréquentes séparations, et par la séparation même, et par celle de la cour, surtout les étés qu'elle n'étoit pas nombreuse à cause de la guerre, il n'en fit jamais semblant, et ne changea rien en ses voyages, ni pour leur nombre ni pour leur durée. Il étoit fort peu à Versailles, et rompoit souvent par des Meudons de plusieurs jours les Marlis quand ils s'allongeoient trop. De tout cela, on peut juger quelle pouvoit être la tendresse de cœur ; mais le respect, la vénération, l'admiration, l'imitation en tout ce qui étoit de sa portée étoit visible, et ne se démentit jamais, non plus que la crainte, la frayeur et la conduite.

On a prétendu qu'il avoit une appréhension extrême de perdre le Roi : il n'est pas douteux qu'il n'ait montré ce sentiment ; mais d'en concilier la vérité avec celles qui viennent d'être rapportées, c'est ce qui ne paroit pas aisé. Toujours est-il certain que, quelques mois avant sa mort, M⁰ᵉ la duchesse de Bourgogne l'étant allée voir à Meudon, elle monta dans le sanctuaire de son entre-sol, suivie de Mme de Nogaret, qui par Biron, et par elle-même encore, en avoit la privance, et qu'elles y trouvèrent Monseigneur avec Mlle Choin, Madame la Duchesse et les deux Lislebonnes, fort occupés à une table sur laquelle étoit un grand livre d'estampes du sacre, et Monseigneur fort appliqué à les considérer, à les expliquer à la compagnie, et recevant avec complaisance les propos qui le regardoient là-dessus, jusqu'à lui dire : « Voilà donc celui qui vous mettra les éperons, cet autre le manteau royal, les pairs qui vous mettront la couronne sur la tête, » et ainsi du reste, et que cela dura fort longtemps. Je le sus deux jours après de Mme de Nogaret, qui en fut fort étonnée, et que l'arrivée de Mme la duchesse de Bourgogne n'eût pas interrompu cet amusement singulier, qui ne marquoit pas une si grande appréhension de perdre le Roi et de le devenir lui-même.

Il n'avoit jamais pu aimer Mme de Maintenon, ni se ployer à obtenir rien par son entremise. Il l'alloit voir un moment au retour du peu de campagnes qu'il a faites, ou aux occasions très-rares ; jamais de particulier ; quelquefois il entroit chez elle un instant avant le souper, pour y suivre le Roi. Elle aussi avoit à son égard une conduite fort sèche, et qui lui faisoit sentir qu'elle le comptoit pour rien. La haine commune des deux sultanes contre Chamillart, et le besoin de tout pour le renverser, les rapprocha comme il a été dit, et fit le miracle d'y faire entrer puissamment Monseigneur, mais qui ne l'eût jamais osé sans l'impulsion toute-puissante de la sienne, la sûreté de l'appui de l'autre, et tout ce qui s'en mêla. Aussi ce rapprochement ne fit depuis que se refroidir et s'éloigner peu à peu.

Avec Mlle Choin, sa vraie confiance étoit en Mlle de Lislebonne, et par l'intime union des deux sœurs, avec Mme d'Espinoy. Presque tous les matins, il alloit prendre du chocolat chez la première. C'étoit l'heure des secrets, qui étoit inaccessible sans réserve, excepté à l'unique Mme d'Espinoy. Par elles, plus que par soi-même, tenoit le reste de considération et de commerce avec Mme la princesse de Conti, et même l'amitié avec Madame la Duchesse, que soutenoient les amusements qu'il trouvoit chez elle; par là encore cette préférence du duc de Vendôme sur le prince de Conti, à la mort duquel il fut si indécemment insensible. Un tel mérite si reconnu dans un prince du sang, joint à la privance de l'éducation presque commune, et à l'habitude de toute la vie, auroit eu trop de poids sur Monseigneur devenu roi, si l'amitié première s'étoit conservée; et les sœurs, qui vouloient gouverner, écartèrent doucement ce prince. Cette même raison fut, comme on l'a dit, le fondement de cette terrible cabale, dont les effets éclatèrent dans la campagne de Lille, et furent soigneusement entretenus depuis dans l'esprit de Monseigneur, naturellement éloigné de la contrainte et de l'austérité des mœurs de Mgr le duc de Bourgogne, et que la haine de Madame la Duchesse pour Mme la duchesse de Bourgogne entretenoit pour tous les deux. Par les raisons contraires, il aimoit M. le duc de Berry, que cette cabale protégeoit pour le diviser d'avec Mgr et Mme la duchesse de Bourgogne, tellement qu'après toute leur opposition et leur dépit à tous de son mariage, Mme la duchesse de Berry ne laissa pas d'être admise aussitôt après au *parvulo*, sans même l'avoir demandé, et d'y être fort bien traitée.

Avec tout cet ascendant des deux Lislebonnes sur Monseigneur, il est pourtant vrai qu'il n'épousoit pas toutes leurs fantaisies, soit par la Choin, qui tout en les ménageant, les connoissoit bien et ne s'y fioit point, comme Bignon me l'avoit dit, soit par Madame la Duchesse, qui sûrement ne s'y fioit pas davantage, et qui n'étoit rien moins que coiffée de leurs prétentions. Inquiet à cet égard pour le futur, j'employai l'évêque de Laon pour découvrir par la Choin les sentiments de Monseigneur entre les ducs et les princes. Il étoit frère de Clermont, qui avoit été perdu pour elle, lorsque Mme la princesse de Conti la chassa, et les deux frères étoient demeurés dans la plus intime liaison avec elle. Je sus par lui qu'il étoit échappé quelquefois, quoique rarement, des choses à Monseigneur, qui montroient que tout l'empire que ces deux sœurs avoient sur lui n'alloit pas à le rendre aussi favorable à leur rang qu'elles eussent voulu, et que Mlle Choin l'ayant plus particulièrement sondé là-dessus, à la prière de l'évêque, il s'étoit expliqué fort favorablement pour le rang des ducs, et contre les injustices qu'il étoit persuadé qu'[ils] y avoient souffertes. Il étoit incapable non-seulement de mensonge mais de déguisement, et la Choin tout aussi peu capable, surtout avec l'évêque, duquel elle ne se cachoit pas, non plus qu'à Bignon, de ses secrets sentiments sur Mlle de Lislebonne et Mme d'Espinoy.

Cette réponse de Monsieur de Laon me fit souvenir de celle que Monseigneur fit au Roi, qui le trouva, comme je l'ai raconté, dans ses arrière-cabinets, au sortir de cette audience que je lui avois emblée[1] dans son cabinet sur l'affaire de la quête, et le Roi en ayant parlé à Monseigneur avec satisfaction, ce prince, à qui j'étois au moins très-indifférent, et qu'on n'avoit point instruit de notre part, lui dit qu'il savoit bien que j'avois raison.

Mlle Choin a prétendu et soutenu depuis sa mort (car pendant sa vie il ne sortoit rien d'elle) qu'il avoit autant d'opposition au mariage de Mlle de Bourbon qu'à celui de Mademoiselle, parce qu'il ne pouvoit souffrir le mélange du sang bâtard au sien. Peut-être étoit-il vrai : il a toujours montré une aversion constante à tous leurs avantages, et il ne lui est rien échappé de marqué en faveur de Mlle de Bourbon pour le mariage de M. le duc de Berry ; mais l'autorité de Madame la Duchesse étoit si entière sur

---

1. Voyez tome I, p. 46 et note 1, et tome II, p. 245 et note 1.

lui, et si solidement appuyée de celle de tout ce qui le gouvernoit, et la réunion de toute la cabale étoit si grande en faveur de Mlle de Bourbon, et se montroit si assurée là-dessus, qu'elle l'y eût sans doute amené s'il ne l'étoit déjà, comme on eut tant de raisons de le croire, opinion qui servit si utilement Mademoiselle. La Choin a même avoué depuis qu'elle-même étoit contraire à tous les deux, par cette raison de bâtardise. De celui de Mademoiselle, cela n'est pas douteux : on a vu, par ce qui se passa entre Bignon et moi, à quel point elle étoit éloignée de M. le duc d'Orléans. De l'autre, il se pouvoit bien que les vues de l'avenir lui faisoient craindre d'ajouter ce poids d'union et de crédit à Madame la Duchesse ; mais ses liaisons présentes avec elle, par ce qu'elle-même en avoua à Bignon, et qu'il me rendit, étoient si nécessaires, si grandes, si intimes, qu'il y a fort à douter qu'elle eût pu éviter d'y être entraînée, et qu'éclairée surtout d'aussi près qu'elle l'étoit par un aussi grand intérêt, et de Madame la Duchesse et des deux Lislebonnes, qui en prenoient pour les leurs autant que Madame la Duchesse elle-même, et par d'Antin, tout elles là-dessus, Mlle Choin eût osé se laisser apercevoir contraire, et qu'avec un prince aussi foible et aussi puissamment environné, elle eût osé hasarder de soutenir contre ce torrent toujours présent, elle si souvent absente.

Il ne faut pas taire un beau trait de cette fille ou femme si singulière. Monseigneur, sur le point d'aller commander l'armée de Flandres la campagne d'après celle de Lille, où pourtant il n'alla pas, fit un testament, et dans ce testament un bien fort considérable à Mlle Choin. Il le lui dit, et lui montra une lettre cachetée pour elle qui en faisoit mention, pour lui être rendue s'il mésarrivoit de lui. Elle fut extrêmement sensible, comme il est aisé de le juger, à une marque d'affection de cette prévoyance, mais elle n'eut point de repos qu'elle ne lui eût fait mettre devant elle le testament et la lettre au feu ; et protesta que si elle avoit le malheur de lui survivre, mille écus de rente qu'elle avoit amassés seroient encore trop pour elle. Après cela il est surprenant qu'il ne se soit trouvé aucune disposition dans les papiers de Monseigneur.

Quelque dure qu'eût été son éducation, il avoit conservé de l'amitié et de la considération pour le célèbre évêque de Meaux, et un vrai respect pour la mémoire du duc de Montausier, tant il est vrai que la vertu se fait honorer des hommes malgré leur goût et leur amour de l'indépendance et de la liberté. Monseigneur n'étoit pas même insensible au plaisir de la marquer à tout ce qui étoit de sa famille, et jusqu'aux anciens domestiques qu'il lui avoit connus. C'est peut-être une des choses qui a le plus soutenu d'Antin auprès de lui dans les diverses aventures de sa vie, dont la femme étoit fille de la duchesse d'Uzès, fille unique du duc de Montausier, et qu'il aimoit passionnément. Il le marqua encore à Sainte-Maure, qui, embarrassé dans ses affaires sur le point de se marier, reçut une pension de Monseigneur sans l'avoir demandée, avec ces obligeantes paroles, mais qui faisoient tant d'honneur au prince, qu'il ne manqueroit jamais au nom et au neveu de M. de Montausier. Sainte-Maure se montra digne de cette grâce : son mariage se rompit, et il ne s'est jamais marié ; il remit la pension, qui n'étoit donnée qu'en faveur du mariage. Monseigneur la reprit ; je ne dirai pas qu'il eût mieux fait de la lui laisser.

C'étoit peut-être le seul homme de qualité qu'il aidât de sa poche. Aussi tenoit-il à lui par des confidences, tandis qu'il eut des maîtresses, que le Roi ne lui souffrit guère. En leur place, il eut plutôt des soulagements passagers et obscurs que des galanteries, dont il étoit peu capable, et que du Mont et Francine, gendre de Lulli, et qui eurent si longtemps ensemble l'Opéra, lui fournirent.

A ce propos, je ne puis m'empêcher de rapporter un échantillon de sa délicatesse. Il avoit eu envie d'une de ces créatures, fort jolie. A jour pris, elle fut introduite à Versailles dans un premier cabinet, avec une autre, vilaine, pour l'accompagner. Monseigneur, averti qu'elles étoient là, ouvrit la porte, et prenant celle qui se trouva la plus proche, la tira après lui ; elle se défendit. C'étoit la vilaine, qui vit bien qu'il se méprenoit. Lui, au contraire, crut qu'elle faisoit des façons, la poussa dedans et ferma sa porte. L'autre cependant rioit de la méprise et de l'affront qu'elle s'attendoit qu'alloit avoir sa compagne d'être renvoyée, et elle appelée. Fort peu après, du Mont entra, qui, fort étonné de la voir là et seule, lui demanda ce qu'elle faisoit là, et qu'étoit devenue son amie. Elle lui conta l'aventure. Voilà du Mont à frapper à la porte, et à crier : « Ce n'est pas celle-là ; vous vous méprenez. » Point de réponse. Du Mont redouble encore sans succès. Enfin Monseigneur ouvre sa porte et pousse la créature dehors. Du Mont s'y présente avec l'autre, en disant : « Tenez donc, la voilà. — L'affaire est faite, dit Monseigneur ; ce sera pour une autre fois, » et referma sa porte. Qui fut honteuse et outrée? ce fut celle qui avoit ri, et plus qu'elle du Mont encore. La laide avoit profité de la méprise, mais elle n'osa se moquer d'eux ; la jolie fut si piquée qu'elle le conta à ses amis, tellement qu'en bref toute la cour en sut l'histoire.

La Raisin, fameuse comédienne, et fort belle, fut la seule de celles-là qui dura et qui figura dans son obscurité. On la ménageoit, et le maréchal de Noailles, à son âge et avec sa dévotion, n'étoit pas honteux de l'aller voir, et de lui fournir, à Fontainebleau, de sa table tout ce qu'il y avoit de meilleur. Il n'eut d'enfants de toutes ces sortes de créatures qu'une seule fille de celle-ci, assez médiocrement entretenue à Chaillot, chez les Augustines[1]. Cette fille fut mariée depuis sa mort par Mme la princesse de Conti, qui en prit soin, à un gentilhomme qui la perdit bientôt après. Cette indigestion qu'on prit pour une apoplexie mit fin à tous ces commerces. A son éloignement de la bâtardise, il y a apparence qu'il n'eût jamais reconnu

---

1. Saint-Simon a écrit *Augustunines*.

aucun de ces sortes d'enfants. Il n'avoit jamais pu souffrir M. du Maine, qui l'avoit peu ménagé dans les premiers temps, et qui en étoit bien en peine et en transe dans les derniers. Il traitoit le comte de Toulouse avec assez d'amitié, qui avoit toute sa vie eu pour lui de grandes attentions à lui plaire et de grands respects.

Ce qui étoit ou le mieux ou le plus familièrement avec lui parmi les courtisans étoient d'Antin et le comte de Mailly, mari de la dame d'atour, mais mort il y avoit longtemps. C'étoient en petit les deux rivaux de faveur, comme en grand M. le prince de Conti et M. de Vendôme. Les ducs de Luxembourg, Villeroy et de la Rocheguyon, et ceux-là sur un pied de considération et de quelque confiance, Sainte-Maure, le comte de Roucy, et Biron Albergotti, voilà les distingués et les marqués. De vieux seigneurs, cela l'étoit moins, et qui le voyoient très-peu chez lui : M. de la Rochefoucauld, les maréchaux de Boufflers, de Duras, de Lorges, Catinat; il les traitoit avec plus d'affabilité et de familiarité. Feu M. de Luxembourg et Clermont, frère de Monsieur de Laon, c'étoit l'intimité : j'en ai parlé ailleurs; le maréchal de Choiseul encore avec considération; sur les fins, le maréchal d'Huxelles, mais qui s'en cachoit comme Harcourt, le chancelier et le premier écuyer, qui l'avoit initié auprès de Mlle Choin, qui s'en étoit entêtée et avoit persuadé à Monseigneur que c'étoit le plus capable homme du monde pour tout. Elle avoit une chienne dont elle étoit folle, à qui tous les jours le maréchal d'Huxelles, de la porte Gaillon, où il logeoit, envoyoit des têtes de lapin rôties attenant le Petit-Saint-Antoine, où elle logeoit, et où le maréchal alloit souvent, et étoit reçu et regardé comme un oracle. Le lendemain de la mort de Monseigneur, l'envoi des têtes de lapin cessa, et oncques depuis Mlle Choin ne le revit ni n'en ouït parler[1]. A la fin, lorsqu'elle fut revenue à elle-même, elle s'en aperçut; elle s'en plaignit même comme d'un homme sur

---

[1]. Voyez le récit du même fait tome III, p. 386 et 387, et tome VII, p 266.

qui elle avoit eu lieu de compter, et qu'elle avoit fort avancé dans l'estime et la confiance de Monseigneur. Le maréchal d'Huxelles le sut : il n'en fut point embarrassé, et répondit froidement qu'il ne savoit ce qu'elle vouloit dire, qu'il ne l'avoit jamais vue que fort rarement et fort généralement, et que pour Monseigneur à peine en étoit-il connu. C'étoit un homme qui couroit en cachettes, mais plus bassement et plus avidement que personne, à tout ce qui le pouvoit conduire, et qui n'aimoit pas à se charger de reconnoissance inutile. Néanmoins cela fut su, et ne lui fit pas honneur.

Monseigneur n'eut que deux hommes d'aversion dans toute la cour, et cette aversion ne lui étoit pas inspirée comme celle de Chamillart et de quelques autres : ces deux hommes étoient le maréchal de Villeroy et M. de Lauzun. Il étoit ravi dès qu'il y avoit quelque bon conte sur eux. Le maréchal étoit plus ménagé, mais pas assez pour que lui-même n'en fût pas souvent embarrassé. Pour l'autre, Monseigneur ne s'en pouvoit contraindre ; et M. de Lauzun, au contraire du maréchal, ne s'en embarrassoit point. Je n'ai point démêlé où il avoit pris cette aversion. Il en avoit une fort marquée pour les ducs de Chevreuse et de Beauvillier, mais c'étoit l'effet de la cabale, aidée de l'entière disparité des mœurs.

A ce qui a été rapporté de l'incompréhensible crédulité de Monseigneur sur ce qui me regarde, et de la facilité avec laquelle Mme la duchesse de Bourgogne l'en fit revenir, jusqu'à lui en donner de la honte, on reconnoît aisément de quelle trempe étoit son esprit et son discernement. Aussi ceux qui l'avoient englobé, et qui avoient si beau jeu à l'infatuer de tout ce qu'ils vouloient, n'eurent-ils aucune peine à le tenir éloigné de Mgr le duc de Bourgogne, et de l'en éloigner de plus en plus par le grand intérêt qui a été mis au net plus d'une fois. On peut juger aussi ce qu'eût été le règne d'un tel prince livré en de telles mains. La division entre les deux princes étoit remarquée de toute la cour. Les mœurs du fils, sa piété, son application à s'instruire, ses talents, son esprit, toutes choses si satisfaisantes pour un père, étoient autant de démérites, parce que c'étoient autant de motifs de craindre qu'il eût part au gouvernement sous un père qui en eût connu le prix. La réputation qui en naissoit étoit un autre sujet de crainte. La façon dont le Roi commençoit à le traiter en fut un de jalousie, et tout cela fut mis en œuvre de plus en plus. Le jeune prince glissoit, avec un respect et une douceur qui auroit ramené tout autre qu'un père qui ne voyoit et ne sentoit que par autrui. Mme la duchesse de Bourgogne partageoit les mauvaises grâces de son époux, et si elle usurpoit plus de liberté et de familiarité que lui, elle essuyoit aussi des sécheresses, et quelquefois des duretés, dont la circonspection du jeune prince le garantissoit. Il voyoit Monseigneur plus en courtisan qu'en fils, sans particulier, sans entretien tête à tête; et on s'apercevoit aisément que, le devoir rempli, il ne cherchoit pas Monseigneur, et se trouvoit mieux partout ailleurs qu'auprès de lui. Madame la Duchesse avoit fort augmenté cette séparation, surtout depuis le mariage de M. le duc de Berry; et quoique, dès auparavant, Monseigneur commençât à traiter moins bien Mme la duchesse de Bourgogne, plus durement pendant la campagne de Lille, et surtout après l'expulsion du duc de Vendôme de Marly et de Meudon, les mesures s'étoient moins gardées depuis le mariage. Ce n'étoit pas que l'adroite princesse ne ramât contre le fil de l'eau, avec une application et des grâces capables de désarmer un ressentiment fondé, et que souvent elle ne réussît à ramener Monseigneur par intervalles; mais les personnes qui l'obsédoient regardoient la fonte de ces glaces comme trop dangereuse pour leurs projets, pour souffrir que la fille de la maison se remît en grâces, tellement que Mgr le duc de Bourgogne, privé des secours qu'il avoit auparavant de ce côté-là par elle, tous deux se trouvoient de jour en jour plus éloignés, et moins en état de se rapprocher. Les choses se poussèrent même si loin là-dessus, peu avant la mort de Monseigneur, sur une partie acceptée par lui à la Ménagerie, et qui fut rompue, que Mme la duchesse de Bourgogne voulut enfin essayer d'autres moyens que ceux de la patience et de la complaisance, qu'elle avoit seules employées jusqu'alors, et qu'elle fit sentir aux deux Lislebonnes, qu'elle se prendroit à elles des contre-temps qui lui arriveroient de la part de Monseigneur. Toute la cabale trembla de la menace, moins pour l'avenir que pour le temps présent, que la santé du Roi promettoit encore durable. Ils n'avoient garde de quitter prise : leur avenir si projeté en dépendoit; mais la conduite pour le présent leur devenoit épineuse par ce petit trait d'impatience et de vigueur. Les deux sœurs recherchèrent une explication, qui leur fut refusée; Madame la Duchesse s'alarma pour elle-même, et d'Antin en passa de mauvais quarts d'heure. Monseigneur essaya de raccommoder ce qui s'étoit passé par des honnêtetés, qu'on sentit exigées, mais ils tinrent bon sur la partie, qui ne s'exécuta point; et après quelque temps de bonace peu naturelle, les choses reprirent leur cours, toutefois avec un peu plus de ménagement, mais qui servit moins à montrer les remèdes qu'à découvrir le danger de plus en plus.

On a vu, à propos des choses de Flandres, que la même cabale qui travailloit avec tant d'ardeur, d'audace et de suite, à perdre Mme la duchesse de Bourgogne auprès de Monseigneur, et à anéantir Mgr le duc de Bourgogne, ne s'étoit pas moins appliquée à augmenter l'amitié que la conformité de mœurs et de goût nourrissoit en Monseigneur pour M. le duc de Berry, duquel rien n'étoit à craindre pour les vues de l'avenir; et on a vu depuis que, quelle rage qu'ils eussent tous de son mariage, ils avoient fait bien traiter Mme la duchesse de Berry par Monseigneur, jusqu'à la faire admettre tout de suite, et sans qu'elle l'eût demandé, dans ce sanctuaire du *parvulo*. Ils vouloient ainsi ôter le soupçon qu'ils eussent dessein d'éloigner tous les enfants de la maison, et tâcher de diviser les deux frères si unis, et semer entre eux la jalousie. La moitié leur réussit par la voie la plus inattendue, mais le principal leur manqua. Jamais l'union intime des frères ne put recevoir, de part ni d'autre, l'altération la plus légère, quelques machines mêmes, domestiques[1], qui s'y pussent employer. Mais Mme la duchesse de Berry se trouva aussi méchante qu'eux, et aussi pleine de vues. M. le duc d'Orléans appeloit souvent Mme la duchesse d'Orléans *Mme Lucifer*; et elle en sourioit avec complaisance. Il avoit raison, elle eût été un prodige d'orgueil si elle n'eût pas eu une fille; mais cette fille la surpassa de beaucoup. Il n'est pas temps ici de faire le portrait de l'une ni de l'autre : je me contenterai sur Mme la duchesse de Berry de ce qu'il est nécessaire d'expliquer sur ce dont il s'agit, en deux mots.

C'étoit un prodige d'esprit, d'orgueil, d'ingratitude et de folie, et c'en fut un aussi de débauche et d'entêtement. A peine fut-elle huit jours mariée qu'elle commença à se développer sur tous ces points, que la fausseté suprême qui étoit en elle, et dont même elle se piquoit comme d'un excellent talent, ne laissa pas d'envelopper un temps, quand l'humeur la laissoit libre, mais qui la dominoit souvent. On s'aperçut bientôt de son dépit d'être née d'une mère bâtarde, et d'en avoir été contrainte, quoique avec des ménagements infinis; de son mépris pour la foiblesse de M. le duc d'Orléans, et de sa confiance en l'empire qu'elle avoit pris sur lui; de l'aversion qu'elle avoit conçue contre toutes les personnes qui avoient eu part à son mariage, parce qu'elle étoit indignée de penser qu'elle pût avoir obligation à quelqu'un, et elle eut bientôt après la folie non-seulement de l'avouer, mais de s'en vanter. Ainsi elle ne tarda pas d'agir en conséquence. Et voilà comme on travaille en ce monde la tête dans un sac, et que la prudence et la sagesse humaines sont confondues jusque dans les succès les plus raisonnablement desirés,

---

[1]. Saint-Simon a bien mis *mêmes* au pluriel, et *domestiques* entre deux virgules.

et qui se trouvent après les plus détestables ! Toutes les machines de ce mariage avoient porté sur deux points d'objet principaux : l'un d'empêcher celui de Mlle de Bourbon, par tant de raisons et si essentielles qu'on en a vues ; l'autre d'assurer cette union si heureuse, si desirable, si bien cimentée, entre les deux frères et Mme la duchesse de Bourgogne, qui faisoit le bonheur solide et la grandeur de l'État, la paix et la félicité de la famille royale, la joie et la tranquillité de la cour, et qui mettoit, autant qu'il étoit possible, un frein à tout ce qu'on avoit à craindre du règne de Monseigneur. Il se trouve, par ce qui a été remarqué de Mlle Choin, que peut-être le mariage de Mlle de Bourbon ne se seroit point fait, et qu'on lui substitue une furie qui ne songe qu'à perdre tout ce qui l'a établie, à brouiller les frères, à perdre sa bienfaitrice parce qu'elle l'est, à se livrer à ses ennemis parce qu'ils sont ceux de Mgr et de Mme la duchesse de Bourgogne, et à se promettre de gouverner Monseigneur, Dauphin et roi, par des personnes outrées contre son mariage, et pleines de haine contre M. et Mme la duchesse d'Orléans, qui ont attenté et attentoient sans cesse à l'anéantissement de Mgr et de Mme la duchesse de Bourgogne, pour gouverner seuls Monseigneur et l'État quand il en seroit devenu le maître, et qui n'étoient pas sûrement pour abandonner à Mme la duchesse de Berry le fruit de leurs sueurs, de leurs travaux si longs et si suivis, et de tant de ce qui se peut appeler crimes, pour arriver au timon et le gouverner sans concurrence. Tel fut pourtant le sage, le facile, l'honnête projet que Mme la duchesse de Berry se mit dans la tête aussitôt après qu'elle fut mariée.

On a vu que, pendant tout le cours des menées de son mariage, M. le duc d'Orléans ne lui en avoit rien caché. Elle connut ainsi le tableau intérieur de la cour, la cabale qui gouvernoit Monseigneur, et la triste situation de Mgr et de Mme la duchesse de Bourgogne avec lui. La différence si marquée de celle de M. le duc de Berry, qu'elle aperçut dès qu'elle fut mariée, et incontinent après de la sienne même, les caresses qu'elle reçut de toute la cabale, les agréments qu'elle éprouvoit aux *parvulo*, où elle étoit témoin de l'embarras, des sécheresses et des duretés qu'y essuyoit Mme la duchesse de Bourgogne, la persuadèrent du beau dessein qu'elle se mit dans l'esprit, et d'y travailler sans perdre un moment.

A ce qui vient d'être dit, on peut juger qu'elle n'étoit ni douce ni docile : aux premiers avis que Mme la duchesse d'Orléans lui voulut donner, elle se rebéqua avec aigreur ; et sûre de faire de M. le duc d'Orléans tout ce qu'elle voudroit, elle ne balança pas de faire l'étrangère et la fille de France avec Madame sa mère. La brouillerie ne tarda pas, et ne fit qu'augmenter sans cesse. Elle en usa d'une autre façon, mais pour le fond de même, avec Mme la duchesse de Bourgogne, qui avoit compté la conduire et en faire comme de sa fille, et qui sagement retira promptement ses troupes et ne voulut plus s'en mêler, pour éviter noise et qu'elle ne lui fît des affaires avec M. le duc de Berry, qu'elle avoit toujours aimé et traité comme son frère, lequel y avoit répondu par toute la confiance la plus entière et le respect le plus véritable. Cette crainte ne fut que trop bien fondée, quoique toute occasion en fût évitée.

Le projet de Mme la duchesse de Berry demandoit la discorde entre les deux frères. Pour y parvenir il falloit commencer par la mettre entre le beau-frère et la belle-sœur. Cela fut extrêmement difficile. Tout s'y opposoit en M. le duc de Berry : raison, amitié, complaisance, habitude, amusement, plaisirs, conseils et appui auprès du Roi et de Mme de Maintenon, intimité avec Mgr le duc de Bourgogne. Mais M. le duc de Berry avoit de la droiture, de la bonté, de la vérité ; il ne se doutoit seulement pas ni de fausseté ni d'artifice ; il avoit peu d'esprit et, au milieu de tout, peu d'usage du monde ; enfin il étoit amoureux fou de Mme la duchesse de Berry, et en admiration perpétuelle de son esprit et de son bien-dire. Elle réussit donc peu à peu à l'éloigner de Mme la duchesse de

Bourgogne, et cela mit le comble entre elles. C'étoient là
des sacrifices bien agréables à la cabale à qui elle vouloit
plaire, et à qui elle se dévoua. C'est où elle en étoit lorsque
Monseigneur mourut, et c'est ce qui la jeta dans cette
rage de douleur que personne de ce qui n'étoit pas
instruit ne pouvoit comprendre. Tout à coup elle vit ses
projets en fumée, elle réduite sous une princesse qu'elle
avoit payée de l'ingratitude la plus noire, la plus suivie,
la plus gratuite, qui faisoit les délices du Roi et de Mme de
Maintenon, et qui sans contre-poids alloit régner d'avance
en attendant l'effet. Elle ne voyoit plus d'égalité entre les
frères, par la disproportion du rang de Dauphin. Cette
cabale, à qui elle avoit sacrifié son âme, étoit perdue pour
l'avenir, et pour le présent lui devenoit plus qu'inutile,
sans secours de la part d'une mère offensée, ni du côté
d'un père foible et léger, mal raffermi auprès du Roi et
foncièrement mal avec Mme de Maintenon, réduite à dépendre du Dauphin et de la Dauphine, et pour le grand,
et pour l'agréable, et pour l'utile, et pour le futile, et à
n'avoir de considération et de consistance qu'autant
qu'ils lui en voudroient bien communiquer; et nulle ressource auprès d'eux que M. le duc de Berry, qu'elle avoit
comme brouillé avec celle qui influoit d'une manière si
principale sur le Roi, sur Mme de Maintenon et sur Mgr le
duc de Bourgogne, dans tout ce qui n'étoit point affaires.
Elle sentoit encore que M. le duc de Berry seroit très-
aisément distingué d'elle, et de plus elle se pouvoit dire
bien des choses qui la mettoient en de grands dangers à
son égard, pour peu qu'on fût tenté de lui rendre quelque
change, ce qui étoit et très-possible, et très-impunément.
Voilà aussi pourquoi elle lui marqua tant de soins et tant
de tendresse, et qu'au milieu de son désespoir elle sut
mettre à profit à son égard leur commune douleur. Celle
de M. le duc de Berry fut toute d'amitié, de tendresse, de
reconnoissance de celle qu'il avoit toujours éprouvée de
Monseigneur, peut-être de sa situation présente avec
Mme la duchesse de Bourgogne, et d'avoir assez pris de

Mme la duchesse de Berry pour sentir toute la différence de fils à frère de Dauphin et de roi, et dans la suite le vide de Meudon et des parties avec Monseigneur aux plaisirs et à l'amusement de sa vie.

Le roi d'Espagne subsistoit dans le cœur de Monseigneur, par le sentiment ordinaire d'aimer davantage ceux pour qui on a grandement fait, et dont on n'est pas à portée d'éprouver l'ingratitude ou la reconnoissance. La cabale, qui n'avoit rien à craindre de si loin, et de plus liée, comme on l'a vu, avec la princesse des Ursins au point où elle l'étoit, entretenoit avec soin l'amitié de Monseigneur pour ce prince, et lui ôtoit tout soupçon, en la fomentant pour deux de ses fils, d'aucun mauvais dessein par leur conduite à l'égard de l'aîné, dont Monseigneur ne voyoit que ce qui se passoit auprès de lui là-dessus.

De ce long et curieux détail il résulte que Monseigneur étoit sans vice ni vertu, sans lumières ni connoissances quelconques, radicalement incapable d'en acquérir, très-paresseux, sans imagination ni production, sans goût, sans choix, sans discernement, né pour l'ennui, qu'il communiquoit aux autres, et pour être une boule roulante au hasard par l'impulsion d'autrui, opiniâtre et petit en tout à l'excès, de l'incroyable facilité à se prévenir et à tout croire qu'on a vue, livré aux plus pernicieuses mains, incapable d'en sortir ni de s'en apercevoir, absorbé dans sa graisse et dans ses ténèbres, et que, sans avoir aucune volonté de mal faire, il eût été un roi pernicieux.

Le pourpre, mêlé à la petite vérole dont il mourut, et la prompte infection qui en fut la suite, firent juger également inutile et dangereuse l'ouverture de son corps. Il fut enseveli, les uns ont dit par des Sœurs grises, les autres par des frotteurs du château, d'autres par les plombiers mêmes qui apportèrent le cercueil. On jeta dessus un vieux poêle de la paroisse, et sans aucun accompagnement que des mêmes qui y étoient restés, c'est-à-dire du seul la Vallière, de quelques subalternes et des capucins de Meudon, qui se relevèrent à prier Dieu auprès du corps, sans aucune tenture, ni luminaire que quelques cierges.

Il étoit mort vers minuit du mardi au mercredi; le jeudi il fut porté à Saint-Denis dans un carrosse du Roi, qui n'avoit rien de deuil, et dont on ôta la glace de devant pour laisser passer le bout du cercueil. Le curé de Meudon et le chapelain en quartier chez Monseigneur y montèrent. Un autre carrosse du Roi suivit, aussi sans aucun deuil, au derrière duquel montèrent le duc de la Trémoille, premier gentilhomme de la chambre, point en année, et Monsieur de Metz, premier aumônier; sur le devant, Dreux, grand maître des cérémonies, et l'abbé de Brancas, aumônier de quartier chez Monseigneur, depuis évêque de Lisieux, et frère du maréchal de Brancas des gardes du corps, des valets de pied et vingt-quatre pages du Roi portant des flambeaux. Ce très-simple convoi partit de Meudon sur les six ou sept heures du soir, passa sur le pont de Sèvres, traversa le bois de Boulogne, et par la plaine de Saint-Ouen gagna Saint-Denis, où tout de suite le corps fut descendu dans le caveau royal, sans aucune sorte de cérémonie.

Telle fut la fin d'un prince qui passa près de cinquante ans à faire faire des plans aux autres, tandis que sur le bord du trône il mena toujours une vie privée, pour ne pas dire obscure, jusque-là qu'il ne s'y trouve rien de marqué que la propriété de Meudon et ce qu'il y a fait d'embellissement. Chasseur sans plaisir, presque voluptueux, mais sans goût, gros joueur autrefois pour gagner, mais depuis qu'il bâtissoit sifflant dans un coin du salon de Marly, et frappant des doigts sur sa tabatière, ouvrant de grands yeux sur les uns et les autres sans presque regarder, sans conversation, sans amusement, je dirois volontiers sans sentiment et sans pensée, et toutefois, par la grandeur de son être, le point aboutissant, l'âme, la vie de la cabale la plus étrange, la plus terrible, la plus profonde, la plus unie, nonobstant ses subdivisions, qui ait existé depuis la paix des Pyrénées, qui a scellé la dernière fin des troubles nés de la minorité du Roi. Je me suis un peu longuement arrêté sur ce prince presque indéfinissable, parce qu'on ne peut le faire connoître que par des détails. On seroit infini à les rapporter tous. Cette matière d'ailleurs est assez curieuse pour permettre de s'étendre sur un Dauphin si peu connu, qui n'a jamais été rien ni de rien en une si longue et si vaine attente de la couronne, et sur qui enfin la corde a cassé de tant d'espérances, de craintes et de projets.

CHAPITRE XIV.

Mme de Maintenon à l'égard de Monseigneur et de Mgr et de Mme la duchesse de Bourgogne. — Genre de la douleur du Roi; ses ordres sur les suites de la mort de Monseigneur; ses occupations des premiers jours. — Douze mille livres de pension à Mlle Choin, bien traitée du nouveau Dauphin et de la Dauphine; gêne de sa vie; sagesse de sa conduite après la mort de Monseigneur; n'est point abandonnée. — Princesse de Conti veut inutilement se raccommoder avec Mlle Choin. — Du Mont justement bien traité, et Casau. — Princesse d'Angleterre cède à Madame la Dauphine en lieu tiers. — Deuil drapé de Monseigneur. — Situation de M. et de Mme la duchesse de Berry. — Les deux battants des portes, chez les fils et filles de France, ne s'ouvrent que pour les fils et les filles de France; colère de Mme la duchesse de Berry. — Orage tombé sur Mme la duchesse de Berry. — Elle avoue à Mme de Saint-Simon ses étranges projets, avortés par la mort de Monseigneur, laquelle l'exhorte à n'oublier rien pour se raccommoder avec Madame la Dauphine. — Mme la duchesse de Berry se raccommode avec Madame la Dauphine. — Service de M. et Mme la duchesse de Berry à Monseigneur et à Madame la Dauphine. — Singulier avis de Mme de Maintenon à Madame la Dauphine. — Duc de la Rochefoucauld prétend la garde-robe du nouveau Dauphin, et la perd contre le duc de Beauvillier. — Soumission et modération de Monseigneur le Dauphin; veut être nommé et appelé *Monsieur*, non *Monseigneur*. — Marly repeuplé. — Châtillons et Beauvaus obtiennent de draper; deuil singulier pour Monseigneur. — Bâtards obtiennent d'être visités en fils de France sur la mort de Monseigneur. — Manteaux et mantes à Marly; indécences et confusion parfaite. — Burlesque ruse de Madame la Princesse. — Monseigneur et Madame la Dauphine, etc., en mantes et en manteaux à Saint-Germain. — Ministres étrangers à Versailles, où les compagnies haranguent Monseigneur le Dauphin, traité par le Parlement de *Monseigneur* par ordre du Roi.

Après ce qui a été éparsement expliqué sur Monseigneur, on a vu par avance quelle sorte de sensation fit sur les personnes royales et les personnages, sur la cour et sur le public, la perte d'un prince dont tout le mérite étoit dans sa naissance, et tout le poids dans son corps. Je n'ai jamais su qui lui avoit captivé les halles et le bas peuple de Paris, si ce n'est cette gratuite réputation de bonté que j'ai touchée.

Si Mᵐᵉ de Maintenon se sentit délivrée par la mort de Monsieur, elle se la trouva bien plus par celle de Monseigneur, dont toute la cour intérieure lui fut toujours très-suspecte. Jamais ils n'eurent l'un pour l'autre que beaucoup d'éloignement réciproque, lui en presse avec elle, elle en mesure avec lui, et en attention continuelle à l'observer et à s'instruire de ses plus secrètes pensées, ou pour mieux dire de celles qui lui étoient inspirées, en quoi Mᵐᵉ d'Espinoy lui servoit d'espion, comme il parut dans la suite et comme j'en ai touché ailleurs un étrange trait d'original, et peut-être d'espion double à tous les deux. Fort rapprochée de Mᵍʳ le duc de Bourgogne personnellement depuis la campagne de Lille, et devenue en effet, à l'égard de Mᵐᵉ la duchesse de Bourgogne, et elle au sien, comme une bonne et tendre mère, et la meilleure et la plus reconnoissante fille et la plus attachée, elle regardoit leur rehaussement comme la sûreté de sa grandeur, et comme le calme et le rempart de sa vie et de sa fortune, quelque événement qui pût arriver.

Pour le Roi, jamais homme si tendre aux larmes, si difficile à s'affliger, ni si promptement rétabli en sa situation parfaitement naturelle. Il devoit être bien touché de la perte d'un fils qui, à cinquante ans, n'en avoit jamais eu six à son égard. Fatigué d'une si triste nuit, il demeura fort tard au lit. Mᵐᵉ la duchesse de Bourgogne, arrivée de Versailles, attendoit son réveil chez Mᵐᵉ de Maintenon, et toutes deux l'allèrent voir dans son lit dès qu'il fut éveillé. Il se leva ensuite à son ordinaire. Dès qu'il fut dans son cabinet, il prit le duc de Beauvillier et le chancelier dans une fenêtre, y versa encore quelques larmes, et convint avec eux que le nom, le rang et les honneurs de Dauphin devoient dès ce moment passer à Mgr et à Mme la duchesse de Bourgogne, que désormais je ne nommerai plus autrement. Il décida ensuite ce qui regardoit le corps de Monseigneur, en la manière qui a été racontée, reçut sa cassette et ses clefs, que du Mont lui apporta, régla ce qui concernoit le petit nombre des domestiques personnels du feu prince, commit le chancelier au partage de la légère succession entre les trois princes ses petits-fils, et descendit après jusqu'à la réduction de l'équipage du loup au pied de son premier établissement. Il remit au dimanche suivant l'admission dans Marly de ce qui avoit accoutumé de l'y suivre, et des autres qu'il choisiroit sur la liste des demandeurs. Il ne voulut jusque-là que qui que ce soit y entrât, excepté ceux qui y étoient arrivés avec lui, et Madame la Dauphine eut seule la permission de l'y venir voir, très-peu accompagnée, et sans y manger ni coucher, pour laisser airer[1] ce qu'il avoit amené, et changer d'habits à ce même monde. En même temps il envoya le duc de Bouillon, grand chambellan, à Saint-Germain, donner part au roi, à la reine et à la princesse d'Angleterre de la perte qu'il venoit de faire. Il se promena dans ses jardins, et Madame la Dauphine revint passer une partie du soir avec lui chez Mme de Maintenon. Cette princesse s'y trouva tous les soirs les jours suivants, et même à sa promenade. Le jeudi il s'amusa aux listes pour Marly. Il attacha au Dauphin les mêmes menins qu'avoit Monseigneur, et permit à d'Antin d'en donner à son fils la place qu'il avoit.

Il le chargea d'aller assurer de sa part Mlle Choin de sa protection, et de lui porter une pension de douze mille

---

1. Aérer.

livres. Elle n'avoit ni demandé ni fait nommer son nom. Monseigneur et Madame la Dauphine lui envoyèrent faire toutes sortes d'amitiés, et tous deux lui firent l'honneur de lui écrire. Sa douleur fut de beaucoup moins longue et moins vive qu'on n'auroit cru : cela surprit fort, et persuada qu'elle entroit en bien moins de choses qu'on ne pensoit. Sa vie étoit infiniment gênée : il lui falloit compter de presque tous les gens qu'elle voyoit; jamais elle n'eut d'équipage, cinq ou six domestiques composoient tout son train; elle ne paroissoit en aucun lieu public, et si elle alloit quelque part, c'étoit en cinq ou six maisons au plus de gens de sa liaison, où elle étoit sûre de n'en point trouver d'autres; toujours le pied à l'étrier, non-seulement pour tous les voyages de Meudon, mais pour tous les dîners sans coucher que Monseigneur y alloit faire. Elle alloit toujours la veille seule avec une femme de chambre dans un carrosse de louage, le premier venu, tout au soir, pour arriver de nuit la veille que Monseigneur venoit, et s'en retournoit de même à la nuit, après qu'il étoit parti. Dans Meudon, elle logeoit d'abord dans les entre-sols de Monseigneur, après dans le grand appartement d'en haut, qu'occupoit Mme la duchesse de Bourgogne quand le Roi faisoit des voyages à Meudon. Mais où qu'elle logeât, elle ne sortoit jamais de son appartement que le matin de bonne heure pour entendre la messe à la chapelle, et quelquefois sur le minuit l'été pour prendre l'air. Dans les premiers temps elle n'y voyoit que trois ou quatre personnes du secret. Cela s'étendit peu à peu assez loin; mais quoique cela fût devenu le secret de la comédie, la même enfermerie, la même cacherie, la même séparation furent toujours de même. A cette gêne extérieure étoit jointe celle de l'esprit, et de la conduite par rapport à la famille royale, à cette cour intérieure de Monseigneur, dont il a été tant parlé, et à Monseigneur lui-même, qui n'étoit ni sans épines ni sans ennui. J'en ai ouï parler à de ses amis comme d'une personne d'esprit, sans ambition ni intérêt quelconque, ni désir d'être ni de se mêler, fort décente, mais gaie, naturellement libre, et qui aimoit la table et à causer. Une telle contrainte, et de toute la vie, est bien pesante à qui est de ce caractère, et qui ne s'en propose rien ; et la rupture de la chaîne apporte assez tôt consolation.

Elle étoit amie intime, de tout temps, de la Croix, riche receveur général de Paris et fort honnête homme, et modeste pour un publicain qui a de tels accès. Elle logeoit comme avec lui, dans une portion de maison attenant le Petit-Saint-Antoine. Elle continua d'y demeurer le reste de sa vie, avec le même domestique qu'elle avoit, sans se répandre davantage dans le monde. Il ne tint pas à Madame la Dauphine que sa pension ne fût de vingt mille livres. Madame la Duchesse, Mlle de Lislebonne, Mme d'Espinoy, les intrinsèques de l'entre-sol de Meudon, les Noailles et quelques autres amis se sont constamment piqués de la voir souvent depuis la mort de Monseigneur jusqu'à la sienne, qui n'arriva que dix ou douze [ans] après, et qu'elle mena toujours extrêmement unie et fort réservée sur tout le passé. Malgré tout ce qu'elle avoit fait essuyer à Mme la princesse de Conti, qu'on a vu en son lieu, cette princesse avoit fait tout ce qu'elle avoit pu quelques années après pour se raccommoder avec elle et pour la voir, sans que jamais la Choin y eût voulu entendre, tant l'extrême faveur, et les idées qu'en tous états on s'en forme, enfante[1] d'étranges effets.

Le gouvernement de Meudon fut en même temps confirmé à du Mont, avec une pension qui avec celles qu'il avoit déjà et ses appointements alloient à plus de trente mille livres de rente, tristes débris de tant et de si plausibles espérances. Casau eut pour rien la charge de premier maréchal des logis de M. le duc de Berry, qui par bonheur pour lui n'étoit pas encore vendue. Du Mont, en honnête homme qu'il étoit, souffroit impatiemment les glaces de Monseigneur pour Mgr le duc de Bourgogne, et

1. Ce verbe est bien au singulier ; trois lignes plus loin, Saint-Simon a bien écrit *alloient*, au pluriel.

s'étoit hasardé plus d'une fois de les rapprocher; ce prince ne l'avoit pas oublié : il ne dédaigna pas de l'en remercier avec les paroles les plus obligeantes, à quoi le duc de Beauvillier le porta fort, et y ajouta le présent d'une bague de deux mille pistoles que Monseigneur portoit ordinairement. Il en donna une autre fort belle à la Croix, en attendant qu'il fût payé d'avances considérables qu'il avoit faites à Monseigneur, dont le Dauphin voulut être le solliciteur.

Ce même jeudi, jour de l'enterrement de Monseigneur, le Roi reçut sans cérémonie la visite de la reine d'Angleterre. Elle vint de Versailles, où elle avoit été de même voir les enfants de Monseigneur, avec la princesse d'Angleterre, qu'elle fit mettre au salut, qu'elle entendit avec eux, au-dessous de la Dauphine, parce qu'elle n'étoit héritière que possible, et non présomptive comme le Dauphin. Elle demeura dans le carrosse de la Reine à Marly, à cause du mauvais air, qui fit rester le roi d'Angleterre à Saint-Germain.

Le vendredi le Roi fut tirer dans son parc. Le samedi il tint le conseil de finance, et fit sur les hauteurs de Marly la revue des gens d'armes et des chevau-légers. Il travailla le soir avec Voysin chez Mme de Maintenon. Le même jour il fit une décision singulière. Il régla qu'encore qu'il ne prît point le deuil, il seroit d'un an, et que les princes du sang, les ducs, les princes étrangers, les officiers de la couronne et les grands officiers de sa maison draperoient comme ils font lorsqu'il drape lui-même, et qui, parce qu'il ne prit point le deuil de Madame la Dauphine de Bavière, ne drapèrent point. J'ai conduit le Roi dans sa solitude jusqu'au dimanche, que Marly se repeupla à l'ordinaire. Il ne sera pas moins curieux de voir Versailles pendant ces mêmes jours.

On peut juger qu'on n'y dormit guère cette première nuit. Monsieur et Madame la Dauphine ouïrent la messe ensemble de fort bonne heure. J'y arrivai sur la fin, et les suivis chez eux. Leur cour étoit fort courte, parce qu'on ne s'étoit pas attendu à cette diligence. La princesse vouloit être à Marly au réveil du Roi. Leurs yeux étoient secs à merveilles, mais très-compassés, et leur maintien les montroit moins occupés de la mort de Monseigneur que de leur nouvelle situation. Un sourire, qui leur échappa en se parlant bas et de fort près, acheva de me le déclarer. En gardant scrupuleusement, comme ils firent, toutes sortes de bienséances, il n'étoit pas possible de le trouver mauvais, ni que cela fût autrement, à tout ce qu'on a vu. Leur premier soin fut de resserrer de plus en plus l'union avec M. le duc de Berry, de le ramener sur l'ancienne confiance et intimité avec Madame la Dauphine, et d'essayer, par tout ce qui se peut d'engageant de faire oublier à Mme la duchesse de Berry ses fautes à leur égard, et lui adoucir l'inégalité nouvelle que la mort de Monseigneur mettoit entre ses enfants. Dans cet aimable esprit rien ne coûta à Monsieur et à Madame la Dauphine, et dès ce même jour ils allèrent voir M. le duc et Mme la duchesse de Berry dans leur lit, dès qu'ils les surent éveillés, ce qui fut de très-bonne heure, et l'après-dînée Madame la Dauphine y retourna encore. M. le duc de Berry, qui n'avoit pu être ébranlé sur l'attachement à Monseigneur son frère, fut au milieu de sa douleur extrêmement sensible à ces prévenances d'amitié, si promptement marquées et si éloignées de la différence qui alloit être entre eux, et il fut surtout comblé des procédés de Madame la Dauphine, qu'il sentoit avec bon sens, et meilleur cœur encore, qu'il avoit depuis un temps cessé de les mériter aussi parfaits.

Mme la duchesse de Berry paya d'esprit, de larmes et de langage. Son cœur de princesse même, si elle [en] avoit un, navré de tout ce qui ne sera point répété ici, et qu'on a développé plus haut, frémissoit au fond de lui-même de recevoir des avances de pure générosité. Un courage déplacé, qui alloit à la violence et que la religion ne retenoit pas, ne lui laissoit de sentiments que pour la rage. Bercée, pour la contenir, qu'il se falloit contraindre sur tout pour arriver à un aussi grand mariage, après lequel elle seroit affranchie et maîtresse de faire tout ce qui lui plairoit, elle avoit pris ces documents au pied de la lettre. Entièrement maîtresse de M. le duc d'Orléans, et d'un mari dans la première ivresse de sa passion, elle n'eut pas peine à secouer une mère trop sage pour s'exposer à ce qui ne lui étoit que trop connu. Madame étoit nulle de tout temps à la cour et dans sa famille : excepté les devoirs extérieurs, point de belle-mère, et un beau-père, tant qu'il vécut, nul ou favorable. Une dame d'honneur très-affligée de l'être, qui, par avoir été forcée d'en accepter l'emploi, n'en faisoit que ce qu'elle en vouloit bien faire, au cérémonial près, et qui avoit déclaré bien formellement qu'elle n'en seroit pas la gouvernante. L'emploi en roula donc en entier sur Mme la duchesse de Bourgogne, par son amitié pour Mme la duchesse d'Orléans et son intimité avec Mme de Maintenon : ravie à son âge de se trouver le chaperon d'une autre, elle compta d'autant mieux d'en faire sa poupée, qu'elle l'avoit mise dans la grandeur où elle étoit.

Elle s'y mécompta bientôt. Mille détails là-dessus, quoique curieux dans leur temps, perdent leur mérite dans d'autres qui s'éloignent, et gâteroient le sérieux de ce qui s'expose ici. Il suffit de dire que l'une, quoique douce et bonne, fut peut-être trop enfant pour tenir une lisière, et que l'autre, rien moins que tout cela, ne put souffrir d'en avoir une, quelque lâche et légère qu'elle fût. Le dépit de ne se trouver que de la cour d'une autre, l'impatience des déférences, la contrainte des heures, le poids des obligations, des difficultés, surtout de la reconnoissance, s'accordoient mal avec l'impression de la pleine liberté de son éducation, de ses goûts irréguliers, de ses humeurs dans un naturel tel qu'il a été crayonné, et gâté encore par de pernicieuses lectures. L'idée de n'avoir rien à perdre, et celle de figurer aux dépens de Mgr et de Mme la duchesse de Bourgogne en se livrant aux personnages de Meudon, achevèrent de tout perdre, et brouillèrent les deux belles-sœurs jusqu'à ne pouvoir plus se souffrir, à force d'échappées de l'humeur et des traits les plus méchants de Mme la duchesse de Berry. Ainsi toutes deux regardèrent comme une délivrance de n'avoir plus à dîner ensemble, par la formation qui se fit des deux maisons, et les domestiques du Roi un grand soulagement[1] de n'avoir plus à servir la nouvelle mariée.

Un trait entre mille en donnera un échantillon. Un nouvel huissier de la chambre du Roi servoit chez elle un matin que Mme la duchesse d'Orléans arriva à la fin de sa toilette pour quelque ajustement. L'huissier, étourdi et neuf, ouvrit les deux battants de la porte. Mme la duchesse de Berry devint cramoisie et tremblante de colère; elle reçut Madame sa mère fort médiocrement. Quand elle fut sortie, elle appela Mme de Saint-Simon, lui demanda si elle avoit remarqué l'impertinence de l'huissier, et lui dit qu'elle vouloit qu'elle l'interdît sur-le-champ. Mme de Saint-Simon convint de la faute, assura qu'elle y donneroit ordre de façon qu'on ne s'y méprendroit plus, et que les deux battants ne seroient ouverts que pour les fils et les filles de France, comme c'étoit la règle, et comme nuls autres ne prétendoient à cet honneur, qu'ils n'avoient pas en effet, mais que d'interdire un huissier du Roi, qui n'étoit point à elle et qui ne la servoit que par prêt, et encore pour avoir fait un trop grand honneur à Madame sa mère et pour l'unique fois que cela étoit arrivé, elle trouveroit bon de se contenter de la réprimande qu'elle alloit lui en faire. Mme la duchesse de Berry insista, pleura, ragea; Mme de Saint-Simon la laissa dire, gronda doucement l'huissier et lui apprit son cérémonial.

Les maisons faites, la cour, qui trouvoit en Mme la duchesse de Bourgogne les jeux, les ris, les distinctions, les espérances, ne se partagea point, et laissa fort solitaire Mme la duchesse de Berry, où rien de tout cela ne s'offroit, qui s'en prit à Mme la duchesse de Bourgogne, et fit si

---

1. Et les domestiques du Roi regardèrent comme un grand soulagement.

bien qu'elle mit M. le duc de Berry de son côté, et le brouilla avec elle. De l'aveu de Mme la duchesse de Bourgogne, rien de si sensible ne lui est jamais arrivé que cet éloignement et cette aigreur sans cause ni raison d'un prince avec qui elle avoit toujours vécu dans l'intelligence la plus intime et la plus entière. Quelques contre-temps forts et trop publics, arrivés à Mme la duchesse de Berry, dont Mme la duchesse de Bourgogne avoit doucement abandonné toute conduite dès avant ce dernier trait, allèrent jusqu'au Roi et à Mme de Maintenon, qui leur ouvrirent les yeux. Celle-ci, outrée de s'être si lourdement trompée, ne put se taire, et Mme la duchesse de Bourgogne, poussée à bout d'être brouillée avec M. le duc de Berry par la seule malignité de Mme la duchesse de Berry, après tout ce qu'elle avoit d'ailleurs essuyé d'elle, rompit enfin le silence qu'elle avoit gardé jusqu'alors. Les choses tendoient à un éclat; mais le Roi, qui vouloit vivre doucement dans sa famille et s'y faire aimer, espéra que la frayeur corrigeroit Mme la duchesse de Berry, et voulut se contenter qu'elle sût qu'il n'ignoroit rien, et que pour cette fois il vouloit bien n'en rien témoigner. Ce ménagement persuada Mme la duchesse de Berry, ou qu'on n'osoit lui imposer, ou qu'on ne savoit comment s'y prendre : au lieu de s'arrêter, elle continua avec plus de licence, et se mit au point que les matières combustibles qu'elle s'étoit préparées s'embrasèrent tout à coup, et firent un grand éclat à Marly.

J'étois allé faire seul un tour à la Ferté. Mme de Saint-Simon, avertie de l'orage prêt à crever, craignit d'y être enveloppée pour s'être tenue dans le silence. Monseigneur étoit alors plein de vie et de santé. Elle s'adressa à Mme la duchesse de Bourgogne, et par son avis elle eut un entretien avec Mme de Maintenon, où elle apprit avec surprise qu'elle ignoroit peu de chose, et d'avec qui elle sortit fort contente. Elle crut ensuite devoir dire un mot à Mme la duchesse de Berry. La princesse, d'autant plus outrée qu'elle ne voyoit pas moyen d'échapper, s'en prit à ce qu'elle put, et dans la pensée que Mme de Saint-Simon y avoit part, elle voulut lui répondre sèchement. Je dis exprès qu'elle voulut, parce que Mme de Saint-Simon ne lui en laissa pas le temps : elle l'interrompit, l'assura d'abord qu'elle n'avoit part ni étoit entrée en rien, qu'elle n'avoit même rien appris que du monde, mais qu'en peine d'elle-même pour s'être toujours tenue dans le silence, elle avoit parlé à Mme la duchesse de Bourgogne et à Mme de Maintenon ; puis ajouta qu'elle ignoroit peut-être la manière dont elle avoit été mise auprès d'elle, combien cela convenoit peu à notre naissance, à notre dignité, à nos biens, à notre union ; qu'il étoit bon qu'elle l'apprît une fois pour toutes ; que, pour peu qu'elle le desirât, elle se retireroit d'auprès d'elle avec autant de satisfaction qu'elle y étoit entrée avec répugnance après un grand nombre de refus, dont elle lui cita Mme la duchesse de Bourgogne et M. et Mme la duchesse d'Orléans pour témoins. Elle lui dit encore, comme il étoit vrai, que sa conduite n'étant pas telle qu'elle l'avoit espérée, elle avoit pris l'occasion d'un éclat fait sans sa participation pour tenter de se retirer, que Mme la duchesse de Bourgogne et Mme de Maintenon l'avoient conjurée de n'y pas penser, et que cela s'étant passé depuis vingt-quatre heures, le souvenir leur en étoit assez présent pour qu'elle pût leur en demander la vérité. M. le duc d'Orléans, qui survint, apaisa la chose le mieux qu'il put.

Mme la duchesse de Berry n'avoit point interrompu Mme de Saint-Simon, mais elle crevoit de dépit, de se voir sur le point d'une sévère réprimande, et son orgueil souffroit impatiemment ce qu'elle entendoit. Elle répondit néanmoins, avec une honnêteté forcée, qu'elle vouloit demeurer persuadée que Mme de Saint-Simon n'étoit entrée en rien, puisqu'elle le disoit. Mme de Saint-Simon la laissa là-dessus avec M. le duc d'Orléans, outrée de mon absence, dans l'ardeur de quitter malgré eux tous, quelque dignement et flatteusement qu'elle en fût traitée.

Elle parla aussi à Madame, avec qui de tout temps elle avoit toujours été très-bien, et à Mme la duchesse d'Orléans, qu'elle voyoit sans cesse ; après quoi elle attendit ce que deviendroit l'orage.

Il fondit le lendemain. Le Roi, avant dîner, manda Mme la duchesse de Berry dans son cabinet. La romancine[1] fut longue, et de l'espèce de celles qu'on ne veut pas avoir la peine de recommencer. L'après-dînée il fallut aller chez Mme de Maintenon, qui, sans parler si haut, ne parla pas moins ferme. Il est aisé de concevoir quelle impression cela acheva de faire en Mme la duchesse de Berry à l'égard de Mme la duchesse de Bourgogne, sur qui tout le ressentiment en tomba. Elle ne tarda guère à voir que Mme de Saint-Simon n'y avoit eu aucune part, et à lui en parler en personne qui le veut et le sait témoigner en réparation du soupçon.

Cet éclat fit une nouvelle publique, qui mit de plus en plus au désespoir la princesse qui l'éprouvoit. La solitude augmenta chez elle ; les dégoûts lui furent peu ménagés. Elle faisoit quelquefois des efforts pour regagner quelque terrain ; mais la répugnance qui les accompagnoit leur donnoit si mauvaise grâce, et ils étoient d'ailleurs si froidement reçus, qu'ils en devenoient de tous les côtés de nouveaux sujets d'éloignement.

Telle étoit la situation de Mme la duchesse de Berry lorsque Monseigneur mourut, et telles les causes du désespoir extrême où cette perte la plongea. Dans l'excès de sa douleur, elle eut la légèreté, pour en parler sobrement, d'avouer à Mme de Saint-Simon les desseins qu'elle avoit imaginés et sur lesquels elle cheminoit, et que j'ai ci-devant expliqués, avec la terrible cabale qui gouvernoit Monseigneur. Dans l'étonnement d'entendre de si étranges projets, Mme de Saint-Simon tâcha de lui en faire comprendre le peu de fondement, pour ne pas dire l'absurdité, l'horreur et la folie, et de la porter à saisir une conjoncture

---

1. Voyez tome IV, p. 33 et note 1.

touchante pour se rapprocher d'une belle-sœur bonne, douce, commode à vivre, qui l'avoit mariée, et qui, nonobstant tout ce qui s'étoit passé depuis, étoit faite de manière, par sa facilité, à revenir si on savoit s'y prendre; mais c'étoit la nécessité même de le faire, et de le bien faire, qui aigrissoit le courage de celle qui se sentoit également chargée de torts à son égard, et de besoins pour le solide et l'agrément de sa vie : cette force de nécessité révoltoit ce courage altier, et l'extrême répugnance à ployer, même en apparence. Accoutumée à un rang égal, ce nom et ce rang de Dauphine, qui alloit mettre tant de différence entre elles, combloit son désespoir et son éloignement, pour user d'un terme trop doux. Incapable de regarder derrière elle, et d'où elle étoit partie pour monter où elle se voyoit, aussi peu de se faire une raison que ce qui venoit d'arriver devoit arriver tôt ou tard, beaucoup moins encore que cette supériorité qui la désoloit n'étoit qu'un degré pour monter sur le trône et la voir reine, de qui même elle n'auroit pas l'honneur d'être la première sujette, elle ne pouvoit supporter l'état nouveau où elle se trouvoit. Après bien des plaintes, des larmes et des élans, pressée par les raisons sans nombre et sans réplique, plus encore par ses besoins, qu'elle sentoit malgré elle dans toute leur étendue, elle promit à Mme de Saint-Simon d'aller le lendemain jeudi chez la nouvelle Dauphine, de lui demander une audience dans son cabinet, et d'y faire tout son possible pour se raccommoder avec elle.

Ce jeudi étoit le jour que Monseigneur fut porté à Saint-Denis, et avec lui tous les beaux projets de Mme la duchesse de Berry. Elle tint parole et l'exécuta en effet très-bien. Son aimable belle-sœur lui en aplanit tout le chemin, et entra en propos la première. Par ce que toutes deux ont redit séparément de ce tête-à-tête, Madame la Dauphine agit et parla comme si elle-même eût offensé Mme la duchesse de Berry, comme si elle lui eût tout dû, comme si elle eût tout attendu d'elle; et Mme la duchesse de Berry aussi se surpassa. L'entretien dura plus d'une heure. Elles sortirent du cabinet avec un air naturel de satisfaction réciproque, qui réjouit autant les honnêtes gens qu'il déplut à ceux qui n'espèrent qu'en la division et au désordre. M. et Mme la duchesse d'Orléans eurent une joie extrême de cette réconciliation, et M. le duc de Berry en fut si content que sa douleur en fut fort adoucie. Il aimoit tendrement Monseigneur le Dauphin, il aimoit encore beaucoup Madame la Dauphine; ce lui étoit une contrainte mortelle de se conduire avec elle comme Mme la duchesse de Berry l'exigeoit. Il embrassa cette occasion de tout son cœur et en vrai bon homme; et Madame la Dauphine les étant venue voir l'après-dînée du même jour que cette réconciliation s'étoit faite le matin, elle prit M. le duc de Berry en particulier, et ils pleurèrent ensemble de tendresse. Ce qui s'étoit passé le matin y fut confirmé de sa part avec toutes les grâces qui lui étoient si naturelles; mais de celle de Mme la duchesse de Berry il se trouva bientôt une pierre d'achoppement : ce fut de présenter le service à Monseigneur et à Madame la Dauphine.

On s'attendoit chez eux que ce devoir ne seroit pas différé. La bonne grâce y étoit même, à la suite d'une réconciliation si prompte, et des visites si peu ménagées et si redoublées de l'aîné au cadet. Néanmoins, lorsque Mme de Saint-Simon leur voulut insinuer, ce même jeudi, après que Madame la Dauphine fut sortie de chez eux, d'aller le lendemain donner la chemise, l'un à Monseigneur le Dauphin, l'autre à Madame la Dauphine, Mme la duchesse de Berry s'éleva avec fureur, et prétendit qu'entre frères ce service n'étoit point dû, que l'exemple de Monsieur, oncle de feu Monseigneur, n'en étoit pas un pour eux, et s'emporta fort contre ce devoir, qu'elle appeloit un valetage. M. le duc de Berry, qui savoit que cela se devoit, et que son cœur portoit en tout vers Monseigneur et Madame la Dauphine, fit tout ce qu'il put pour la ramener par raisons et par caresses. Elle se fâcha contre lui, le maltraita, lui dit qu'elle auroit le dernier mépris pour lui s'il se soumettoit à une chose si servile, et de là aux pleurs, aux sanglots, aux hauts cris, de façon que M. le duc de Berry, qui avoit compté d'aller le lendemain au lever de Monseigneur le Dauphin, ne l'osa de peur de se brouiller avec elle.

Le bruit avec lequel cette dispute s'étoit passée éveilla la curiosité, qui eut bientôt éventé le fait, parce que Mme la duchesse de Berry en étoit si pleine qu'elle se répandit. Tout aussitôt voilà les dames de Madame la Dauphine en l'air, comme sur chose qui alloit presque à leur déshonneur, et cette affaire devint publique.

M. le duc d'Orléans accourut au secours de M. le duc de Berry, qui n'osoit presque rien dire dans cette impétuosité. Tous deux ne mettoient pas le devoir et la règle en doute; tous deux, si aises du raccommodement, sentoient le danger d'une rechute, l'affront certain auquel la princesse s'exposoit d'en recevoir du Roi l'ordre et la réprimande, et l'effet intérieur et au dehors que produiroit un entêtement si mal fondé, et dans des circonstances pareilles. Tout le lendemain vendredi fut employé à la persuader. Enfin la peur de l'ordre, de la romancine[1] et de l'affront arracha d'elle la permission à M. le duc de Berry de dire qu'ils donneroient la chemise et le service, mais à condition de délai pour se résoudre à l'exécution.

Elle le vouloit aussi pour M. le duc de Berry, mais ce prince fut si aise d'être affranchi là-dessus qu'il voulut servir Monsieur le Dauphin le samedi matin. Monsieur le Dauphin et Madame la Dauphine n'avoient pas ouvert la bouche là-dessus; mais ce prince, pour faire une honnêteté à Monsieur son frère, refusa d'en être servi jusqu'à ce qu'ils eussent vu le Roi. Ils le virent le dimanche suivant, et le lendemain lundi M. le duc de Berry alla exprès au coucher de Monseigneur le Dauphin, et lui donna sa

---

1. Nous venons de voir ce mot trois pages plus haut.

chemise, qui, dans le moment qu'il l'eut reçue, embrassa tendrement Monsieur son frère.

Il fallut encore quelques jours à Mme la duchesse de Berry pour se résoudre. A la fin il fallut bien finir. Elle fut à la toilette de Madame la Dauphine, à qui elle donna la chemise, et à la fin de la toilette lui présenta la sale[1]. Madame la Dauphine, qui n'avoit jamais fait semblant de se douter de rien de ce qui s'étoit passé là-dessus, ni de prendre garde à un délai si déplacé, reçut ces services avec toutes les grâces imaginables et toutes les marques d'amitié les plus naturelles. Le desir extrême de la douceur de l'union fit passer Madame la Dauphine généreusement sur cette nouvelle frasque, comme si, au lieu de Mme la duchesse de Berry, c'eût été elle qui eût eu tout à y gagner ou à y perdre.

J'ai remarqué que Madame la Dauphine alloit voir le Roi tous les jours à Marly. Elle y reçut un avis de Mme de Maintenon qui mérita sans doute quelque surprise, d'autant plus que ce fut dès sa seconde visite, c'est-à-dire dès le lendemain de la mort de Monseigneur, qu'elle fut voir le Roi à son réveil, et le soir encore chez Mme de Maintenon : ce fut de se parer avec quelque soin, parce que la négligence de son ajustement déplaisoit au Roi. La princesse ne croyoit pas devoir songer à des ajustements alors : et quand elle en auroit eu la pensée, elle auroit cru avec grande raison commettre une grande faute contre la bienséance, et qui lui auroit été d'autant moins pardonnée qu'elle gagnoit trop en toutes façons à ce qui venoit d'arriver pour n'être pas en garde là-dessus contre elle-même. Le lendemain donc elle prit plus de soin d'elle; mais cela n'ayant pas encore suffi, elle porta le jour suivant de quoi s'ajuster en cachette chez Mme de Maintenon, où elle le quitta de même avant d'en revenir à Versailles, pour, sans choquer le goût du Roi, ne pas blesser le goût du monde, qui auroit été difficilement persuadé qu'il

---

1. Voyez tome IV, p. 16 et 17.

n'entroit que de la complaisance dans une recherche de soi-même si à contre-temps. La comtesse de Mailly, qui trouva cette invention de porter la parure pour la prendre et la quitter chez Mᵐᵉ de Maintenon, et Mᵐᵉ de Nogaret, qui toutes deux aimoient Monseigneur, me le contèrent, et en étoient piquées. On peut juger de là, et par les occupations et les amusements ordinaires, qui reprirent tout aussitôt, comme on l'a vu, leurs places dans les journées du Roi, sans qu'il parût en lui aucune contrainte, que si sa douleur avoit été amère, elle avoit aussi le sort de celles dont la violence fait augurer qu'elles ne seront pas de durée.

Il y eut une assez ridicule dispute élevée tout aussitôt sur la garde-robe du nouveau Dauphin, dont M. de la Rochefoucauld prétendit disposer, comme il faisoit de celle du Roi, par sa charge de grand maître de la garde-robe. Il aimoit encore, tout vieux et aveugle qu'il étoit, à tenir et à conserver, et il alléguoit qu'il ne demandoit, à l'égard du nouveau Dauphin, que ce qu'il avoit eu, et sans difficulté exercé, pendant la vie de Monseigneur. Il avoit oublié sans doute qu'il ne se mêla de la garde-robe de ce prince qu'après la mort de M. de Montausier, qui s'en faisoit soulager par la duchesse d'Uzès sa fille, et de la colère où, sur les fins de la vie du duc de Montausier, le Roi se mit contre elle, fort au delà de ce que la chose valoit, pour un habit de Monseigneur, dans le temps que le Roi avoit entrepris de bannir les draps étrangers, et de donner vogue à une manufacture de France dont les draps étoient rayés partout. Je me souviens d'en avoir porté comme tout le monde, et que cela étoit fort vilain. Les raies de l'habit de Monseigneur ne parurent pas tout à fait comme les autres, et le Roi avoit le coup d'œil fort juste; vérification faite, il se trouva que ce drap étoit étranger et contrefait, et que Mᵐᵉ d'Uzès y avoit été attrapée. Le duc de Beauvillier allégua sa charge, et ses provisions de premier gentilhomme de la chambre et de maître de la garde-robe du prince, dont il avoit été gouverneur, et l'exemple dernier du duc de Montausier : il n'en fallut pas davantage, et le duc de la Rochefoucauld fut tondu.

Le Roi, dès les premiers jours de sa solitude, se laissa entendre au duc de Beauvillier, qui alloit tous les jours à Marly, qu'il ne verroit pas volontiers le nouveau Dauphin faire des voyages à Meudon. C'en fut assez pour que ce prince déclarât qu'il n'y mettroit pas le pied, et qu'il ne sortiroit point des lieux où le Roi se trouveroit ; et en effet il n'y fit jamais depuis une seule promenade. Le Roi lui voulut donner cinquante mille livres par mois, comme Monseigneur les avoit ; Monsieur le Dauphin en remercia : il n'avoit que six mille livres par mois ; il se contenta de les doubler, et n'en voulut pas davantage. C'étoit le chancelier qui, étant contrôleur général, avoit fait pousser le traitement de Monseigneur jusqu'à cette somme. Ce désintéressement plut fort au public. Monsieur le Dauphin ne voulut quoi que ce fût de particulier pour lui, et persista à demeurer à cet égard comme il étoit pendant la vie de Monseigneur. Ces augures d'un règne sage et mesuré firent concevoir de grandes espérances.

J'ai expliqué ailleurs la très-moderne et fine introduction de l'art des princes du sang, et de leurs valets principaux, de les appeler *Monseigneur*, qui comme tous leurs autres honneurs, rangs et distinctions, devinrent bientôt communs avec les bâtards. Rien n'avoit tant choqué Mgr le duc de Bourgogne, qui jusque-là n'avoit jamais été appelé que *Monsieur*, et qui ne le fut *Monseigneur* que par la manie de les y appeler tous. Aussi, dès qu'il fut Dauphin, il en fit parler au Roi par Madame la Dauphine ; puis, avant d'aller à Marly, déclara qu'il ne vouloit point être ni nommé *Monseigneur*, comme Monseigneur son père, mais *Monsieur le Dauphin*, ni, quand on lui parleroit, autrement que *Monsieur*. Il y fut même attentif, et reprenoit ceux qui, dans les commencements, n'y étoient pas accoutumés. Cela embrassa[1] un peu les princes du

---

1. Il y a bien *embrassa*, et non *embarrassa*, au manuscrit.

sang; mais, à l'abri de M. le duc de Berry et de M. le duc d'Orléans, ils retinrent le *Monseigneur*, que Monseigneur le Dauphin ne leur auroit pas laissé s'il fût devenu le maître.

Le dimanche 18 avril finit la clôture du Roi à Marly. La famille royale et les personnes élues parmi les demandeurs repeuplèrent ce lieu, qui avoit été quatre jours entiers si solitaire. Les deux fils de France et leurs épouses y arrivèrent ensemble, après le salut ouï à Versailles; ils entrèrent tous quatre chez Mme de Maintenon, où le Roi étoit, qui les embrassa. L'entrevue ne dura qu'un moment: les princes allèrent prendre l'air dans les jardins; le Roi soupa avec les dames; et la vie ordinaire recommença, à l'exception du jeu. La cour prit le deuil ce même jour, qui fut réglé pour un an, comme de père.

Les différences de rang à porter les deuils sur sa personne s'étoient peu à peu réduites à rien depuis dix ou douze ans. Je l'avois vue auparavant observée[1]; tout s'étoit réduit à celle de draper, qui jusqu'à ce deuil s'étoit maintenue dans les règles. Plusieurs petits officiers de la maison du Roi, comme capitaine des chasses et autres, l'usurpèrent en celui-ci; et comme on aimoit la confusion pour anéantir les distinctions, on les laissa faire. Le comte de Châtillon en profita pour s'en forger une toute nouvelle, à laquelle ses pères étoient bien loin de penser. Voysin, son beau-père, étala au Roi la grandeur de la maison de Châtillon, le duché de Bretagne qu'elle avoit prétendu et possédé quelques années, ses douze ou treize alliances directes avec la maison royale, même avec des fils et des filles de France, le nombre des plus grands offices de la couronne qu'elle avoit eus, et les prodigieux fiefs qu'elle avoit possédés; il se garda bien d'ajouter que de toute cette splendeur il n'en rejaillissoit rien ou comme rien sur son gendre, dont la mère et la grand'mère paternelle étoient de la lie du peuple, que toutes les branches

---

1. Le pluriel serait plus régulier.

illustres de Châtillon étoient éteintes depuis longtemps, que celle de son gendre n'avoit participé à aucune des grandeurs des autres, et que s'il sortoit de deux filles de la branche de Dreux, dont même la seconde étoit fille du chef de la branche de Beu, et par l'injustice des temps n'étoit pas sur le pied des autres du sang royal, c'étoit avant la séparation de sa branche, qu'il en étoit de même des deux charges de souverain maître d'hôtel et de grand maître des eaux et forêts; il se garda encore mieux de faire mention du sieur de Boisrogues, père du père de son gendre, qui étoit gentilhomme servant de Monsieur Gaston, avec du Rivau, qui fut depuis dans ses Suisses, et que le crédit de Mlle de Saujon sur Gaston en fit enfin capitaine par le mariage de sa nièce, mais qui laissa Boisrogues gentilhomme servant. Voysin sans doute ne parla pas de la dispute sur la légitimité ou la bâtardise, que M. le duc d'Orléans m'a plus d'une fois assurée, et que les Châtillons étoient éteints depuis longtemps. Voysin étoit ministre et favori, il l'étoit aussi de Mme de Maintenon ; il parloit tête à tête, elle en tiers : il demanda que son gendre drapât, comme ayant l'honneur d'appartenir au Roi ; et il ne lui appartenoit en aucun degré ; mais il n'avoit point de contradicteur, et son gendre drapa.

Cette nouveauté réveilla la Vallière et Mme la princesse de Conti pour les Beauvaus, dont avec trop de raison ils s'honoroient fort de l'alliance. La grand'mère de Mme de la Vallière, mère de Mme la princesse de Conti, et sœur du père de la Vallière, étoit Beauvau par un cas fort étrange. La sixième aïeule paternelle du Roi étoit Beauvau, et il étoit au huitième degré de tous les Beauvaus. La parenté étoit bien éloignée, mais au moins étoit-elle, et à cela il n'y avoit point de parité avec M. de Châtillon, qui n'en eut jamais l'apparence, et à qui il fut permis de draper. Sur cet exemple, et cette sixième grand'mère, Mme la princesse de Conti obtint aussi de faire draper les Beauvaus, qui, non plus que les Châtillons, n'y avoient jamais songé jusqu'alors.

Le Roi avoit déclaré que de trois mois il ne quitteroit Marly, à cause du mauvais air répandu à Versailles, et qu'il recevroit à Marly, le lundi 20 avril, les compliments muets de tout le monde, en manteaux et en mantes, soit des gens qui étoient à Marly, soit de ceux qui étoient à Paris. M. du Maine, qui, comme on a vu, n'avoit pas perdu de temps à mettre à profit, pour le rang de prince du sang de ses enfants, la mort des seuls princes du sang en âge et en état de l'empêcher, se trouva bien autrement à son aise de la mort de Monseigneur, qui avoit si mal reçu ce rang nouveau de ses enfants, après avoir été si peu content du sien même. Il avoit plus que raison d'appréhender d'en tomber sous son règne, et on a vu que Monseigneur ne se contraignit pas là-dessus avec lui, et quel fut son silence et celui de Mgr le duc de Bourgogne, lorsque le Roi s'humilia, pour ainsi dire, devant eux pour le leur faire agréer, et en obtenir quelque parole si constamment refusée, en leur présentant M. du Maine pour les toucher. Monseigneur mort, le duc du Maine n'eut plus affaire qu'à Mgr le duc de Bourgogne. C'étoit beaucoup trop. Mais pourquoi ne pas espérer d'en voir la fin comme il voyoit celle du père, et en attendant pousser son bidet? Il connoissoit la foiblesse et l'incurie de M. le duc d'Orléans, dont le fils étoit enfant; il voyoit quel étoit M. le duc de Berry; il sentit qu'avec Mme de Maintenon il n'avoit plus rien à craindre pour s'élever aussi haut qu'il pourroit dans le présent, et remit le futur à son industrie et à sa bonne fortune.

Le duc de Tresmes étoit en année; c'en étoit déjà une, et il en sut profiter. Avec beaucoup d'honneur et de probité, Tresmes étoit sans le moindre rayon d'esprit que l'usage de la cour et du grand monde; et de l'ignorance la plus universelle; avec cela plus valet que nul valet d'extraction, et plus avide de faire sa cour et de plaire que le plus plat provincial. Avec ces qualités ce fut l'homme de M. du Maine,

C'étoit à lui à recevoir et à donner les ordres pour ces

révérences de deuil. Il mit au Roi en question si on iroit les faire à ses enfants naturels, comme étant frères et sœurs de Monseigneur. Le Roi, toujours éloigné de ces gradations par lesquelles il a été peu à peu mené à tout pour eux contre son sens, comme on l'a vu sans cesse, trouva d'abord la proposition du duc de Tresmes ridicule. Il ne répondit pourtant pas une négative absolue, mais il marqua seulement que cela ne lui plaisoit pas. M. du Maine, qui s'y étoit attendu par toutes ses expériences pareilles, n'avoit lâché le duc de Tresmes que le dimanche, pour ne laisser pas de temps, mais pour donner lieu au Roi d'en parler le soir à Mme de Maintenon. Nonobstant cette ruse, il n'y fut rien décidé; mais c'étoit beaucoup que ce ne fut pas une négative, et que Mme de Maintenon en eût assez fait pour le laisser dans la balance. Il y étoit encore le lundi matin, jour de ces révérences. Mais entre le conseil et le petit couvert, M. du Maine, secondé de son fidèle second, l'emporta, et le duc de Tresmes, en ayant pris l'ordre du Roi, le publia aussitôt. La surprise en fut si grande que presque chacun se le fit répéter.

Le moment de la déclaration fut pris avec justesse : le Roi se mettoit à table, tout le monde y étoit déjà ou s'y alloit mettre, et la cérémonie commençoit à deux heures, c'est-à-dire tout au sortir de dîner; ainsi point de temps à raisonner, encore moins à faire, et on obéit avec la soumission aveugle et douloureuse à laquelle on étoit si fort accoutumé. Par cette adresse, les bâtards furent pleinement égalés aux fils et aux filles de France, et mis en plein parallèle avec eux : pierre d'attente pour laquelle le Roi n'a pas tout à fait assez vécu.

Ce même jour, lundi 20 avril, le Roi fit ouvrir les portes de ses cabinets, devant et derrière, à deux heures et demie. On entroit par sa chambre. Il étoit en habit ordinaire, mais avec son chapeau sous le bras, debout et appuyé de la main droite sur la table de son cabinet la plus proche de la porte de sa chambre. Monsieur et Madame la Dauphine, M. et Mme la duchesse de Berry,

Madame, M. et Mme la duchesse d'Orléans, Madame la Grande-Duchesse, Madame la Princesse, Madame la Duchesse, ses deux fils et ses deux filles, M. du Maine et le comte de Toulouse se rangèrent en grand demi-cercle au-dessous du Roi à mesure qu'ils entrèrent, tous en grands manteaux et en mantes, hors les veuves, qui n'en portent point et n'ont que le petit voile. Mme la princesse de Conti douairière étoit malade dans son lit, l'autre princesse de Conti avec ses enfants restée à Paris, à cause de l'air de la petite vérole, et Mme du Maine avec les siens à Sceaux, pour la même raison. Tout Paris, vêtu d'enterrement ainsi que tout Marly, remplissoit les salons et la chambre du Roi. Douze ou quinze duchesses entrèrent à la file les premières, puis dames titrées et non titrées comme elles se trouvèrent, et les princesses étrangères, arrivées tard contre leur vigilance ordinaire, y furent mêlées; après les dames, l'archevêque de Reims, suivi d'une quinzaine de ducs, et ces deux têtes en rang d'ancienneté, entrèrent, puis tous les hommes titrés et non titrés, princes étrangers et prélats, mêlés au hasard. Quatre ou cinq pères ou fils de la maison de Rohan se mirent ensemble à la file en rang d'aînesse vers le milieu de la marche; quelques gens de qualité qui s'aperçurent de cette affectation les coupèrent, en sorte qu'ils furent tous mêlés, et entrèrent ainsi dans le cabinet. On alloit droit au Roi l'un après l'autre, et, à distance de lui, on lui faisoit une profonde révérence, qu'il rendoit fort marquée à chaque personne titrée, homme et femme, et point du tout aux autres. Cette révérence unique faite, on alloit lentement à l'autre cabinet, d'où on sortoit par le petit salon de la chapelle. La mante et le grand manteau étoit une distinction réservée aux gens d'une certaine qualité, mais elle avoit disparu avec tant d'autres, jusque-là qu'il en passa devant le Roi que ni lui ni pas un du demi-cercle ne connut, et personne même de la cour qui pût dire qui c'étoit, et il y en eut plusieurs de la sorte. Il s'y mêla aussi des gens de robe, ce qui parut tout aussi singulier.

Il est difficile que la variété des visages, et la bigarrure de l'accoutrement de bien des gens peu faits pour le porter, ne fournisse quelque objet ridicule qui démonte la gravité la plus concertée. Cela arriva en cette occasion, où le Roi eut quelquefois peine à se retenir, et où même il succomba une fois avec toute l'assistance au passage de je ne sais plus quel pied plat à demi abandonné de son équipage.

Quand tout fut fini chez le Roi, et cela fut long, tout ce qui devoit être visité se sépara, pour aller chacun chez soi recevoir les visites. Les visités ne furent autres que les fils et filles de France, et les bâtards et bâtardes, et M. le duc d'Orléans comme mari de Mme la duchesse d'Orléans, et celui-là parut comique. Les moindres d'aînesse ou de rang allèrent chez leurs plus grands, qui ne leur rendirent point la visite, excepté Madame, qui, comme veuve du grand-père de Madame la Dauphine et grand'mère de Mme la duchesse de Berry, fut visitée des fils et filles de France, mais non M. et Mme la duchesse d'Orléans. On alla donc comme on put faire cette tournée : on entroit et sortoit pêle-mêle, et on ne faisoit que passer, entrant par une porte et sortant par une autre, où il y avoit des dégagements.

C'est ce qui se rencontra chez Madame la Duchesse, et à la faveur de cette commodité, une subtilité de Madame la Princesse, fort prompte à saisir ses avantages tout dévotement. Sortant de chez Madame la Duchesse par le dégagement de son cabinet, on y trouva Madame la Princesse qui se présentoit à la compagnie pour recevoir les révérences, qui ne lui étoient ni dues ni ordonnées. On en fut si surpris que beaucoup de gens passèrent sans la voir, beaucoup plus sans faire semblant de s'apercevoir d'elle. Les deux petits princes du sang ne s'y présentèrent point.

Le duc du Maine et le comte de Toulouse reçurent les visites ensemble dans la chambre de M. du Maine, où on entroit de plein pied et directement du jardin. Ils avoient leur compte, et voulurent faire les modestes et les attentifs pour ne pas donner la peine d'aller séparément chez tous les deux. M. du Maine se dépeça en excuses embarrassées de la peine qu'on prenoit, et se tuoit à conduire les gens titrés, et à en manquer tout le moins qu'il pouvoit. M. le comte de Toulouse conduisoit aussi avec soin, mais sans affectation.

J'oubliois Mme de Vendôme, qui parut aussi chez le Roi en rang d'oignon, mais qui ne fut point visitée, parce que la bâtardise de son mari venoit de plus loin. Elle ne s'embusqua point avec Madame sa mère pour enlever les révérences aux passants.

Ni le Roi, ni princes, ni princesses visités ne s'assirent ni n'eurent de siége derrière eux. Si on se fût assis chez ceux où on le doit être, cela n'eût point fini de la journée chez chacun; et des siéges sans s'asseoir auroient culbuté le monde dans l'excès de la foule et des petits lieux.

Le lendemain, mardi 21 avril, Monsieur et Madame la Dauphine, M. et Mme la duchesse de Berry, Madame, M. et Mme la duchesse d'Orléans allèrent l'après-dînée, en même carrosse, à Saint-Germain, tous en mante et en grand manteau. Ils allèrent droit chez le roi d'Angleterre, où ils ne s'assirent point, ensuite chez la reine, où ils s'assirent dans six fauteuils, M. et Mme la duchesse d'Orléans et M. du Maine sur un ployant chacun. Il étoit allé les y attendre pour jouir de cet honneur, et s'y égaler à un petit-fils de France. La reine fit des excuses de n'être pas en mante pour les recevoir, c'est-à-dire en petit voile, parce qu'au moins en France, les veuves ne portent de mante en nulle occasion; elle ajouta que le Roi le lui avoit défendu. Cette excuse fut le comble de la politesse. Le Roi, très-attentif à ne faire sentir à la reine d'Angleterre rien de sa triste situation, n'avoit garde de souffrir qu'elle prît une mante, ni le roi d'Angleterre un grand manteau, pour recevoir le grand deuil de cérémonie d'un Dauphin et qui n'étoit pas roi. En se levant ils voulurent aller chez la princesse d'Angleterre, mais la reine les arrêta et l'envoya chercher; elle se contenta que la visite fût marquée. On ne se rassit point : la princesse, qui à cause de la reine étoit sans mante, ne pouvoit avoir de fauteuil devant elle, ni les fils et filles de France sans fauteuil[1] devant la reine dans le sien, ni garder le leur en présence de la princesse d'Angleterre sur un ployant. La visite finit de la sorte. De toute la cour de Saint-Germain aucune dame ne parut en mante, ni aucun homme en manteau long que le seul duc de Berwick, à cause de ses dignités françoises.

Le lundi suivant, 29 avril, le Roi s'en alla sur les onze heures du matin à Versailles, où il reçut les compliments de tous les ministres étrangers, après eux de beaucoup d'ordres religieux, et après son dîner, au petit couvert, les harangues du Parlement, de la chambre des comptes, de la cour des aides, de celle des monnoies, et de la ville de Paris. La compétence du grand conseil et du Parlement mit une heure d'intervalle, après laquelle il vint aussi faire sa harangue, suivi de l'Université et de l'Académie françoise, pour laquelle Saint-Aulaire porta fort bien la parole. Le Parlement alla aussi haranguer Monseigneur le Dauphin; le premier président ne voulut pas lui laisser ignorer que c'étoit par ordre du Roi qu'il le haranguoit et qu'il le traitoit de Monseigneur. Cette insolente bagatelle mériteroit des réflexions. Tout ce qui avoit complimenté ou harangué le Roi rendit aussi les mêmes devoirs à Monseigneur et à Madame la Dauphine. Le Roi revint sur le soir à Marly.

1. Être sans fauteuil.

CHAPITRE XV.

Mort et caractère de la duchesse de Villeroy. — Mort de l'empereur Joseph; prince Eugène mal avec son successeur. — Mort de Mmes de Vaubourg et Turgot. — Mort de Caravas. — Mariage des deux filles de Beauvau avec Beauvau et Choiseul. — Reprise de l'affaire d'Espernon; force prétentions semblables prêtes à éclore; leur impression sur les parties du procès d'Espernon. — Ancien projet de règlement sur les duchés-pairies en 1694; son sort alors; perversité du premier président d'Harlay, qui le dressa. — Duc de Chevreuse, de concert avec d'Antin, gagne le chancelier pour un règlement sur ce modèle; le chancelier m'en confie l'idée et l'ancien projet; raisons qui m'y font entrer sans en prévoir le funeste, et j'y travaille seul avec le chancelier. — Ancien projet, et mes notes dessus. — Grâce de substitution accordée au duc d'Harcourt enfourne ce règlement; sagesse et franchise d'Harcourt avec moi sur les bâtards. — Je joins le maréchal de Boufflers au secret, qui est restreint d'une part entre nous deux et Harcourt en général[1], de l'autre entre Chevreuse et d'Antin en général, et sans nous rien communiquer. — Harcourt parle au Roi, et la chose s'enfourne. — Chimères de Chevreuse et de Chaulnes. — Duc de Beauvillier n'approuve pas les chimères; ne peut pourtant être admis au secret du règlement par moi. — Secret de tout ce qui se fit sur le règlement uniquement entre le chancelier avec moi. — Trait hardi et raffiné du plus délié courtisan, de d'Antin, qui parle au Roi. — Le Roi suspend la plaidoirie sur le point de commencer sur la prétention d'Espernon.

Je perdis en même temps une amie que je regrettai fort; ce fut la duchesse de Villeroy, dont j'ai parlé plus d'une fois. C'étoit une personne droite, naturelle, franche, sûre, secrète, qui sans esprit étoit parvenue à faire une figure à la cour, et à maîtriser mari et beau-père. Elle étoit haute en tous points, surtout[2] pour la dignité, en même temps qu'elle se faisoit une justice si exacte et si publique sur sa naissance, même sur celle de son mari, qu'elle en embarrassoit souvent. Elle étoit fort inégale, sans que, pour ce qui me regarde, je m'en sois jamais aperçu.

---

1. Les mots *d'une part* sont répétés ici au manuscrit.
2. Saint-Simon a écrit : *sur pour tout*.

Elle avoit de l'humeur, son commerce étoit rude et dur; elle tenoit fort là-dessus de sa famille. Elle étoit depuis longtemps dans la plus grande intimité de Mme la duchesse d'Orléans, et dans une grande confidence de Madame la Dauphine, qui toutes deux l'aimoient, et la craignoient aussi. Elle avoit des amis et des amies; elle en méritoit. Elle étoit bonne, vive et sûre amie, et les glaces ne lui coûtoient rien à rompre. Elle devenoit personnage, et on commençoit à compter avec elle. Son visage très-singulier étoit vilain d'en bas, surtout pour le rire, étoit charmant de tout le haut. Sérieuse et parée, grande comme elle étoit, quoique avec les hanches et les épaules trop hautes, personne n'avoit si grand air et ne paroit tant les fêtes et les bals, où il n'étoit aucune beauté, et bien plus qu'elle, qu'elle n'effaçât. Quelques mois avant sa mort, et toujours dans une santé parfaite, elle disoit à Mme de Saint-Simon qu'elle étoit trop heureuse, que de quelque côté qu'elle se tournât, son bonheur étoit parfait, que cela lui faisoit une peur extrême, et que sûrement un état si fort à souhait ne pouvoit durer, qu'il lui arriveroit quelque catastrophe impossible à prévoir, ou qu'elle mourroit bientôt. Le dernier arriva. Son mari servoit de capitaine des gardes pour le maréchal de Boufflers, demeuré à Paris pour la mort de son fils. Elle craignoit extrêmement la petite vérole, qu'elle n'avoit point eue. Malgré cela, elle voulut que Madame la Dauphine la menât à Marly dans ces premiers jours de la solitude du Roi, sous prétexte d'aller voir son mari. Rien de tout ce qu'on put lui dire ne put l'en détourner, tant les petites distinctions de cour tournent les têtes. Elle y eut une frayeur mortelle, tomba incontinent après malade de la petite vérole, et en mourut à Versailles. L'abbé de Louvois et le duc de Villeroy s'enfermèrent avec elle. Le premier en fut inconsolable; l'autre ne le fut pas longtemps, et bientôt jouit du plaisir de se croire hors de page. Il n'étoit pas né pour y être; son père trop tôt après le remit sous son joug.

L'Empereur mourut en même temps à Vienne, de la

même maladie, et laissa peu de regrets. C'étoit un prince emporté, violent, d'esprit et de talents au-dessous du médiocre, qui vivoit avec fort peu d'égards pour l'Impératrice sa mère, qu'il fit pourtant régente, peu de tendresse pour l'Impératrice sa femme, et peu d'amitié et de considération pour l'archiduc son frère. Sa cour étoit orageuse, et les plus grands y étoient mal assurés de leur état. Le prince Eugène fut peut-être le seul qui y perdit. Il avoit toute sa confiance, et il étoit fort mal avec l'archiduc, qui se prenoit à lui du peu de secours qu'il recevoit de Vienne, et qui ne lui pardonnoit pas d'avoir refusé d'aller en Espagne. Ce mécontentement ne fut que replâtré par le besoin et les conjonctures; mais jamais le prince Eugène ne se remit bien avec lui : il n'y eut que du dehors sans amitié et sans confiance, et quant à la considération et au crédit, ce qui seulement ne s'en pouvoit refuser, quoi que le prince Eugène pût faire, sans se lasser de ramer inutilement là-dessus jusqu'à la mort. Celle de l'Empereur fut un grand coup, et de ces fortunes inespérables, pour conduire à la paix et conserver la monarchie d'Espagne. Je ne m'arrêterai pas à ces grandes suites, parce qu'elles font partie de ce qui se passa en Angleterre, pour préparer au traité de paix signé à Utrecht, et ensuite avec l'empereur nouveau, et que ces choses se trouveront mieux dans les pièces[1] que je ne pourrois les raconter, comme y étant de main de maître; je dirai seulement ici que Torcy alla incontinent après trouver l'électeur de Bavière à Compiègne, où il demeura un jour avec lui.

Voysin perdit Mme de Vaubourg, sa sœur, femme de mérite, dont le mari, conseiller d'État, capable et d'une grande vertu, étoit frère de Desmarets. Ce lien les entretenoit ensemble, et sa rupture eut des suites entre eux. Pelletier de Sousy perdit aussi Mme Turgot, sa fille, qu'il aimoit avec passion, et avec grand'raison. Son gendre étoit un butor qu'il ne put jamais soutenir dans les inten-

---

1. Voir les pièces. (*Note de Saint-Simon.*) Voyez tome I, p. 420, note 1.

dances, ni faire conseiller d'État. Le fils de celui-là l'est devenu avec beaucoup de réputation, après s'en être acquis une grande d'intégrité et de capacité dans la place de prévôt des marchands, et dans des temps fort difficiles.

Le vieux Caravas mourut aussi, qui alloit mentir partout à gorge déployée. Il étoit Gouffier, et avoit, par je ne sais quelle aventure, épousé autrefois en Hollande la tante paternelle de ce Riperda dont la subite élévation au premier ministère d'Espagne, la rapide chute et la fin ont tant fait de bruit dans le monde.

Beauvau, qui avoit été capitaine des gardes de Monsieur, et qui s'étoit[1] retiré de la cour et presque du monde, depuis longtemps, d'une manière fort obscure, n'avoit que deux filles fort riches. Il les maria toutes deux en ce temps-ci, l'une au comte de Beauvau, mort bien longtemps depuis lieutenant général, gouverneur de Douay, et chevalier de l'ordre de 1724, l'autre au marquis de Choiseul, le seul de cette grande maison qui fût à son aise.

Ce seroit ici le lieu de présenter un nouveau tableau de la cour, après un changement de théâtre qui dérangea si parfaitement toute la scène ; mais cette nouvelle qui succéda a tant de liaison avec toutes les suites, qu'il est à propos de la rejeter après le récit d'une affaire trop importante pour être omise, quelque longue et ennuyeuse qu'elle puisse être, et qui eut tant de trait à d'autres temps, d'autant plus que, commencée avant la mort de Monseigneur, elle a été différée jusqu'au temps de sa conclusion pour ne la pas interrompre. Il faut donc retourner sur nos pas. Outre l'importance, il ne laissera pas de s'y trouver quelques traits curieux.

C'est de l'affaire de d'Antin qu'il s'agit de reprendre jusqu'à sa conclusion. Ce n'étoit pas la seule dont il pût être question. Une quinzaine de chimères, plus absurdes les unes que les autres, étoient prêtes à éclore. Les

---

1. *S'étoit* a été écrit en interligne, puis biffé.

visions attendoient l'événement de celle de d'Antin, pour différer à un autre temps, ou pour entrer en lice si la sienne réussissoit, avec la confiance que le Roi et les juges les protégeroient volontiers, pour montrer que, sans être favori, on gagnoit des causes contre toutes sortes de règles. Les procès existants étoient celui de M. de Luxembourg, qu'il venoit de remettre en train judiciaire, en même temps qu'il s'étoit joint aux opposants à la prétention de d'Antin; et j'agissois déjà pour tâcher d'annuler l'arrêt sans force et sans mesure qu'il avoit obtenu, et le réduire à l'ancien détroit d'option entre son érection nouvelle ou n'être point pair. Je passe légèrement sur cette affaire, si bien expliquée au commencement de ces *Mémoires*, et par les factums imprimés de part et d'autre qui sont entre les mains de tout le monde, et celui d'entre M. de la Rochefoucauld et moi ; ceux qui n'étoient pas encore formés, mais tout prêts à l'être, celui d'Aiguillon et celui d'Estouteville. Les chimères, encore recluses, mais qui n'attendoient pas moins impatiemment la conjoncture de paroître en prétentions, étoient celle de l'ancienneté de Chevreuse, de l'érection en faveur des Lorrains, et celle de Chaulnes, toutes deux dans la tête et dans la volonté du duc de Chevreuse; celle de l'ancienneté de Rohan, du grand-père maternel du duc de Rohan Chabot; celle des premières érections d'Albret et de Château-Thierry, dont M. de Bouillon ne pouvoit se départir, et dont on a vu ailleurs que le premier président Harlay s'étoit moqué si cruellement en parlant à sa personne. Il n'y avoit pas jusqu'aux Bissy à qui l'ivresse de la faveur de leur évêque de Meaux ne tournât la tête, jusqu'à prétendre la dignité de Pont-de-Vaux, et cinq ou six autres de même espèce, dont par les tortures, prétendues applicables aux duchés femelles, eussent eu lieu, et tombées dans la boue par des alliances et des arrière-alliances déjà contractées[1].

---

1. Nous reproduisons textuellement la phrase de Saint-Simon.

C'est ce qui nous faisoit peur, pour le renversement entier de tout ordre et de toute règle parmi nous, par l'achèvement de toute ignominie dans la transmission de ces dignités sans mesure, et même en réussissant contre elles, par une vie misérable de chicanes, de procès et de procédés, chacun ne manquant point de chicanes et de subterfuges pour détourner de dessus soi la condamnation de son voisin et même de son semblable, et se présenter hardiment sous des apparences d'espèces différentes. C'étoit néanmoins ce qui nous pouvoit arriver de mieux que de gagner en luttant, et de nous consumer en luttes.

Nous ne cessions de nous plaindre de ces amas de prétentions et de procès, que nous nous voyions pendre sur la tête par le fait de d'Antin, que son exemple avoit ranimés : et nous nous servions de ce débordement pour aggraver l'importance de laisser les choses dans les règles de tout temps suivies et reconnues. D'Antin qui s'en aperçut, et que ce que nous alléguions là-dessus ne nous étoit pas inutile, sut tourner court, et prendre au bond cette balle avec finesse, pour s'en servir lui-même avec avantage.

Outre tout le mauvais de sa cause en soi, dont il fut toujours très-persuadé, comme il nous l'a avoué depuis, il sentoit l'extrême embarras où il alloit tomber par nos fins de recevoir, qu'il ne pouvoit assez s'étonner que nous eussions découvertes, ce qui étoit l'ouvrage de Vesin, l'un de nos meilleurs avocats. La clause dirimante par la mésalliance de Zamet, de laquelle seule il tiroit son prétendu droit, étoit sans réponse ; et il n'avoit garde d'être tranquille sur son acquisition d'Espernon, autre fait dirimant. Monseigneur, qui y étoit mêlé, eût pu le lui reprocher durement, et donner lieu à ses ennemis de Meudon, qui commençoient à prévaloir, de lui faire un crime auprès de ce prince d'avoir abusé de sa faveur pour une acquisition dont il ne lui avoit pas montré l'objet, et lui faire faire ainsi bien du chemin dans la descente. Il s'y joignoit un malaise du Roi, importuné de ses absences, qui pouvoit aisément se tourner en dégoût, ou en habitude de se passer de lui pour les bagatelles dont il savoit faire un si habile usage.

Un contraste assez ferme qu'il eut à la porte de Dongois, greffier du Parlement, avec les ducs de Charost et de Berwick, sur des procédés, et qui furent poussés assez loin de la part des nôtres sur quelques longueurs dont il voulut se plaindre, tandis qu'il nous y avoit forcés par un piége, et la hauteur dont la chose fut prise de notre part à tous, enfin le changement de l'air du monde et même de celui de la cour, le bruit sourd du Palais, qui ne lui étoit pas favorable, toutes ces choses ensemble l'avoient effrayé dès le carême, jusqu'à le désespérer intérieurement du succès, et lui faire craindre de perdre encore autre chose que son procès.

Ces mêmes choses firent une impression pareille au duc de Chevreuse pour ce qui le regardoit, qui, né timide et chancelant, crut voir sa condamnation écrite par les épines que le favori éprouvoit. Ennemis de cabale, et sur toute autre chose, mais liés tous deux sur ces matières, tant l'intérêt a de pouvoir jusque sur les plus honnêtes gens tels que l'étoit Chevreuse, il tourna ses pensées au souvenir d'un règlement général projeté lors du procès de feu M. de Luxembourg, et il espéra du crédit de d'Antin de remettre ce règlement sus, et de faire passer son second fils duc de Chaulnes avec lui, en abandonnant leurs prétentions de l'ancienneté d'Espernon et de celle de Chevreuse. Ce point, si funestement capital, mérite d'être un peu plus expliqué dès son origine.

Lors du plus grand mouvement, en 1694, du procès entrepris par M. de Luxembourg contre ses anciens, il fut fait un projet, que j'ignorai longtemps depuis, qui régloit en forme de déclaration du Roi les transmissions contestées de la dignité de duc et pair, laquelle excluoit presque entièrement les femelles, mais qui, avec cet appât aux ducs, les assommoit par l'établissement du grand rang des enfants naturels du Roi. Harlay, premier président, qui papegeoit pour la place[1] de chancelier, que le cadavre de Boucherat remplissoit encore, qui, procureur général, avoit ouvert la voie en faisant légitimer le chevalier de Longueville, tué depuis, sans nommer la mère, qui avoit eu pour cet exécrable service parole réitérée des sceaux, voulut, vil et détestable esclave du crime et de la faveur, cueillir les fruits de son ouvrage par ce couronnement inouï de ces enfants, qui, sans lui et son invention cauteleuse et hardie, eussent forcément été ceux de M. de Montespan, peut-être des enfants trouvés, dans l'impuissance d'énoncer père ni mère[2]. C'étoit donc bien moins en faveur de la paix que cette déclararation avoit été conçue, et pour mettre des bornes fixes et précises aux transmissions des duchés femelles, que pour la grandeur des bâtards. Harlay y avoit fait consentir M. de Luxembourg et son fils. Mais ce projet fut tant tourné, rebattu, rajusté, que le Roi, du goût duquel ces choses ne furent jamais, l'abandonna sitôt que par une voie plus militaire, et telle qu'elle a été racontée, il eut trouvé plus court de donner à ses fils naturels, et bientôt après à leur postérité, en la personne du duc de Vendôme, une préséance énorme, qui, lui ayant paru alors le comble de leur grandeur et de sa toute-puissance, ne devint pourtant que le piédestal[3] des horribles prodiges qu'on a vus depuis en ce genre.

Le duc de Chevreuse, d'accord avec d'Antin, parla au chancelier. Il lui donna envie de la gloire d'un ouvrage qui finiroit toutes ces fâcheuses contestations, et toucha peut-être en lui la partie foible du courtisan, desireux d'aplanir à son maître la voie d'élever de plus en plus ses enfants naturels, et d'achever la fortune de son favori, en se conciliant ces grands personnages du temps présent.

---

1. Qui visait à la place. Le mot *papegai* désignait un oiseau de carton ou de bois peint que l'on plaçait au haut d'une perche, et sur lequel on s'exerçait à tirer.
2. Le manuscrit porte, par erreur : *père ni père*.
3. Saint-Simon écrit *pied d'estail*.

Le chancelier, gagné, m'en parla d'abord avec une entière ouverture, mais une imposition étroite du secret. Nous agitâmes la matière, et j'avouerai à ma honte, ou à celle d'autrui, que n'imaginant pas qu'il fût dans la possibilité de trouver pour les bâtards rien au delà de ce qu'ils avoient, il ne m'entra pas dans l'esprit qu'ils profitassent du règlement qui se pouvoit mettre sur le tapis, autrement que par une confirmation de tout ce dont ils étoient en possession, qui n'ajoutoit rien à leur droit ni à leur jouissance. Ce fut par où nous commençâmes.

Le chancelier me fit bien entendre, et sans peine, que le chausse-pied de la déclaration (ce fut son terme) seroit inévitablement l'intérêt des bâtards, *causa sine qua non* du Roi en toutes ces matières; mais avec ma sotte présupposition, qu'il appuya, et je crois de bonne foi alors, je conclus qu'il valoit mieux à ce prix sortir tout d'un coup, par une bonne déclaration, de tant d'affaires[1] que de nous y laisser consumer. Je pensois que couper à jamais toutes racines de questions de préséance entre nous nous mettroit à couvert des schismes qui se mettoient si souvent parmi nous, et que nous délivrer une bonne fois des ambitions femelles nous délivreroit[2] des désordres et des successions indignes qui achevoient la confusion. Je considérois une barrière aux favoris présents et futurs d'autant plus à desirer que l'âge du Roi en faisoit craindre de capables de s'en prévaloir avec hardiesse; et il est vrai encore que mon repos particulier acheva de me déterminer, parce que le poids de toutes ces sortes d'affaires tomboit toujours sur moi, en tout ou en la plus grande partie, pour le travail dont je ne me pouvois défendre, et pour la haine qui en résultoit, avec peu ou point de secours ni d'appui.

Ce parti bien pris en moi-même, et justement fondé sur nos misères intérieures, dont je n'avois qu'une trop continuelle expérience, il fut question d'y travailler.

1. Les mots *tout d'un coup* sont répétés ici.
2. *Délivreroient*, au manuscrit.

Pour le faire utilement, le chancelier me montra le projet du premier président d'Harlay. Nous l'examinâmes ensemble; et pour mieux faire, il me le confia pour en tirer une copie, et pour, sur cette copie, faire mes notes, afin de les discuter après avec lui, et arrêter ensemble un nouveau projet sur cet ancien, qui nous fît trouver notre compte par des lois sages et justes, et par des avantages qui, autant que le temps le pouvoit comporter, nous dédommageassent de la confirmation de la grandeur des bâtards, qu'il falloit bien s'attendre devoir être énoncée dans ce règlement.

Pour mieux entendre ce qu'il en arriva, il ne sera pas peu à propos ni peu curieux d'insérer ici, plutôt que le renvoyer aux pièces [1], cet ancien projet du premier président d'Harlay, avec les notes que je mis à chaque article de ce que je crus qui y devoit être changé, retranché ou ajouté, l'ancien projet d'un côté à mi-marge, mes notes de l'autre, vis-à-vis chaque article, tel que je le donnai au chancelier. Cet ancien projet avoit été concerté entre le chancelier, lors contrôleur général et secrétaire d'État de la maison du Roi et ministre, le premier président d'Harlay, et Daguesseau, lors avocat général, aujourd'hui chancelier, communiqué par ordre du Roi, et revu par le duc de Chevreuse, qui en avoit, disoit-il, perdu la copie qu'il en avoit eue, et convenu pour lui-même, et par MM. de Luxembourg père et fils pour eux, et resté en 1696 fixé entre eux tel qu'il suit :

ANCIEN PROJET.	NOTES.
[1][2]. Les princes du sang seront honorés en tous lieux, suivant le respect qui est dû à leur naissance, et en conséquence auront droit d'en-	Ce premier article pourroit être omis, comme tout à fait inutile.

1. Voyez tome I, p. 420, note 1.
2. Saint-Simon a omis ce chiffre I.

ANCIEN PROJET.

trée, séance et voix délibérative au parlement de Paris, à l'âge de..., tant aux audiences qu'au conseil, sans aucune formalité.

II.

Les enfants naturels des rois qui auront été légitimés, et leurs enfants et descendants mâles qui posséderont des duchés-pairies, auront droit d'entrée, séance et voix délibérative en ladite cour, à l'âge de... ans, en prêtant le serment ordinaire des pairs, avec séance immédiatement après et au-dessous des princes du sang, et y précéderont, ainsi qu'en tous autres lieux, tous les ducs et pairs, quand leurs duchés-pairies seroient moins anciennes que celles desdits ducs et pairs.

III.

Les ducs et pairs auront rang et séance entre eux du jour de l'arrêt de l'enregistrement, qui sera fait au parlement de Paris, des lettres portant érection du duché-pairie qu'ils possèdent, et seront reçus audit parlement à l'âge de vingt-

NOTES.

Ce second article pourroit être omis, comme tout à fait inutile. Il y en a une déclaration expresse, qui n'étoit pas lors, et qui est enregistrée et confirmée par un usage constant depuis.

Le duché de Brancas n'est point vérifié au parlement de Paris, et c'est le seul existant. Il est du feu Roi, et perdroit beaucoup à prendre rang de l'enregistrement qu'il en faudroit faire présentement au parle- de Paris, aux termes de ce

ANCIEN PROJET.	NOTES.
cinq ans, en la manière accoutumée.	troisième article. On n'oseroit proposer d'y ajouter la pairie pour dédommagement, en prenant la queue de tout, par un enregistrement de duché-pairie au parlement de Paris, laissant caduc celui du parlement d'Aix. Il y a de grandes raisons pour fixer le rang des pairs au jour de la réception de l'impétrant au Parlement; celui de l'enregistrement fixeroit le rang des ducs vérifiés qui ne sont pas pairs. Quant à l'âge, on ne peut contester l'indécence et l'inconvénient d'un trop jeune âge; mais on ne peut contester aussi qu'il n'y en a non plus de réglé pour les pairs que pour les princes du sang, témoin le feu duc de Luynes, reçu à quinze ans, et bien d'autres. Puis donc qu'un âge ne peut être fixé sans faire une nouveauté intéressante, et que les pairs les plus avancés en âge ne savent pas plus de jurisprudence que les plus jeunes, dont l'étude est la raison principale qui a fixé l'âge pour la magistrature, à

ANCIEN PROJET.

NOTES.

laquelle étude les pairs ne sont en rien assujettis, il paroît qu'un tempérament convenable seroit de fixer l'âge de la réception des pairs à vingt ans, pour différence d'avec les magistrats.

Si on omet les deux premiers articles, il seroit utile d'ajouter en celui-ci que les pairs auront entrée, séance et voix délibérative, tant aux audiences qu'au conseil, pour éviter équivoque par une expression différente et tacite.

Il seroit nécessaire, pour couper court à mille nouvelles et insoutenables difficultés, d'ajouter que les pairs garderont, dans tous les parlements du royaume, la même forme d'entrer dans le lieu de la séance et d'en sortir qu'ils ont accoutumé de garder en celui de Paris, cour ordinaire des pairs et le premier de tous les parlements, dont l'exemple ne peut et ne doit être refusé d'aucun autre.

IV.

Les termes *d'ayant cause* n'auront aucun effet dans les lettres d'érection des

Il ne faut point supprimer un terme consacré par un long usage, et qui en effet

ANCIEN PROJET.

duchés-pairies qui auront été accordées jusqu'à cette heure où ils auroient été mis, et ne seront plus insérés dans aucunes lettres à l'avenir.

V.

Les clauses générales insérées ci-devant en quelques lettres d'érection de duchés-pairies en faveur des femelles n'auront aucun effet qu'à l'égard de celles qui descendront et seront du nom et maison de l'impétrant[1], et à la charge qu'elles épouseront des personnes que le Roi jugera

NOTES.

est essentiel, mais lui donner seulement une interprétation générale pour toutes les lettres, tant expédiées qu'à expédier, qui soit fixe et certaine. Il faut donc exprimer que, par *ayant cause*, le concesseur entend les mâles issus de l'impétrant, étants de son nom et maison, en quelque degré et ligne collatérale que ce puisse être, en gardant entre eux l'ordre et le rang de branche et d'aînesse, afin que la dignité se conserve et perpétue dans les issus mâles de l'impétrant de son nom et maison, tant et si longtemps qu'il restera un seul mâle issu de l'impétrant de son nom et maison.

Ajouter à cet article, où aucun mot n'est à changer, que du mariage d'une fille qui, aux termes dudit article, fera son mari duc et pair, sortira une race ducale masculine, c'est-à-dire qu'en la personne du fils de cette fille la duché-pairie femelle deviendra masculine, dont la succession à la

---

1. On peut ajouter : Si ce n'est qu'il plaise au Roi d'étendre sa grâce aux filles des filles par une clause expresse. (*Note de l'auteur du projet.*)

ANCIEN PROJET.

dignes de posséder cet honneur, et dont Sa Majesté aura agréé le mariage par des lettres patentes qui seront adressées au Parlement.

VI.

Permettre à ceux qui ont des duchés d'en substituer à perpétuité, ou pour un certain nombre de person-

NOTES.

dignité sera semblable en tout à la succession de toute autre dignité de duc et pair qui n'a jamais été femelle, et qui n'a été érigée qu'en faveur des seuls mâles.

Exprimer si le gendre aura le même rang que le beau-père, ou de la date des lettres patentes adressées au Parlement pour son mariage, et alors conséquemment de sa réception s'il est pair, ce qui fixe le rang de ce duché, devenu alors masculin. Il semble qu'avec cette restriction apportée aux duchés femelles, on pourroit laisser au gendre le rang de son beau-père; bien entendu que cet édit ait un effet rétroactif en tous ses points et articles.

Pour ce qui est des filles des filles, c'est une chose à bannir et à proscrire à jamais, comme une porte funestement ouverte aux inconvénients contre lesquels cet édit est principalement salutaire.

Il seroit beaucoup plus à propos qu'à l'exemple des majorasques d'Espagne, cet édit marquât que toute érec-

ANCIEN PROJET.

nes plus grand que celui de deux, outre l'institué, prescrit par l'ordonnance de Moulins, art. 59, le chef-lieu avec une certaine partie de leur revenu, montant jusqu'à..... de rente, auquel le titre et dignité des duchés-pairies demeurera annexé, sans pouvoir être sujet à aucunes dettes ni détractions, de quelque nature qu'elles puissent être, après qu'on aura observé les formalités prescrites par les ordonnances pour la publication des substitutions.

NOTES.

tion de duché porte substitution perpétuelle de la terre érigée, c'est-à-dire du chef-lieu et d'un certain nombre de paroisses aux environs, faisant un revenu de quinze mille livres de rente, avec privilége, outre ceux contenus en ce sixième article, que ce revenu ne pourra être saisi pour aucune cause que ce puisse être; que s'il y a des duchés entiers qui ne les valent pas, tant pis pour leurs titulaires possesseurs, qui néanmoins les pourront accroître par des acquisitions; que s'il se trouve des ducs trop obérés pour que cette concession ne préjudiciât pas à [leurs [1]] créanciers, donner pouvoir aux petits commissaires de la grand'chambre du parlement de Paris de changer l'hypothèque des créanciers sur les biens libres de la femme du duc, et de faire en sorte de rendre le duché capable de jouir du bénéfice de cette disposition, qui, une fois connue, ne peut plus préjudicier à l'avenir, et assure une subsistance

---

1. Saint-Simon a écrit *ses*, pour *leurs*.

ANCIEN PROJET.

VII.

Permettre aux mâles descendants en ligne directe de l'impétrant de retirer le duché-pairie des filles qui se trouveront en être propriétaires, en leur en remboursant le prix dans..., sur le pied du denier.... du revenu actuel.

VIII.

Ordonner que ceux qui voudront former quelque

NOTES.

modique aux plus grands dissipateurs pour soutenir leur dignité, et délivre les maisons de la négligence de plusieurs ducs à se servir de cette grâce, si elle n'étoit qu'offerte et ouverte à volonté, comme elle l'est dans cet article sixième. On sait que les fiefs de dignité sont à peu près revêtus de tous ces avantages par toute l'Allemagne, que ceux d'Italie ne se peuvent, à proprement parler, réputer tels, hors les vraies souverainetés, et que ceux d'Angleterre ne sont que des noms et des titres vains, jamais possédés par ceux qui les portent.

Le remboursement du prix doit être[1] reçu forcément par les femelles, et réduit à un denier fort au-dessous du revenu de la terre, payable par un contrat de constitution. La pratique très-embarrassante de cet article seroit supprimée par la substitution de droit perpétuelle, proposée sur l'article précédent.

Bon, pourvu qu'il n'émane aucun arrêt qui, dès là que

---

1. *Est*, pour *estre*, au manuscrit.

ANCIEN PROJET.	NOTES.
contestation sur le sujet des duchés-pairies, et des rangs, honneurs et préséances accordés par le Roi aux ducs et pairs, princes et seigneurs de son royaume, seront tenus de représenter chacun en particulier à Sa Majesté l'intérêt qu'ils prétendent y avoir, afin d'en obtenir la permission de le poursuivre, et qu'elle puisse y prononcer elle-même, si elle le trouve à propos, ou renvoyer par un arrêt de son conseil d'État les parties, pour procéder et être jugées en son parlement; et en cas qu'après y avoir renvoyé une demande, les parties veulent en former d'autres incidemment qui soient différentes de la première, elles soient tenues d'en obtenir de nouvelles permissions de Sa Majesté.	ce seroit un arrêt, attaqueroit le droit et la dignité de la cour des pairs, mais bien un ordre verbal du Roi, ou une lettre de cachet au Parlement, ou du secrétaire d'État de la maison du Roi au premier président, au procureur général, et au premier avocat général du parlement de Paris, marquant la volonté du Roi par son ordre.
	Il paroît équitable de donner aux ducs vérifiés non pairs, et aux duchés vérifiés sans pairie, les mêmes avantages qu'aux ducs et pairs et aux duchés-pairies, en les comprenant en cet édit, si ce n'est que le revenu perpétuellement substitué des duchés vérifiés non pairies pourroit être modéré à dix mille livres de rente.
IX.
Ordonner enfin que M. de Luxembourg [1] aura son rang de 1662.	A la bonne heure, mais en disant : *et voulant traiter favorablement*, etc., parce

---

1. M. de Luxembourg et ceux dont il prend conseil ont paru avoir beaucoup de soumission pour tout ce qu'ils pourroient connoître qu'il seroit agréable au Roi ; et quand Sa Majesté trouveroit bon qu'on les avertît de la disposition de l'article V de cet édit, son intérêt joint à son inclination lui feroient aisément accepter un parti auquel il a paru d'ailleurs très-disposé.
Les ducs et pairs plus anciens gagnent leur cause, et les nouveaux ne sont plus parties. (*Note de l'auteur du projet.*)

ANCIEN PROJET.   NOTES.

que ce rang, même aujourd'hui, n'est pas invulnérable, et qu'il ne faut pas révoquer en doute ce qui le peut et doit attaquer, chose en soi très-indifférente à M. de Luxembourg, par quels termes il conserve ce rang, dès là qu'il le conserve et que c'est par des termes honnêtes pour lui.

Tel étoit l'ancien projet, et telles les notes que j'y mis, ce qui fut bientôt fait de ma part, mais non pas sitôt convenu entre le chancelier et moi. Avant de rapporter cette dispute, qu'interrompit mon voyage de Pâques à la Ferté, et la mort de Monseigneur ensuite, il est à propos d'expliquer comment la chose s'enfourna parmi nous.

Le duc d'Harcourt, toujours attentif à ses affaires, demandoit en ce temps-là une grâce, qui donna le branle à tout. C'étoit une déclaration du Roi qui donnât une préférence à tous ses issus mâles, exclusive de tout issu par femelles, à la succession de son duché-pairie, pour éviter l'inconvénient des héritières des branches aînées, qui, emportant la terre à titre de plus proches, mettoient par là, ou par un prix trop fort, les cadets mâles hors d'état de recueillir une glèbe, sans la possession de laquelle ils ne peuvent recueillir la dignité, qui s'éteint ainsi sur eux forcément, comme il avoit pensé arriver tout récemment aux ducs de Brissac et de Duras. Le Roi y consentit; mais la forme n'étoit pas aisée, parce qu'Harcourt, qui vouloit travailler solidement, cherchoit à la rendre telle que la coutume de Normandie, où son duché étoit situé, ne pût en d'autres temps donner atteinte à son ouvrage.

Quand donc j'eus consenti, le chancelier me permit d'en parler à Harcourt, qui, pour une saignée au pied qui avoit peine à se fermer, gardoit la chambre dans l'appartement des capitaines des gardes en quartier, qu'il servoit pour le maréchal de Boufflers, navré de douleur de la mort de son fils, et que le duc de Villeroy servit bientôt après, pour laisser Harcourt se préparer à son départ pour Bourbonne et pour le Rhin.

Harcourt trouvoit doublement son compte dans la proposition que je lui fis, puisque la grâce qu'il demandoit devenoit bien plus sûre par un article exprès d'un édit général, et par se voir délivré d'être la partie du favori. Mais ma surprise fut extrême lorsque j'entendis ce courtisan intime de Mme de Maintenon, et de M. du Maine, auquel je savois qu'il s'étoit prostitué par des traits de la dernière bassesse, me dire sans détour que, dès qu'on ne pouvoit espérer de déclaration du Roi qu'en y confirmant les avantages des bâtards (car ce fut son propre terme, et avec un ton de dépit), rien n'en pouvoit être bon. Je répondis que cette confirmation n'ajoutoit rien à ce qu'ils avoient, et partant ne nous nuiroit pas davantage. « Voyez-vous, Monsieur, me répliqua-t-il avec feu, je vis très-bien avec eux et suis leur serviteur; mais je vous avoue que leur rang m'est insupportable. Il n'y a de parti présent que de se taire, mais dans d'autres temps il faut culbuter tout cela, comme on renverse toujours les choses violentes et odieuses, comme le rang de Joyeuse et d'Espernon a fini avec Henri III, et comme dans eux-mêmes le rang du bonhomme Vendôme finit avec Henri IV. C'est ce que nous devons toujours avoir devant les yeux comme ce qu'il y a de plus important, car c'est là ce qui nous blesse le plus essentiellement. Ainsi, avec ce dessein-là, que nous ne devons jamais perdre de vue, je ne puis être d'avis de passer une déclaration qui fortifie ce qui ne l'est déjà que trop, et ce que nous devons détruire. Je vous parle à cœur ouvert, ajouta-t-il avec un air plus serein, sentant peut-être ma surprise; je sais qu'on peut vous parler ainsi;

tous ceux qui ont un reste de sentiment ne peuvent penser autrement. »

Quelque étourdi que je fusse d'une franchise si peu attendue, je lui avouai que je sentois la même peine que lui sur les bâtards, ravi de le trouver sur ce chapitre tout autre que j'avois lieu de le croire. Nous nous y étendîmes un peu, avec ouverture, et une secrète admiration en moi-même de tout ce que cachent les replis du cœur d'un véritable courtisan. Ensuite je lui dis qu'étant entièrement de son avis sur le futur, je croyois pouvoir n'en être pas sur le présent, parce que, ce qui étoit fait ne subsistant pas, il ne falloit pas compter qu'une confirmation de plus ou de moins fût le salut ou la ruine de rangs de cette nature ; que si dans la suite ils se pouvoient renverser, l'article de l'édit dont je lui parlois ne seroit pas plus considérable que les déclarations enregistrées qui les regardoient expressément, ni que leur possession ; que cet article, regardé alors du même œil, et d'un œil sain, seroit détaché de l'édit sans en altérer le corps, dont la disposition, en soi juste, conserveroit toute sa force et ne blessoit personne ; et que nous pouvions aisément compter sur ce crédit, si nous en avions assez pour réussir dans une chose aussi considérable que de remettre les bâtards à raison, et au rang de leur ancienneté parmi nous ; que si au contraire ils demeuroient ce qu'ils ont été faits, ce seroit un assez grand malheur pour nous pour ne pas y vouloir joindre celui de nous priver d'un édit aussi avantageux pour tout le reste, dont je lui fis sentir toute l'importance. Ce raisonnement l'ébranla, et il s'y rendit le lendemain.

Je ne voulus point passer outre sans obtenir du chancelier la liberté de m'ouvrir au maréchal de Boufflers, que je regardois avec une tendresse et un respect de fils à père, et qui vivoit avec moi, depuis bien des années, dans la plus entière confiance. Le chancelier y consentit, et je persuadai ce maréchal par le même raisonnement qui avoit emporté l'autre. Après cela, il fut question d'entamer l'affaire. Le comment fut résolu d'un côté entre Boufflers, Harcourt et moi, qui seuls des opposants à d'Antin en avions le secret; de l'autre, entre Chevreuse et d'Antin, et le chancelier au milieu de nous, qui nous servoit là-dessus de lien, sans nous rien communiquer d'un côté à l'autre. Ce comment fut qu'il falloit s'y prendre par la demande qu'Harcourt avoit faite pour son duché, et à ce propos remettre l'ancien projet sus. Harcourt guéri vit le chancelier, et parla au Roi comme pour fortifier sa demande de cet ancien projet, dont il avoit ouï parler confusément. Le Roi lui dit qu'en effet il y en avoit eu un, et d'en parler au chancelier et au duc de Chevreuse, qui tous deux s'en devoient souvenir. Le Roi aussitôt après parla au chancelier de cet ancien projet, avec surprise et chagrin de ce que quelques ducs en avoient eu connoissance, puisque Harcourt lui en avoit parlé. Le chancelier le fit souvenir que par son ordre le duc de Chevreuse et feu M. de Luxembourg en avoient eu part, d'où cela avoit pu se répandre à quelques autres. Le Roi, contenté là-dessus, demanda au chancelier s'il en avoit encore quelque chose, et sur ce qu'il lui dit en avoir conservé soigneusement tous les papiers, il en reçut ordre de les revoir pour lui en pouvoir rendre compte. On en étoit là lorsque la semaine sainte sépara la compagnie, qui fut suivie de celle de Pâques, et tout de suite de la maladie et de la mort de Monseigneur, sur laquelle il nous parut indécent de commencer nos plaidoiries, que nous remîmes à un peu d'éloignement, de concert avec d'Antin et le premier président. Je prendrai cet intervalle pour exposer courtement l'intérêt du duc de Chevreuse, qui prétendoit en avoir deux, l'un et l'autre parfaitement pitoyables.

Sans s'étendre sur la prodigieuse fortune des Luynes ni sur leur généalogie, tout le monde sait que MM. de Luynes, Brantes et Cadenet étoient frères; que l'aîné fut duc et pair de Luynes et connétable; que Brantes fut duc et pair de Piney Luxembourg par son mariage, dont il a été amplement parlé en son lieu sur le procès de préséance prétendue par le maréchal-duc de Luxembourg ; et que Cadenet, ayant épousé l'héritière d'Ailly, fut fait duc et pair de Chaulnes, étant déjà maréchal de France. Il résulte de là qu'il étoit oncle du duc de Luynes, et grand-oncle du duc de Chevreuse. Cette érection est de mars 1621, huit mois avant la mort du connétable. M. de Chaulnes laissa deux fils. L'aîné, gendre du premier maréchal de Villeroy, mourut sans enfants. Son frère cadet devint ainsi duc de Chaulnes. Il fut célèbre par sa capacité dans ses diverses ambassades, gouverneur de Bretagne, puis de Guyenne, et il a été souvent fait mention de lui ici en divers endroits. Il étoit donc cousin germain du duc de Luynes père du duc de Chevreuse. Lorsque ce dernier épousa la fille aînée de M. Colbert, au commencement de 1667, M. de Chaulnes fit donation de tous ses biens au second mâle qui naîtroit de ce mariage, au cas qu'il n'eût point d'enfants. Le cas arriva en 1698 ; et le vidame d'Amiens, second fils du duc de Chevreuse, hérita des biens de M. de Chaulnes, fort chargés de dettes, dont il ne s'étoit pas soucié de débarrasser son héritier, et le duché de Chaulnes fut éteint. M. de Chevreuse étoit petit-fils du connétable, et ne venoit point du premier duc de Chaulnes ; le duché de Chaulnes n'étoit que pour l'impétrant et les mâles issus de lui ; aucun autre n'y étoit appelé : rien donc de plus manifeste que son extinction à faute d'hoirs mâles issus par mâles de l'impétrant. M. de Chevreuse de plus étoit personnellement exclu des biens du dernier duc de Chaulnes par son propre contrat de mariage, qui étoient donnés au second fils qu'il auroit, tellement qu'à toute sorte de titres on ne peut concevoir quel pouvoit être le fondement de M. de Chevreuse de prétendre pour lui-même, et aussi pour son second fils, la dignité de Chaulnes, dont lui ne pouvoit posséder le duché, et auquel lui et ses enfants n'étoient point appelés, ni sortis du premier duc de Chaulnes. A force d'esprit et de désir, d'interprétations sans bornes des termes de *successeur et ayant cause*, employés dans l'érection de Chaulnes comme en toutes les autres, par des raisonnements subtils, forcés, faux, à force d'inductions multipliées et de sophismes entortillés, M. de Chevreuse, dupe de son cœur et de son trop d'esprit et d'habileté, se persuada premièrement à lui-même qu'il avoit droit, et son second fils après lui, et voulut après en persuader les autres.

Sur Chevreuse, voici le fait : cette terre fut érigée en faveur du dernier fils de M. de Guise, tué aux derniers états de Blois en décembre 1588. Ce dernier fils, si connu sous le nom de duc de Chevreuse, le fut, comme on dit improprement, à brevet, depuis 1612, que l'érection fut faite pour lui et ses descendants mâles, jusqu'en 1627, que ce duché-pairie fut enregistré. Ce duc de Chevreuse épousa Marie de Rohan, veuve du connétable de Luynes, et mère du duc de Luynes père du duc de Chevreuse dont il s'agit ; et c'est cette Mme de Chevreuse qui a fait tant de figure et de bruit, surtout dans les troubles de la minorité de Louis XIV. Elle n'eut que deux filles du Lorrain, dont aucune ne fut mariée. Elle survécut à ce second mari, et eut le duché de Chevreuse pour ses reprises, et elle le donna au duc de Luynes, son fils du premier lit. Le duc de Luynes le donna en mariage à son fils, qui par le crédit de Colbert, son beau-père, obtint une nouvelle érection en sa faveur de Chevreuse en duché sans pairie, qui fut vérifié[1] tout de suite. De prétendre de là la pairie et l'ancienneté de M. de Chevreuse-Lorraine, mieux encore l'ancienneté de l'érection en duché sans pairie, enregistrées en 1555 pour le cardinal Ch. de Lorraine, qui fut éteint par sa mort, c'est ce qui est inconcevable.

On feroit un volume des absurdités de ces chimères. Cependant ce furent ces chimères qui portèrent toujours M. de Chevreuse du côté de toutes celles qui se présentèrent, et sinon à prendre parti pour elles à découvert et en jonction, à demeurer au moins neutre en apparence, et leur fauteur et défenseur en effet.

---

1. Il y a bien ici *vérifié*, au masculin, et trois lignes plus loin, *enregistrées*, au féminin pluriel.

J'avois vécu avec lui dans la confiance et l'amitié la plus intime et la plus réciproque. Il n'ignoroit donc pas que l'intérêt de la dignité en général, et celui de mon rang en particulier, ne l'emportassent à cet égard sur tout autre sentiment et sur toute autre considération; ainsi il voulut essayer de me persuader, et n'oublia rien, en plusieurs différents temps, pour m'emporter par toute la séduction de l'amitié et celle du raisonnement joints ensemble.

Il me trouva inébranlable. Sur l'amitié, je lui dis que je serois très-aise qu'il fît obtenir des lettres nouvelles à son second fils, mais que je ne pouvois trahir ma dignité en connivant à un abus si préjudiciable que seroit celui d'une si vaste et si large succession de dignité, telle qu'il la prétendoit. Sur le raisonnement, je démêlai ses sophismes, que je ne rendrai point ici, pour n'allonger point ce récit d'absurdités si arides et si subtilisées, et inutiles, puisque la prétention n'osa se présenter en forme. Je dirai seulement, pour en donner une idée, que je le poussai un jour entre autres d'absurdités en absurdités, auxquelles son raisonnement le jetoit nécessairement, jusqu'au point de me soutenir qu'un duc et pair dont le duché seroit situé dans la même coutume où Chaulnes est situé, et qui auroit deux fils, pourroit, de droit et sans aucune difficulté, ajuster les deux partages, en sorte que l'aîné ayant pour la quantité de biens tous les avantages de l'aînesse, le cadet seroit néanmoins duc et pair à son préjudice, en faisant tomber le duché pairie dans son lot, sans que l'aîné eût démérité, ni qu'il pût l'empêcher. Quelquefois des conséquences si grossières, dont il ne se pouvoit tirer, lui donnoient quelque sorte de honte; mais sa manière de raisonner, subtile au dernier point, le réconfortoit à son propre égard, l'empêchoit de se laisser aller à la droite et vraie raison, et le laissoit en liberté de poursuivre avec candeur la plus déplorable de toutes les thèses. Je finis avec lui par lui dire qu'il étoit inutile de disputer davantage là-dessus; que s'il entreprenoit ce procès, il devoit compter de me trouver contre lui de toutes mes forces, sans pour cela l'aimer moins; et que la plus grande preuve que je lui en pusse donner étoit mon souhait sincère qu'il réussît pour son second fils par des lettres nouvelles. Cette marque d'amitié étoit en effet grande pour moi, et il en sentit le prix, parce qu'il connoissoit parfaitement mon éloignement extrême de notre multiplication, et l'extrême raison de cet éloignement.

Nous demeurâmes donc de la sorte muets sur Chaulnes, qu'il avoit bien plus à cœur que son ancienneté de Chevreuse, qu'il ne regardoit qu'en éloignement, moi en garde avec lui sur Espernon, et lui refusant quelquefois nettement toute réponse à ses questions là-dessus, mais du reste aussi étroitement unis et en confiance aussi entière, sur tout ce qui ne touchoit pas ces matières, que nous étions auparavant.

Quelque uns, car c'est trop peu de dire unis, que fussent en tout M. de Chevreuse et M. de Beauvillier, ce dernier étoit bien éloigné d'approuver les chimères de son beau-frère; on l'a vu par le conseil qu'il me donna, sans que je le lui demandasse, de m'opposer sagement, mais fermement, à la prétention d'Espernon, et par le même qu'il me dit avoir donné à son frère, qui fut fidèlement des nôtres. Mais, par son unité d'ailleurs avec M. de Chevreuse, il ne vouloit pas le blâmer, et se tenoit là-dessus tellement à l'écart, qu'avec le plus qu'éloignement qui étoit entre lui et le chancelier il ne put être question que, quoique sans aucun secret mien pour lui, je pusse lui parler du règlement de ce dont il s'agissoit. C'est où nous en étions lorsqu'après la mort de Monseigneur il fut enfin temps de commencer nos plaidoiries sur la prétention d'Espernon, ou de finir tout par le règlement en forme de déclaration ou d'édit dont j'ai parlé.

Le duc de Chevreuse et M. d'Antin le desiroient passionnément, par les raisons que j'ai racontées, et je ne le desirois pas moins, par celles que j'ai rapportées. Ce secret, comme je l'ai dit, étoit renfermé entre eux deux d'une part, les maréchaux de Boufflers et d'Harcourt et moi d'autre part, et le chancelier, point milieu des deux côtés, qui ne se communiquoient que par lui ; et à la fin se renferma uniquement entre le chancelier et moi seul pour tout ce qu'il s'y fit. Le maréchal de Boufflers s'en alla malade à Paris dès que la revue des gardes du corps fut faite ; Harcourt partit assez tard pour Bourbonne, et de là pour le Rhin, et on verra pourquoi je ne fus pas pressé de lui parler ; d'Antin et moi n'étions pas en mesure de nous entretenir d'affaires ; le duc de Chevreuse demeura le seul à qui je pusse parler, mais tellement en général que je n'eus pas la liberté de lui avouer que j'eusse connoissance du projet du premier président d'Harlay, moins encore de tout ce qui se passoit sur cette base. Tel étoit le secret que le chancelier m'avoit imposé, ne me laissant que la simple liberté de parler en général à M. de Chevreuse, comme sachant bien qu'on pensoit à un règlement, comme le desirant, mais rien du tout au delà.

Nous étions à Marly. Ce séjour rendoit tout lent et incommode, et me faisoit un contre-temps continuel. Le chancelier, passionné pour sa maison de Pontchartrain, n'alloit presque plus à Marly, et n'y venoit que pour les conseils. Du mercredi au samedi il étoit à sa chère campagne, l'autre partie à Versailles, pour être les matins au conseil à Marly, et s'en retournoit dîner à Versailles. Le lundi, qui lui étoit libre, il tenoit le matin conseil des parties, et le sceau l'après-dînée, de sorte qu'il n'y avoit presque que l'après-dînée du mardi d'accessible chez lui à Versailles. Nous avions lui et moi beaucoup à conférer ; ainsi tout étoit coupé et retardé, et nous jetoit sans cesse dans les lettres de l'un à l'autre. Les ducs de Charost et d'Humières étoient à Paris ; cela me sauvoit du juste embarras d'avoir la bouche fermée pour des amis intimes, dans un intérêt commun, et qui avoient le timon de l'affaire d'Espernon, auxquels néanmoins il fallut bien tenir rigueur jusqu'au bout.

D'Antin, à la fin, informé par le chancelier de l'ordre qu'il avoit reçu du Roi sur le projet ancien, après qu'Harcourt en eut parlé au Roi, seconda la chose par un trait hardi de raffiné courtisan. Il avoit embarqué son affaire par des protestations au Roi qu'il ne lui demandoit pour toute grâce que la permission, qu'il ne refusoit à personne, de pousser son procès. Cela ne l'embarrassa point quand il lui convint de changer de langage. Il dit au Roi que son procès étoit indubitable, mais cependant qu'il croyoit que son crédit soutiendroit difficilement le nôtre; que deux autres choses lui faisoient aussi beaucoup de peine : la longueur, qui le priveroit d'une assiduité auprès de sa personne qui faisoit tout son devoir et tout son bonheur, et une aigreur qui lui attireroit tous les ducs, lui qui ne cherchoit qu'à être bien avec tout le monde; que, quelque bonne que fût son affaire, il avouoit qu'il auroit toujours à contre-cœur de devoir son élévation à la justice de sa cause, au lieu de la recevoir de sa grâce et de sa libéralité, qui seroit la seule chose qui lui feroit plaisir; que ce plaisir même le toucheroit de telle sorte qu'il lui sacrifieroit de tout son cœur toute l'ancienneté qu'il avoit lieu d'attendre, et qu'il se verroit avec cent fois plus de joie le dernier pair par la bonté du Roi, avec les bonnes grâces des autres, que le second par l'heureuse issue de son procès; que ce n'étoit pas, encore une fois, qu'il ne le crût indubitable, qu'il arrivoit encore de Paris, où il avoit vu les meilleures têtes du Parlement, qui l'en avoient assuré (il mentoit bien à son escient, comme il l'a avoué depuis), mais qu'il se déplaisoit tellement en cette vie de courses et d'éloignement d'auprès de lui, qu'il étoit si accoutumé à ne rien tenir [que] de lui, qu'il osoit le conjurer d'abréger toutes ses peines en lui donnant comme une grâce la dernière place parmi les ducs et pairs, où il étoit persuadé que la seconde lui étoi due. Cela, dit en distance de plusieurs mois qu'il avoit dit tout le contraire pour enfourner son affaire, et dit dans un moment d'ébranlement sur l'ancien projet de règlement, mit le Roi au large de contenter tout le monde, et en chemin d'être conduit où on vouloit. Il ne répondit rien de précis à d'Antin, mais il ne le fit point souvenir non plus qu'il l'avoit assuré d'abord qu'il ne lui demanderoit point de grâce; ensuite il lui parla de lui-même de cet ancien projet, à quoi d'Antin, tout préparé, prit de façon qu'il se fit ordonner de voir là-dessus le duc de Chevreuse et le chancelier.

L'amorce prise, le chancelier représenta au Roi qu'il étoit à propos de suspendre les plaidoiries qui alloient commencer sur la prétention d'Espernon, en cas qu'il voulût reprendre les anciens erremens du règlement; et quoique le Roi n'y fût pas encore résolu, il consentit à la suspension. Le chancelier la fit aussitôt savoir au premier président, aux gens du Roi et aux parties. La surprise en fut grande parmi les opposants à d'Antin et parmi leurs avocats : ils ne savoient à quoi attribuer ce coup d'autorité; ils ne doutèrent même pas que ce ne fût un trait de favori inquiet de la face que son affaire avoit prise. Tout ce que je pus faire pour les rassurer, fut de dire aux ducs de Charost et d'Humières de ne s'inquiéter point, et à nos avocats d'avoir bon courage.

CHAPITRE XVI.

Discussion du projet de règlement entre le chancelier et moi. — Friponnerie insigne et ambitieuse du premier président d'Harlay. — Apophthegme du premier maréchal de Villeroy. — Je fais comprendre les ducs vérifiés en l'édit. — L'amitié m'intéresse aux lettres nouvelles de Chaulnes; le chancelier s'y porte de bonne grâce; je l'y soutiens avec peine, dépité qu'il devient des sophismes du duc de Chevreuse. — Le chancelier travaille seul avec le Roi sur le règlement; son aversion des ducs, et sa cause. — Scélératesse du premier président d'Harlay sur le sacre et la propagation des bâtards — Je propose le très-foible dédommagement de la double séance de pairs démis. — Le Roi, uniquement pour son autorité, favorable à M. de la Rochefoucauld contre moi. — Chaulnes enfourné. — Mémoire, uniquement portant sur l'autorité du Roi, qui me vaut la préséance sur M. de la Rochefoucauld. — Défaut de foi et hommage ; explication et nécessité de cet acte. — Alternative ordonnée en attendant jugement, et commencée par la tirer au sort. — Préjugés célèbres du Roi en faveur de M. de Saint-Simon. — Singulier procédé entre les ducs de Saint-Simon et de la Rochefoucauld lors et à la suite de la réception au Parlement du premier. — Autre préjugé du Roi tout récent en faveur de M. de Saint-Simon. — L'autorité du Roi favorable à M. de Saint-Simon. — Enregistrement sauvage des lettres d'érection de la Rochefoucauld. — Lettre de M. le duc de Saint-Simon à Monsieur le chancelier ; de Monsieur le chancelier à M. le duc de Saint-Simon ; de Monsieur le chancelier à M. le duc de Saint-Simon ; de M. le duc de Saint-Simon à Monsieur le chancelier. — Éclaircissement de quelques endroits de mes lettres. — Anecdote curieuse de l'enregistrement de la Rochefoucauld.

Alors il fut question, entre le chancelier et moi, d'en venir à un sérieux examen de cet ancien projet du premier président d'Harlay, que j'avois copié et noté, qui devoit servir de base au règlement qu'on vouloit faire. Le premier article devint la première matière de contestation : c'étoit celui des princes du sang, qui étoit vague, hors d'œuvre, et qui ne disoit rien. Par cela même, j'en craignois une approbation implicite des usurpations à notre égard, dont M. le prince de Conti convenoit de si bonne foi du nombre et de l'injustice ; et sans m'expliquer là-dessus avec le chancelier, j'insistai sur l'inutilité, et dès là sur l'indécence d'un article qui ne régloit rien, parce qu'il n'y avoit rien alors à décider à cet égard. Le chancelier me répondit qu'ayant nécessairement à parler des légitimés, on ne pouvoit passer sous silence les légitimes. Je ne voyois point cette nécessité. Il ne s'agissoit de rien sur les princes du sang : il n'y avoit point de concessions à confirmer pour eux comme pour les bâtards, puisqu'on vouloit prendre cette occasion de le faire ; mais cette bienséance de ne pas parler de ceux-ci sans avoir d'abord fait mention de ceux-là parut au chancelier une raison péremptoire. Comme, dans le fait, ce premier article n'énonçoit rien, je ne m'opiniâtrai pas trop ; mais j'essayai de faire supprimer le second, qui portoit la confirmation dont je viens de parler, et avec lequel le premier tomboit de soi-même. Mais le chancelier, ferme sur son principe que cet article seul seroit le chausse-pied du règlement, m'ôta toute espérance qu'il pût être supprimé, et je me tournai à le faire dresser en sorte qu'il ne donnât pas au moins une force nouvelle à ce qui avoit été fait pour les bâtards, et que la confirmation, puisqu'il en falloit passer par là, fût la plus simple et la plus exténuée qu'il seroit possible.

Le troisième article fut une ample matière. Harlay, par ce projet, ne songeoit qu'à son ambition. Il avoit parole réitérée d'être chancelier pour ses bons services aux bâtards. Le brillant de M. de Luxembourg, soutenu de la faveur pleine de M. de Chevreuse, l'avoit ébloui jusqu'à lui faire tenir la partiale conduite qui le fit récuser dans cette affaire de préséance, et qui nous fit rompre tous ouvertement avec lui. Il étoit lors au fort de cette brouillerie, dans laquelle le duc de la Rochefoucauld se montra des plus animés. Harlay le redouta pour les sceaux, et le voulut ramener à soi par la même voie qui l'en avoit aliéné. Il étoit bien au fait de la question de préséance qui étoit entre lui et moi, et sans faire semblant d'y penser, il dressa ce troisième article pour m'étrangler, sans que je m'en défiasse, et pour se raccommoder par là avec M. de la Rochefoucauld. Comme cet article fut la matière de divers mouvements auxquels il faudra revenir plus d'une fois, je passerai aux autres sans m'arrêter maintenant à celui-ci, sinon sur ce qui ne me regarde pas en particulier.

Je trouvois juste que les duchés ne fussent vérifiés qu'à Paris, cour des pairs et le premier de tous les parlements; ce fut pour cela que, sans la plus légère liaison avec les Brancas, je proposai ce qui se voit dans la note sur cet article. Mais comme les choses se régloient avec le Roi bien plus par goût que par principes, cela fut laissé à côté dès qu'il ne fut plus question d'enregistrement, comme on verra dans la suite. L'âge compris dans cet article forma une grande dispute entre le chancelier et moi. La réception des pairs n'y avoit jamais été assujettie ; je ne pouvois souffrir qu'elle la fût, et uniquement pour servir de degré à la distinction sur eux des bâtards et des princes du sang, qui tous ne peuvent nier, malgré toutes leurs usurpations, qu'ils n'entrent au Parlement que comme pairs, et, malgré toutes leurs distinctions, comme pairs tels que tous les autres. La raison de l'âge pour les gens de loi, et qui n'a rien de commun avec les pairs, fut par moi déployée dans toute sa force.

Le malheur étoit que celui contre qui je disputois étoit juge et partie. L'homme de loi, le magistrat blessé en lui de cette différence, se sentit en situation de l'anéantir ; il se garda bien d'en manquer l'occasion si favorable, et, à faute de mieux, de ne pas mettre pour l'âge les pairs à l'unisson des magistrats.

Le vieux maréchal de Villeroy disoit avec un admirable sens qu'il aimeroit mieux pour soi un premier ministre son ennemi, mais homme de qualité, qu'un bourgeois son ami. Je me trouvai ici dans le cas.

Le chancelier, qui m'en vouloit détourner l'esprit, s'appuya tant qu'il put de l'indécence et de l'inconvénient même quelquefois du pouvoir d'opiner dans les plus grandes affaires avant l'âge sagement prescrit pour pouvoir disposer des siennes particulières. J'opposai l'extrême rareté de ces occasions de juger pour les pairs, et le continuel usage des dispenses d'âge des magistrats, qui jugent tous les jours de leur vie. J'eus beau me récrier sur l'iniquité de la disparité d'avec les princes du sang et les bâtards, et la parité entière avec les magistrats, jusqu'alors inouïe ; je parlois à un sourd enveloppé de sa robe, qui lui étoit plus chère que justice, raison ni amitié, et il fallut passer aux autres articles.

J'eus bon marché du quatrième et cinquième[1], qui

---

1. *Du 4 et 5*, au manuscrit.

regardoient les ayants cause et les duchés femelles. Ce dédommagement étoit bien mince des trois premiers, mais le contraire auroit été fort nuisible dans un temps si malheureux; et si nous n'y gagnâmes rien, au moins fûmes-nous à l'abri d'y perdre. Il n'y avoit que les audiences du parlement de Paris d'exprimées; je craignis les suites d'une omission de cette nature, sur l'exemple de celle qui, par la faute des pairs de ces temps-là, nous a par la suite exclus du conseil des parties. Je fis donc ajouter, et sans peine, le conseil, c'est-à-dire les procès par écrit, et les autres parlements à celui de Paris. J'essayai après d'y faire cesser les ineptes difficultés que font quelques autres parlements sur la manière d'entrer et de sortir de séance, et de faire ajouter un mot qui les fixât tous à celle dont les pairs entrent et sortent de séance au parlement de Paris, le plus ancien et le modèle de tous les autres; mais le magistrat se trouva encore ici avec sa précieuse robe, qui me répondit que c'étoit des choses étrangères à la matière dont il s'agissoit dans ce règlement, et que le Roi ne pouvoit entrer dans ces vétilles, terme très-familier à ceux qui n'ont rien de fâcheux à essuyer. Ainsi, en choses de parlement, un homme de robe, en celles qui regardoient les princes du sang ou les bâtards, un courtisan, étoit ce que j'avois en tête, et avec qui lutter trop inégalement. Ces deux articles et les deux suivants n'avoient rien qui touchât aux princes du sang, aux bâtards, ni à la robe. C'étoient néanmoins les importants pour finir tous les procès de préséance, et nous garantir des plaies de la faveur et des prétentions de toute espèce, qui renversent tout droit et tout ordre dans la dignité; aussi le chancelier m'en fit-il bon marché : nous les tournâmes tout aussi avantageusement que je voulus, et mieux encore, non-seulement sur l'ayant cause, mais sur les femelles, où le gendre fut exclu de l'ancienneté du beau-père. Ce furent deux grands points.

Le sixième fut extrêmement discuté, non par la fantaisie du chancelier, mais par la difficulté de sa nature.

Ma pensée étoit que la faculté de substituer étoit insuffisante à des ducs indifférents, mal entendus ou mal dans leurs affaires, et mon dessein étoit de conserver la dignité et sa glèbe perpétuellement à tous les appelés, de les dérober à l'incurie de leurs auteurs jusqu'à extinction de race, et tout à la fois de procurer aux ducs de quoi vivre au moins dans la plus grande décadence de leurs affaires, avec un lustre à leur dignité, de la solidité duquel ils tireroient leur subsistance. Il faut dire, à l'honneur du chancelier, qu'il entra parfaitement dans ces vues, et qu'il n'y eut que les obstacles insurmontables de l'exécution, par les difficultés de la chose en elle-même, et qui ne se purent résoudre, qui empêchèrent la substitution de droit par l'érection, et qui la réduisirent à la simple faculté aux ducs de la faire, à laquelle nous donnâmes toute l'étendue possible, pour remplir toutes les vues que je viens d'expliquer.

Le septième article fut encore extrêmement discuté. Je voulois un denier plus foible; l'équité en exigea un plus fort, et je m'y rendis. Le chancelier alla plus loin que moi, il ne faut pas lui en dérober l'honneur. Je ne pensois qu'au premier mâle en ordre de succéder, le chancelier étendit de lui-même la faculté du remboursement forcé de la femelle à tout mâle appelé à la dignité, chacun en son ordre, au refus par incurie ou par impossibilité des mâles avant appelés, ce qui fut une extension très-avantageuse pour la conservation des dignités dans la descendance de l'impétrant.

Le huitième article passa sans difficulté entre nous deux, sinon que je m'opposai tellement à la forme d'un arrêt du conseil pour le renvoi des causes de prétentions ducales au Parlement, que j'obtins que cette forme d'arrêt du conseil seroit omise. Ma raison fut que les magistrats du conseil ne sont pas juges compétents de ces matières.

L'article neuvième alloit tout seul. La prétention de l'ancienne érection de Piney étoit éteinte par les articles précédents. Le rang de sa réérection de 1662, faite pour le feu maréchal de Luxembourg, fut établi par celui-ci ; et en même temps l'érection nouvelle et le rang nouveau de d'Antin y fut compris. Le premier avoit été le motif de l'ancien projet, le second de le remettre sur le tapis. Il finissoit ces deux affaires, et il étoit devenu épineux de faire juridiquement déclarer Pinoy éteint de la première et de la seconde érection, depuis le monstrueux arrêt de l'inique Maisons, qui a été expliqué en son temps, chose néanmoins à laquelle nous allions donner tous nos soins, si ceci ne nous en eût ôté la peine.

Jusqu'ici il ne s'agissoit du tout que des pairs, et l'ancien projet ne faisoit aucune mention des ducs simplement vérifiés ou héréditaires, comme on les appelle mal à propos, puisque les pairs le sont aussi. L'équité, aiguisée de l'intérêt de la maison de Mme de Saint-Simon, me fit penser à eux, par celui de l'aîné de sa maison et son cousin germain, de son frère et de son beau-frère, tous trois ducs vérifiés. Je proposai donc au chancelier d'ajouter à la fin de l'édit un article qui y comprît les ducs simplement vérifiés, autant qu'ils en étoient susceptibles. Il ne m'en fit aucune difficulté.

Tout cela convenu entre lui et moi, je vins à mon fait particulier de l'ancienneté à régler par la date de l'enregistrement des lettres, comme M. de la Rochefoucauld le prétendoit contre moi, et comme le portoit l'ancien projet du premier président d'Harlay, pour lui complaire et se le rapprocher, ou, comme je le prétendois, par la date de la réception de l'impétrant au Parlement. Je diffère à expliquer plus bas les raisons de part et d'autre, pour ne pas interrompre la suite du récit du règlement : il suffit ici de dire que je convainquis le chancelier de mon droit. Je mis ensuite sur le tapis ce qui regardoit M. de Chevreuse.

C'étoit un des grands épisodes. De l'ancienneté de Chevreuse-Lorraine, ce n'étoit pas le plus pressé ; Luynes étoit plus ancien : le point pressant étoit Chaulnes. Il n'existoit plus depuis 1698, que le dernier duc de Chaulnes étoit mort; et le vidame d'Amiens, second fils de M. de Chevreuse, se morfondoit cependant, et, suivant Monsieur son père, souffroit, et lui aussi, une grande injustice, sans toutefois que ni l'un ni l'autre eussent osé encore se présenter juridiquement à recueillir cette dignité. Le chancelier et moi convînmes bientôt que cette prétention ne pouvoit se soutenir. Alors je lui dis que c'étoit là une occasion essentielle de se souvenir de l'amitié personnelle qui avoit toujours été entre M. de Chevreuse et lui, et je l'exhortai à le servir en cette occasion si importante, pour obtenir à son second fils des lettres nouvelles avec un nouveau rang. Le chancelier ne se fit point prier, et me répondit d'un air ouvert qu'il étoit ravi de me voir dans ce sentiment, et que cela même le mettoit là-dessus à son aise. Nous discourûmes de la manière de s'y prendre; nous convînmes que l'unique étoit de ne pas faire au Roi la prétention si mauvaise, afin d'y laisser une queue d'équité de la terminer par une nouvelle érection, à quoi le chancelier me promit de faire tout son possible.

Mme de Saint-Simon avoit quitté Marly avec la fièvre; elle étoit demeurée depuis à Paris assez incommodée, et je l'y allois voir le plus souvent que je pouvois. Le duc de Chevreuse y étoit aussi, qui, fort mal à propos pour ses vues de Chaulnes, avoit esquivé ce Marly, dont le Roi n'étoit pas trop content; car à lui, qui étoit réellement ministre, bien qu'incognito, il lui falloit des permissions pour ces absences, que le Roi ne lui donnoit pas volontiers. L'inquiétude le prit; il me vint trouver à Paris : il se mit à me haranguer avec ses longueurs ordinaires; moi à lui couper court que sa prétention de Chaulnes étoit insoutenable, et n'auroit pas un plus ardent adversaire que moi s'il se mettoit à la plaider. J'ajoutai tout de suite que, pour lui montrer la vérité de mon amitié, je lui promettois tous bons offices s'il en avoit besoin pour des lettres nouvelles; et je lui dis ce qui s'étoit passé là-dessus entre le chancelier et moi, mais sans un seul mot qui approchât du règlement. Cette franchise le charma ; il me fit mille remerciements, et me pria de soutenir le chancelier dans ce bon dessein. Dès qu'il m'eut quitté, il se mit à travailler à un mémoire, qui ne valut rien, parce que sa prétention étoit sans aucune sorte de fondement. Il l'envoya au chancelier. Les raisonnements en étoient tellement tirés à l'alambic qu'ils l'impatientèrent, et plus encore une conversation qu'il eut avec lui à Versailles, où il l'alla trouver, tellement qu'il fut grand besoin que je remisse le chancelier de cette mauvaise humeur qu'il avoit prise. Je n'en voulus pas donner l'inquiétude à M. de Chevreuse, quoique il s'en fût un peu aperçu.

Le chancelier cependant travailla avec le Roi. Ce tête-à-tête non accoutumé réveilla tout le monde, qui joignant à cette singularité la surséance arrivée à notre affaire de d'Antin, ne douta pas qu'il n'y en fût question. Le chancelier proposa au Roi de communiquer le projet de règlement à quelques ducs, et de travailler là-dessus avec eux, puisqu'il s'agissoit de faire une loi à eux si importante. Le Roi, hérissé de la proposition, répondit avec un mépris assez juste sur leur capacité en affaires, et la difficulté d'en trouver quelques-uns qui entendissent celle-là assez bien. Le chancelier lui en nomma quelques-uns, moi entre autres, et en prit occasion de faire valoir son amitié sans la montrer trop. Il insista même assez ferme ; mais le Roi demeura inébranlable en ses usages, ses préjugés, et ses ombrages mazarins d'autorité qui l'animoient contre les ducs, dont la dignité lui étoit odieuse par sa grandeur intrinsèque, indépendante par sa nature des accidents étrangers. Elle lui faisoit toujours peur et peine, par les impressions que ce premier ministre italien lui en avoit données pour son intérêt particulier, et lui avoit sans cesse fait inspirer par la Reine mère, ce qui le rendit si constamment contraire, jusqu'à franchir les injustices les plus senties, et même avouées en bien des occasions.

Le projet, tel que le chancelier et moi étions convenus, fut par lui communiqué au premier président et au procureur général. Pelletier, qui n'étoit pas grand clerc, ne fit que le voir à sa campagne, où il étoit allé, et le renvoya aussitôt. Daguesseau écrivit un long verbiage qui, pour en dire le vrai, ne signifioit rien. Le chancelier, content de sa communication de bienséance, poussa sa pointe.

M. de Chevreuse, en éveil sur ce travail du Roi avec le chancelier seul, redoubla d'un mémoire à celui-ci. Ce mémoire n'étoit point correct dans ses principes, peu droit dans ses raisonnements, qui tous conduisoient à ses fins, comme le chancelier me le manda avec dégoût et même amertume. Il ajouta qu'en le lui donnant M. de Chevreuse lui avoit dit, pour le faire valoir, qu'il m'avoit fait presque convenir de tout. Il n'en étoit rien, et je le sus bien dire à l'un et à l'autre. Quelque étrange qu'un semblable allégué doive paroître à qui n'a pas connu le duc de Chevreuse, je suis convaincu qu'il se trompoit soi-même, et qu'à force de desirer, de se figurer, de se persuader, il croyoit tout ce qu'il souhaitoit et tout ce dont il se persuadoit de la chose, de lui-même et des autres. Toutefois je ne pus m'empêcher de lui en parler avec force, mais en même temps je soutins le chancelier dépité, et avec travail, qui vouloit laisser faire M. de Chevreuse, l'abandonner à ses sophismes et à tout ce qu'il en pourroit tirer, sans autre secours pour son affaire.

Ce qui le gâtoit encore avec le chancelier, c'est que, se doutant bien qu'il étoit question d'un règlement, puisqu'il en avoit parlé lui-même, il le tracassoit pour pénétrer ses sentiments, et encore pour avoir communication de l'ancien projet, qu'il avoit vu dans le temps que le premier président d'Harlay le fit, qu'il jugeoit bien devoir servir de base à ce qu'on alloit faire, mais dont il ne lui restoit rien qu'en gros et imparfaitement dans la mémoire. Or le chancelier s'en trouvoit d'autant plus importuné qu'il ne voulut ni lui communiquer l'ancien projet, ni moins encore lui laisser rien entrevoir de ce qui entreroit, ni de ce qu'il pensoit devoir entrer dans ce qu'on vouloit faire.

Je n'étois pas moi-même moins circonvenu toutes les fois que je venois à Paris, et je n'avois pas peu à me défendre d'un ami si intime, si supérieur en âge et en situation, et si adroit à pomper[1], dans la pensée que le chancelier me communiquoit tout et ne me cachoit rien. Il eut beau faire, jamais il ne put rien tirer de moi que des avis sur son fait, et des services très-empressés et très-constants auprès du chancelier, qui ne furent pas inutiles.

Le chancelier avoit travaillé avec le Roi trois fois tête à tête. J'appris de lui, après ce troisième travail, que le Roi s'étoit souvenu de deux articles de l'ancien projet du premier président d'Harlay, que je n'avois point vus dans la copie que le chancelier m'avoit communiquée : c'étoient les deux derniers coups de foudre. Le premier étoit la représentation des six anciens pairs au sacre, attribuée, exclusivement aux pairs[2], à tous les princes du sang, à leur défaut aux légitimés pairs, sans que les autres pairs y pussent être admis qu'à faute de nombre des uns et des autres. L'autre étoit l'attribution aux légitimés qui auroient plusieurs duchés-pairies de les partager entre leurs enfants mâles, qui deviendroient ainsi ducs et pairs et feroient autant de souches de ducs et pairs, avec les rangs, honneurs et priviléges maintenant accordés aux légitimés, au-dessus de tous autres pairs plus anciens qu'eux.

Ce que je sentis à deux nouveautés tout à la fois si inimaginables et si destructives seroit difficile à rendre. Je disputai contre le chancelier, qui me montra l'article du sacre dans la minute de cet exécrable Harlay, qu'il n'avoit, disoit-il, recouvrée que depuis peu. Je lui remon-

1. Voyez tome VI, p. 294 et note 1.
2. A l'exclusion des pairs.

trai l'antiquité de la fonction des pairs égale à celle du
sacre même, et non interrompue jusqu'à présent, qu'il
n'y en avoit jamais eu où les pairs, quand il s'y en trouvoit[1], n'eussent servi, lors même qu'il y avoit plus de
princes du sang qu'il n'en falloit pour cet auguste service.
Je le fis souvenir de la préférence des pairs par ancienneté sur les princes du sang, aux sacres d'Henri II et de
ses fils. Je lui démontrai que cette loi si juste par laquelle
Henri III fait tous les princes du sang pairs à titre de
naissance, et leur donne la préséance sur tous les autres
pairs, n'avoit fait aucune altération à leurs fonctions du
sacre. Je lui expliquai le fond, la raison, l'esprit de cette
grande cérémonie, par l'histoire, et tout ce qu'elle a de
figuratif, dont il n'est pas possible de convenir[2]. Je lui
rendis évident le peu de solidité d'un couronnement fait
par tous les parents masculins d'un roi héréditaire, et
d'une monarchie qui est l'unique soumise à la loi salique.
Je lui fis honte de l'infamie d'une représentation si éminente par des bâtards, et à titre de bâtards. Enfin je
n'oubliai rien de ce que la douleur la plus pathétique et
l'instruction la plus puissamment réveillée me purent
suggérer.

Mais ce fut là où je trouvai tout à la fois le magistrat et
le courtisan, contre lequel j'eus enfin peine à me retenir.
Il me protesta que ce souvenir étoit venu du Roi tout
seul, et qu'il n'avoit pu le détourner de cet article, non
plus que de l'autre, à quoi je pense bien qu'il n'épuisa
pas ses efforts. J'essayai de le frapper par le nombre et le
poids de nos pertes. Voyant enfin que je ne gagnois rien,
je me tournai à le prier de faire arrêter le projet de
règlement. Ce fut là que les grands coups se ruèrent de
part et d'autre. Il ne put souffrir cette proposition, ni moi
de m'en désister. Je lui soutins que cette plaie portoit
droit au cœur, et qu'en attaquant jusqu'à cet excès tout
ce que la dignité avoit de plus ancien, de plus auguste,

---

1. Saint-Simon a écrit : *quand il y s'en trouvoit*.
2. Le manuscrit porte bien *convenir*, et non *disconvenir*.

de plus inhérent, rien ne pouvoit être bon. Il étala les avantages de tous les procès retranchés par les articles des ayants cause et des femelles, et de ceux des substitutions et du rachat forcé des héritières femelles. Je convins de l'avantage de ces articles; mais j'ajoutai que nonseulement ceux-là, mais qu'un règlement composé par moi-même en pleine liberté, et tout à mon gré, mais à condition de cet article du sacre, ne nous pourroit être que parfaitement odieux. Je le pressai de reparler au Roi là-dessus, qui avoit souvent dit lui-même qu'outre des princes du sang, il falloit des pairs pour représenter les anciens au sacre, qui pouvoit être ramené sur une chose qu'il ne pouvoit jamais voir. Le chancelier fut ébranlé; il me promit même toute assistance; mais j'eus lieu de croire, par une réponse que j'en reçus le lendemain à une lettre dont j'avois redoublé mon instance, que l'homme de robe, bien tranquille sur une énormité qui ne la[1] touchoit pas, avoit laissé faire le Roi en courtisan qui veut plaire, et qui sent bien que ce n'est pas à ses dépens.

Cet article plutôt contraint par l'heure qu'épuisé, nous vînmes au second. Il est si étrange, si monstrueux et si surprenant, qu'il est inutile de s'y étendre après l'avoir expliqué. Il avoit été suggéré par le duc du Maine, à qui le Roi parla d'abord de ce dont il étoit question, et qui ne s'épargna pas à en profiter. Je m'étendis avec le chancelier sur un pouvoir donné à des bâtards comme tels, à exercer indépendamment du Roi sur un privilége, à raison de dignité multipliée dont ils sauroient bien ne pas manquer, qui revenoit pour l'effet au même que l'édit d'Henri III qui avoit fait les princes du sang pairs nés, en un mot sur un rang monstrueux qui, en nombre comme en choses, n'auroit plus de bornes. Finalement je me tus, voyant bien que ce qui étoit imaginé, demandé et accordé pour le duc du Maine, en faveur de sa bâtardise, ne pou-

---

1. Saint-Simon a corrigé *le* en *la*.

voit plus être abandonné par le Roi, qui en faisoit son idole d'amour et d'orgueil. Je me rabattis donc à quelque sorte de dédommagement. Tous étoient bien difficiles à tirer du Roi, si jaloux d'une dignité qu'il avoit continuellement mutilée, et qui s'effaroucheroit de toute restitution, surtout si elle touchoit autrui. Cette considération me porta à en proposer un très-médiocre, et qui ne portoit sur personne : ce fut la double séance au Parlement des pairs démis, avec leurs fils pairs par leur démission.

Je fis remarquer au chancelier que cette nouveauté n'étoit aux dépens de personne, que les pairs démis ne se privoient par leur démission que de la séance au Parlement, que cela ne changeoit donc rien pour eux, ni pour leur rang, ancienneté, préséance et honneurs en pas un autre lieu, puisque leur démission ne les excluoit d'aucune cérémonie, ni de la jouissance partout de ce qu'ils avoient avant leur démission, que les ducs vérifiés ne perdoient rien à la leur, parce qu'il n'y avoit à y perdre que l'entrée au Parlement, qu'ils n'ont pas, que ce ne seroit même rien de nouveau en soi dans le Parlement, puisque les présidents à mortier qui cèdent leurs charges à leurs fils n'y sont privés de rien, sinon de pouvoir présider en chef, mais jouissent d'ailleurs de leur séance et de leur ancienneté, et de leur voix délibérative, que la même chose se pouvoit faire en faveur des pairs si on vouloit conserver un air d'apparence, sinon de justice, lorsqu'on s'en éloignoit à leur égard d'une manière si violente et si inouïe. Le chancelier contesta peu là-dessus. Il ne laissa pas d'alléguer que le père et le fils ne pouvoient siéger ensemble. Je lui demandai pourquoi cette exclusion, tandis qu'elle n'étoit pas pour la robe, qu'en cela seulement il étoit juste qu'il en fût des pairs père et fils comme des magistrats père et fils, qu'étant de même avis, leurs voix ne seroient comptées que pour une, et que d'avis différent, elle seroit caduque. J'ajoutai que ce n'étoit qu'une extension à tous d'un droit qui appartenoit à quelques-uns, que MM. de Richelieu, Bouillon et Mazarin avoient chacun deux duchés-pairies, que les deux derniers s'étoient démis de l'une des deux, que par conséquent c'étoient deux pères et deux fils siégeant ensemble au Parlement, toutes fois et quantes bon leur sembloit et sembleroit, sans moyen aucun de l'empêcher, et sans qu'on se fût avisé jusqu'à cette heure d'y trouver le moindre inconvénient. Le chancelier n'eut point de réplique à me faire; il avoua la proposition très-raisonnable, et me promit de faire tout de son mieux pour la faire passer.

Ce point achevé, il me dit que le Roi n'avoit pu goûter mes raisons contre M. de la Rochefoucauld, quoi qu'il eût pu lui dire, que la réplique du Roi avoit été que son autorité y seroit intéressée, et qu'il étoit demeuré fermé là-dessus.

Un homme moins sensible que je ne l'étois en auroit eu sa suffisance de ces trois points dans une même conversation. Ce dernier néanmoins, qui étant seul m'eût extrêmement touché, ne me fit pas grande impression, tant celle des deux autres me fut douloureuse. Elles attaquoient tout, et mon affaire ne touchoit presque pas la dignité. Je ne laissai pas de disputer ma cause avec le chancelier, qui pour toute réponse convint et haussa les épaules, m'avoua qu'il étoit pour moi, qu'il avoit combattu le Roi tant qu'il lui avoit été possible, que les réponses du Roi sur le fond et sur le droit avoient été nulles, et qu'il n'avoit répliqué que par le seul intérêt de son autorité. Je priai le chancelier de ne me pas tenir pour battu, ni lui non plus, en portant ma cause; je lui dis que dès qu'il la trouvoit bonne par le mérite du fond, du droit, des règles et de la justice, qui ne touchoient point celle du Roi, affranchi d'avoir à le persuader lui, puisque de son aveu il l'étoit, j'allois me tourner à persuader le Roi sur son autorité comme je pourrois par un autre mémoire, que je prévoyois bien qu'il ne le trouveroit pas bon, mais qu'il se souvînt du premier qu'il avoit trouvé tel, et qu'il se servît de celui que j'allois faire en faveur de l'autre, puisque ce n'étoit que par là que je pouvois réussir.

Nous finîmes par l'article de Chaulnes, qu'il me dit avoir enfourné assez heureusement. Après cet entretien dans son cabinet à Versailles, qui dura plus de trois heures, je m'en allai dans la situation de cœur et d'esprit qu'il est aisé d'imaginer. En arrivant chez moi, je me mis à travailler au mémoire dont il vient d'être parlé. J'étois fâché; je le brusquai en deux heures, pour l'envoyer au chancelier aussitôt, qui devoit travailler incessamment avec le Roi, et essayer avec ce nouveau secours de remettre ma prétention à flot. L'adresse réussit; elle est telle, que je l'insère ici plutôt que dans les pièces[1]. C'est un mémoire curieux pour bien connoître Louis XIV, qui, uniquement sur cette pièce, me donna partout la préséance sur M. de la Rochefoucauld. La voici :

« On n'a pas dessein d'entrer dans le fond de la question par ce mémoire; on s'y propose seulement de faire très-succinctement l'histoire de ce qui s'est passé entre les titulaires de ces deux duchés-pairies, depuis leur érection jusqu'à présent, et d'y ajouter dans les endroits nécessaires de courtes réflexions, d'où on espère qu'il résultera avec évidence que cette question n'en fait jamais une, et que si la considération de M. de la Rochefoucauld l'a tenue jusqu'à présent sans être jugée, tous les préjugés même du Roi lui ont été manifestement et uniformément contraires. Il est seulement bon de représenter en un mot que s'il arrivoit qu'il fût besoin d'une plus ample instruction, et d'entrer dans le fond de l'affaire, on est prêt d'y satisfaire par un mémoire tout fait il y a sept ou huit ans, et de suppléer encore à ce mémoire, s'il n'étoit pas trouvé suffisant, sans demander une heure de délai.

« L'érection de la Rochefoucauld est de 1622. L'enregistrement est de 1631. On supprime ici, avec un religieux silence, les causes d'un si long délai, et la manière dont

---

1. Voyez tome I, p. 420, note 1.

cet enregistrement fut fait : ni l'un ni l'autre ne seroient pas favorables à la cause de M. de la Rochefoucauld ; et si cette remarque, toute monosyllabe qu'elle est, n'étoit indispensable pour faire voir que ce n'est pas se prévaloir de la négligence de M. de la Rochefoucauld, on n'en auroit fait aucune mention.

« On souhaiteroit encore pouvoir taire un autre inconvénient, qui a même jeté M. le duc de Saint-Simon dans un grand embarras, lorsqu'il a été obligé de faire travailler à cette affaire, pour n'en pas tirer un avantage trop ruineux à M. le duc de la Rochefoucauld : c'est le défaut d'hommage rendu au Roi. Une érection en duché, marquisat ou comté, plus essentiellement en duché-pairie, est constamment la remise d'un fief que le vassal possède entre les mains du Roi, que le Roi, après l'avoir repris, lui rend avec une dignité dont il l'investit par l'érection, aux conditions portées par icelle, qui sont respectives, savoir d'honneur et d'avantage pour le sujet, d'hommage et de service envers le seigneur, dont la principale, qui donne l'être aux autres, est constamment l'hommage. Par l'érection le Roi investit son sujet, par l'hommage le sujet accepte et se soumet aux conditions sans lesquelles le Roi n'entend lui rien donner et le sujet n'entend rien recevoir. Cela n'est pas douteux. Dans l'hommage du sujet nouvellement investi consiste donc toute la forme, la force et la réalité de l'effet de l'érection et de l'investiture, sans quoi les choses demeureroient nulles et comme non avenues, puisque le sujet ne fait point de sa part ce qui est requis pour recevoir la grâce que son souverain lui fait, qui est de l'accepter de sa main et de le reconnoître pour son seigneur singulier en ce genre. Cette action d'hommage ne se peut faire qu'en trois façons, ou au Roi même en personne, ce qui est devenu très-rare, ou en la place de Sa Majesté, à son chancelier, qui la tient pour ce, ou encore en la chambre des comptes. Il en demeure un acte solennel au souverain et au nouveau vassal, qui est le titre du changement de son fief en dignité plus éminente et en mouvance plus auguste, puisque alors ce fief érigé ne relève plus que de la couronne ; et c'est l'instrument qui déclare au public le changement arrivé dans le fief et dans son possesseur, puisque l'érection sans cela n'est qu'un témoignage de la volonté du Roi demeurée imparfaite, dès là que par l'omission de l'hommage, condition si essentielle, le sujet n'accepte pas la grâce de son seigneur, et ne se lie pas à son joug par un nouveau serment et acte d'obéissance, de service et de fidélité.

« C'est néanmoins ce qui ne se trouvera pas que feu M. le duc de la Rochefoucauld ait fait, en aucun temps, au Roi, à son chancelier, ni à la chambre des comptes, chose pourtant si essentielle qu'on ne craint point d'avancer que la dignité de duc et pair pourroit être justement contestée à M. de la Rochefoucauld. Rien ne peut couvrir ce défaut que la bonté du Roi, en lui accordant un rang nouveau, en faisant présentement son hommage, et c'est à cet étrange inconvénient que M. de Saint-Simon a cherché par tous moyens de pallier, pour n'émouvoir pas une question si fâcheuse à un seigneur qu'il respecte et qu'il a toujours constamment honoré. Pour en venir à bout, M. de Saint-Simon s'est trouvé réduit à dire que lorsque feu M. de la Rochefoucauld prêta serment en la manière accoutumée lorsqu'il fut reçu au Parlement, ce serment emporta hommage, qui donc au moins ne fut rendu qu'en cet instant, et pareillement que la chambre des comptes établie si spécialement sur les foi et hommages[1], aveux et dénombrements de la couronne, ne le put reconnoître, à faute d'hommage, qu'alors et deux mois après, lorsque son érection y fut vérifiée, c'est-à-dire en 1637.

« Deux ans auparavant, c'est-à-dire en 1635, le 2 février, l'érection de Saint-Simon avoit été faite et fut enregistrée. Feu M. le duc de Saint-Simon avoit rendu sa foi et hommage ; il avoit été reçu duc et pair au Parle-

---

1. Il y a bien *hommages*, au pluriel.

ment, et feu M. le duc de la Rochefoucauld n'y avoit formé nulle opposition pour son rang. Il est vrai qu'étant reçu deux ans après il prétendit la préséance, et il ne l'est pas moins qu'il ne la put jamais obtenir, chose qui s'accorde si aisément par provision à ceux dont le droit est jugé le meilleur, en attendant un jugement définitif, comme il est arrivé en pairie en tant d'occasions, et comme il en subsiste encore un exemple dans l'affaire de M. de Luxembourg. M. le duc de Retz se trouvoit dans le même cas à l'égard de M. le duc de la Rochefoucauld, et ils s'accommodèrent ensemble, sans qu'on ait pu en démêler la raison, à se précéder alternativement. Ces accords se peuvent pour les cérémonies de la cour, quand le Roi le trouve bon, mais au Parlement il faut un titre. C'est ce qui fut fut cause d'un brevet du Roi, du 6 septembre 1645, qui, en attendant le jugement, ordonna cette alternative, dont le commencement solennel fut au lit de justice du lendemain, et comme il importoit aux parties par laquelle la préséance commenceroit, le sort en décida contre M. de la Rochefoucauld. Il ne se peut une balance plus exacte. Depuis, l'alternative a toujours subsisté. Retz s'est éteint ; Saint-Simon seul est resté dans cet intérêt, qui quant à présent ne regarde aucun autre duc que MM. de la Rochefoucauld et Saint-Simon.

« Cette question a toujours paru au Roi, sinon si sûre, en faveur de M. de Saint-Simon, c'est-à-dire de la première réception, qu'il en est émané de Sa Majesté deux grands préjugés célèbres dans une de ses plus augustes fonctions. Le Roi ayant élevé, à la fin de 1663, quatorze seigneurs à la dignité de pairs de France, Sa Majesté tint son lit de justice, et en sa présence fit enregistrer les érections et recevoir les nouveaux pairs l'un après l'autre dans le rang qu'elle avoit déterminé de leur donner. M. le duc de Bouillon avoit été fait duc et pair quelques années auparavant, avec une clause d'ancienneté première de Château-Thierry et d'Albret, que le Parlement modifia en enregistrant le contrat d'échange de Sedan, au jour de la date de ce contrat, pour, en modérant cette ancienneté, qui l'eût mis à la tête de tous les ducs et pairs, lui en donner une insolite en manière de dédommagement, et la fixer avant l'enregistrement de ses lettres et avant sa première réception, ce que le Roi trouva si juste, attendu le jeune âge de M. de Bouillon, depuis grand chambellan de France, et sentit en même temps si bien qu'il perdroit son ancienneté s'il n'y étoit autrement pourvu, qu'il fit prononcer par Monsieur le chancelier un arrêt exprès pour la conservation de son rang du jour de la date susdite, en ce même lit de justice. Il y a plus : M. le maréchal de la Meilleraye, l'un des quatorze nouveaux pairs, étoit lors absent et en Bretagne pour le service du Roi ; il ne parut pas juste à Sa Majesté que son absence préjudiciât au rang qu'elle lui avoit destiné le quatrième parmi les autres, et il fut encore rendu un autre arrêt pour la conservation de son rang. Il faut convenir que rien n'est plus formel en faveur de M. de Saint-Simon que ces deux arrêts si solennels sur cette même et précise question, émanés du Roi même, séant en son lit de justice, uniquement tenu pour les pairs.

« Lorsqu'en 1702 M. le duc de Saint-Simon d'aujourd'hui songea, avec la permission du Roi, à se faire recevoir au Parlement, il supplia M. le duc de la Rochefoucauld de s'y trouver, et de l'y précéder, sans rechercher qui avoit eu la dernière alternative, dont l'âge avancé de feu M. de Saint-Simon et la jeunesse de celui-ci avoient ôté les occasions depuis longtemps. M. de la Rochefoucauld fut sensible à l'honnêteté, qui certainement étoit grande, mais embarrassé. On étoit à Marly. M. le duc de Saint-Simon fut à Paris voir M. le premier président d'Harlay, qui lui demanda comment il feroit avec M. le duc de la Rochefoucauld. M. de Saint-Simon lui dit l'honnêteté qu'il lui avoit faite, qui levoit tout embarras ; mais il ne fut pas peu surpris de la réponse de ce magistrat, qui se piquoit de n'ignorer rien. Cette réponse fut que les rangs des pairs entre eux ne dépendoient pas d'eux au Parlement, et que cela ne levoit aucune difficulté. M. de Saint-Simon étoit jeune; il craignoit les exemples des réponses fâcheuses de ce premier président; il s'y vouloit d'autant moins exposer qu'il savoit par l'expérience de ses affaires que, depuis le procès de M. de Luxembourg, il étoit fort mal avec lui, et que d'ailleurs il avoit cherché à se raccommoder par feu Mme de la Trémoille avec M. de la Rochefoucauld, que ce même procès avoit brouillé avec lui. Ainsi M. de Saint-Simon se tut, et ne jugea pas à propos de l'irriter en lui parlant du brevet de 1645, que le Parlement avoit enregistré, que ce magistrat ignoroit ou vouloit ignorer, et se retira sans lui rien répondre là-dessus. De retour qu'il fut le soir même à Marly, il apprit par feu M. le duc de la Trémoille que M. de la Rochefoucauld desiroit que le procès se jugeât entre eux. M. de Saint-Simon pria M. de la Rochefoucauld de s'expliquer franchement avec lui, lequel lui dit que Retz étant éteint, l'âge et l'état de la famille de feu M. de Saint-Simon avoit toujours fait juger que sa dignité s'éteindroit de même, que cette considération avoit toujours arrêté toute pensée de jugement, mais que présentement l'état des choses, qui avoit changé, faisoit aussi changer de sentiment, et qu'il desiroit que l'affaire fût jugée. Ils parlèrent ensuite de la manière d'en user réciproquement, et M. de la Rochefaucauld voulut des arbitres pairs. M. de Saint-Simon lui représenta que le Roi seul ou le Parlement étoient les juges uniquement compétents, et que jamais un autre jugement ne pourroit être solide; mais il n'y eut pas moyen de le persuader, et tous deux convinrent de sept juges, qui furent Messieurs de Laon, Sully, Chevreuse, Beauvillier, Noailles, Coislin et Charost. M. de Saint-Simon insista pour qu'il y eût au moins un magistrat rapporteur. Cela fut également rejeté par M. de la Rochefoucauld, tellement qu'il fut convenu que Monsieur de Laon présideroit et rapporteroit en même temps, et que, pour tenir lieu de significations, les copies des pièces et des mémoires dont on voudroit se servir seroient remises à Monsieur de Laon par les parties, signées d'eux, et communiquées de l'une à l'autre par Monsieur de Laon, qui auroit pouvoir de limiter les temps qu'on seroit obligé de les lui rendre.

« Les choses en cet état agréées par le Roi, M. de Saint-Simon demanda du temps pour revoir une affaire si vieillie, et qu'il comptoit laisser en alternative tant qu'il plairoit à M. de la Rochefoucauld, et que cela lui plairoit toujours. Ce fut alors que M. de Saint-Simon fut arrêté et fort embarrassé de l'omission de foi et hommage par feu M. de la Rochefoucauld, qu'il suppléa, comme il a été dit ci-dessus, pour ne se pas donner la douleur de faire perdre à M. de la Rochefoucauld un rang si ancien, et le réduire à prendre la queue de tous les ducs, en lui contestant, comme il seroit trop bien fondé à le faire, la validité de sa dignité.

« Lorsque M. de Saint-Simon fut prêt, il le déclara à Monsieur de Laon, pour le dire à M. de la Rochefoucauld, lequel fut longtemps à prétendre que M. de Saint-Simon communiquât ses papiers le premier. M. de Saint-Simon répondit que c'étoit à M. de la Rochefoucauld à commencer, puisque c'étoit lui qui ne vouloit plus l'alternative et qui desiroit le jugement, que, ne donnât-il que six lignes contenant sa prétention toute nue, avec ses lettres d'érection et ses autres pièces conséquentes, M. de Saint-Simon s'en contenteroit et répondroit. Après un assez long temps, on ne sait quel en fut le motif, M. de la Rochefoucauld déclara à Monsieur de Laon, en lui donnant sa prétention toute sèche en douze lignes, qu'il n'avoit pièces ni raisons quelconques à présenter, et qu'il n'en vouloit plus ouïr parler : on n'oseroit dire qu'il paya d'humeur, mais on ne peut taire qu'il ne paya d'aucune raison. Il y a sept ou huit ans que les choses en sont là, sans que M. de la Rochefoucauld se soit présenté en aucune occasion d'alternative, ne s'étant pas même trouvé à la réception de M. le duc de Saint-Simon, qui avant tout a songé à se conserver l'honneur de l'amitié de M. le duc de la Rochefoucauld, et n'a pas parlé depuis de leur affaire, qui est demeurée là.

« Deux courtes observations finiront ce mémoire.

« La première : Qu'on ne peut pas dire qu'il n'y ait pas un procès certainement existant et très-ancien entre MM. de Saint-Simon et de la Rochefoucauld, repris et laissé en divers temps entre leurs pères, et depuis par eux-mêmes ;

« Que le Roi en a eu en tous les temps une connoissance si effective qu'il est émané de Sa Majesté un brevet pour l'établissement d'une alternative au Parlement, qui exclut toute provision de préséance, et deux arrêts en plein lit de justice, qui sont un préjugé formel et le plus précis qui puisse être en faveur de M. de Saint-Simon ;

« Que tout nouvellement le Roi, sur la représentation de M. le maréchal de Villars de lui accorder un arrêt semblable à ceux de Bouillon et de la Meilleraye, ou d'empêcher que M. le maréchal d'Harcourt fût reçu pair au Parlement avant que sa blessure lui eût permis de l'être lui-même, Sa Majesté a pris ce dernier parti, ce qui n'est pas un moindre préjugé en faveur de M. de Saint-Simon que les deux autres.

« Conséquemment, que le Roi a dans tous les temps regardé cette question comme une vraie et très-importante question, et par plusieurs actes solennels émanés de Sa Majesté, jusque tout récemment, comme une question très-favorable pour M. le duc de Saint-Simon. Voilà pour ce qui est de la chose en soi.

« L'autre observation regarde l'autorité du Roi.

« Rien ne seroit plus contraire au devoir de vassal à son seigneur, bien pis encore d'un sujet à son souverain, que de jouir de l'effet d'une grâce, qui est ce que le prince donne, sans rendre foi et hommage, qui est un lien prescrit par sa grâce même, et un échange pour la grâce que le sujet, en la recevant, rend au prince qui l'honore d'un nouveau titre, en conséquence duquel il lui est par la foi et hommage, pour raison de ce, plus nouvellement et plus étroitement soumis, attaché et fidèle. C'est néanmoins ce qui manque à M. de la Rochefoucauld, et ce qui n'a pu être suppléé que par son serment de pair prêté en 1637, deux ans après l'hommage de feu M. le duc de Saint-Simon, et sa réception au Parlement postérieure à cet hommage.

« Rien ne marqueroit moins l'autorité du Roi que la fixation du rang des pairs à la date de l'enregistrement de leurs lettres, et rien en particulier n'y seroit plus spécialement opposé que la fixation du rang de M. de la Rochefoucauld à la date de l'enregistrement des siennes. Sur le premier point, il est constant que ce seroit prendre rang par l'autorité du Parlement, qui a toujours prétendu pouvoir admettre, retarder, avancer ou rejeter les enregistrements des lettres, et qui souvent l'a osé faire ; sur le second point, c'est l'espèce présente, puisque les lettres de la Rochefoucauld furent enregistrées pendant la disgrâce de feu M. de la Rochefoucauld, et contre la volonté du Roi connue, et lors absent de Paris. Ce fait est certain, et M. de la Rochefoucauld, qui se souvient bien de la manière dont cela se passa, pour l'avoir ouï souvent raconter chez lui, n'en disconviendra pas.

« Reste donc, pour faire chose séante à l'autorité royale, de fixer le rang à la date des lettres ou à la réception de l'impétrant au Parlement, puisqu'on vient de montrer l'indécence de la [1] fixer à la date de l'enregistrement des lettres. De le faire à la date de leur expédition est impossible, puisque des lettres non enregistrées n'opèrent qu'une volonté du Roi non effective ni effectuée, qui ne produit que ce qu'on appelle improprement duc à brevet, comme l'est encore M. de Roquelaure, c'est-à-dire un homme que le Parlement ne reconnoît point duc et pair, qui n'a nul rang, qui ne jouit que de quelques honneurs

---

1. Saint-Simon a bien écrit *la*, et non *le*.

qui ne peuvent passer à son fils sans grâce nouvelle, et dont les lettres sont incapables de lui fixer un rang parmi ceux du nombre desquels il ne peut être tant que ses lettres demeurent sans vérification.

« On ne peut donc fixer le rang d'ancienneté qu'à la réception de l'impétrant, par deux grandes raisons : la première, parce qu'alors seulement la dignité se trouve complète et parachevée sans que rien de ce qui est d'elle y puisse plus être ajouté, comme on le montreroit évidemment si on entroit dans le fond ; l'autre, c'est qu'alors seulement la volonté du Roi, non suffisante par l'expédition des lettres d'érection, non toujours suivie pour leur enregistrement, et spécialement en celle de la Rochefoucauld, est la règle unique de cette réception, dont on ne trouvera aucun exemple contre la volonté des rois. C'est donc alors seulement qu'opère, indépendamment de tout le reste, la puissance de cette volonté souveraine, qui vainement a érigé, qui pour l'enregistrement n'est pas toujours obéie, et qui, quand elle la seroit, feroit donner par le Parlement ce qu'elle-même n'a pu donner sans son concours, mais qui seule suspend ou presse à son gré la réception au Parlement de celui qu'elle a fait pair de France, et par cet acte elle le tient suspendu en ses mains tant que bon lui semble, et tient ainsi sa fortune en l'air, quoique achevée, et ce semble déterminée par la puissance étrangère de l'enregistrement, et permet seulement que tout acte de pairie s'achève en effet et s'accomplisse en l'impétrant, quand elle veut, par cette grâce dernière de sa première réception au Parlement, couronner toutes les autres qui n'y sont qu'accessoires, et manifeste seulement alors à l'État un assesseur et un conseiller nouveau qu'elle s'est choisi, aux grands vassaux de la couronne un compagnon qu'ils ont reçu de sa main toute-puissante, et à tous ses sujets un juge né qu'elle a élevé sur eux. Alors la dignité complète est seulement proposée telle, et le rang d'ancienneté fixé pour jamais dans cette famille, par un dernier coup de volonté pleine, qui ne dépend que du Roi tout seul, sans concours du Parlement, et sans qu'autre que la majesté royale mette la main à l'ouvrage, alors entier et en sa perfection.

« C'est ce que plus de loisir et de licence d'entrer dans un fond plus détaillé de la matière du procès pendant entre MM. de Saint-Simon et de la Rochefoucauld, et pour le droit en soi, et pour le fait en exemples, démontreroit encore plus invinciblement. En voilà assez au moins, sinon pour déterminer le Roi en faveur de son autorité et de son incommunicable puissance, des préjugés émanés de Sa Majesté même, en tous les temps et avec grande solennité, et de la bonté en soi de la cause de M. de Saint-Simon, pour détourner au moins sa bonté, et on ose ajouter son équité, de décider rien là-dessus sans lui avoir fait grâce de l'entendre, sinon par elle-même, au moins par ceux sur qui elle s'en voudra décharger, dont M. de Saint-Simon n'aura aucun possible pour suspect, par sa confiance en la bonté et en la justice de son droit. »

Deux lettres que nous nous écrivîmes le chancelier et moi donneront maintenant toute la lumière dont la suite de cette affaire a besoin. La première est du lendemain que j'eus appris de lui à Versailles les articles du sacre et de l'extension des bâtards en autant de pairs qu'ils auroient de pairies ; l'autre, aussitôt que j'eus achevé le mémoire ci-dessus : ce fut le 3 mai, à Paris, où j'étois venu coucher.

« Je vous avoue, Monsieur, que je revins hier plus affligé que je ne puis vous le dire, et qu'après avoir pensé à la nouvelle et horrible plaie générale, je songeai à la mienne particulière. Ce matin, j'ai fait un mémoire sur mon affaire, le plus court et précis que j'ai pu, et je viens de vous écrire une lettre ostensible, compassée au mieux que j'ai pu, pour y joindre. D'Antin a dit le fait à M. de Chevreuse, puisqu'il l'a su sans vous, et ce dernier me l'a dit à moi, comme je vous en rendis hier compte. J'espérois que mon mémoire seroit assez tôt mis au net pour pouvoir vous le porter ce soir, mais mon lambin de secrétaire ne finit point. Il me seroit néanmoins très-important d'avoir l'honneur de vous entretenir, et je vois vos journées si prises que je ne sais pas quand. D'aller à Pontchartrain ne me semble pas trop à propos dans cette conjoncture, et je ne vois que samedi prochain comme hier à Versailles, ce qui est long et étranglé. En attendant, je vous enverrai mon mémoire, que j'aurai grand regret de vous laisser lire tout seul. Cependant commandez à votre serviteur, muet comme un poisson, et qui va être en général et en particulier brisé comme vile argile. Qu'il y auroit un beau gémissement à faire là-dessus, qui me feroit encore dérouiller du latin et des passages! Mais vous diriez que ce seroit les profaner. Permettez-moi du moins un *heu!* profondément redoublé, en vous assurant d'un attachement et d'une reconnoissance parfaite. »

Le chancelier, qui en magistrat et en courtisan comptoit pour rien les deux nouveaux articles du sacre et des bâtards, qui espéroit, en quelque dédommagement du second, faire passer la double séance des pères[1] démis, piqué de n'avoir pu emporter ma préséance sur M. de la Rochefoucauld, de la justice de laquelle il étoit convaincu, et se voulant persuader, et plus encore à nous, que nous devions être gorgés et nous tenir comblés des autres articles, me renvoya sur-le-champ ma lettre, dont il déploya l'autre feuille, sur laquelle il m'écrivit cette réponse :

« Permettez-moi, Monsieur, cette manière de vous répondre, pour une fois seulement et pour abréger, et permettez-moi aussi de vous gronder en peu de mots, en attendant plus. N'avez-vous point de honte de n'être jamais content de ce que pensent les autres? serez-vous toujours partial en toute affaire? ramperez-vous toujours

---

1. Il y a bien *pères*, et non *pairs*, au manuscrit.

dans le rang des parties sans entrer jamais dans l'esprit de législateur? La besogne est bonne, je la soutiens telle, et si bonne que c'est pour l'être trop qu'elle ne passera peut-être pas ; et cette bonne besogne, c'est pour vous une horrible plaie générale et une plaie particulière qui vous afflige au delà de l'expression. Qu'entendez-vous par une lettre ostensible? à qui la voudrois-je ou pourrois-je montrer? Non, Monsieur, il n'y a que samedi prochain de praticable; un siècle entier de conversation vous paroîtroit un moment étranglé si on ne finissoit pas par être de votre avis. Envoyez-moi toujours votre mémoire, Monsieur; cela en facilitera une seconde lecture avec vous et la rendra plus intelligible. Soyez toujours très-muet, mais exaltez-vous dans l'esprit de vérité, et ne vous abaissez pas au-dessous de l'argile pour perdre un cheveu de votre perruque quand vous en gagnez une entière. Permettez-moi, à mon tour, un *heu!* profondément redoublé sur les torts d'un ami aussi estimable que vous l'êtes pour moi, et aussi aimable en toute autre chose. »

Ces deux lettres caractérisent merveilleusement ceux qui les ont écrites, et pour le moins aussi bien celui à qui ils avoient affaire. Les deux suivantes le feront encore mieux. Voici celle du chancelier, du 5 mai.

« J'ai lu, Monsieur, et relu avec toute l'attention et le plaisir qu'une telle lecture donne à un homme comme moi, et avec toutes les pauses et les réflexions réitérées qu'une pareille matière exige, et votre lettre et votre mémoire, et votre abrégé de mémoire. Je vous renvoie la lettre : les raisons de ce renvoi sont dans ma réponse d'hier. Je garde le reste : il est pour moi, s'il vous plaît; vous en avez la source dans votre esprit, les minutes dans vos papiers : ce que je garde me tiendra lieu de tout cela; c'est beaucoup pour moi. A l'égard de la question, je suis pour vous, Monsieur; je vous l'ai déjà dit, mon suffrage sera toujours à votre avantage. Ce qui vous surprendra, c'est que ce ne seroit pas par vos raisons. Votre première et grande raison, que vous tirez des foi et hommages[1], n'est pas vraie dans le principe des fiefs, et votre dernière grande raison, que vous tirez de l'intérêt des rois mêmes, n'est en bonne vérité qu'un jeu d'esprit, et qu'un sophisme aussi dangereux qu'il est aussi bien tourné qu'il puisse l'être, et aussi noblement et artistement conçu qu'on puisse l'imaginer. Mais après mille et mille ans de discussion, où, sans en rien dire davantage, trouvez-vous, suivant votre terme d'hier, que cette discussion soit étranglée, puisque je me déclare pour vous, et que je ne me départirai jamais de cet avis tant que ce sera mon avis qu'on me demandera? Mais quand, après avoir tout représenté, je n'ai plus qu'à écrire ce que l'on me dicte et qu'à obéir, puis-je faire autrement? D'ailleurs, en bonne foi, quand tout l'ouvrage en lui-même est si bon et si desirable, que vous consentez vous-même que l'on juge deux procès existants sans entendre les parties, et que l'on en prévienne douze prêts à éclore sans y appeler aucune des parties, pouvez-vous en justice, en honneur, en conscience, desirer que l'on fasse renaître le vôtre, oublié du Parlement comme du Roi même, et que l'on renverse un projet d'édit de cette importance, bon de votre propre aveu en tout ce qui est de votre goût, et qui ne regarde point votre petit intérêt, à qui vous voulez que tout cède? J'en appelle à la noblesse de votre cœur et à votre droite raison, Monsieur : vous êtes citoyen avant d'être duc, vous êtes sujet avant d'être duc, vous êtes fait par vous-même pour être homme d'État, et vous n'êtes duc que par d'autres. Pour me confirmer davantage dans mon avis, donnez-moi, je vous conjure, une copie du brevet de 1645; expliquez-moi bien 1622, 1634, et la réception, 1637. Je vois que, par un excès de charité, vous en faites une réticence éloquente dans votre mémoire; moi, qui ne suis ni éloquent ni charitable, que j'en sache, je vous prie, l'anecdote dans tous ses points

---

1. Ici encore il y a *hommages*, au pluriel.

et dans tous ses détails. Vous savez comme moi tout ce que je vous suis, Monsieur. »

Voici ma réponse à cette lettre, de Marly, 6 mai :

« J'ai reçu ce matin, Monsieur, l'honneur de vos deux dernières lettres, l'une revenue de Paris, l'autre droit ici. J'en respecte la gronderie, j'en aime l'esprit, permettez-moi la liberté du terme. Je reçois avec action de grâce le rendez-vous de samedi à Versailles. Je suis ravi de la peine que vous avez bien voulu prendre de tout lire, et je ne puis différer de vous remercier très-humblement des éclaircissements que vous me demandez. J'aurai l'honneur de vous les porter samedi avec votre lettre même, pour que, sans rappeler votre mémoire, vous voyiez si je satisfais à tout. J'aurois trop à m'étendre sur ce qu'il vous plaît de me dire de flatteur; en m'y arrêtant je m'enflerois trop : j'aime mieux m'arrêter au blâme, et vous rendre courtement et sincèrement compte de mes sentiments, comme on rend raison de sa foi.

« Pour mes sentiments, pardonnez-moi si, avec tout respect, je demeure navré de ce qui regarde le sacre; et si je suis trop partie, ne soyez vous-même législateur qu'en vous mettant en la place de sur qui portent les lois. C'est notre fonction la plus propre, la plus ancienne, la plus auguste, dont rien ne peut consoler, et à laquelle d'ailleurs je ne me flatterois pas personnellement de pouvoir prétendre. Ainsi ce n'est pas moi que je pleure, mais la plaie de la dignité. Du reste, tout est si excellemment bon, que si on venoit à mon avis que tout le reste passât tel qu'il est maintenant, ou que tout ce reste demeurât comme non avenu, je le ferois plutôt signer, sceller et enregistrer ce soir que demain matin, encore que le second article soit fâcheux en général, et que par un autre article je perde une cause personnelle que je tiens sans question, de bonne foi, et que vous-même trouvez bonne et juste. Voyez, Monsieur, si c'est là être attaché à ses intérêts particuliers ; et je vous parle en toute vérité.

« A l'égard de mon mémoire, oserois-je vous dire que je ne me crois pas tout à fait battu sur le défaut et la nécessité de l'hommage, et que s'il en étoit question, et que vous me voulussiez traiter comme Corneille faisoit sa grossière servante, je crois que vous ne trouveriez pas mon opinion si déraisonnable. Je sais que la grande et l'indisputable raison est celle des offices et des officiers, mais comme elle n'est pas entrée lorsqu'elle a été mieux représentée que je ne pourrois faire en cent ans, je l'ai omise. Pour ce qui est ce que vous appelez sophisme sur l'autorité des rois, trouvez bon que je vous suggère un terme plus fort et plus vrai : c'est une fausse raison ; non que le raisonnement n'en soit juste et certain, mais c'est que ce n'est pas par là que la question se doit décider. Cependant c'est uniquement par rapport à l'autorité qu'on se détermine contre moi. Puisque je l'ai pour moi, n'ai-je pas raison de l'expliquer, et puisque ma cause est bonne et juste, ne dois-je pas lever la difficulté qui me la fait perdre, et prendre mon juge par l'endroit dont il est uniquement susceptible, et appuyer dessus en disant ce qui est, puisque sur cela seul je serai jugé, sans aucune considération pour nulle autre raison ?

« De m'opposer qu'il est injuste à moi de prétendre être ouï, tandis que j'approuve que tant d'autres soient jugés sans être entendus, un mot vous fera voir, Monsieur, que cela ne doit pas m'être objecté.

« De tout ce nombre de prétendants prêt à éclore, aucun jamais n'a intenté de procès ; un seul en a eu la permission, et il en est encore à en faire le premier usage, par quoi il est encore dans la condition des autres qui ont des prétentions, mais n'ont jamais eu de procès. Ceux-là, qu'on les juge par un règlement sans les entendre, que peuvent-ils opposer ? Leurs prétentions sont dans leurs têtes ; est-on tenu de les supposer, et de discuter des êtres de raison qui n'ont pas la première existence ; et n'est-ce pas au contraire très-bien fait d'ôter aux chimères, aux êtres de raison toute possibilité d'exister? Mais pour ceux dont les prétentions sont, par l'aveu du Roi, juridiquement au jour, expliquées à des juges ou naturels ou pour ce permis, qu'un tribunal est saisi, que les parties sont en pouvoir de faire juger entre elles, il ne paroît pas juste de former un article entre elles sans y avoir égard, et c'est en effet ce qui a été trouvé si peu juste par le Roi et par vous-même, que le consentement de feu M. de Luxembourg fut demandé et intervint sur le point qui le regarde dans le règlement projeté de son temps, ce qui fait que le consentement de son fils n'est plus aujourd'hui nécessaire, puisqu'il n'y a rien de changé là-dessus d'alors. M. d'Antin forme un procès, qui même est encore dans tout son entier; on veut son consentement, on le satisfait, il acquiesce; à la bonne heure. Ne serois-je pas malheureux si, n'y ayant que ces deux hommes et moi en procès, je me trouvois seul traité comme ceux qui n'en ont point, eux consultés et contentés, moi condamné et pendu, pour ainsi dire, avec ma grâce au cou, moi avec un procès pendant au Parlement, avec une compétence ordonnée par le Roi, enregistrée au Parlement, deux préjugés du Roi en plein lit de justice, renouvelés tout à l'heure, à l'occasion de MM. de Villars et d'Harcourt, tandis que M. de Luxembourg, avec un préjugé contraire à lui par la provision de préséance sur lui, M. d'Antin pas seulement duc, et des plaidoyers seulement préparés et non commencés, sont ménagés; en sorte que l'un reste pair, chose autrement à lui très-mal sûre, et pair précédant plus de la moitié des autres; et l'autre le devient, l'autre, dis-je, qui avec toute sa faveur voit son procès perdu, s'il se juge?

« Encore une fois, Monsieur, au point de vue du sacre près, j'aime mieux perdre mon affaire, et que le règlement passe; mais quelle impossibilité que le règlement passe, et que je ne la perde pas, votre cœur et votre esprit m'honorant, l'un de son amitié, l'autre de son suffrage et de sa persuasion que mon droit est bon? Que si, malgré raison, on veut que je perde, n'en pourrois-je point être récompensé, et pour n'avoir ni charge ni gouvernement de province, ni barbe grise comme M. de Chevreuse, mettez la main à la conscience, n'ai-je pas plus de droit que lui, par voie d'échange, d'obtenir une grâce pour l'un de mes fils, en abandonnant le droit de mon rang? Permettez-moi de vous supplier de ne pas regarder comme une extravagance cette pensée, qui se peut tourner de plus d'une manière, et de considérer que, dans toutes les circonstances présentes, il seroit dur d'être regardé à trente-six ans comme un enfant.

« Outre ce que m'a dit M. de Chevreuse, instruit par d'Antin du règlement, M. le duc d'Orléans m'a dit savoir de d'Antin même qu'il alloit être fait duc et pair. N'en est-ce pas assez pour qu'un homme qui est sur les lieux puisse être en peine de son autre cause, et s'adresser pour cela à vous, qu'on sait avoir travaillé insolitement avec le Roi, en le faisant avec toutes les mesures possibles?

« Mais en voilà trop pour une lettre, et assez pour un supplément de mémoire. Trouvez bon que je vous supplie de le peser avec bonté et réflexion réitérée. Pour le secret, je le garde tel, qu'encore que vous m'ayez permis dans tout le cours de ceci de tout dire à M. d'Harcourt, je l'ai néanmoins traité en dernier lieu comme les autres, c'est-à-dire comme MM. de Chevreuse et de Charost, à qui j'ai constamment dit que je n'ai pu rien tirer de vous sur votre travail avec le Roi, et que Sa Majesté vous avoit défendu d'en dire une parole. Ce qui m'a obligé d'en user ainsi avec M. d'Harcourt a été le point sensible du sacre, et que je me suis cru plus sûr d'arrêter M. d'Harcourt, tout mesuré qu'il est, en le lui taisant, et pour le lui taire en lui taisant tout détail, qu'après le lui avoir dit. Comptez donc, Monsieur, quoi qu'il arrive, sur ma fidélité, sur une inexprimable reconnoissance et sur un attachement sans mesure. »

Il faut maintenant expliquer deux choses : ma citation

de M. le duc d'Orléans sur d'Antin, et ma pensée pour un de mes fils.

Le Roi, comme on l'a vu, avoit rejeté toute communication du projet de règlement à quelques ducs, que le chancelier lui avoit proposé, moi entre autres, et comptoit que nous ignorions ce qui se passoit là-dessus. Ainsi le chancelier m'avoit renvoyé cette lettre ostensible au Roi, que je lui avois écrite. La vivacité de son style montre combien il trouvoit impraticable de la lui montrer, parce que c'étoit lui montrer en même temps que j'étois dans la bouteille. Tant qu'il l'ignoroit, je ne pouvois me présenter, et il m'importoit extrêmement de le faire, pour le contenir entre son penchant pour M. de la Rochefoucauld et sur la prévention de son autorité contre ma cause, parce que, tel qu'il étoit, il ne laissoit pas de vouloir garder des mesures, et d'en être contraint, ce qui fut sa vraie raison de rejeter la communication à quelques-uns de nous. Or, dès que l'affaire transpiroit, et que je pouvois citer ce que M. le duc d'Orléans m'en avoit dit, je pouvois paroître m'adresser au chancelier, et lui, en rendre compte au Roi, sans rien craindre de personnel, puisque c'étoit d'Antin qui avoit parlé à M. le duc d'Orléans, et ce prince qui me l'avoit rendu. Je mettois donc le chancelier à son aise là-dessus, et en état de dire au Roi sans embarras ce qu'il auroit jugé à propos.

A l'égard de mes enfants, surpris au dernier point de la manière dont le Roi avoit répondu au chancelier sur ma question de préséance, je craignis que cette idée de son autorité ne se pût détruire, parce qu'elle lui étoit entrée si avant dans la tête. Il me vint donc en pensée, lorsque le chancelier me le conta, d'essayer à faire démordre le Roi par un équivalent plus difficile, ou d'obtenir cet équivalent, que j'eusse sans comparaison préféré : c'étoit de faire mon second fils duc et pair, puisque, sans raison, il étoit bien question de faire celui de M. de Chevreuse, et d'Antin, et moyennant cela ne contester plus avec le Roi, et lui laisser le plaisir et le repos de faire gagner le procès à son ami M. de la Rochefoucauld, et à ce qu'il croyoit être non de la justice, à quoi il n'eut jamais que répondre, ni ne s'en mit en fait, mais de son autorité, qu'il mit toujours en avant. Le chancelier ne répudia pas cette pensée, et je la croyois d'autant meilleure que je voyois le Roi en une veine présente de telle facilité à multiplier ces dignités, qu'il n'étoit question que d'en fabriquer le chausse-pied. D'autre part, je craignois encore le crédit mourant de M. de la Rochefoucauld. Ses infirmités l'avoient dépris des chasses et des voyages depuis quelque temps, mais non pas de faire de fois à autre des incursions dans le cabinet du Roi, où il se faisoit mener pour l'intérêt de quelque valet ou de quelque autre rapsodie, où très-souvent il arrachoit à force d'impétuosité ce qu'il vouloit du Roi, et que souvent aussi le Roi ne vouloit pas, qui haussoit les épaules à l'abri de son aveuglement, et qui lâchoit enfin, partie de compassion et d'ancienne amitié, partie pour s'en défaire. Je redoutois donc la crainte du Roi des clabauderies de ce vieil aveugle, qui ne manqueroit pas de lui venir faire une sortie dès qu'il se sauroit condamné, et qui, à force de gémir, de gronder et de crier, me donneroit peut-être encore à courre. Tout cela me fit donc juger que ma proposition n'étoit point inepte, en soutenant d'ailleurs mon droit, mais dans le génie du Roi, c'est-à-dire en me restreignant à mettre son autorité de mon côté. Mais comme cette façon de combattre ne pouvoit être de mise que pour lui seul, ni même imaginée, quoique l'expérience de tous les jours apprît l'inutilité de toute autre avec lui, en quelque occasion que ce fût, où il se figurât que son autorité pouvoit être le moins du monde intéressée, j'estime qu'il est à propos de présenter ici l'état de la question qui étoit entre M. de la Rochefoucauld et moi, et les véritables raisons de part et d'autre sur lesquelles tout juge éclairé et équitable avoit uniquement son jugement à fonder. Outre que l'affaire est déjà ici nécessairement entamée, le récit n'en sera pas assez long pour le séparer de ce qui en a déjà été dit en le renvoyant aux pièces[1], d'autant qu'il est dans l'ordre des temps de le commencer par celui de l'anecdote dont le chancelier me demanda, comme on a vu, l'éclaircissement entier, qui doit par cette raison avoir ici sa place.

En 1622, le comté de la Rochefoucauld fut érigé en duché-pairie par Louis XIII. Par cette grâce, M. de la Rochefoucauld devint ce qu'on appelle improprement duc à brevet. Les brouilleries d'État, où les seigneurs de la Rochefoucauld, aînés et cadets, se sont très-particulièrement signalés contre les rois, depuis Henri II jusqu'à Louis XIV, et jusqu'à son favori M. le duc de la Rochefoucauld inclusivement, avec qui j'avois ce procès à faire décider, les brouilleries, dis-je, qui survinrent dant l'État entraînèrent celui en faveur de qui l'érection s'étoit faite contre celui qui l'en avoit honoré, et le mirent hors d'état de la faire vérifier au Parlement. Il étoit encore dans la même situation, c'est-à-dire en Poitou, exilé, après s'être engagé contre le Roi, lorsque le cardinal de Richelieu, premier ministre alors, fut fait duc et pair : il voulut être reçu au Parlement en cette qualité le même jour et tout de suite de l'enregistrement de ses lettres.

Tandis qu'on y procédoit, le Parlement assemblé et les pairs en place, le cardinal de Richelieu étoit à la cheminée de la grand'chambre, comme on s'y tient d'ordinaire jusqu'à ce que le premier huissier vienne avertir d'aller prêter le serment. On peut juger qu'il y étoit environné d'une grande suite et de nombreuse compagnie.

Monsieur le Prince cependant étoit avec les autres pairs en place, avec double intention. Son dessein étoit de payer d'un trait aussi hardi qu'important les services que lui et les siens avoient reçus de M. de la Rochefoucauld et de ses pères, et s'il eut le don de prophétie, ceux que Messieurs ses enfants devoient recevoir du fils et du petit-fils de M. de la Rochefoucauld. Il y avoit non-seule-

---

1. Voyez tome I, p. 420, note 1.

ment défaut de permission d'enregistrer ses lettres, mais une défense expresse du Roi, et réitérée, au Parlement de le faire. Monsieur le Prince, de concert avec le premier président le Jay et avec Lamoignon, conseiller en la grand'-chambre, père du premier président Lamoignon, complota de saisir le moment le plus confus et le plus inattendu, avec hardiesse, pour faire passer l'enregistrement des lettres de la Rochefoucauld, et choisirent comme véritablement tel l'instant entre l'enregistrement de celles de Richelieu et le rapport de la vie et mœurs du cardinal pour sa réception, comptant bien que, parmi le bruit et la foule qui accompagne toujours tels actes, on ne se douteroit et on ne s'apercevroit même pas du coup qu'ils vouloient faire réussir.

Tout convenu avec un petit nombre de ce qui devoit être et se trouva en séance pour donner branle au reste, Monsieur le Prince, sans attendre que le second rapporteur, pour l'information de vie et mœurs, eût la bouche ouverte pour parvenir à la réception du cardinal de Richelieu, et qu'on montât aux hauts siéges pour ouïr l'avocat et l'avocat général et y recevoir le cardinal, comme on faisoit alors, Monsieur le Prince, dis-je, regarda le premier président, qui, sachant ce qui s'alloit faire, ne se hâtoit pas de donner la parole à ce rapporteur, et demanda s'il n'y avoit pas quelque autre enregistrement à faire, parce qu'il lui sembloit qu'il y en avoit. Le Jay, effrayé au moment de l'exécution, répondit fort bas qu'il y avoit celui des lettres de la Rochefoucauld, déjà anciennes, mais qui avoient toujours été arrêtées par le Roi. « Bon, reprit Monsieur le Prince, cela est vieux et usé, je vous réponds que le Roi n'y pense plus; » et ajouta tout de suite, en se tournant vers Lamoignon : « Quelqu'un ne les a-t-il point là? » Lamoignon se découvre et les montre. A l'instant Monsieur le Prince, fortifiant le Jay de ses regards : « Rapportez-les-nous, dit-il à Lamoignon, Monsieur le premier président le veut. » Lamoignon ne se le fit pas dire deux fois; il enfile la lecture des lettres, la dépêche le plus vite qu'il peut, et opine après en deux mots à leur enregistrement. Les magistrats, dont les trois quarts ignoroient la défense du Roi de les enregistrer, et dont presque aucun, parmi ce brouhaha de la foule qui remplissoit la grand'chambre, n'avoit pu entendre le dialogue si court de Monsieur le Prince avec le premier président, opinèrent du bonnet avec le reste de la séance, comme c'est l'ordinaire en ces enregistrements, et attribuèrent la précipitation dont on usoit à l'égard d'abréger tant qu'on pouvoit l'attente du premier ministre d'être mandé pour être reçu. Ils n'eurent ni le temps ni l'avisement de faire réflexion que, s'il n'y eût pas eu là quelque chose d'extraordinaire, il eût été de la bienséance de procéder à la réception du cardinal de Richelieu avant de faire ce second enregistrement, pour ne le pas faire attendre si longtemps, et pour qu'étant reçu et en place, il en eût aussi été juge. L'arrêt de vérification des lettres de la Rochefoucauld fut prononcé d'abord après les opinions prises, et cette grande affaire fut ainsi emportée, pour ne pas dire dérobée, à la barbe du premier ministre, présent dans la grand'chambre, qui ne pensoit à rien moins, et qui, parmi tout ce monde et ce bruit dont il étoit environné à cette cheminée, croyoit toujours que c'étoit son affaire qui se faisoit. Aussitôt après l'arrêt d'enregistrement de la Rochefoucauld prononcé, on procéda à ce qui regardoit la réception du cardinal, qui prêta son serment, et toute sa cérémonie s'acheva.

Au sortir du palais, il apprit ce qu'il s'y étoit passé, et ne put le croire. Il manda le premier président, qui s'excusa sur Monsieur le Prince, mais qui n'en essuya pas moins une rude réprimande. Monsieur le Prince en fut brouillé quelque temps, et la disgrâce de M. de la Rochefoucauld approfondie, mais l'enregistrement n'en demeura pas moins fait et consommé. C'est ce qui attacha de plus en plus M. de la Rochefoucauld à Monsieur le Prince, et ses enfants aux siens; c'est ce qui forma l'intimité héréditaire de MM. de la Rochefoucauld avec les Lamoignons; c'est ce qui fit durer l'exil de M. de la Rochefoucauld bien au delà de la fin de tous les troubles et de la réconciliation de tous ceux qui y avoient eu part. Cet exil duroit encore lorsqu'en 1634 il y eut de nouvelles lettres d'érection de Retz, en faveur du gendre après le beau-père, avec rang nouveau, et qu'au commencement de 1635 mon père fut fait duc et pair, et tous deux vérifiés et reçus au Parlement sans la moindre opposition de la part de M. de la Rochefoucauld, qui apparemment n'imaginoit pas encore de les précéder, et se tenoit bien heureux d'avoir sa dignité assurée. Revenu après en grâce, il se fit recevoir en 1637, et prétendit la préséance sur M. de Retz et mon père. C'est ce qui forma la question entre la priorité d'enregistrement d'une part, et la priorité de première réception au Parlement de l'autre. Il est temps de l'expliquer dans tout son jour, après avoir raconté les faits, tant anciens que nouveaux, depuis la naissance de cette dispute. On ne s'arrêtera point aux écrits, trop prolixes de part et d'autre; on se renfermera dans le pur nécessaire à l'éclaircissement de la question.

CHAPITRE XVII.

Courte et foncière explication de la question de préséance entre la première réception du pair au Parlement et la date de l'enregistrement de la pairie. — Nature de la dignité. — Ce qui de tout temps fixoit l'ancienneté du rang des pairs l'a fixé toujours, et le fixe encore aujourd'hui. — Fausse et indécente difficulté tombée de la date de chaque réception successive. — Dignité de duc et pair mixte de fief et d'office, et unique de ce genre. — L'impétrant, et sa postérité appelée et installée avec lui en la dignité de pair, à la différence de tout autre officier. — Reprise de l'édit. — Lettre de M. le duc de Saint-Simon à Monsieur le chancelier. — Lettre de Monsieur le chancelier à M. le duc de Saint-Simon. — J'apprends du chancelier les articles de l'édit résolus. — Je confie au duc de Beauvillier et au duc et à la duchesse de Chevreuse que Chaulnes va être réérigé pour leur second fils. — L'édit en gros s'évente; mouvements de Matignon et des Rohans; leur intérêt. — Lettre de M. le duc de Saint-Simon à Monsieur le chancelier; de Monsieur le chancelier à M. le duc de Saint-Simon. — L'édit passé, dont j'apprends par le chancelier tous les articles tels qu'ils y sont. — Double séance rejetée et Chaulnes différé, après avoir été accordés. — D'Antin, reçu duc et pair au Parlement, m'invite seul d'étranger au repas; le Roi se montre content que j'y aie été. — Adresse et impudence de d'Antin; sagesse et dignité de Boufflers. — Douleur de Matignon, et son affaire avec le duc de Chevreuse. — Duc de la Rocheguyon fait au chancelier des plaintes de l'édit; prétend en revenir contre ma préséance, qui le refroidit, et le duc de Villeroy entièrement et pour toujours avec moi. — Fâcheux personnage du duc de Luxembourg sur l'édit; est à Rouen, et pourquoi.

On ne répétera point ce qui a été expliqué dans le précédent mémoire sur la foi et hommage, qui, n'en déplaise à la première vue de Monsieur le chancelier, est un moyen sans réplique; on ne s'arrêtera pas non plus aux trois préjugés du Roi que chaque partie peut tirer à son avantage, encore qu'il soit évident que celui qu'en tire M. de Saint-Simon ait bien plus de force et soit bien plus naturel: on ne s'arrêtera qu'aux moyens véritables des deux côtés, qui, sans sortir du fond de la question, doivent être la matière unique du jugement, entre la priorité d'enregistrement des lettres d'érection, soutenue par M. de la Rochefoucauld comme règle et fixation de l'ancienneté, et la priorité de la première réception du nouveau pair, érigé en cette qualité de pair de France au Parlement, que M. de Saint-Simon prétend fixer le rang d'ancienneté parmi les pairs de France.

M. de la Rochefoucauld pose en fait que l'enregistrement des lettres d'érection forme, constate, opère la dignité, qui jusqu'alors n'est que voulue par le Roi, et si peu exécutée que celui qui a des lettres d'érection non enregistrées n'a que des honneurs sans être, sans rang, sans succession aux siens, toutes choses qui ne s'acquièrent que par l'enregistrement des lettres d'érection, qui par la conséquence qu'il en tire, réalisant la dignité, en fixe en même temps le rang d'ancienneté.

Il ajoute, pour confirmer cette maxime, que si on admettoit celle de la fixation du rang d'ancienneté par la première prestation de serment et réception au Parlement du pair nouvellement érigé, les rangs des pairs entre eux changeroient à chaque réception de pair, d'où il arriveroit que le fils du plus ancien se trouveroit le dernier de tous, et un changement continuel de rang suivant les dates des réceptions, dont on n'a jamais ouï parler parmi les pairs, et qui en cela les égaleroit avec les charges les plus communes et les plus petits offices. Toutes ces preuves ne sont que des raisonnements diffus et peu concluants, des déclamations, force sophismes, qui n'ajoutent rien à l'exposition simple de ces deux propositions telles qu'on vient de les présenter. Le spécieux en est éblouissant à qui n'approfondit pas ; moi-même j'en ai été un temps pris : je dois à l'abbé le Vasseur, qui a longtemps et utilement pris soin des affaires de mon père et des miennes jusqu'à sa mort, arrivée, comme je l'ai dit ailleurs, en 1709, de m'en avoir fait honte. Je ne voulois point disputer, parce que je ne croyois pas avoir raison, et après avoir étudié la matière, je fus honteux de m'être si lourdement abusé.

Pour réfuter les deux propositions de M. de la Rochefoucauld, il faut remonter à la nature de la dignité dont il s'agit de fixer l'ancienneté pour ceux que le Roi en honore, et voir ce qui la fixoit anciennement. Qu'on ne s'étonne point d'un principe qui doit être posé, parce qu'il est de la première certitude. La dignité de pair est une, et la même qu'elle a été dans tous les temps de la monarchie ; les possesseurs ne se ressemblent plus. Sur cette dissemblance on consent d'aller aussi loin qu'on voudra, sur la mutilation des droits de la pairie, encore. C'est l'ouvrage des temps et des rois ; mais les rois ni les temps n'ont pu l'anéantir ; ce qui en reste est toujours la dignité ancienne, la même qui fut toujours : jusque dans son dépouillement cette vérité brille. Il faut une injustice connue par une loi nouvelle pour préférer les princes du sang et les bâtards aux autres pairs dans la fonction du sacre, sans oser les en exclure, et ces princes du sang et ces bâtards comme pairs, les uns à titre de naissance par l'édit d'Henri III, les autres comme ayant des pairies dont ils sont titulaires et revêtus. Jusque dans sa dernière décadence, sous le plus jaloux et le plus autorisé des rois, il a fallu, de son aveu même, l'intervention des pairs, invités de sa part chacun chez lui par le grand maître des cérémonies, au grand regret et dépit de ce bourgeois qui n'oublia rien pour en être dispensé, invité, dis-je, à se trouver au Parlement pour les renonciations respectives aux couronnes de France et d'Espagne des princes en droit de les recueillir, par l'indispensable nécessité de la pairie aux grandes sanctions de l'État. On ne parle pour abréger que de ce qui est si moderne et dans la plus grande décadence de cette dignité; plus on remonteroit, plus trouveroit-on de preuves augustes de la vérité que j'avance. Les lettres d'érection y sont en tout formelles, jusque par leurs exceptions, et les évêques-pairs sont encore aujourd'hui exactement et précisément les mêmes qu'ils ont été en tout temps pour les possessions et pour la naissance, et pour le fond et l'essence de la dignité, en sorte que ce ne sont pas des images parlantes de ce qu'ils furent autrefois, mais des vérités, des réalités, et la propre existence même, égaux en dignité aux six anciens pairs laïques, quoique si disproportionnés d'ailleurs. Cette vérité admise sur la question présente, et qui se trouvera peut-être ailleurs démontrée avec plus d'étendue, il faut voir comment l'ancienneté se régloit parmi ces anciens pairs.

Les douze premiers n'ont point d'érection; elle ne fixoit donc pas leur rang. Depuis qu'il y a eu des érections, il n'y avoit point de cour, telle qu'est aujourd'hui celle connue sous le nom de Parlement, où ces érections pussent être enregistrées; ainsi l'enregistrement, qui n'existoit point, ne fixoit point le rang des pairs. Il résulte donc que ce rang ne se régloit ni par la date de l'érection ni par celle de l'enregistrement. Il faut donc chercher ailleurs ce qui fixoit leur rang puisqu'il l'a toujours été entre eux; et de ce qui vient d'être exposé M. de la Rochefoucauld conclura que ce n'est pas la première réception du nouveau pair au Parlement, puisque le Parlement tel qu'il est maintenant, et qu'il reçoit et enregistre, n'existoit pas dans les temps dont on parle, et cela est aussi très-certain. Mais il est également certain aussi qu'il y a eu dans tous les temps une formalité par laquelle tous ont passé et passent encore, dont les accessoires et l'extérieur a changé avec les temps, mais dont la substance et la réalité est toujours demeurée la même, et cette formalité est la manifestation. Avant qu'on écrivît des patentes, qui est l'érection, avant qu'on les présentât à un tribunal certain pour y être admises, qui est l'enregistrement, il falloit bien qu'il y eût une manière ou une forme de faire des pairs, puisqu'il y a eu dès lors des pairs. Il falloit encore que ces pairs eussent entre eux un rang fixé puisqu'il l'a été dès lors parmi eux, et cette manière ou cette forme n'a pu être que l'action de manifester un seigneur dans l'assemblée des autres de pareil degré, d'y déclarer l'élévation de celui-ci aux mêmes droits, fonctions, rangs, honneurs, distinctions, priviléges, etc., que ces autres, de l'y faire seoir parmi eux, c'est-à-dire au-dessous du dernier, mais en même ligne et niveau, de l'y associer aux mêmes conseils et aux mêmes jugements qui faisoient la matière de leur assemblée. Ce ne pouvoit être que par là, avant les usages postérieurs des érections et des enregistrements, que les rois pouvoient déclarer l'élévation d'un de leurs sujets et vassaux à la première dignité de leur couronne, en manifestant de fait un conseiller né et un assesseur à la couronne, et à eux un compagnon, et comme on parloit alors, un compair aux autres pairs, un juge aux grands vassaux, etc., pour être dès lors et de là en avant reconnu pour tel. Que dans la suite il y ait eu ce qu'on appelle érection, et postérieurement encore ce qu'on appelle enregistrement, cela n'a point changé l'ancien usage : il a toujours fallu manifester le pair nouvellement érigé, et l'installer dans son office. Qu'on y ait joint ensuite des formalités nouvelles, un serment, puis le même serment varié, remis après en son premier état, après cela une information de vie et mœurs préalable, puis un changement dans cette information sur la religion catholique, etc., tout cela sont les accessoires, les choses ajoutées, jointes, concomitantes, mais non pas la chose même, la manifestation, l'installation, qui subsiste toujours la même, et qui n'est autre que ce que l'on connoît maintenant sous le nom de première réception au Parlement. C'est donc à cette première réception qu'il faut recourir, comme à la suite, jusqu'ici non interrompue et non contestée, de l'antiquité la plus reculée jusqu'à nous, de ce qui a perpétuellement et constamment fixé l'ancienneté des pairs de tous les âges, et non pas à des usages modernes, qu'une sage police peut avoir introduits, mais qu'elle n'a pu substituer à ce qui est de toute antiquité la règle connue, et l'unique qui la pût être, jusqu'à ces établissements nouveaux qui ont ajouté simplement des choses extérieures, mais sans aucun changement, bien moins de destruction, de la nature essentielle des choses. En voilà assez pour faire entendre combien la prétention de M. de la Rochefoucauld sur la priorité de vérification ou d'enregistrement, qui est la même chose, est destituée de fondement. Il faut montrer ensuite combien l'est, s'il se peut, moins encore[1] son objection du changement inconnu du rang des pairs par date de chaque réception en même pairie, si la fixation du rang d'ancienneté avoit lieu de la première réception au Parlement. C'est ce que M. de la Rochefoucauld prévit qui lui seroit répondu là-dessus, qui lui donna tant d'éloignement de procéder au Parlement, et qui, par autorité d'âge et de faveur, lui fit emporter une manière de juger qui auroit pu être bonne en soi, mais qui n'avoit point d'exemple, et que l'intérêt

---

1. Combien est encore moins fondée.

du Parlement de juger ces causes majeures auroit certainement rendue caduque.

On ne peut s'empêcher de remarquer l'indécence, dans la bouche d'un pair de France, de cette proposition que M. de la Rochefoucauld avance en conséquence du faux principe qu'il avoit posé, et dont on vient de démontrer la foiblesse, que si l'ancienneté parmi les pairs se tiroit de la première réception au Parlement, elle changeroit à chaque mutation dans la même pairie par les diverses dates des diverses réceptions. Son principe de la date de l'enregistrement tombé pour la fixation de l'ancienneté, la conséquence tombe aussi. On vient de voir que c'est la manifestation du nouveau pair qui, dès la première antiquité, a toujours fixé l'ancienneté parmi eux. Cette manifestation n'est qu'une pour chaque race et filiation de pair, puisque la dignité est héréditaire, conséquemment les réceptions subséquentes de chaque filiation n'est[1] plus la manifestation, mais seulement la succession annoncée et manifestée dans le premier de la race, laquelle ne peut intervertir le rang établi de la même pairie, qui demeure dans le rang qu'a tenu le premier de cette filiation. Cela est évident en soi; cela l'est par l'exécution constante depuis la première antiquité jusqu'à présent; cela l'est encore parce que, dans ce grand nombre de chimères et de prétentions mises en avant de temps en temps sur les rangs entre eux des pairs et la succession à cette dignité, M. de la Rochefoucauld est le premier et l'unique qui ait imaginé cette interversion de rangs par chaque réception dans la même pairie, conséquence insoutenable et monstrueuse d'un principe destitué de tout fondement, de laquelle on va démontrer l'ineptie encore plus singulièrement, c'est-à-dire par les principes et par la nature de la dignité de duc et pair de France.

On ne peut lui contester qu'elle ne soit, par sa nature singulière et unique, une dignité mixte de fief et d'office.

---

1. Il y a bien au manuscrit *n'est*, au singulier.

Le duc est grand vassal, le pair est grand officier; l'un a toute la réalité de mouvance nue de la couronne, de justice directe, etc.; l'autre toute la personnalité, ou les fonctions au sacre, au Parlement, etc.; tous deux ont un rang, des honneurs, etc. C'est ce mixte qui constitue une dignité unique, qui, sans l'office, ne pourroit être distincte des ducs vérifiés, sans le fief, des officiers de la couronne, et qui, pour le fief et pour l'office, a ses lois communes avec les autres grands fiefs et grands offices, et ses lois aussi particulières à elle-même, fief et office également parties intégrantes et constituantes, sans lesquelles la dignité ne pourroit exister, ni même être conçue, conséquemment de même essence, qui opèrent en l'un plénitude nécessaire de mouvance, en l'autre plénitude nécessaire de fonctions. A tous les deux rangs et honneurs qui en font parties décentes, non intégrantes, suites et accompagnements qui ont été de tout temps attachés à la dignité, mais qui ne la constituent pas, si bien que sans cela elle pourroit exister, et être conçue. Telles sont les lois de la dignité en elle-même, avec plusieurs autres qui ne font rien à la question dont il s'agit. Ses lois, communes avec les autres grands fiefs, sont l'enregistrement, depuis qu'il est établi pour constater la dignité, et en assurer la possession à l'impétrant et à sa postérité, au desir des lettres, avec les autres grands offices, d'être reçu publiquement au serment de l'office, et d'en prendre une actuelle possession avec les formalités établies. La dignité de duc et pair, quelque éminente qu'elle soit dans l'État par sa nature, n'a point de dispense là-dessus pour le fief ni pour l'office, et M. de la Rochefoucauld, qui le prétendroit en vain, ne peut disconvenir, à l'égard de l'office, de ce qu'il soutient à l'égard du fief. De là il résulte qu'ayant accompli la loi quant au fief, il s'est assuré et à sa postérité la dignité du fief en entier et la faculté de l'office; mais quant à celui-ci, il est demeuré à la simple faculté, jusqu'à l'accomplissement par lui de la loi, imposée de tout temps à tout officier pour tout office, d'y être reçu par le serment, et la prise de possession personnelle, essentiellement requis, qui l'en investit, qui le déclare et le manifeste officier. Les formalités plus ou moins anciennes ou variées qui accompagnent la réception n'en sont que les concomitances, et n'en changent point la nature; et c'est cette réception qui, dans tous les âges, a fixé le rang des pairs entre eux, qui sans interruption s'y sont accordés depuis les premiers temps jusqu'aux nôtres. De cette explication il résulte qu'avoir accompli la loi des fiefs par l'enregistrement, et non celle des offices par la réception, que[1] ce n'est point être en possession, ni avoir rendu en soi entière et complète une dignité mixte de fief et d'office, qui tient de l'un et de l'autre son existence en toute égalité, conséquemment que le rang de cette dignité, quoique assurée, ne peut être fixé en cet état, et ne l'est point; d'où il se démontre que celui qui, postérieurement à l'accomplissement de l'une de ces lois, et antérieurement à l'accomplissement de l'autre, les a, lui, accomplies toutes les deux, que celui-là, dis-je, a rendu sa dignité entière et complète en lui, qu'il est grand officier avant l'autre, grand vassal même avant l'autre, puisque tous deux n'ayant point été faits séparément ducs, séparément pairs, par deux érections différentes et distinctes, mais ducs et pairs chacun par une seule et même érection, cet autre, tout enregistré qu'il est, ne peut être valablement et réellement grand vassal qu'il n'ait fait ce qu'il faut pour être aussi grand officier, puisqu'il est fait l'un et l'autre ensemble, par une seule et même dignité mixte de grand fief et de grand office, dont le fief et l'office ensemble et par indivis forment ensemblement l'existence, en sont également, conjointement, concurremment parties intégrantes, tellement que, sans ces deux choses achevées également et accomplies suivant leurs lois, il ne se peut dire qu'aucune d'elles le soit véritablement et par effet.

---

1. Encore un pléonasme de Saint-Simon.

Venons maintenant à la prétendue difficulté proposée par M. de la Rochefoucauld, du changement de rang d'ancienneté des pairs de même pairie, suivant la date des réceptions successives de ces pairs au Parlement; et traitons-la expressément, quoique idée toute neuve qui doit tomber de soi-même par ce qui vient d'être expliqué, et répudiée par M. de la Rochefoucauld même avant de l'avoir imaginée, par tout ce qu'il a énoncé avec nous contre les duchés-pairies femelles, sur la manière de succéder à la dignité de duc et pair. Un seul mot tranche la difficulté : c'est qu'à l'office de pair est appelé non-seulement l'impétrant, mais avec lui, par une seule et même vocation, tous ses descendants masculins à l'infini, tant et si longtemps que la race en subsiste, au lieu qu'à tous autres offices, quels qu'ils soient, une seule personne est appelée, et nulle autre avec elle; et c'est la distinction essentielle et par nature de l'office de pair de tous les autres offices de la couronne, et autres tous tels qu'ils soient en France, sans aucune exception. De là suit invinciblement, par droit tiré de la nature de la chose et confirmé par l'usage de tous les temps jusqu'à aujourd'hui, que c'est cette première réception qui fixe le rang d'ancienneté pour tous ceux qui, par la vocation, y sont successivement appelés, auquel la réception subséquente de chacun d'eux ne peut apporter d'interversion. Pour s'en convaincre, il n'est besoin que de se souvenir de ce qui a été expliqué. La manifestation ou installation des pairs dans leur office est ce qui a fixé leur ancienneté, avant qu'il y eût érection, enregistrement, tribunal enregistrant. C'est donc, comme on l'a vu, pour ne rien répéter, ce qui l'a dû fixer depuis, et ce qui l'a aussi toujours fixé [1], sans aucun exemple ni prétention contraire. Le fixant pour l'impétrant, il le fixe dans lui, et par lui à toute sa postérité, appelée avec lui, installée, reconnue, manifestée avec lui d'une manière également invariable

---

1. Et ce qui a aussi toujours fixé *le rang* d'ancienneté.

et unique à cet office, à la différence de tous autres, en sorte que tout est consommé pour tous les héritiers successifs de la même pairie. Cet essentiel accompli, il reste des formalités à faire à chaque héritier de la même pairie, mais formalités simples, qui ne sont rien moins que l'essence de la dignité, mais des choses uniquement personnelles, ajoutées, changées, variées en divers temps, pour s'assurer si l'héritier, pair de droit et de fait indépendamment de tout cela, est personnellement capable d'en exercer les fonctions. Ainsi le serment, l'information de vie et mœurs, et les autres formalités qui lui sont personnellement imposées, ne peuvent changer son rang d'ancienneté, puisque aucunes ne lui confèrent rien de nouveau, que toutes en sont incapables, et qu'elles ne sont ajoutées que pour s'assurer d'un exercice digne en sa personne de ce qu'il ne reçoit pas de nouveau, mais de ce qu'il a en lui essentiellement et d'une manière inhérente. Telle est donc la nature singulière et unique de la dignité de pair de France, dont l'office est un et le même dans toute une postérité appelée, et qui par conséquent ne peut changer de rang d'ancienneté première de l'impétrant de qui elle sort, à la différence de tous ceux de la couronne et de tous autres offices et officiers quels qu'ils soient en France, qui n'étant appelés qu'un seul à la fois à un office, changent de rang d'ancienneté à chaque mutation de personne, par une conséquence nécessaire. Je pense avoir expliqué la question avec une évidence qui dispense de s'y arrêter davantage. Suivons-en maintenant la décision en reprenant l'édit.

Quelques jours d'un temps si vif se passèrent en langueur, par l'interruption du travail du Roi avec le chancelier. Je tâchai de profiter de ce loisir auprès de lui; et comme la séparation de lieu, et ses occupations, que j'ai remarquées ailleurs, rendoient le commerce incommode, je lui écrivis de Marly, l'onze mai, la lettre suivante. Pour l'entendre, il faut dire que l'anniversaire de Louis XIII se faisoit tous les ans à Saint-Denis, comme il se fait encore, et qu'à l'exemple de mon père je n'y ai jamais manqué. Il fut avancé au 13 mai cette année, parce que l'Ascension tomboit au 14, son jour naturel.

« Jamais, Monsieur, l'anniversaire du feu Roi ne me vint si mal à propos, encore qu'il m'ait fait forcer une fois la fièvre actuelle, une autre le commencement d'une rougeole, et une troisième un bras tout ouvert. A cette fois, il faut encore que le bienfaiteur l'emporte sur le bienfait, et je porterai à Saint-Denis un cœur incisé et palpitant. Cette dernière violence ne me sera pas la moins sensible, mais c'est un hommage trop justement dû. Si je m'en croyois, je partirois tard demain, et passerois à Versailles; mais je me défie de ces hasards qui découvrent tout, et en attendant jeudi, j'ose vous demander quatre lignes de mort ou de vie, demain au soir, pour remercier Dieu ou pour demander justice à mon maître de son fils. Sauvez-nous le sacre, nos plus sensibles entrailles, de préférence à tout; puis souvenez-vous de faire passer le projet avec le plus de mes notes qu'il se pourra; *deinde*, du point de la séance des pères et des fils conjointement, et en l'absence l'un de l'autre; enfin de mon fait particulier, pour lequel vous avez une lettre ostensible, une analyse de ce mémoire ostensible, enfin des éclaircissements de l'un et de l'autre encore ostensibles, car le mémoire même seroit trop long pour être montré, et une seconde lettre en supplément de mémoire. Souvenez-vous encore avec bonté que ma cause dépend de l'autorité royale, que j'ai mise de mon côté par un raisonnement en soi véritable, et que le juge ne considérera pas comme étranger au fait, bien qu'il le soit, mais comme le seul motif de décision ; et n'oubliez pas que vous croyez que, si on s'obstine contre moi, un dédommagement pour moi dans mon second fils peut ne pas être regardé comme bien solide à espérer, mais ne doit pas aussi être regardé comme une chimère à n'oser proposer. Après tout cela, ne seroit-ce point outrecuidance de vous remémorer Chaulnes en nouvelle érection, par amitié vôtre, non par votre propre persuasion ? Pardonnez-moi, Monsieur, toutes ces redites, vous qui savez et possédez trop mieux tous les points que je range ici, selon mon desir, les uns de préférence aux autres, suivant que je les ai mis. L'assignation à demain (du travail décisif avec le Roi) me donne le frisson et la sueur. J'en dis pour mon âme, avec toute la résignation que je puis, mon *In manus* à Dieu, et je vous le dis à vous, Monsieur, pour cette dignité, squelette le plus chéri et le plus précieux de tous biens que je tienne des libéralités royales. Après tout, il n'y a qu'à s'abandonner à la volonté de Dieu, à vos nerveux et vifs raisonnements, aux effets de la grâce ou de la nature, et, quoi qu'il en arrive, à une reconnoissance et à un dévouement pour vous, Monsieur, que ces occasions uniques me font sentir qui peuvent s'enfoncer, s'il se pouvoit, plus avant que le cœur. Pour le secret, il est, Monsieur, et sera entier. »

Au sortir d'avec le Roi, le lendemain 12, le chancelier m'écrivit ce billet :

« Je ne puis encore vous tirer des limbes aujourd'hui, Monsieur. Supportez vos ténèbres encore quelques jours; mais supportez-les avec espérance d'en sortir bientôt avec avantage; et si le soleil ne vous paroît pas aussi favorable que vous le voudriez, vous aurez tort, si je ne me trompe, et très-grand tort. Je suis à vous, Monsieur, mais à condition que vous n'aurez aucun tort. »

Deux jours après, je retournai à Marly par Versailles, c'est-à-dire le samedi, où je vis le chancelier à mon aise. Là j'appris que mon mémoire sur l'autorité du Roi l'avoit ramené à mon point, et que la fixation du rang seroit réglée à la réception de l'impétrant, et non plus à l'enregistrement des lettres; ainsi, après avoir perdu ma cause sur des raisons invincibles pour moi, qui ne purent ni faire d'impression ni trouver de réponse, je la gagnai sur d'autres tout à fait ineptes à ce dont il s'agissoit, mais qui remuèrent le premier mobile du juge; et voilà que sert d'être bien averti et servi. Je rendis mille grâces au chancelier, qui ouvrit la conversation par là, apparemment pour me calmer sur le reste, et ce ne fut pas sans réflexions sur les motifs des jugements. Il me dit ensuite que la double séance du père et du fils, même ensemble, avoit enfin passé après de grands débats, en considération de la nouvelle faveur à la postérité légitimée. Ce point me fit encore plaisir. Le venin fut à la queue, je veux dire le point du sacre, sur lequel le chancelier m'assura avoir insisté de toutes ses forces, mais vainement, la considération des bâtards seule ayant fait tenir ferme au Roi. Alors je sentis bien que c'étoit une affaire conclue et sans nulle espérance de retour, et après les premiers élans, que je ne pus arrêter, je contraignis le reste, pour éviter des remontrances là-dessus insupportables. Les articles des femelles, des ayants cause, etc., ceux de la substitution et du rachat par les mâles tels que nous les avions projetés, et Chaulnes favorablement résolus, je m'informai après des raisons pour lesquelles le règlement demeuroit encore secret. Le chancelier m'avoua qu'il n'en devinoit aucune, ayant vu la chose dix fois prête à éclore, sinon que le Roi avoit peut-être dessein de faire voir ce projet au duc du Maine avant qu'il fût déclaré, pour être en état d'y changer si ce cher fils y trouvoit quelque chose encore à desirer. Cela même me fit grand'peine, pour ce peu qui s'y trouvoit de bon. Je pressai le chancelier de finir cette affaire dès ce qu'il y verroit le moindre jour; et je regagnai Marly pénétré du sacre, et en grand soupçon de la double séance, et en repos sur mon affaire particulière par la raison qui me la faisoit gagner après l'avoir perdue.

Arrivé à Marly, je ne pus me contenir de confier au duc de Beauvillier, dont je connoissois le profond secret, celui qui lui causeroit tant de joie. Il étoit déjà couché; j'ouvris son rideau, et lui dis sous le secret, dont j'étois si sûr avec lui, que son neveu alloit être fait duc et pair. Il en tressaillit de joie. Il me parut comblé de la mienne et de la part que j'avois eue en une affaire qu'il desiroit si fort, mais dont aussi il ne connoissoit pas moins que moi le peu de fondement, comme il me l'a souvent avoué devant et après. Je ne voulus lui confier rien du reste, qui ne le touchoit pas si précisément, et j'allai écrire à Mme de Saint-Simon, qui étoit encore à Paris. Dès le lendemain matin, elle envoya prier la duchesse de Chevreuse, notre très-proche voisine, de venir chez elle. Elle la transporta de la plus sensible joie et de la plus vive reconnoissance pour moi, en lui apprenant le comble de ses desirs, sous un secret entier, excepté pour le duc de Chevreuse, qui ne tarda pas à lui en venir témoigner autant.

Cependant la mine commença à s'éventer sur le règlement. J'en fus en peine pour la chose en elle-même, et plus encore sur mon compte particulier avec le chancelier; mais le Roi avoit parlé à d'Antin, et celui-ci à d'autres, comme nous le vérifiâmes presque aussitôt. Là-dessus grands mouvements de Matignon et de toute sa séquelle. Le mariage de son fils unique, infiniment riche, étoit arrêté avec une fille du prince de Rohan, moyennant qu'il fût duc d'Estouteville, et les Rohans ne s'y épargnèrent pas. Je craignis d'autant plus ce contre-temps que, le 17 mai, rien ne se déclara, quoique le chancelier eût encore travaillé avec le Roi, et, à ce qu'il m'avoit dit, pour la dernière fois. L'inquiétude me fit lui écrire ce mot de Marly à Versailles :

« Vous êtes demeuré seul, Monsieur, un quart d'heure avec le Roi après le conseil, et vous n'êtes pas demeuré pour un autre cette après-dînée, qui a duré une heure et demie, et qui a rompu chasse, chiens et vêpres. Les affaires d'État, je les respecte et m'en distrais; les autres qui se devoient déclarer aujourd'hui me poignent par leur silence. Mme de Ventadour auroit-elle tout troublé hier avec son inepte Estouteville, ou le Roi veut-il que l'enregistrement soit fait pour le général avant de rien déclarer? Enfin, Monsieur, a-t-on changé en tout ou en partie, et ces limbes perpétuelles s'invoqueront-elles toujours successivement? Pardonnez-moi, s'il vous plaît, toutes ces questions; mais sachez, s'il vous plaît, que M. de la Rocheguyon et MM. de Cheverny et de Gamaches m'ont parlé aujourd'hui d'un règlement prêt à éclore pour couper court à toute prétention, et d'Antin à la queue, à quoi j'ai répondu avec une ignorance naturelle. Cependant il faut bien que quelqu'un ait parlé, et je me flatte que vous croyez bien que ce n'est pas moi. Personne ne parle du détail, mais seulement en gros. Je vais demain après dîner à Paris, et je serai à la torture si vous n'avez pitié de moi par quatre lignes. Je me prépare à tout, et suis à vous, Monsieur, avec tout dévouement possible. »

Ce billet me fut renvoyé sur-le-champ, avec cette réponse sur la feuille à côté.

« Demeurez en repos, Monsieur, tout est remis à mardi. Ce qu'on a changé aujourd'hui est peu de chose. Les grands principes subsistent toujours; rien de tout ce que vous faites entrer dans le délai n'y entre. Il faut se déterminer : on veut et on ne veut pas, et voilà tout. J'ignore le sujet, le détail et le résultat du conseil dont vous me parlez, Monsieur. Je ne m'étonne point que ces Messieurs vous aient dit ce qu'ils vous ont dit; cela n'est que trop public : l'essentiel est que le détail s'ignore, car il blesseroit sans doute autant que le gros est indifférent. Je suis tout à vous, Monsieur. »

Soit dit en parenthèse qu'un courrier d'Angleterre, arrivé pendant le dîner du Roi et après le départ du chancelier, fit rassembler le conseil sans lui, auquel le Roi fit lire au conseil suivant la dépêche et la réponse. Telle étoit l'incommodité de Marly.

Ce 17 susdit étoit un dimanche, jour de conseil d'État. Le lundi se passa en inquiétude de ma part sur ce peu de chose que le chancelier m'avoit mandé avoir été changé. Son langage m'avoit appris que peu de chose en cette matière étoit beaucoup. Le mardi 19, jour de conseil de finances, et le premier après celui du dimanche, un quart d'heure de tête-à-tête du chancelier avec le Roi mit la dernière main à l'édit. Le chancelier le fit mettre en forme aussitôt après à Versailles, l'y scella et l'envoya au Parlement, où il fut enregistré le surlendemain, jeudi 21 mai. J'allai trouver le chancelier à Versailles, de qui j'appris que ce peu de chose qu'il m'avoit mandé avoir été retranché étoit la double séance des pères démis, et Chaulnes ; que le Roi, après avoir accordé l'un [et l']autre, n'avoit pu enfin se résoudre à la double séance, et que prêt à lâcher le mot sur Chaulnes, comme il l'avoit résolu avec le chancelier, il avoit payé de propos, d'espérance certaine, mais sans avoir pu être persuadé de passer outre actuellement. Le dernier billet du chancelier m'avoit fait douter de la double séance : j'y étois préparé ; je ne l'étois point au délai en l'air de Chaulnes, et j'en fus d'autant plus fâché que j'y avois plus compté, et que j'en avois donné la joie à M. de Beauvillier, et fait donner par Mme de Saint-Simon à M. et à Mme de Chevreuse. Les arrangements de M. de Chevreuse lui ont coûté cher plus d'une fois. S'il avoit été à Marly, son affaire s'y seroit sûrement finie, comme je sus bien le lui reprocher vivement. Je ne répondrois pas que la pique du Roi sur ses absences ne lui ait valu ce tire-lesse[1]. Il est certain que, depuis que la chose fut accordée en travaillant avec le chancelier, elle ne balança plus, mais le Roi se plut à faire durer cette inquiétude, et à la pousser quelques mois. L'édit fit, à l'ordinaire, le bruit et la matière des conversations que font les choses nouvelles ; nous y perdions trop pour être contents, nous y gagnions trop pour montrer du chagrin, et sur chose qui touchoit si personnellement le Roi, et qui étoit faite. Notre parti fut une sagesse sobre, modeste et peu répandue en propos, ni même en réponse. Le chancelier, content au dernier point de son édit, trouvoit que je le devois être, parce que j'y gagnois deux procès en commun, et un en particulier ; mais aucun gain ne pouvoit me compenser les deux premiers articles. L'édit est entre

---

1. Voyez tome I, p. 12 et note 2.

les mains de tout le monde ; ainsi je l'ai omis parmi les pièces[1].

J'allai faire mon compliment à d'Antin : je ne sais si le changement de la face de la cour, par la mort de Monseigneur, lui fit quelque impression à mon égard ; quoique, dès l'introduction de l'affaire, il m'eût parlé avec des politesses qui allèrent aux respects, il me les prodigua en cette visite. Il ne tarda pas à profiter de la grâce qu'il avoit su si habilement se procurer : il fut enregistré et reçu au Parlement le même jour, 5 juin suivant. Il donna ensuite un grand dîner chez lui, où il n'y eut qu'une quinzaine de personnes d'invités[2], hommes et femmes, de sa famille ou de ses plus particuliers amis. Charost et moi y fûmes les deux seuls étrangers ; encore Charost avoit-il toujours vécu avec lui à l'armée : il s'en falloit tout, comme on l'a vu, que j'en fusse là avec lui. Non content de m'envoyer prier chez moi, de m'en prier lui-même dans le salon à Marly, il m'en pressa encore tellement au Parlement, pendant la buvette, qu'il n'y eut pas moyen de l'éviter. Il me fit les honneurs du repas et de sa maison avec une attention singulière ; et de retour à Marly, je m'aperçus aisément, aux gracieusetés que le Roi chercha à me faire, que je lui avois fait ma cour d'avoir été de ce dîner. Le favori mit son duché-pairie sur sa terre d'Antin : en courtisan leste et délié, il dit que ce nom lui étoit trop heureux pour le changer ; il pouvoit ajouter, quoique de bien autre naissance que le favori d'Henri III, que ce nom d'Espernon, qu'il avoit rendu si grand et si célèbre, lui seroit et aux siens trop difficile à soutenir. Il fit un trait d'impudence au delà de tous les Gascons : il osa prier le maréchal de Boufflers d'être l'un de ses témoins. Le maréchal en fut piqué, sans oser refuser une chose qui ne se refuse point ; mais il ne voulut point signer le témoignage banal qu'on lui apporta : il en fit un qu'il me montra pour lui en dire mon avis. J'y

1. Voyez tome I, p. 420, note 1.
2. Il y a bien *invités*, au masculin.

admirai comment la vertu supplée à tout : sans rien de grossier, il ne s'y rendit coupable d'aucun mensonge ; et j'ai toujours eu envie d'en avoir une copie, tant il m'avoit plu.

Matignon fut au désespoir : il s'étoit mis la chimère d'Estouteville dans la tête, qu'il espéroit faire réussir par le mariage de son fils avec une fille du prince de Rohan ; il n'y en avoit point de si folle, je me contente de ce mot parce qu'il n'en fut question que dans leur projet. Cela seul lui avoit fait entreprendre un grand procès contre la duchesse de Luynes : il le perdit sans perdre son dessein de vue ; et il étoit entré en accommodement, pour faire en sorte que la terre d'Estouteville lui demeurât, en payant cher la connivence. C'étoit cette affaire prête à conclure qui avoit empêché M. de Chevreuse d'aller à Marly. Il nous donnoit un procès par cet accommodement, auquel l'édit coupa pied ; mais il étoit ami des chimères de cette sorte, et il trouvoit un grand profit dans cet accommodement. Sa lenteur ordinaire, et ses demandes énormes au gré de Matignon, avoient traîné l'affaire, qu'aucun des deux ne vouloit rompre, l'un par intérêt pécuniaire, l'autre par intérêt d'ambition : tous deux espéroient de se faire venir l'un l'autre à son point. Avec ces pourparlers, l'affaire languit jusqu'au temps de l'édit, et ne fut conclue et signée que la surveille de sa déclaration. M. de Chevreuse, instruit par d'Antin, vit bien alors qu'il n'y avoit plus de temps à perdre ; et Matignon, ravi d'aise d'avoir enfin Estouteville, et à meilleur marché qu'il n'avoit espéré, se hâta de finir. Trois jours après la signature, il apprit l'édit et son contenu, qui lui ôtoit toute espérance du seul usage d'Estouteville, pour lequel il s'en étoit si chèrement accommodé. Le voilà donc aux hauts cris : il prétendit que le duc de Chevreuse ne s'étoit pressé tout à coup de conclure que de peur de n'y être plus à temps après l'édit, et qu'il étoit cruellement lésé dans une affaire qu'il n'avoit terminée que pour un objet connu à M. de Chevreuse, et connu lors de la conclusion pour ne pouvoir plus être rempli. M. de Chevreuse, à son ordinaire tranquille, sage et froid, laissa crier, et prétendit de son côté que Matignon y gagnoit encore pécuniairement ce qu'il avoit bien voulu donner à la paix et à son repos. Les Rohans, déçus de leurs espérances, retirèrent leur parole, qui n'étoit donnée qu'au cas de succès de la chimère, et honteux d'avoir porté si publiquement l'intérêt de Matignon contre M. de Chevreuse, dont ils étoient si proches, dans le procès que Matignon avoit perdu, ne se voulurent pas mêler de ses plaintes. La réputation si bien établie de M. de Chevreuse énerva tout ce que Matignon voulut dire, et les immenses richesses que ce dernier avoit tirées de l'abandon d'amitié de Chamillart pour lui rendirent le monde fort dur sur sa mésaventure.

Un mois après l'enregistrement de l'édit, le chancelier me manda qu'il seroit bien aise de m'entretenir sur une visite qu'il avoit reçue du duc de la Rocheguyon. Il s'étoit plaint à lui amèrement, au nom de M. de la Rochefoucauld et au sien, de la décision que l'édit faisoit en ma faveur sur notre question de préséance, et lui dit leur dessein d'en parler au Roi. Le chancelier lui objecta les arrêts de Bouillon et de la Meilleraye en lit de justice, un édit récent, et le dessein du Roi d'y décider ce procès avec tous les autres. La Rocheguyon insista. Le chancelier se tint couvert, mais sans lui dissimuler qu'il savoit l'état de la question. L'autre, dans le dessein d'en tirer au moins quelque parti, glissa quelque chose tendant au même règlement qui subsiste entre les ducs d'Uzès et de la Trémoille, chose inepte, parce que nos pères n'ont pas été séparément faits ducs, et après pairs, comme ceux de MM. d'Uzès et de la Trémoille. Il finit en soutenant sa pointe, et proposant des écrits qu'il alloit faire préparer. Le chancelier lui dit qu'il étoit le maître, et l'éconduisit honnêtement. La chose en demeura là pour lors : on en verra les suites en leur temps, qui ne réussirent pas à M. de la Rocheguyon ; mais cette affaire, venue à la suite de la mort de la duchesse de Villeroy, refroidit tout à fait l'amitié et le commerce étroit qui avoit été jusqu'alors entre les ducs de Villeroy, de la Rocheguyon et moi : il se réduisit peu à peu aux bienséances communes, et en est toujours demeuré là depuis, jusqu'à leur mort longues années après.

M. de Luxembourg fit, à l'occasion de l'édit, un personnage dont un peu d'esprit ou de mémoire lui auroit épargné la façon. On a vu que le projet qui servit de base à l'édit avoit été fait par le premier président d'Harlay, de concert avec Daguesseau, depuis chancelier, et avec le chancelier, lors secrétaire d'État et contrôleur général; qu'Harlay étoit le conseil, l'ami, pour ne pas dire l'âme damnée du maréchal de Luxembourg, jusqu'à s'être déshonoré par la partialité criante et publique dont les injustices les plus inconsidérées nous forcèrent à sa récusation ; enfin, que ce projet communiqué, par la permission du Roi, au maréchal de Luxembourg pour ce qui le regardoit, et à M. de Chevreuse, il y avoit pleinement consenti, et ne l'avoit pas fait sans avoir bien sondé sa cause, et sans le conseil du premier président d'Harlay. Le maréchal de Luxembourg vivoit avec son fils dans une union et une confiance peu communes[1], à laquelle ce fils répondoit pleinement, et cette intimité n'étoit ignorée de personne. Il avoit donc eu connoissance du projet en même temps que son père et que le duc de Chevreuse son beau-père, dont la liaison avec eux étoit au plus intime, et qui étoit leur conseil. Le fils avoit le même intérêt que le père en ce qui les regardoit dans le projet, et son consentement avoit été donné avec le sien. Il étoit à Rouen lorsque l'édit fut résolu. Il y avoit eu du désordre pour les blés. Courson, intendant de Rouen, fils de Basville, en avoit toute la hauteur et toute la dureté, mais il n'en avoit pas pris davantage. C'étoit un butor, brutal, ignorant, paresseux, glorieux, insolent du crédit et de l'appui de son père, et surtout étrangement intéressé. Ces qualités, dont

1. Saint-Simon avait d'abord écrit *commune*, au singulier : il y a ajouté une *s* après coup.

il n'avoit pas le sens de voiler aucune, lui avoient révolté la province. La disette de blé, qui se trouva factice et qui fut découverte, révolta la ville, qui se persuada que Courson faisoit l'extrême cherté pour en profiter, et qui, poussée à bout par ses manières autant que par ses faits, et ayant manqué tout à fait de pain plus d'une fois, s'en prit enfin à lui, et l'eût accablé à coups de pierres s'il ne se fût sauvé de chez lui, et toujours poursuivi dans les rues, se sauva enfin chez le premier président. Voysin et sa femme, amis de M. de Luxembourg dès la Flandre, saisirent cette occasion de lui procurer l'agrément, devenu si rare à un gouverneur de province, d'y aller faire sa charge. Voysin, dans la première fleur de sa place et de sa faveur, l'obtint aisément. M. de Luxembourg apparemment s'y trouva bien, ou voulut accoutumer le Roi à le voir en Normandie sans nécessité; il y demeura donc après que tout fut apaisé, ce qui ne se put qu'en pourvoyant effectivement aux blés, et en ôtant à Rouen et à la province un intendant aussi odieux. Un autre auroit été chassé du moins, depuis que la robe met à couvert de toute autre punition, mais le fils de Basville eut un privilége spécial pour désoler et piller de province en province : on l'envoya à Bordeaux, où il se retrouvera.

Il faut encore se souvenir que lorsque d'Antin commença son affaire, M. de Luxembourg se joignit à nous contre lui, et qu'en même temps il reprit contre nous la sienne, qu'il avoit laissée dormir depuis longtemps, qui fut tout à la fois une bigarrure singulière. L'édit résolu, le chancelier, qui, amoureux de son ouvrage, le vouloit rendre autant qu'il étoit possible agréable à tout le monde, fit souvenir le Roi du consentement donné par feu M. de Luxembourg au projet, qui, par rapport à lui, ne contenoit que la même disposition de l'édit, et sur ce principe lui proposa de lui permettre d'en écrire à celui-ci. Il ne se rebuta point du refus qu'il reçut, et revint quelques jours après à la charge, et l'emporta. Il écrivit donc à M. de Luxembourg, le plus poliment du monde, pour lui

faire bien recevoir la décision que son père et lui avoient
approuvée autrefois. Il fut huit ou dix jours sans réponse.
Le Roi impatient de savoir comment M. de Luxembourg
auroit pris la chose, et qui n'avoit permis cette communication qu'à regret, se piqua du délai de réponse, et commanda au chancelier de récrire, et sèchement. Celui-ci,
fâché du reproche que cela lui attiroit du Roi, obéit fort
ponctuellement. M. de Luxembourg, que la première lettre
avoit fort surpris, et embarrassé sur la réponse au point
d'un si long délai sans la faire, le fut bien plus de la recharge et du style dont il la trouva. Il fallut pourtant
répondre ; mais il fut encore cinq ou six jours à composer
une lettre, pleine de propos confus et de raisons frivoles.
Le chancelier en fut piqué au vif. Son honnêteté prodiguée, un succès tout contraire à celui dont il n'avoit pas
douté, le reproche du Roi, qui se fâcha à lui d'une communication inutile et qui tournoit si mal, mirent le maître
et le ministre de mauvaise humeur. Le Roi voulut que le
chancelier répliquât durement, qui n'eut aucune peine à
exécuter cet ordre. M. de Luxembourg, qui, sans aucun
esprit, étoit fort glorieux et sensible au dernier point, fut
outré. Il n'osa répondre du même style. Son dépit redoubla à la vue de l'édit avec son nom dedans, et sa cause à
son gré perdue. Le monde n'en jugea pas de même : le
consentement de son père, avec qui sa considération étoit
tombée, excita un parallèle peu agréable, et on le trouva
heureux de sortir de la sorte d'un méchant procès, qui
pouvoit lui coûter sa dignité de duc et pair de Piney, et
le réduire à la sienne de duc vérifié. La mort de Monseigneur avoit achevé de lui ôter sa considération. On a vu
ailleurs, à l'occasion de l'éclat avec lequel Mlle Choin fut
renvoyée par Mme la princesse de Conti, à quel point
de liaison intime de cabale le père et le fils étoient avec
elle, et avec Clermont, son amant, qui en fut perdu.
Cette liaison, qui avoit toujours subsisté, avoit initié
M. de Luxembourg dans tout auprès de Monseigneur,
sous le règne duquel il avoit lieu de se promettre beau-

coup; et il étoit encore dans la première douleur de la perte de toutes ses espérances, lorsque cet édit acheva de l'affliger.

CHAPITRE XVIII.

Grand changement à la cour par la mort de Monseigneur, et ses impressions différentes. — Duc du Maine. — Duc du Maine fort mal à Marly. — Princesse de Conti. — Cabale. — Duc de Vendôme. — Vaudemont et ses nièces. — Mlle de Lislebonne abbesse de Remiremont. — Madame la Duchesse. — Prince de Rohan. — Princes étrangers. — D'Antin. — Huxelles; Beringhen; Harcourt; Boufflers. — Sainte-Maure; Biron; Roucy; la Vallière. — Ducs de Luxembourg, la Rocheguyon, Villeroy. — La Feuillade. — Ministres et financiers. — Le chancelier et son fils. — La Vrillière. — Voysin. — Torcy. — Desmarets. — Duc de Beauvillier. — Fénelon, archevêque de Cambray. — Union de Monsieur de Cambray et de tout le petit troupeau. — Duc de Charost et sa mère. — Duc et duchesse de Saint-Simon. — Conduite des ducs de Chevreuse et de Beauvillier. — Duc de Chevreuse. — Monseigneur le Dauphin. — Mme de Maintenon point aux ministres, toute au Dauphin. — Ministres travaillent chez le Dauphin.

Jamais changement ne fut plus grand ni plus marqué que celui que fit la mort de ce prince. Éloigné encore du trône par la ferme santé du Roi, sans aucun crédit, et par soi de nulle espérance, il étoit devenu le centre de toutes les espérances et de la crainte de tous les personnages, par le loisir qu'une formidable cabale avoit eu de se former, de s'affermir, de s'emparer totalement de lui, sans que la jalousie du Roi, devant qui tout trembloit, s'en mît en peine, parce que son souci ne daignoit pas s'étendre par delà sa vie, pendant laquelle il ne craignoit rien, avec raison.

On a déjà vu les impressions si différentes qu'elle fit dans l'état et dans le cœur du nouveau Dauphin et de son épouse, dans le cœur de M. le duc de Berry et dans l'esprit de la sienne, dans la situation de M. et de Mme la duchesse d'Orléans, et dans l'âme de Mme de Maintenon, délivrée pour le présent de toute mesure, et de toute épine pour l'avenir.

M. du Maine partagea de bon cœur ces mêmes affections avec son ancienne gouvernante, devenue sa plus tendre et sa plus abandonnée protectrice. Foncièrement mal de tout temps, comme on l'a dit, avec Monseigneur, il avoit violemment tremblé de la manière dont on a vu que ce prince avoit reçu les divers degrés de son élévation, et en dernier lieu surtout celui de ses enfants. Il étoit loin d'être rassuré là-dessus du côté du nouveau Dauphin et de Madame la Dauphine, mais un et un sont deux. Délivré de tous les princes du sang en âge et en maintien, dont il avoit su sitôt et si grandement profiter, Monseigneur de moins, et possédé par Madame la Duchesse, lui fut un soulagement dont il ne prit pas même la peine de cacher l'extrême contentement. Il avoit de trop bons yeux pour ne pas s'être aperçu que Madame la Dauphine n'ignoroit rien de la protection qu'il avoit prodiguée au duc de Vendôme sur tout ce qui s'étoit passé en Flandres, pour ne pas sentir ce que les maximes du nouveau Dauphin lui faisoient penser sur la grandeur qu'il s'étoit formée, et qu'il ne captiveroit pas aisément par ses souplesses ceux qui pouvoient, et qui, selon toute apparence, pourroient le plus sur lui; mais la santé du Roi lui faisoit espérer encore un long terme de son aveuglement pour lui, pendant lequel il pouvoit arriver de ces heureux hasards qui mettent le comble à la fortune. L'esprit léger de M. le duc d'Orléans lui parut moins un obstacle qu'une facilité à en tirer parti d'une façon ou d'une autre. Celui de M. le duc de Berry n'étoit pas pour l'inquiéter, mais il résolut de n'oublier rien pour ne trouver pas une ennemie dans Mme la duchesse de Berry, et il la cultiva avec adresse.

Il commençoit à goûter un si doux repos, lorsque, surpris peu de jours après, à Marly, d'un mal étrange, dans la nuit, son valet de chambre l'entendit râler, et le trouva sans connoissance. Il cria au secours. Mme la duchesse d'Orléans accourut en larmes, Madame la Duchesse et Mesdemoiselles ses filles par bienséance, et beaucoup de gens pour faire leur cour, dans l'espérance que le Roi sauroit leur empressement. M. du Maine fut saigné, et accablé de remèdes parce qu'aucun ne réussissoit. Fagon, à qui deux heures à peine suffisoient pour s'habiller par degrés, n'y vint qu'au bout de quatre, à cause de sa sueur de toutes les nuits. Il étoit celui de tous le plus nécessaire en cette occasion, parce qu'il connoissoit ce mal par sa propre expérience, quoique jamais si rudement attaqué. Il gronda fort de la saignée et de la plupart des remèdes.

On tint conseil si on éveilleroit le Roi, et il passa que non, à la pluralité des voix. Il apprit à son petit lever toutes les alarmes de la nuit, qui étoient déjà bien calmées; il alla voir ce cher fils dès qu'il fut habillé, et y fut deux fois le jour pendant les deux ou trois premiers, et une ensuite tous les jours, jusqu'à ce qu'il fût tout à fait bien.

Mme du Maine étoit cependant à Sceaux, au milieu des fêtes qu'elle se donnoit. Elle s'écria qu'elle mourroit si elle voyoit M. du Maine en cet état, et ne sortit point de son palais enchanté. M. du Maine, accoutumé à en approuver tout servilement, approuva fort cette conduite, et l'alla voir à Sceaux dès qu'il put marcher.

Mme la princesse de Conti fut celle qui regretta le plus Monseigneur, et qui y perdit le moins. Elle l'avoit possédé seule et avec empire fort longtemps. Mlles de Lislebonne, qui ne bougeoient de chez elle, l'avoient peu à peu partagé, mais avec de grandes mesures de déférence. Le règne de Mlle Choin avoit tout absorbé ce qui étoit resté à sa maîtresse, pour qui Monseigneur ne conserva que de la bienséance, accompagnée d'ennui et souvent de dégoût, que l'amusement qu'il trouva chez Madame la Duchesse ne fit qu'accroître. Mme la princesse de Conti n'étoit donc de rien depuis bien des années, avec l'amertume de savoir Mlle de Lislebonne, sa protégée et son amie, en possession des matinées libres de Monseigneur, chez elle dans un sanctuaire scellé pour tout autre que Mme d'Espinoy, où se traitoient les choses de confiance ; Mlle Choin, son infidèle domestique, devenue la reine du cœur et de l'âme de Monseigneur, et Madame la Duchesse intimement liée à elles, en tiers de tout avec elles et Monseigneur, qu'elle possédoit chez elle en cour publique. Il falloit fléchir avec toutes ces personnes, ne rien voir, leur plaire ; et malgré ses humeurs, sa hauteur, son aigreur, elle s'y étoit ployée, et fut assez bonne pour être si touchée, qu'elle pensa suffoquer deux ou trois nuits après la mort de Monseigneur, en sorte qu'elle se confessa au curé de Marly.

Elle logeoit en haut au château. Le Roi l'alla voir. Le degré étoit incommode ; il le fit rompre pendant Fontainebleau, et en fit un grand et commode. Il y avoit plus de dix ans qu'il n'avoit eu occasion de monter à Marly, et il falloit de ces occasions uniques pour lui faire faire l'essai de ce nouveau degré.

Mme la princesse de Conti guérit à nos dépens. Nous avions le second pavillon du côté de Marly fixe, le bas pour nous, le haut pour M. et Mme de Lauzun. Il est aussi près du château que le premier, et n'en a pas le bruit. On nous y mit pour donner le second à Mme la princesse de Conti, seule avec sa dame d'honneur. Quoi[que] ennemie de l'air et de l'humidité, elle le préféra à son logement du château, pour s'attirer plus de monde par la commodité de l'abord, et y tint depuis ses grands jours, avec la vieillesse de la cour, qu'elle y rassembla, et qui faute de mieux, et par la commodité d'un réduit toujours ouvert, s'y adonna toute.

On jugera aisément du désespoir et de la consternation de cette puissante cabale, si bien organisée, que l'audace avoit conduite aux attentats qu'on en a rapportés. Quoique l'héritier de la couronne, qu'elle avoit porté par terre, se fût enfin relevé, et que son épouse, unie à Mme de Maintenon, se fût vengée de l'acteur principal d'une scène si incroyable, la cabale se tenoit ferme, gouvernoit Monseigneur, ne craignoit point qu'il lui échappât, l'entretenoit dans le plus grand éloignement de son fils et de sa belle-fille, dans le dépit secret de la disgrâce de Vendôme, se promettoit bien de monter sur le trône avec lui, et d'en anéantir l'héritier sous ce règne. Dieu souffle sur leurs desseins : en un instant il les renverse, et les asservit sans espérance à celui pour la perte duquel ils n'avoient rien oublié ni ménagé. Quelle rage, mais quelle dispersion !

Vendôme en frémit en Espagne, où il ne s'étoit jeté qu'en passant. De ce moment il résolut d'y fixer ses tabernacles, et de renoncer à la France, après ce qu'il avoit attenté, et ce qui l'en avoit fait sortir. Mais la guerre, par où il comptoit de se rendre nécessaire, n'étoit pas pour durer toujours. Le Dauphin et le roi d'Espagne s'étoient toujours tendrement aimés : leur séparation n'y avoit rien changé ; la reine d'Espagne, qui y pouvoit tout, étoit sœur de son ennemie et intimement unie avec elle ; le besoin passé, son état pouvoit tristement changer : sa ressource fut de se lier le plus étroitement qu'il put à la princesse des Ursins, et de devenir son courtisan, après avoir donné la loi à nos ministres et à notre cour. On en verra bientôt les suites.

Le Vaudemont se sentit perdu. Moins bien de beaucoup auprès du Roi depuis la chute de Chamillart, il ne lui restoit plus de protecteur. Torcy ne s'étoit jamais fié à lui, et Voysin n'avoit jamais répondu que par des politesses crues à toutes les avances qu'il lui avoit prodiguées. Il étoit sans commerce étroit avec les autres ministres, et dans la plus légère bienséance avec les ducs de Chevreuse et de Beauvillier, si même il y en avoit ; Tessé bien traité, mais connu de Madame la Dauphine ; la maréchale d'Estrées, qu'il s'étoit dévouée par d'autres contours, avoient les reins trop foibles pour le soutenir auprès de Madame la Dauphine, si justement irritée contre ses nièces, et contre lui, si uni à M. de Vendôme et à Chamillart ; elle s'étoit à la fin dégoûtée de la maréchale d'Estrées. Mme de la Vallière, la plus spirituelle et la plus dangereuse des Noailles, lui avoit enlevé la faveur et la confiance, et n'avoit rien de commun avec une cabale qui marchoit sous l'étendard de la Choin, toujours en garde contre tout ce qui tenoit à son ancienne maîtresse. Vaudemont n'avoit donc plus de vie effective que par le tout-puissant crédit de ses nièces sur Monseigneur, qui lui en donnoit un direct avec lui, et un autre par réflexion de l'attente du futur. Cette corde rompue, il ne savoit plus où se reprendre. La conduite toute autrichienne du duc de Lorraine portoit un peu sur lui depuis que Chamillart n'étoit plus. Bien qu'à l'extérieur on n'eût pas donné attention aux circonstances si marquées, et qui ont été rapportées, de la conspiration tramée en Franche-Comté, qui fut déconcertée par la victoire du comte du Bourg et par la capture de la cassette de Mercy, cela n'avoit pas laissé d'écarter encore plus ce Protée.

Mlle de Lislebonne, pénétrée d'une si profonde chute personnelle et commune, trop sûre de sa situation avec Madame la Dauphine et avec tout ce qui approchoit intimement le Dauphin, n'étoit pas pour se pouvoir résoudre, altière comme elle étoit, à traîner dans une cour où elle avoit régné toute sa vie. Son oncle et elle prirent donc le parti d'aller passer l'été en Lorraine, pour se dérober à ces premiers temps de trouble, et se donner celui de se former un plan de vie tout nouveau.

La fortune secourut cette fée. La petite vérole enleva tout de suite plusieurs enfants à Monsieur de Lorraine, entre autres une fille de sept ou huit ans, qu'il avoit fait élire abbesse de Remiremont, il y avoit deux ans, après la mort de Mme de Salm. Cet établissement parut à l'oncle et à la nièce une planche après le naufrage, un état noble et honnête pour une vieille fille, une retraite fort digne et sans contrainte, une espèce de maison de campagne pour quand elle y voudroit aller, sans nécessité de résidence assidue, ni d'abdiquer Paris et la cour, et un prétexte de l'en tirer à sa volonté, avec quarante mille livres de rente à qui en avoit peu et se trouvoit privée des voitures de Monseigneur et de toutes les commodités qu'elle en tiroit. Elle n'eut que la peine de desirer cet établissement : tout en arrivant en Lorraine, son élection se fit aussitôt.

Sa sœur, mère de famille, plus douce et plus flexible, ne se croyoit pas les mêmes raisons d'éloignement : son métier d'espionne de Mme de Maintenon, dont on a vu d'avance, p.   [1], un étrange trait, lui donnoit de la protection et de la considération, dont le ressort étoit inconnu, mais qui étoit marquée. Elle ne songea donc pas à quitter la cour, ce qui entroit aussi dans la politique de sa sœur et de son oncle. Mme d'Espinoy donna plutôt part qu'elle ne demanda permission de Remiremont pour sa sœur, laquelle passa avec la facilité pour eux ordinaire. Mlle de Lislebonne prit le nom de Madame de Remiremont, dont je l'appellerai désormais pour le peu de mention que j'aurai à faire d'elle dans la suite.

L'affaire de Remiremont se fit si brusquement que j'arrivai, le soir de la permission donnée, sans en rien savoir, dans le salon, après le souper du Roi. Je fus surpris de voir venir à moi, au sortir du cabinet du Roi, Madame la Dauphine, avec qui je n'avois aucune privance, m'environner et me rencoigner en riant, avec cinq ou six dames de sa cour plus familières, me donner à deviner qui étoit abbesse de Remiremont. Je reculois toujours, et le rire augmentoit de ma surprise d'une question qui me paroissoit si hors de toute portée, et de ce que je n'imaginois personne à nommer. Enfin elle m'apprit que c'étoit Mlle de Lislebonne, et me demanda ce que j'en disois. « Ce que j'en dis ? Madame, lui répondis-je aussi en riant, j'en suis ravi pourvu que cela nous en délivre ici, et, à cette condition, j'en souhaiterois autant à sa sœur. — Je m'en doutois bien, répliqua la

---

1. Ce chiffre de renvoi est resté en blanc au manuscrit. Voyez tome V, p. 213-215.

princesse, » et s'en alla riant de tout son cœur. Deux mois plus tôt, outre que l'occasion n'en eût pu être, une telle déclaration n'eût pas été de saison, quoique mes sentiments ne fussent pas ignorés. Alors, passé les premiers moments, où cette hardiesse ne laissa pas de retentir, il n'en fut pas seulement question.

Madame la Duchesse fut d'abord abîmée dans la douleur. Tombée de ses plus vastes espérances, et d'une vie brillante et toujours agréablement occupée qui lui mettoit la cour à ses pieds, mal avec Mme de Maintenon, brouillée sans retour et d'une façon déclarée avec Madame la Dauphine, en haine ouverte avec M. du Maine, en équivalent avec Mme la duchesse d'Orléans, en procès avec ses belles-sœurs, sans personne de qui s'appuyer, avec un fils de dix-huit ans, deux filles qui lui échappoient déjà par le vol qu'elle leur avoit laissé prendre, tout le reste enfant, elle se trouva réduite à regretter Monsieur le Prince et Monsieur le Duc, dont la mort l'avoit tant soulagée.

Ce fut alors que l'image si chérie de M. le prince de Conti se présenta sans cesse à sa pensée et à son cœur, qui n'auroit plus trouvé d'obstacle à son penchant; et ce prince avec tant de talents que l'envie avoit laissés inutiles, réconcilié peu avant sa mort avec Mme de Maintenon, intimement lié avec le Dauphin par les choses passées, et de toute sa vie avec les ducs de Chevreuse et de Beauvillier et l'archevêque de Cambray, uni à Madame la Dauphine par la haine commune de Vendôme et par la conduite et les propos qu'il avoit tenus pendant la campagne de Lille, auroit été bientôt le modérateur de la cour, et de l'État dans la suite. C'étoit le seul à qui Madame la Duchesse eût été fidèle; elle étoit l'unique pour qui il n'eût pas été volage : il lui auroit fait hommage de sa grandeur, et elle auroit brillé de son lustre. Quels souvenirs désespérants, avec Lassay fils pour tout réconfort! Faute de mieux, elle s'y attacha sans mesure, et l'attachement dure encore, après plus de trente ans.

Une désolation si bien fondée cessa pourtant bientôt quant à l'extérieur : elle n'étoit pas faite pour les larmes; elle voulut s'étourdir, et pour faire diversion elle se jeta dans les amusements, et bientôt dans les plaisirs, jusqu'à la dernière indécence pour son âge et son état. Elle chercha à y noyer ses chagrins, et elle y réussit. Le prince de Rohan, qui avoit jeté un million dans l'hôtel de Guise, devenu un admirable palais entre ses mains, lui donna des fêtes, sous prétexte de lui faire voir sa maison.

On a vu ailleurs combien il étoit uni à Mesdames de Remiremont et d'Espinoy; cette union l'avoit lié à Madame la Duchesse. Sa chute, l'état où le procès de la succession de Monsieur le Prince mettoit[1] ses affaires, le nombre d'enfants qu'elle avoit, lui fit espérer que le rang et les établissements de son fils, de son frère, de sa maison, avec ce palais et des biens immenses, pourroient tenter Madame la Duchesse de se défaire pour peu d'une de ses filles en faveur de son fils, et que le souvenir de sa mère pourroit encore assez sur le Roi, avec la protection de Mme d'Espinoy auprès de Mme de Maintenon, pour lever la moderne difficulté des alliances avec le sang royal.

Il redoubla donc de jeu, de soins, de fêtes, d'empressements pour Madame la Duchesse. Il s'étoit servi de sa situation brillante auprès de Monseigneur, et de ce qui le gouvernoit, pour s'approcher de Madame la Dauphine par un jeu prodigieux, une assiduité et des complaisances sans bornes, qu'il redoubla en cette occasion; et la grande opinion qu'il avoit de sa figure lui avoit fait hasarder des galanteries par la Montauban sa cousine, dont Madame la Dauphine s'étoit fort moquée, mais fort en particulier, et l'avoit toujours traité avec distinction et familiarité, à cause de Monseigneur et de ses entours. Il songeoit par là à donner une grande et durable pro-

---

1. Saint-Simon a écrit *mettoient*, au pluriel.

tection à son rang de prince étranger. La consternation étoit tombée sur toutes ces usurpations étrangères, qui espéroient tout de Monseigneur par ceux des leurs qui l'obsédoient, et qui se crurent perdues sans ressource par le nouveau Dauphin, dont ils redoutoient les sentiments, et de ce qui pouvoit le plus sur lui. On a vu qu'ils auroient pu se trouver déçus dans leurs idées sur le père; mais elles étoient justes sur le fils, à qui la lecture avoit appris ce qu'ils savoient faire, et dont l'équité, le jugement solide et le discernement ne s'accommodoit pas d'un ordre de gens sortis, formés et soutenus par le désordre.

Le prince de Rohan ne put réussir dans ses vues auprès de Madame la Duchesse : il enraya promptement. Il n'eut garde de se montrer fâché par une conduite trop marquée, qui auroit mis en évidence ce qu'il vouloit si soigneusement cacher; mais n'ayant plus ni vues ni besoin d'elle, il se retira peu à peu, sans cesser de la voir, et Madame de Remiremont et Mme d'Espinoy, qui n'avoient plus à compter avec elle, s'en retirèrent aussi beaucoup peu à peu. On a vu plus haut ce que devint Mlle Choin.

D'Antin, mieux que jamais avec le Roi, parvenu sitôt après la mort de Monseigneur au comble de ses desirs et de la fortune, n'eut pas besoin de grande réflexion pour se consoler. On a vu, lors de la campagne de Lille, avec quelle souple adresse il avoit su s'initier avec Madame la Dauphine, qu'il n'avoit pas négligée depuis, et dont il espéroit un puissant contre-poids aux mœurs du nouveau Dauphin, et au plus qu'éloignement qui étoit entre lui et ceux qui pouvoient le plus sur ce prince. Il comptoit que la santé du Roi lui donneroit le temps de rapprocher le Dauphin, et de ramener peut-être à lui ceux qu'il y craignoit davantage. La mort de Monseigneur l'affranchissoit d'une assiduité auprès de lui fort pénible, qui lui ôtoit un temps précieux auprès du Roi, et il n'en pouvoit rien retrancher, comme valet pris à condition de servir deux maîtres. Il se trouvoit délivré de la domination de Madame la Duchesse, par cela même réduite à compter avec lui, et débarrassé de plus de tous les manéges indispensables, et souvent très-difficiles, pour demeurer uni avec tous les personnages de cette cabale qui dominoit Monseigneur, dont les subdivisions donnoient bien de l'exercice aux initiés qui, comme d'Antin, vouloient aussi figurer avec eux, et qui avoit plus d'une fois tâté de leur joulousie et de leurs hauteurs. Enfin il espéra augmenter sa faveur par une assiduité sans partage, qui le rendroit considérable à la nouvelle cour, et lui donneroit les moyens de s'y initier à la longue. Il songeoit toujours à entrer dans le conseil, car a-t-on jamais vu un heureux se dire : C'est assez ?

Des adhérents de la cabale, ou des gens particulièrement bien avec Monseigneur, et qui se croyoient en situation de figure ou de fortune sous son règne, tous eurent leur part de la douleur ou de la chute. Le maréchal d'Huxelles fut au désespoir, et n'osa en faire semblant, mais pour tenir manégea sourdement une liaison avec M. du Maine. Le premier écuyer, honteux de regarder d'où son père étoit sorti, paré de sa mère et de sa femme, avoit osé plus d'une fois aspirer à être duc, et n'espéroit rien moins de Monseigneur, tellement qu'il fut affligé comme un homme qui a perdu sa fortune. Harcourt, plus avant qu'eux tous, se consola plus aisément que pas un : il avoit Mme de Maintenon entièrement à lui, sa fortune complète, et il avoit su se mettre secrètement bien avec la Dauphine, il y avoit longtemps, au lieu que les deux précédents n'y avoient aucune jointure, ni avec le Dauphin, et se touvoient fort éloignés de ce qui l'approchoit le plus, pareils en ce dernier article à Harcourt. Boufflers, assez avant avec Monseigneur pour lui avoir fait ses plaintes des froideurs, pour ne rien dire de plus, qu'il recevoit du Roi sans cesse depuis ses desirs de l'épée de connétable, et qui en étoit favorablement écouté, le regretta par amitié, en galant homme [qu']il étoit, encore plus à portée du nouveau Dauphin, qui savoit mieux connoître et goûter la vertu. Je l'avois extrêmement rapproché des ducs de Chevreuse et de Beauvillier ; je m'en étois fait un travail, et j'y avois assez réussi pour m'en promettre des fruits. Ainsi Boufflers n'avoit qu'à gagner, considéré d'ailleurs de Madame la Dauphine, et toujours très-bien avec Mme de Maintenon, et dans un comble de fortune.

De classe inférieure, Sainte-Maure, qui n'étoit bon qu'à jouer, perdit véritablement sa fortune. La Vallière tenoit trop de toutes façons à Mme la princesse de Conti pour attendre beaucoup d'un prince dans la main de Mlle Choin ; il avoit épousé celle des Noailles qui avoit le plus d'esprit, de sens, d'adresse, de vues, de manéges et d'intrigue, qui gouvernoit sa tribu, qui étoit comptée à la cour, et qui étoit dans la plus grande confidence de la nouvelle Dauphine ; avec cela hardie, entreprenante, mais avec des boutades et beaucoup d'humeur. Biron et Roucy, qui, sans être menins, étoient de tout temps très-attachés, et de tous les voyages de Monseigneur, crurent leur fortune perdue. Roucy eut raison ; il falloit être Monseigneur pour en faire une espèce de favori. Biron, prisonnier d'Audenarde, conservoit le chemin de la guerre ; il est aujourd'hui duc et pair, comme on le verra en son temps, et doyen des maréchaux de France. Il étoit frère de Mme de Nogaret et de Mme d'Urfé, amies intimes de Mme de Saint-Simon et les miennes, et neveu de M. de Lauzun, de chez qui il ne bougeoit. Je l'avois approché de M. de Beauvillier, et j'avois réussi à le bien mettre avec lui ; par ce côté si important, et par sa sœur auprès de Madame la Dauphine, il eut de quoi espérer de la nouvelle cour.

Trois hommes à part peuvent tenir encore place ici : les ducs de la Rocheguyon, de Luxembourg et de Villeroy. On a vu les liens par lesquels M. de Luxembourg tenoit à Monseigneur, dont il avoit lieu de se promettre une figure autant qu'il en pouvoit être capable. D'ailleurs il ne tenoit à rien ; car, hors quelques agréments en Normandie,

Voysin ne pouvoit le mener plus loin. Le Roi ne considéroit en lui que son nom. Il avoit conservé des amis de son père, et il étoit fort du grand monde, mais c'étoit tout, malgré l'amitié de M. de Chevreuse, qui sentoit bien qu'il n'y avoit point de parti à en tirer. Il étoit si grand seigneur qu'il put se consoler dans soi-même. Il en faut dire encore plus des deux autres, qui, par leurs charges, existoient d'une façon plus importante pour eux et plus soutenue. Les mêmes lettres, dont j'ai parlé quelque part ici, qui causèrent leur disgrâce, dont ils ne sont même personnellement jamais bien revenus avec le Roi, les avoient bien mis avec Monseigneur, outre l'habitude et à peu près le même âge; mais ils n'avoient pas auprès de lui les mêmes ailes que M. de Luxembourg, et comme lui avoient perdu M. le prince de Conti, leur ami intime, qui les avoit laissés à découvert à M. de Vendôme et aux siens. Celui-ci n'y étoit plus, mais il y existoit par d'autres, et seroit sûrement revenu après le Roi. Ce n'étoit pas qu'ils fussent personnellement mal avec lui; mais les amis intimes de feu M. le prince de Conti ne pouvoient jamais être les siens. Ces deux beaux-frères, avec de si grands établissements, ne firent donc pas une si grande perte.

Un quatrième se trouva dans un nouveau désarroi. C'étoit la Feuillade. Perdu à son retour de Turin, il avoit cherché à s'attacher à Monseigneur, et à profiter du peu de temps que Chamillart demeura en place pour s'appuyer de Mlle de Lislebonne et de M. de Vendôme. On a vu ailleurs qu'il avoit percé jusqu'à Mlle Choin. Le jeu d'ailleurs le soutenoit à Meudon. Il étoit de tous les voyages, sans pourtant avoir rien gagné sur Monseigneur. Néanmoins, avec de si puissants entours, il comptoit sous lui se ramener la fortune. Il en désespéroit du reste du règne du Roi; et pour celui qui le devoit suivre, il avoit tout ce qu'il falloit pour en être encore plus éloigné : aussi fut-il fort affligé.

Deux genres d'hommes fort homogènes, quoique fort

disproportionnés, le furent jusqu'au plus profond du cœur, les ministres et les financiers. On a vu, à l'occasion de l'établissement du dixième, ce que le nouveau Dauphin pensoit de ces derniers, et avec quelle liberté il s'en expliquoit. Mœurs, conscience, instruction, tout en lui étoit pour eux cause très-certaine des plus vives terreurs. Celle des ministres ne fut guère moindre : Monseigneur étoit le prince qu'il leur falloit pour régner en son nom, avec plus, s'il se peut, de pouvoir qu'ils n'en avoient usurpé, mais avec beaucoup moins de ménagement; en sa place, ils voyoient arriver un jeune prince instruit, appliqué, accessible, qui voudroit voir et savoir, et qui avoit, avec une volonté déjà soupçonnée, tout ce qu'il falloit pour les tenir bas, et vraiment ministres, c'est-à-dire exécuteurs, et plus du tout ordonnateurs, encore moins dispensateurs. Ils le sentirent, et déjà ils commencèrent un peu à baisser le ton, on peut juger avec quelle douleur.

Le chancelier perdoit tout le fruit d'un attachement qu'il avoit su ménager dès son entrée aux finances, et qu'il avoit eu moyen et attention de cultiver très-soigneusement par Bignon son neveu, par du Mont, qu'il avoit rendu son ami par mille services, par Mlle de Lislebonne et Mme d'Espinoy, qu'il s'étoit aussi dévouées, en sorte qu'il avoit lieu de se flatter sous Monseigneur, qui lui marquoit amitié et distinction, du premier personnage dans les affaires, et d'une influence principale à la cour, que ses talents étoient bastants[1] pour soutenir, et pour porter fort loin dans la primauté de sa charge. L'échange de ce qui succédoit étoit bien différent : rien là ne lui rioit. Ennemi réputé des jésuites, et fort soupçonné de jansénisme, brouillé dès son entrée aux finances avec le duc de Beauvillier, et hors de bienséance ensemble par les prises au conseil, où ils étoient rarement d'accord, et où, sur les matières de Rome, elles se poussoient quelquefois loin, et sans ménagement de la part du chan-

---

1. Suffisants.

celier, déclaré de plus, même avec feu, contre l'archevêque de Cambray, dans tout le cours et les suites de son affaire : c'en étoit trop, avec un caractère droit, sec, ferme, pour ne se pas croire perdu, et pour que l'amitié qui s'étoit maintenue entre le duc de Chevreuse et lui lui pût être une ressource, et il le sentit bien.

Son fils, aussi universellement abhorré qu'il étoit mathématiquement détestable, avoit encore trouvé le moyen de se faire également craindre et mépriser, d'user même la bassesse d'une cour la plus servile, et de se brouiller avec les jésuites, tout en faisant profession d'intimité avec eux, en les maltraitant en mille choses, jusque-là qu'au lieu de lui savoir gré de l'inquisition et de la persécution ouverte qu'il faisoit, avec une singulière application, à tout ce qu'il croyoit qui pouvoit sentir le jansénisme, ils l'imputoient à son goût de faire du mal.

C'étoit la bête de la nouvelle Dauphine, qui ne s'épargnoit pas à lui nuire auprès du Roi. J'en dirai un trait entre plusieurs. Un soir que Pontchartrain sortoit de travailler avec le Roi, elle entra du grand cabinet dans la chambre. Mme de Saint-Simon la suivoit avec une ou deux dames. Elle avisa auprès de la place où Ponchartrain avoit été de gros vilains crachats pleins de tabac : « Ah ! voilà qui est effroyable ! dit-elle au Roi ; c'est votre vilain borgne ; il n'y a que lui qui puisse faire de ces horreurs-là ; » et de là à lui tomber dessus de toutes les façons. Le Roi la laissa dire, puis lui montrant Mme de Saint-Simon, l'avertit que sa présence la devoit retenir. « Bon ! répondit-elle, elle ne le dira pas comme moi ; mais je suis sûre qu'elle en pense tout de même. Eh ! qui est[-ce] qui en pense autrement ? » Là-dessus le Roi sourit, et se leva pour passer au souper. Le nouveau Dauphin n'en pensoit guère mieux, ni tout ce qui l'approchoit. C'étoit donc une meule de plus attachée au cou du père, qui en sentoit tout le poids, et Mme de Maintenon, de longue main brouillée avec le père, comme on l'a vu en son temps, n'aimoit pas mieux le fils que sa princesse.

La Vrillière étoit aimé, parce qu'il faisoit plaisir de bonne grâce aux rares occasions que sa charge lui en pouvoit fournir, mais qui n'avoit que des provinces, sans autre département. Lui et sa femme ensemble, et chacun à part, étoient très-bien avec Monseigneur, amis intimes de du Mont, et parvenus auprès de Mlle Choin à une amitié de confiance, à quoi le premier écuyer et Bignon encore plus les avoient fort servis. La perte fut donc extrême. Il ne tenoit d'ailleurs qu'au chancelier, avec qui il vivoit comme un fils: et cette liaison si naturelle m'avoit été un obstacle à l'approcher du duc de Beauvillier, à quoi j'avois vainement travaillé. Mme de Mailly, sa belle-mère, n'avoit pas les reins assez forts pour le soutenir. Il avoit un malheur domestique, qu'il eut la sagesse d'ignorer seul à la cour, et ce malheur creusoit sa ruine. Mme de la Vrillière, en butte à Madame la Dauphine, triomphoit d'elle en folle depuis bien des années sans ménagement. Il y avoit eu jusqu'à des scènes, et Madame la Dauphine ne haïssoit rien au monde tant qu'elle. Tout cela présageoit un triste avenir.

Voysin, sans nulle autre protection que celle de Mme de Maintenon, sans art, sans tour, sans ménagement pour personne, enfoncé dans ses papiers, enivré de sa faveur, sec, pour ne pas dire brutal, en ses réponses, et insolent dans ses lettres, n'avoit pour lui que le manége de sa femme; et tous deux nulle liaison avec la nouvelle cour, trop nouveaux pour s'être fait des amis, et le mari peu propre à s'en faire, peut-être moins à en conserver, avec une place la plus enviée de toutes, et la moins difficile à y trouver un successeur.

Torcy, doux et mesuré, avoit pour soi la longue expérience des affaires, et le secret de l'État et des postes, beaucoup d'amis, et point d'ennemis alors. Il étoit cousin germain des duchesses de Chevreuse et de Beauvillier, et gendre de Pompone, pour qui MM. de Chevreuse et de Beauvillier avoient une confiance entière, et une estime qui alloit à la vénération; d'ailleurs, sans liaison avec

Monseigneur ni avec la cabale frappée. Une telle position sembloit heureuse à l'égard de la nouvelle cour, mais ce n'étoit qu'une écorce : au fond, Torcy n'étoit qu'en bienséance avec les ducs et les duchesses de Chevreuse et de Beauvillier: ni la parenté, ni le commerce continuel et indispensable d'affaires, n'avoient pu fondre les glaces qui s'étoient mises entre eux. Ils ne se voyoient que par nécessité d'affaires ou de bienséance, et cette froide bienséance n'étoit pas même poussée bien loin. Torcy et sa femme vivoient dans la plus parfaite union. Mme de Torcy, avec de l'humeur et de la hauteur, ne daignoit pas voiler assez ses sentiments. Son nom les rendoit encore plus suspects ; et quelque chose de plus que du crédit qu'elle avoit pris sur son mari le rendoit coupable d'après elle, et conséquemment aux yeux des deux ducs dangereux dans le ministère. Il ne fléchissoit point au conseil sur les matières de Rome, où tout en douceur il soutenoit avec force et capacité les avis que le chancelier embrassoit après, et qui donnoient lieu à ses prises avec le duc de Beauvillier, qui y souffroit beaucoup des raisons détaillées de l'un, soutenues de la force et de l'autorité de l'autre. Mme de Torcy étoit moins aimée que Torcy, et plutôt éloignée qu'approchée de la nouvelle Dauphine, pour qui elle ne s'étoit jamais contrainte, encore moins pour qui que ce fût. Elle ne laissoit pas d'avoir des amis, ainsi que Torcy, mais dont pas un n'étoit d'aucune ressource pour le futur, que sa sœur par Madame la Duchesse, qui put leur faire regretter Monseigneur.

Desmarets avoit assez longtemps tâté de la plus profonde disgrâce pour avoir pu faire d'utiles réflexions, et il avoit été ramené sur l'eau avec tant de travail et de peine qu'il devoit avoir appris à connoître les amis de sa personne, et à discerner ceux que les places donnent toujours, mais qui ne durent qu'autant qu'elles. Il avoit assez d'esprit et de sens pour que rien lui manquât de ce côté-là pour la conduite, et cependant il en manqua tout à fait. Le ministère l'enivra : il se crut l'Atlas qui soutenoit le monde, et dont l'État ne pouvoit se passer. Il se laissa séduire par les nouveaux amis de cour, et il compta pour rien ceux de sa disgrâce.

On a vu ailleurs que mon père, et moi à son exemple, avions été des principaux, et que je l'avois fort servi auprès de Chamillart, et pour rentrer dans les finances, et pour lui succéder dans la place de contrôleur général. On a vu qu'il ne l'ignoroit pas, et tout ce qui se passa là-dessus entre lui et moi. Avec la déclaration que je lui avois faite, et que je tins exactement, il devoit donc être doublement à son aise avec moi. Néanmoins je m'aperçus bientôt qu'il se refroidissoit. Je suivis de l'œil sa conduite à mon égard, pour ne pas me méprendre entre ce qui pouvoit être accidentel dans un homme chargé d'affaires épineuses, et ce que j'en soupçonnois. Mes soupçons devinrent une évidence, qui me firent retirer de lui tout à fait, sans toutefois faire semblant de rien. Les ducs de Chevreuse et de Beauvillier s'aperçurent de cette retraite; ils m'en parlèrent, ils me pressèrent; je leur avouai le fait et la cause. Ils essayèrent de me persuader que Desmarets étoit le même pour moi, et qu'il ne falloit pas prendre garde au froid et à la distraction que lui donnoient ses tristes occupations. Ils m'exhortèrent souvent d'aller chez lui. Je les laissois dire, et ne changeois rien à ce que je m'étois proposé. A la fin, lassés de mon opiniâtreté, pendant le dernier voyage de Fontainebleau, ils me prirent un matin, et me menèrent dîner chez Desmarets. Je résistai; ils le voulurent: j'obéis et leur dis qu'ils auroient donc le plaisir d'être convaincus par eux-mêmes. En effet, le froid et l'inapplication furent si marqués pour moi, que les deux ducs, piqués, me l'avouèrent, et convinrent que j'avois raison de cesser de le voir.

Eux-mêmes ne tardèrent pas d'éprouver la même chose. L'honneur d'être leur cousin germain étoit le plus grand relief de Desmarets, et leur situation un appui pour lui et une décoration infinie; la relation nécessaire d'affaires avec eux étoit un autre lien; enfin c'étoit eux qui, à force de bras par Chamillart et par eux-mêmes, l'avoient tiré d'opprobre, et remis en honneur et dans le ministère. Malgré tant de raisons si majeures d'attachement et d'union, il les mit au même point où j'étois avec lui. Ils ne se voyoient que de loin à loin, par une rare bienséance, et fort peu de communication d'affaires, qui ne se pouvoit éviter entièrement avec le duc de Beauvillier, de qui je sus vers ces temps-ci que lui ni le duc de Chevreuse ne lui parloient plus de rien, et qu'ils étoient hors de toute portée avec lui.

Il alla jusqu'à persécuter ouvertement le vidame d'Amiens, et les chevau-légers à cause du vidame, qui rompit ouvertement avec lui. Il n'en usa pas mieux avec Torcy, sa mère et sa sœur, dont il avoit été le commensal, depuis ses premiers retours de Maillebois jusqu'à son entrée dans le ministère, et il les poussa tous trois à ne le plus voir du tout. Le chancelier, qui à la vérité n'avoit pas été heureux pour lui, mais qui avoit rompu auprès du Roi les premières glaces pour le rappeler aux finances, du temps qu'il étoit contrôleur général, étoit le seul de tous les ministres qui ne fût pas payé, en sorte qu'il n'eut rien à se reprocher du côté de l'ingratitude, dans une place, et avec une humeur féroce dont il n'étoit pas maître, qui le rendoit redoutable aux femmes mêmes, et d'une paresse qui ralentissoit tout.

Une conduite si dépravée ne lui donnoit pas beau jeu pour l'avenir, et son peu d'accès auprès de Monseigneur et de son intime cour ne lui faisoit rien perdre à ce qui venoit de disparoître.

Telle étoit, à la mort de Monseigneur, la situation des ministres. Il faut venir maintenant à celle du duc de Beauvillier, et de ceux qui trouvèrent leur ressource dans ce grand changement, et voir après les effets de ces contrastes.

Peu de gens parurent sur la scène du premier coup d'œil. Ceux-là même ne purent être guère aperçus, hors les principaux ou les plus marqués, par les mesures politiques dont ils se couvrirent ; mais on peut juger qu'il y eut presse d'avoir part avec ces principaux, et avec ceux des autres qui purent être reconnus. On peut imaginer encore quels furent les sentiments du duc de Beauvillier, le seul homme peut-être pour lequel Monseigneur avoit conçu une véritable aversion, jusqu'à ne l'avoir pu dissimuler, laquelle étoit sans cesse bien soigneusement fomentée.

En échange, Beauvillier voyoit l'élévation inespérée d'un pupille qui se faisoit un plaisir secret de l'être encore, et un honneur public de le montrer, sans que rien eût pu le faire changer là-dessus. L'honnête homme dans l'amour de l'État, l'homme de bien dans le desir du progrès de la vertu, et sous ce puissant auspice un autre Monsieur de Cambray dans Beauvillier, se voyoit à portée de servir utilement l'État et la vertu, de préparer le retour de ce cher archevêque, et de le faire un jour son coopérateur en tout. A travers la candeur et la piété la plus pure, un reste d'humanité inséparable de l'homme faisoit goûter à celui-ci un élargissement de cœur et d'esprit imprévu, un aise[1] pour des dessins utiles qui désormais se remplissoient comme d'eux-mêmes, une sorte de dictature enfin d'autant plus savoureuse qu'elle étoit plus rare et plus pleine, moins attendue et moins contredite, et qui par lui se répandoit sur les siens et sur ceux de son choix. Persécuté au milieu de la plus éclatante fortune, et, comme on l'a vu ici en plus d'un endroit, poussé quelquefois jusqu'au dernier bord du précipice, il se trouvoit tout d'un coup fondé sur le plus ferme rocher; et peut-être ne regarda-t-il pas sans quelque complaisance ces mêmes vagues, de la violence desquelles il avoit pensé être emporté quelquefois, ne pouvoir plus que se briser à ses pieds. Son âme toutefois parut toujours dans la même assiette : même sagesse, même modération, même attention, même douceur, même accès, même politesse,

---

1. Saint-Simon fait *aise* du masculin.

même tranquillité, sans le moindre relan[1] d'élévation, de distraction, d'empressement. Une autre cause plus digne de lui le combloit d'allégresse : sûr du fond du nouveau Dauphin, il prévit son triomphe sur les esprits et sur les cœurs dès qu'il seroit affranchi et en sa place, et ce fut sur quoi il s'abandonna secrètement avec nous à sa sensibilité. Chevreuse, un avec lui dans tous les temps de leur vie, s'éjouit avec lui de la même joie, et y en trouva les mêmes motifs ; et leurs familles s'applaudirent d'un consolidement de fortune et d'éclat qui ne tarda pas à paroître. Mais celui de tous à qui cet événement devint le plus sensible fut Fénelon, archevêque de Cambray. Quelle préparation ! quelle approche d'un triomphe sûr et complet ! et quel puissant rayon de lumière vint à percer tout à coup une demeure de ténèbres !

Confiné depuis douze ans dans son diocèse, ce prélat y vieillissoit sous le poids inutile de ses espérances, et voyoit les années s'écouler dans une égalité qui ne pouvoit que le désespérer. Toujours odieux au Roi, à qui personne n'osoit prononcer son nom, même en choses indifférentes, plus odieux à Mme de Maintenon, parce qu'elle l'avoit perdu, plus en butte que nul autre à la terrible cabale qui disposoit de Monseigneur, il n'avoit de ressource qu'en l'inaltérable amitié de son pupille, devenu lui-même victime de cette cabale, et qui, selon le cours ordinaire de la nature, le devoit être trop longtemps pour que le précepteur pût se flatter d'y survivre, ni par conséquent de sortir de son état de mort au monde. En un clin d'œil, ce pupille devient Dauphin ; en un autre, comme on le va voir, il parvient à une sorte d'avant-règne. Quelle transition pour un ambitieux !

On l'a déjà fait connoître lors de sa disgrâce. Son fameux *Télémaque*, qui l'approfondit plus que tout et la rendit incurable, le peint d'après nature. C'étoient les thèmes de son pupille, qu'on déroba, qu'on joignit, qu'on

---

1. Il y a bien *relan* au manuscrit.

publia à son insu dans la force de son affaire. M. de Noailles, qui, comme on l'a vu, ne vouloit rien moins que toutes les places du duc de Beauvillier, disoit au Roi alors, et à qui voulut l'entendre, qu'il falloit être ennemi de sa personne pour l'avoir composé. Quoique si avancés ici dans la connoissance d'un prélat qui a fait, jusque du fond de sa disgrâce, tant de peur, et une figure en tout état si singulière, il ne sera pas inutile d'en dire encore un mot ici.

Plus coquet que toutes les femmes, mais en solide et non en misères, sa passion étoit de plaire, et il avoit autant de soin de captiver les valets que les maîtres, et les plus petites gens que les personnages. Il avoit pour cela des talents faits exprès, une douceur, une insinuation, des grâces naturelles et qui couloient de source, un esprit facile, ingénieux, fleuri, agréable, dont il tenoit, pour ainsi dire, le robinet, pour en verser la qualité et la quantité exactement convenable à chaque chose et à chaque personne; il se proportionnoit et se faisoit tout à tous; une figure fort singulière, mais noble, frappante, perçante, attirante; un abord facile à tous; une conversation aisée, légère, et toujours décente; un commerce enchanteur; une piété facile, égale, qui n'effarouchoit point et se faisoit respecter; une libéralité bien entendue; une magnificence qui n'insultoit point, et qui se versoit sur les officiers et les soldats, qui embrassoit une vaste hospitalité, et qui, pour la table, les meubles et les équipages, demeuroit dans les justes bornes de sa place; également officieux et modeste, secret dans les assistances qui se pouvoient cacher, et qui étoient sans nombre, leste et délié sur les autres, jusqu'à devenir l'obligé de ceux à qui il les donnoit, et à le persuader; jamais empressé, jamais de compliments, mais une politesse qui, en embrassant tout, étoit toujours mesurée et proportionnée, en sorte qu'il sembloit à chacun qu'elle n'étoit que pour lui, avec cette précision dans laquelle il excelloit singulièrement. Adroit surtout dans l'art de porter les souffrances, il en usurpoit un mérite qui donnoit tout l'éclat au sien, et qui en portoit l'admiration et le dévouement pour lui dans le cœur de tous les habitants des Pays-Bas, quels qu'ils fussent, et de toutes les dominations qui les partageoient, dont il avoit l'amour et la vénération. Il jouissoit, en attendant un autre genre de vie, qu'il ne perdit jamais de vue, de toute la douceur de celle-ci, qu'il eût peut-être regrettée dans l'éclat après lequel il soupira toujours, et il en jouissoit avec une paix si apparente, que qui n'eût su ce qu'il avoit été et ce qu'il pouvoit devenir encore, aucun même de ceux qui l'approchoient le plus et qui le voyoient avec le plus de familiarité, ne s'en seroit jamais aperçu.

Parmi tant d'extérieur pour le monde, il n'en étoit pas moins appliqué à tous les devoirs d'un évêque qui n'auroit eu que son diocèse à gouverner, et qui n'en auroit été distrait par aucune autre chose : visites d'hôpitaux, dispensation large, mais judicieuse, d'aumônes, clergé, communautés, rien ne lui échappoit. Il disoit tous les jours la messe dans sa chapelle, officioit souvent, suffisoit à toutes ses fonctions épiscopales sans se faire jamais suppléer, prêchoit quelquefois. Il trouvoit du temps pour tout, et n'avoit point l'air occupé. Sa maison ouverte, et sa table de même, avoient l'air de celle d'un gouverneur de Flandres, et tout à la fois d'un palais vraiment épiscopal; et toujours beaucoup de gens de guerre distingués, et beaucoup d'officiers particuliers, sains, malades, blessés, logés chez lui, défrayés et servis comme s'il n'y en eût eu qu'un seul; et lui ordinairement présent aux consultations des médecins et des chirurgiens, faisant d'ailleurs, auprès des malades et des blessés les fonctions de pasteur le plus charitable, et souvent par les maisons et par les hôpitaux; et tout cela sans oubli, sans petitesse, et toujours prévenant, avec les mains ouvertes. Aussi étoit-il adoré de tous.

Ce merveilleux dehors n'étoit pourtant pas tout lui-même. Sans entreprendre de le sonder, on peut dire hardiment qu'il n'étoit pas sans soins et sans recherches de tout ce qui pouvoit le raccrocher et le conduire aux premières places. Intimement uni à cette partie des jésuites à la tête desquels étoit le P. Tellier, qui ne l'avoient jamais abandonné, et qui l'avoient soutenu jusque par delà leurs forces, il occupa ses dernières années à faire des écrits qui, vivement relevés par le P. Quesnel et plusieurs autres, ne firent que serrer les nœuds d'une union utile par où il espéra d'émousser l'aigreur du Roi. Le silence dans l'Église étoit le partage naturel d'un évêque dont la doctrine avoit, après tant°de bruit et de disputes, été solennellement condamnée : il avoit trop d'esprit pour ne le pas sentir; mais il eut trop d'ambition pour ne compter pas pour rien tant de voix élevées contre l'auteur d'un dogme proscrit et ses écrits dogmatiques, et beaucoup d'autres qui ne l'épargnèrent pas sur le motif que le monde éclairé entrevoyoit assez.

Il marcha vers son but sans se détourner ni à droite ni à gauche; il donna lieu à ses amis d'oser nommer son nom quelquefois; il flatta Rome, pour lui si ingrate; il se fit considérer par toute la Société des jésuites comme un prélat d'un grand usage, en faveur duquel rien ne devoit être épargné; il vint à bout de se concilier la Chétardie, curé de Saint-Sulpice, directeur imbécile, et même gouverneur de Mme de Maintenon.

Parmi ces combats de plume, Fénelon, uniforme dans la douceur de sa conduite et dans sa passion de se faire aimer, se garda bien de s'engager dans une guerre d'action. Les Pays-Bas fourmilloient de jansénistes ou de gens réputés tels; en particulier son diocèse, et Cambray même, en étoit plein : l'un et l'autre leur furent des lieux de constant asile et de paix. Heureux et contents d'y trouver du repos sous un ennemi de plume, ils ne s'émurent de rien à l'égard de leur archevêque, qui, bien que si contraire à leur doctrine, leur laissoit toute sorte de tranquillité. Ils se reposèrent sur d'autres de leur défense dogmatique, et ne donnèrent point d'atteinte à l'amour général que tous portoient à Fénelon. Par une conduite si déliée, il ne perdit rien du mérite d'un prélat doux et pacifique, ni des espérances d'un évêque dont l'Église devoit tout se promettre, et dont l'intérêt étoit de tout faire pour lui.

Telle étoit la position de l'archevêque de Cambray lorsqu'il apprit la mort de Monseigneur, l'essor de son disciple, l'autorité de ses amis. Jamais liaison ne fut plus forte ni plus inaltérable que celle de ce petit troupeau à part. Elle étoit fondée sur une confiance intime et fidèle, qui elle-même l'étoit, à leur avis, sur l'amour de Dieu et de son Église. Ils étoient presque tous gens d'une grande vertu, grands et petits, à fort peu près qui en avoient l'écorce, qui étoit prise par les autres pour la vertu même. Tous n'avoient qu'un but, qu'aucune disgrâce ne put déranger, tous qu'une marche composée et cadencée vers ce but, qui étoit le retour de Cambray leur maître, et cependant de ne vivre et ne respirer que pour lui, de ne penser et de n'agir que sur ses principes, et de recevoir ses avis en tout genre comme les oracles de Dieu même, dont il étoit le canal. Que ne peut point un enchantement de cette nature, qui ayant saisi le cœur des plus honnêtes gens, l'esprit de gens qui en avoient beaucoup, le goût et la plus ardente amitié de personnes les plus fidèles, s'est encore divinisé en eux par l'opinion ferme, ancienne, constante, qu'en cela consiste piété, vertu, gloire de Dieu, soutien de l'Église, et le salut particulier de leurs âmes, à quoi de bonne foi tout étoit postposé[1] chez eux ?

Par ce développement on voit sans peine quel puissant ressort étoit l'archevêque de Cambray à l'égard des ducs de Chevreuse et de Beauvillier et de leurs épouses, qui tous quatre n'étoient qu'un cœur, une âme, un sentiment, une pensée. Ce fut peut-être cette considération unique qui empêcha la retraite du duc de Beauvillier à la mort

---

1. Subordonné. Voyez tome V, p. 223.

de ses enfants, et lorsqu'il eut achevé l'établissement intérieur de sa famille, enfin aux diverses occasions où on l'a vu ici si près d'être perdu. Le duc de Chevreuse et lui avoient un goût et un penchant entier à la retraite : il y étoit si entier que leur vie en tenoit une proximité tout à fait indécente à leurs emplois; mais l'ardeur de leurs desirs d'être utiles à la gloire de Dieu, à l'Église, à leur propre salut, le leur fit croire, de la meilleure foi du monde, attaché à demeurer en des places qui pussent ne rien laisser échapper sur le retour de leur père spirituel. Il ne leur fallut pas une raison à leur avis moins transcendante pour essayer tout, glisser sur tout, et conjurer les orages, pour n'avoir pas à se reprocher un jour le crime de s'être rendus inutiles à une œuvre à leurs yeux si principale, dont les occasions leur pouvoient être présentées par les ressorts inconnus de la Providence, encore que depuis si longtemps ils n'y eussent pu entrevoir le moindre jour.

Le changement subit arrivé par la mort de Monseigneur leur parut cette grande opération de la Providence, expresse pour Monsieur de Cambray, si persévéramment attendue, sans savoir d'où ni comment elle s'accompliroit, la récompense du juste qui vit de la foi, qui espère contre toute espérance, et qui est délivré au moment le plus imprévu. Ce n'est pas que je leur aie ouï rien dire de tout cela; mais [1] qui les voyoit comme moi dans leur intérieur y voyoit une telle conformité dans tout le tissu de leur vie, de leur conduite, de leurs sentiments, que leur attribuer ceux-là, c'est moins les scruter que les avoir bien connus. Serrés sur tout ce qui pouvoit approcher ces matières, renfermés entre eux autres anciens disciples, avec une discrétion et une fidélité merveilleuse, sans faire ni admettre aucuns prosélytes, dans la crainte de s'en repentir, ils ne jouissoient qu'ensemble d'une vraie liberté, et cette liberté leur étoit si douce, qu'ils la préféroient [2]

---

1. On lit ici *à* au manuscrit.
2. Saint-Simon a écrit : *préféréroient* (sic).

à tout ; de là, plus que de toute autre chose, cette union plus que fraternelle des ducs et des duchesses de Chevreuse et de Beauvillier, de là le mariage du duc de Mortemart, fils de la disciple sans peur, sans mesure, sans contrainte ; de là les retraites impénétrables de la fin de chaque semaine à Vaucresson, avec un très-petit nombre de disciples trayés, obscurs, et qui s'y succédoient les uns aux autres ; de là cette clôture de monastère, qui les suivoit au milieu de la cour ; de là cet attachement au delà de tout au nouveau Dauphin, soigneusement élevé et entretenu dans les mêmes sentiments : ils le regardoient comme un autre Esdras, comme le restaurateur du temple et du peuple de Dieu après la captivité.

Dans ce petit troupeau étoit une disciple des premiers temps, formée par M. Bertau, qui tenoit des assemblées à l'abbaye de Montmartre, où elle avoit été instruite dès sa jeunesse, où elle alloit toutes les semaines avec M. de Noailles, qui sut bien s'en retirer à temps : c'étoit la duchesse de Béthune, qui avoit toujours augmenté depuis en vertu, et qui avoit été trouvée digne par Mme Guyon d'être sa favorite. C'étoit par excellence la grande âme, devant qui Monsieur de Cambray même étoit en respect, et qui n'y étoit à son tour que par humilité et par différence de sexe. Cette confraternité avoit fait de la fille du surintendant Foucquet l'amie la plus intime des trois filles de Colbert et de ses gendres, qui la regardoient avec la plus grande vénération.

Le duc de Béthune, son mari, n'étoit qu'un frère coupe-chou, qu'on toléroit à cause d'elle ; mais le duc de Charost, son fils, recueillit tous les fruits de la béatitude de sa sainte mère. Une probité exacte, beaucoup d'honneur, et tout ce qu'il y pouvoit ajouter de vertu à force de bras, mais rehaussée de tout l'abandon à Monsieur de Cambray qui se pouvoit espérer du fils de la disciple mère, faisoit le fond du caractère de ce fils, d'ailleurs incrusté d'une ambition extrême, de jalousie à proportion, d'un grand amour du monde, dans lequel il étoit fort répandu et auquel il étoit fort propre; l'esprit du grand monde, aucun d'affaires, nulle instruction de quelque genre que ce fût, pas même de dévotion, excepté celle qui étoit particulière au petit troupeau, et d'un mouvement de corps incroyable; fidèle à ses amis et fort capable d'amitié, et secret à surprendre à travers cette insupportable affluence de paroles, héréditaire chez lui de père en fils. Il a peut-être été le seul qui ait su joindre une profession publique de dévotion de toute sa vie avec le commerce étroit des libertins de son temps, et l'amitié de la plupart, qui tous le recherchoient et l'avoient tant qu'ils pouvoient dans leurs parties où il n'y avoit pas de débauche, et non-seulement sans se moquer de ses pratiques si contraires aux leurs, je dis la meilleure compagnie et la plus brillante de la cour et des armées, mais avec liberté et confiance, retenus même par considération pour lui, et sans que leur gaieté ni leur liberté en fût altérée. Il étoit de fort bonne compagnie et bon convive, avec de la valeur, de la gaieté, et des propos et des expressions souvent fort plaisantes. La vivacité de son tempérament lui donnoit des passions auxquelles sa piété donnoit un frein pénible, mais qui en prenoit le dessus à force de bras, et qui fournissoit souvent avec lui à la plaisanterie.

M. de Beauvillier avoit fort souhaité autrefois que Charost et moi liassions ensemble; et cette liaison, qui s'étoit faite, avoit réussi jusqu'à la plus grande intimité, qui a toujours duré depuis entre nous. Je n'ai jamais connu Monsieur de Cambray que de visage; j'étois à peine entré dans le monde lors du déclin de sa faveur; je ne me suis jamais présenté aux mystères du petit troupeau: c'étoit donc être bien inférieur au duc de Charost à l'égard des ducs de Chevreuse et de Beauvillier, dont on lui verra bientôt recueillir le fruit; et néanmoins il en étoit demeuré avec eux à la confiance de leur gnose[1], tandis que je

---

1. Voyez tome VII, p. 278, note 1.

l'avois entière sur tout ce qui regardoit l'État, la cour et la conduite du Dauphin. Sur leur gnose, ils ne m'en parloient pas; mais ils étoient à cœur ouvert avec moi sur leur attachement et leur admiration de Monsieur de Cambray, sur les desirs et les mesures de son retour. Dampierre et Vaucresson m'étoient ouverts en tout temps; les condisciples obscurs y paroissoient librement devant moi, et y conversoient de même; et j'étois l'unique, non initié en leur gnose, dans ce genre de confiance et de liberté avec eux. Il y avoit déjà bien des années que je m'étois aperçu qu'il s'en falloit tout que Charost ne fût aussi avant que moi dans leur confiance, par bien des choses dont il se plaignoit à moi de leur réserve, que je lui laissois ignorer qu'ils m'avoient confiées; et je ne vis pas depuis qu'il avançât là-dessus avec eux, tandis qu'ils me disoient et consultoient avec moi toutes choses.

Dans ma surprise de cette différence d'un homme si fort mon ancien d'âge et de cette sorte d'amitié si puissante avec eux, j'en ai souvent cherché les causes. Son activité étoit toute de corps; il étoit bien plus répandu que moi dans le monde, mais il savoit peu, et ne suivoit guère ce qui s'y passoit de secret et d'important : il ignoroit donc les machines de la cour, que me découvroit ma liaison avec les acteurs principaux des deux sexes, et mon application à démêler, à savoir et à suivre journellement toutes ces sortes de choses, toujours curieuses, ordinairement utiles, et souvent d'un grand usage.

Mme de Saint-Simon étoit aussi tout à fait dans la confiance de MM. et de Mmes de Chevreuse et de Beauvillier, qui avoient une grande opinion de sa vertu, de sa conduite, du caractère de son esprit. J'avois avec eux la liberté de leur tout dire, qui n'eût pas sié[1] de même à la dévotion du duc de Charost; enfin j'avois eu les occasions, qu'on a vues ici, de les avertir de choses fort peu apparentes et de la plus extrême importance, qu'ils n'avoient

---

1. Convenu. Voyez tome VII, p. 119 et note 1.

même pu croire que par les événements; et cela avoit mis le dernier degré à leur ouverture sur tout avec moi, dont ils avoient de plus éprouvé en tout la plus constante et la plus fidèle amitié de toute préférence.

Ce me fut donc une joie bien douce et bien pure de me trouver le seul homme de la cour dans l'amitié la plus intime, et dans la plus entière confiance de ce qui, privativement à tout autre, et sans crainte de revers, alloit figurer si grandement à la cour, et si puissamment sur le nouveau Dauphin, qui alloit donner le ton à toutes choses. Plus ma liaison intime étoit connue avec les deux ducs, et plus je me tins en garde contre tout extérieur trop satisfait, et plus encore important, et plus j'eus soin que ma conduite et ma vie se continssent dans tout leur ordinaire à tous égards.

Dans ce grand changement de scène il ne parut donc d'abord que deux personnages en posture d'en profiter : le duc de Beauvillier, et par lui le duc de Chevreuse; et un troisième en éloignement, l'archevêque de Cambray. Tout rit aux deux premiers tout à coup, tout s'empressa autour d'eux, et chacun avoit été de leurs amis dans tous les temps. Mais en eux, les courtisans n'eurent pas affaire à ces champignons[1] de nouveaux ministres tirés en un moment de la poussière, et placés au timon de l'État, ignorants également d'affaires et de cour, également enorgueillis et enivrés, incapables de résister, rarement même de se défier de ces sortes de souplesses, et qui ont la fatuité d'attribuer à leur mérite ce qui n'est prostitué qu'à la faveur. Ceux-ci, sans rien changer à la modestie de leur extérieur ni à l'arrangement de leur vie, ne pensèrent qu'à se dérober le plus qu'il leur fut possible aux bassesses entassées à leurs pieds, à faire usage de leurs amis d'épreuve, à se fortifier près du Roi par une assiduité redoublée, à s'ancrer de plus en plus près de leur Dauphin, à le conduire à paroître ce qu'il étoit, sans

---

1. *Champignons* corrige *potirons* au manuscrit.

avoir surtout l'air de le conduire, et pour faire que, tant du côté de l'estime et des cœurs que de celui de l'autorité, il différât entièrement de son père.

Ils n'oublièrent pas de tâcher à s'approcher de la Dauphine, du moins à ne la pas écarter d'eux. Elle l'étoit par une grande opposition d'inclinations et de conduite; elle l'étoit encore par Mme de Maintenon. Leur vertu, austère à son gré parce qu'elle n'en connoissoit que l'écorce, lui faisoit peur par leur influence sur le Dauphin; elle les craignoit encore plus directement par un endroit plus délicat, qui étoit celui-là même qui la devoit véritablement attacher à eux, si, avec tout son esprit, elle eût su discerner les effets de la vraie piété, de la vraie vertu, de la vraie sagesse, qui est[1] d'étouffer et de cacher, avec le plus grand soin et les plus extrêmes précautions, dont j'ai vu souvent ces deux ducs très-occupés, ce qui peut altérer la paix et la tranquillité du mariage. Ainsi, elle trembloit des avis fâcheux, du lieu même de sa plus entière sûreté. Toutes ces raisons avoient mis un froid et un malaise, que tout l'esprit et la faveur de Mme de Lévy n'avoit pu vaincre, et dont ces deux seigneurs et leurs épouses s'étoient aperçus de bonne heure, à travers les ménagements et la considération que la princesse ne pouvoit leur refuser, mais dont les sentiments étoient soigneusement entretenus par les Noailles et par la comtesse de Roucy, autant que celle-ci le pouvoit, qui, en communiant tous les huit jours, ne pardonna jamais au duc de Beauvillier ni aux siens d'avoir opiné contre elle dans ce grand procès qu'elle gagna devant le Roi contre M. d'Ambres, dont j'ai parlé ailleurs, et dans lequel Mme de Maintenon, contre sa coutume, se déclara si puissamment pour elle et pour la duchesse d'Arpajon, sa mère.

Le printemps, qui est la saison de l'assemblée des armées, fit apercevoir bien distinctement à Cambray le changement qui étoit arrivé à la cour. Cambray devint la seule

---

1. Saint-Simon a bien écrit *est*, et non *sont*.

route de toutes les différentes parties de la Flandre. Tout ce qui y servoit de gens de la cour, d'officiers généraux et même d'officiers moins connus, y passèrent tous et s'y arrêtèrent le plus qu'il leur fut possible. L'archevêque y eut une telle cour, et si empressée, qu'à travers sa joie il en fut peiné, dans la crainte du retentissement et du mauvais effet qu'il en craignoit du côté du Roi. On peut juger avec quelle affabilité, quelle modestie, quel discernement il reçut tant d'hommages, et le bon gré que se surent les raffinés qui de longue main l'avoient vu et ménagé dans leurs voyages en Flandres.

Cela fit grand bruit en effet ; mais le prélat se conduisit si dextrement que le Roi ni Mme de Maintenon ne témoignèrent rien de ce concours, qu'ils voulurent apparemment ignorer. A l'égard des ducs de Chevreuse et de Beauvillier, le Roi, accoutumé à les aimer, à les estimer, à y avoir sa confiance jusque dans les rudes traverses qu'ils avoient quelquefois essuyées, ne put s'effaroucher de leur éclat nouveau, soit qu'il ne perçât pas jusqu'à lui, chose bien difficile à croire, soit plutôt qu'il ne pût être détourné de ses sentiments pour eux. Mme de Maintenon aussi ne montra rien là-dessus.

Il y avoit déjà des années que le duc de Beauvillier avoit initié le duc de Chevreuse auprès du Dauphin, et qu'il l'avoit accoutumé à le considérer comme une seule chose avec lui. Le liant naturel et la douceur de l'esprit de Chevreuse, son savoir, et sa manière de savoir et de s'expliquer, ses vues fleuries, quoique sujettes à se perdre, furent des qualités faites exprès pour plaire à ce jeune prince, avec lequel il avoit souvent de longs tête-à-tête, et qui le mirent si avant dans sa confiance que M. de Beauvillier s'en servit souvent pour des choses qu'il crut plus à propos de faire présenter par son beau-frère que par lui-même. Comme ils n'étoient qu'un, tout entre eux marchoit par le même esprit, couloit des mêmes principes, tendoit au même but, et se référoit entre eux deux ; en sorte que le prince avoit un seul conducteur en deux différentes personnes, et qu'il avoit pris beaucoup de goût et de confiance au duc de Chevreuse, qui depuis longtemps étoit bien reçu à lui dire tout ce qu'il pensoit de lui et ce qu'il desiroit sur sa conduite, et toujours avec des intermèdes d'histoire, de science et de piété ; mais la supériorité en confiance, en amitié, et toute la déférence, étoit demeurée entière au duc de Beauvillier.

On peut croire que ces deux hommes ne laissoient pas refroidir dans le prince ses vifs sentiments pour l'archevêque de Cambray. Le confesseur étoit d'intelligence avec eux sur cet article, et en totale déférence sur tous autres ; et jusqu'alors il n'y avoit pas eu de quatrième admis en cet intime intérieur du prince. Le premier soin des deux ducs fut de le porter à des mesures encore plus grandes, à un air de respect et de soumission encore plus marqué, à une assiduité de courtisan à l'égard du Roi, si naturellement jaloux, et déjà éprouvé tel en diverses occasions par son petit-fils.

Secondé à souhait par son adroite épouse, en possession elle-même de toute privance avec le Roi et du cœur de Mme de Maintenon, il redoubla ses soins auprès d'elle, qui, dans le transport de trouver un Dauphin sur qui sûrement compter, au lieu d'un autre qui ne l'aimoit point, se livra à lui, et par cela même lui livra le Roi. Les premiers quinze jours rendirent sensible à tout ce qui étoit à Marly un changement si extraordinaire dans le Roi, si réservé pour ses enfants légitimes, et si fort roi avec eux.

Plus au large par un si grand pas fait, le Dauphin s'enhardit avec le monde, qu'il redoutoit du vivant de Monseigneur, parce que, quelque grand qu'il fût, il en essuyoit les brocards applaudis. C'est ce qui lui donnoit cette timidité qui le renfermoit dans son cabinet, parce que ce n'étoit que là qu'il se trouvoit à l'abri et à son aise ; c'est ce qui le faisoit paroître sauvage et le faisoit craindre pour l'avenir, tandis qu'en butte à son père, peut-être alors au Roi même, contraint d'ailleurs par sa vertu, en butte à une cabale audacieuse, ennemie, intéressée à l'être, et à ses dépendances, qui formoient le gros et le fort de la cour, gens avec qui il avoit continuellement à vivre, enfin en butte au monde en général, comme monde, il menoit une vie d'autant plus obscure qu'elle étoit plus nécessairement éclairée, et d'autant plus cruelle qu'il n'en envisageoit point de fin.

Le Roi revenu pleinement à lui, l'insolente cabale tout à fait dissipée par la mort d'un père presque ennemi dont il prenoit la place, le monde en respect, en attention, en empressement, les personnages les plus opposés en air de servitude, ce même gros de la cour en soumission et en crainte, l'enjoué et le frivole, partie non médiocre d'une grande cour, à ses pieds par son épouse, certain d'ailleurs de ses démarches par Mme de Maintenon, on vit ce prince timide, sauvage, concentré, cette vertu précise, ce savoir déplacé, cet homme engoncé, étranger dans sa maison, contraint de tout, embarrassé partout, on le vit, dis-je, se montrer par degrés, se déployer peu à peu, se donner au monde avec mesure, y être libre, majestueux, gai, agréable, tenir le salon de Marly dans des temps coupés, présider au cercle rassemblé autour de lui, comme la divinité du temple, qui sent et qui reçoit avec bonté les hommages des mortels auxquels il est accoutumé, et les récompenser de ses douces influences.

Peu à peu la chasse ne fut plus l'entretien que du laisser-courre, ou du moment du retour. Une conversation aisée, mais instructive et adressée avec choix et justesse, charma le sage courtisan et fit admirer les autres. Des morceaux d'histoire convenables, amenés sans art des occasions naturelles, des applications desirables, mais toujours discrètes et simplement présentées sans les faire, des intermèdes aisés, quelquefois même plaisants, tout de source et sans recherche, des traits échappés de science, mais rarement, et comme dardés de plénitude involontaire, firent tout à la fois ouvrir les yeux, les oreilles et les cœurs. Le Dauphin devint un autre prince de Conti.

La soif de faire sa cour eut en plusieurs moins de part à l'empressement de l'environner dès qu'il paroissoit, que celle de l'entendre, et d'y puiser une instruction délicieuse par l'agrément et la douceur d'une éloquence naturelle, qui n'avoit rien de recherché, la justesse en tout, et plus que cela, la consolation, si nécessaire et si desirée, de se voir un maître futur si capable de l'être par son fonds, et par l'usage qu'il montroit qu'il en sauroit faire.

Gracieux partout, plein d'attention au rang, à la naissance, à l'âge, à l'acquit de chacun, choses depuis si longtemps honnies et confondues avec le plus vil peuple de la cour; régulier à rendre à chacune de ces choses ce qui leur étoit dû de politesse, et ce qui s'y en pouvoit ajouter avec dignité; grave, mais sans rides, et en même temps gai et aisé; il est incroyable avec quelle étonnante rapidité l'admiration de l'esprit, l'estime du sens, l'amour du cœur et toutes les espérances furent entraînées, avec quelle roideur les fausses idées qu'on s'en étoit faites et voulu faire furent précipitées, et quel fut l'impétueux tourbillon du changement qui se fit généralement à son égard.

La joie publique faisoit qu'on ne s'en pouvoit taire, et qu'on se demandoit les uns aux autres si c'étoit bien là le même homme, et si ce qu'on voyoit étoit songe ou réalité. Cheverny, qui fut un de ceux à qui la question s'adressa, n'y laissa rien à repartir : il répondit que la cause de tant de surprise étoit de ce qu'on ne connoissoit point ce prince, qu'on n'avoit même pas voulu connoître; que pour lui il le trouvoit tel qu'il l'avoit toujours connu et vu dans son particulier; que maintenant que la liberté lui étoit venue de se montrer dans tout son naturel, et aux autres de l'y voir, il paroissoit ce qu'il avoit toujours été, et que cette justice lui seroit rendue quand l'expérience de la continuité apprendroit cette vérité.

De la cour à Paris, et de Paris au fond de toutes les provinces, cette réputation vola avec tant de promptitude, que ce peu de gens anciennement attachés au Dauphin en étoient à se demander les uns aux autres s'ils pouvoient en croire ce qui leur revenoit de toutes parts. Quelque fondé que fût un si prodigieux succès, il ne faut pas croire qu'il fût dû tout entier aux merveilles du jeune prince; deux choses y contribuèrent beaucoup : les mesures immenses et si étrangement poussées de cette cabale dont j'ai tant parlé, à décrier ce prince sur toutes sortes de points, et depuis Lille toujours soutenues pour former contre lui une voix publique dont ils pussent s'appuyer auprès de Monseigneur, et en cueillir les fruits qu'ils s'en étoient proposés dès le départ pour cette campagne, que le complot de l'y perdre avoit été fait; et le contraste de l'élastique à la chute du poids qui lui écrasoit les épaules, après lequel on le vit redressé, l'étonnement extrême que produisit ce même contraste entre l'opinion qu'on en avoit conçue et ce qu'on ne pouvoit s'empêcher de voir, et le sentiment de joie intime de chacun, par son plus sensible intérêt, de voir poindre une aurore qui déjà s'avançoit, et qui promettoit tant d'ordre et de bonheur après une si longue confusion et tant de ténèbres.

Mme de Maintenon, ravie de ces applaudissements, par amitié pour sa Dauphine, et par son propre intérêt de pouvoir compter sur un Dauphin qui commençoit à faire l'espérance et les délices publiques, s'appliqua à en presser tout l'usage qu'elle put auprès du Roi. Quelque admiration qu'elle voulût montrer pour tout ce qui étoit de son goût et de sa volonté, et quelques mesures qu'elle gardât avec tous ses ministres, leur despotisme, et leur manière de l'exercer, lui déplaisoit beaucoup. Ses plus familiers avoient découvert en des occasions rares ses plus secrets sentiments là-dessus, qu'Harcourt avoit beaucoup fortifiés en elle, tantôt par des demi-mots de ridicule bien assenés, où elle excelloit, quelquefois par quelques paroles plus sérieuses, bien qu'également étranglées, sur le mauvais de ce gouvernement. Elle crut donc se procurer un avantage, à l'État un bien, au Roi un soulagement, de faire en sorte qu'il s'accoutumât à faire préparer les matières par le Dauphin, à lui en laisser expédier quelques-unes, et peu à peu ainsi à se décharger sur lui du gros et du plus pesant des affaires, dont il s'étoit toujours montré si capable, et dans lesquels[1] il étoit initié, puisqu'il étoit de tous les conseils, où il parloit depuis longtemps avec beaucoup de justesse et de discernement. Elle compta que cette nouveauté rendroit les ministres plus appliqués, plus laborieux, surtout plus traitables et plus circonspects. Vouloir et faire, sur les choses intérieures et qui par leur nature pouvoient s'amener de loin par degrés avec adresse, fut toujours pour elle une seule et même chose.

Le Roi, déjà plus enclin à son petit-fils, étoit moins en garde des applaudissements qu'il recevoit sous ses yeux, qu'il ne l'avoit paru sur ceux de ses premières campagnes. Bloin et les autres valets intérieurs, dévoués à M. de Vendôme, n'avoient plus cet objet ni Monseigneur en croupe : ils étoient en crainte et en tremblement; et M. du Maine, destitué de leur appui, n'osoit plus ouvrir la bouche, ni hasarder que Mme de Maintenon le découvrît contraire. Ainsi le Roi étoit sans ces puissants contrepoids, qui avoient tant manégé auparavant dans ses heures les plus secrètes et les plus libres.

La sage et flexible conduite de ce respectueux et assidu petit-fils l'avoit préparé à se rendre facile aux insinuations de Mme de Maintenon, tellement que, quelque accoutumé que l'on commençât d'être à la complaisance que le Roi prenoit dans le Dauphin, toute la cour fut étrangement surprise de ce que, l'ayant retenu un matin seul dans son cabinet assez longtemps, il ordonna le même jour à ses ministres d'aller travailler chez le Dauphin toutes les fois qu'il les manderoit, et sans être mandés encore, de lui aller rendre compte de toutes les affaires dont, une fois pour toutes, il leur auroit ordonné de le faire.

---

1. Il y a bien au manuscrit *lesquels*, au masculin.

Il n'est pas aisé de rendre le mouvement prodigieux que fit à la cour un ordre si directement opposé au goût, à l'esprit, aux maximes, à l'usage du Roi, si constants jusqu'alors, qui par cela même marquoit une confiance pour le Dauphin qui n'alloit à rien moins qu'à lui remettre tacitement une grande partie de la disposition des affaires. Ce fut un coup de foudre sur les ministres, dont ils se trouvèrent tellement étourdis qu'ils n'en purent cacher l'étonnement ni le déconcertement.

Ce fut un ordre en effet bien amer pour des hommes qui, tirés de la poussière et tout à coup portés à la plus sûre et la plus suprême puissance, étoient si accoutumés à régner en plein sous le nom du Roi, auquel ils osoient même substituer quelquefois le leur, en usage tranquille et sans contredit de faire et de défaire les fortunes, d'attaquer avec succès les plus hautes, d'être les maîtres des plus patrimoniales de tout le monde, de disposer avec toute autorité du dedans et du dehors de l'État, de dispenser à leur gré toute considération, tout châtiment, toute récompense, de décider de tout hardiment par un *le Roi le veut*, de sécurité entière même à l'égard de leurs confrères, de ce que qui que ce fût n'osoit ouvrir la bouche au Roi de rien qui pût regarder leur personne, leur famille ni leur administration, sous peine d'en devenir aussitôt la victime exemplaire pour quiconque l'eût hasardé, par conséquent en toute liberté de taire, de dire, de tourner toutes choses au Roi comme il leur convenoit, en un mot, rois d'effet, et presque de représentation. Quelle chute pour de tels hommes que d'avoir à compter sur tout avec un prince qui avoit Mme de Maintenon à lui, et qui auprès du Roi étoit devenu plus fort qu'eux dans leur propre tripot, un prince qui n'avoit plus rien entre lui et le trône, qui étoit capable, laborieux, éclairé, avec un esprit juste et supérieur, qui avoit acquis sur un grand fonds tout fait depuis qu'il étoit dans le conseil, à qui rien ne manquoit pour les éclairer, qui, avec ces qualités, avoit le cœur bon, étoit juste, aimoit l'ordre, qui avoit du discernement, de l'attention, de l'application à suivre et à démêler, qui savoit tourner et approfondir, qui ne se payoit que de choses, et point de langage, qui vouloit déterminément le bien pour le bien, qui pesoit tout au poids de sa conscience, qui par un accès facile et une curiosité de dessein et de maximes, seroit instruit par force canaux, qui sauroit comparer et apprécier les choses, se défier et se confier à propos, par un juste discernement et une application sage, et en garde contre les surprises de toutes parts, qui, ayant le cœur du Roi, avoit aussi son oreille à toute heure, et qui, outre les impressions qu'il prendroit d'eux pour quand il seroit leur maître, se trouvoit dès lors en état de confondre le faux et le double, et de porter une lumière aussi pénétrante qu'inconnue dans l'épaisseur de ces ténèbres qu'ils avoient formées et épaissies avec tant d'art, et qu'ils entretenoient de même.

L'élévation du prince et l'état de la cour ne comportoit plus le remède des cabales; et la joie publique d'un ordre qui rendoit ces rois à la condition de sujets, qui donnoit un frein à leur pouvoir, et une ressource à l'abus qu'ils en faisoient, ne leur laissoit aucune ressource. Ils n'eurent donc d'autre parti à prendre que de ployer les épaules à leur tour, ces épaules roidies à la consistance du fer. Ils allèrent tous, avec un air de condamnés, protester au Dauphin une obéissance forcée et une joie feinte de l'ordre qu'ils avoient reçu.

Le prince n'eut pas peine à démêler ce qu'eux-mêmes en avoient tant à cacher. Il les reçut avec un air de bonté et de considération; il entra avec eux dans le détail de leurs journées, pour leur donner les heures les moins incommodes à la nécessité du travail et de l'expédition, et pour cette première soumission n'entra pas avec eux en affaires, mais ne différa pas de commencer à travailler chez lui avec eux.

Torcy, Voysin et Desmarets furent ceux sur qui le poids en tomba, par l'importance de leurs départements.

Le chancelier, qui n'en avoit point, n'y eut que faire. Son fils, voyant les autres y travailler assidûment, auroit bien voulu y être mandé aussi ; il espéroit s'approcher par là du prince, et il étoit fort touché de l'air important ; mais sa marine étoit à bas, et les délations du détail de Paris, dont il amusoit le Roi tous les lundis aux dépens de tout le monde, et dont Argenson lui avoit adroitement laissé usurper tout l'odieux, n'étoient ni du goût du Dauphin, ni chose à laquelle il voulût perdre son temps ; d'ailleurs la personne de Pontchartrain lui étoit désagréable, comme on le verra bientôt, et il ne put parvenir à être mandé, ni trouver sans cela de quoi oser aller rendre compte, dont il fut fort mortifié. La Vrillière n'avoit que le détail courant de ses provinces, par conséquent point de matière pour ce travail : le département de sa charge étoit la religion prétendue réformée et tout ce qui regardoit les huguenots ; tout cela étoit tombé depuis les suites de la révocation de l'édit de Nantes, tellement qu'il n'avoit point de département.

Ce seroit ici le lieu de parler de la situation dans laquelle je me trouvai incontinent avec le Dauphin, et la confiance intime sur le présent et l'avenir, et toutes les mesures qui y étoient relatives, où je fus admis entre le duc de Beauvillier et le Dauphin, et le duc de Chevreuse. La matière est curieuse et intéressante, mais elle mèneroit trop loin à la suite de la longue parenthèse que la mort de Monseigneur et ses suites, et que l'affaire de d'Antin et de l'édit qu'elle produisit, a mis[1] au courant. Il le faut reprendre jusqu'au voyage de Fontainebleau. Je reviendrai après à ce que, pour le présent, je diffère.

1. Il y a bien ici *mis*, et à la ligne suivante *le*, au masculin.

CHAPITRE XIX.

Voyages des généraux d'armée. — Permangle bat et brûle un grand convoi. — Duc de Noailles près du roi d'Espagne avec ses troupes sous Vendôme. — La reine d'Espagne attaquée d'écrouelles. — Bonac relève Blécourt à la cour d'Espagne. — Marly en jeu et en sa forme ordinaire ; cause de sa singulière prolongation. — Premier mariage de Belle-Isle. — Mariage de Montboissier avec Mlle de Maillé. — Mariage de Parabère avec Mlle de la Vieuville. — Course à Marly de l'électeur de Bavière. — Mort de Langeron, lieutenant général des armées navales. — Mort, caractère, descendance et titres du duc d'Albe, ambassadeur d'Espagne en France ; sa succession. — Le fils d'Amelot président à mortier ; digne souvenir du Roi des services de Molé, premier président et garde des sceaux. — Bergheyck à Marly, mandé en Espagne. — Voyage du roi d'Angleterre par le royaume. — Grand prieur à Soleure. — Deuil de l'Empereur suspendu, et sa cause. — Le roi d'Espagne donne ce qui lui reste aux Pays-Bas à l'électeur de Bavière, qui passe à Marly allant à Namur, et envoie le comte d'Albert en Espagne ; comte de la Marck suit l'électeur, de la part du Roi, sans caractère. — Gassion bat en Flandres douze bataillons et dix escadrons ; son mérite et son extraction. — Clôture de l'assemblée extraordinaire du clergé ; admirable et hardie harangue au Roi de Nesmond, archevêque d'Alby ; le Dauphin montré au clergé par le Roi. — Services de Monseigneur à Saint-Denis et à Notre-Dame ; merveilles du Dauphin à Paris ; nul duc ne s'y trouve, quoique le Roi l'eût désiré. — Création d'officiers garde-côtes ; Pontchartrain en abuse, et de mon amitié, me trompe, m'usurpe, et je me brouille avec lui. — Usurpation très-attentive des secrétaires d'État. — Sottise d'amitié. — Trahison noire de Pontchartrain. — Étrange procédé de Pontchartrain, qui me veut leurrer par Aubanton. — Impudence et embarras de Pontchartrain. — Le chancelier soutient le vol de son fils contre moi. — Peine et proposition des Pontchartrains ; ma conduite avec eux.

Le maréchal de Villars étoit allé de bonne heure en Flandres, dans le dessein d'y faire le siége de Douay. Le maréchal de Montesquiou avoit fait pour cela les dispositions nécessaires, mais l'exécution ne put avoir lieu. Villars revint à la cour jusqu'au temps de l'ouverture de la campagne, qu'il s'en retourna prendre le commandement de l'armée.

En attendant, Permangle, maréchal de camp, qui commandoit dans Condé, eut avis qu'un convoi de vivres des ennemis étoit sur l'Escaut, prêt à entrer dans la Scarpe, escorté de deux bataillons avec un officier général. Permangle y marcha avec huit cents hommes, défit les deux bataillons, en prit le commandant, et de trente-six bélandres[1], portant cent milliers chacune; en brûla vingt-cinq.

M. d'Harcourt partit les premiers jours de mai pour les eaux de Bourbonne. Le maréchal de Besons étoit déjà à Strasbourg; il commanda l'armée du Rhin en l'attendant, et le duc de Berwick partit bientôt après pour le Dauphiné.

On ne laissa que quelques régiments d'infanterie sur le Ter. Le duc de Noailles étoit demeuré auprès du roi d'Espagne depuis qu'il y étoit passé après la prise de Girone; et l'armée qui lui étoit destinée passa en Aragon, où il eut ordre de la commander à part, ou jointe à celle de M. de Vendôme, mais à ses ordres, de l'une ou de l'autre manière, suivant ce que Vendôme jugeroit à propos pour le service du roi d'Espagne.

Il y avoit déjà quelques mois que la santé de la reine d'Espagne étoit altérée : il lui étoit venu des glandes au cou, qui peu à peu dégénérèrent en écrouelles. Elle eut des rechutes de fièvre fréquentes, mais elle ne s'appliqua pas moins au rétablissement des affaires.

Bonac, neveu de Bonrepaus, alla relever en Espagne Blécourt, dont on a souvent parlé.

Le 8 mai, le lansquenet et les autres jeux recommencèrent dans le salon de Marly, qui, faute de ces amusements, avoit été fort désert depuis la mort de Monseigneur. Madame la Dauphine s'étoit mise à jouer à l'oie, ne pouvant mieux, mais en particulier chez elle. Elle fut encore huit ou dix jours sans jouer dans le salon. A la fin tout prit à Marly la forme ordinaire. Les petites véroles, qui

---

1. Nous avons vu plus haut (p. 53) la forme *balandre*.

accabloient Versailles, retinrent le Roi à Marly pendant les fêtes de la Pentecôte, pour la première fois : il n'y eut point de cérémonie de l'ordre ; et la même raison l'y retint aussi à la Fête-Dieu.

Belle-Isle, qui, à travers tant de diverses fortunes, en a fait une si prodigieuse pour le petit-fils du surintendant Foucquet, épousa, avant partir pour l'armée, Mlle de Sivrac, de la maison de Durfort. Elle étoit riche, extrêmement laide, encore plus folle. Elle s'en entêta, et ne le rendit pas heureux, ni père. Son bonheur l'en délivra quelques années après, et le malheur de la France le remaria longtemps après.

Montboissier épousa en même temps Mlle de Maillé, belle, riche, et de beaucoup d'esprit. Il a succédé longtemps depuis à Canillac, son cousin, chevalier de l'ordre en 1728, capitaine de la seconde compagnie des mousquetaires.

Parabère épousa aussi la fille de Mme de la Vieuville, dame d'atour de Mme la duchesse de Berry, qui peu après son mariage fit parler d'elle, et qui enfin a si publiquement vécu avec M. le duc d'Orléans, et après lui avec tant d'autres.

L'électeur de Bavière, à qui Torcy avoit été, par ordre du Roi, porter à Compiègne la nouvelle de la mort de l'Empereur aussitôt qu'il l'eut reçue, et conférer avec lui, vint quelque temps après passer quelques jours en une maison, qu'il emprunta auprès de Paris. Deux jours après il vint à Marly, sur les deux heures et demie : c'étoit le 26 mai. Il fut descendre dans l'appartement que feu Monseigneur occupoit. Au bout d'un quart d'heure il passa dans le cabinet du Roi, où il le trouva avec les deux fils de France, Madame la Dauphine et toutes les dames de cette princesse. La conversation s'y passa debout, à portes ouvertes, pendant un quart d'heure, après quoi tout sortit, et le Roi demeura seul assez longtemps avec l'électeur, les portes fermées. Il vint ensuite dans le salon, où Monsieur et Madame la Dauphine l'attendoient. La conversation dura debout quelque temps, et il s'en retourna à sa petite maison. Le Roi lui avoit proposé de revenir le surlendemain à la chasse : il y vint, se déshabilla après dans ce même appartement de descente, et suivit après le Roi dans les jardins, qui le fit monter seul avec lui dans son chariot; ils se promenèrent fort dans les hauts de Marly. Au retour, il fut assez longtemps seul avec le Roi dans son cabinet. Il vint après dans le salon; Madame la Dauphine y jouoit au lansquenet, qui le fit asseoir auprès d'elle. Sur les huit heures, il alla souper chez d'Antin avec compagnie d'élite : le repas fut gai, et dura trois heures. Il parut partir fort content pour sa petite maison, d'où il regagna Compiègne par Liancourt.

Ce même jour Langeron, lieutenant général des armées navales, et fort bon marin, mourut à Sceaux, d'apoplexie, sans être gros ni vieux. Il étoit fort attaché à M. et à Mme du Maine, et sa famille à la maison de Condé, sa sœur en particulier à Madame la Princesse. Il étoit frère de l'abbé de Langeron, mort à Cambray depuis peu.

Le duc d'Albe, ambassadeur d'Espagne, étoit mort la veille, après une assez longue maladie. Il l'étoit depuis plusieurs années, et y avoit acquis une grande réputation de sagesse, d'esprit, de prudence et de capacité; il avoit aussi beaucoup de probité et de piété. Il s'étoit acquis l'estime et la confiance du Roi et des ministres, et une considération générale. Il vivoit avec la meilleure compagnie, et avec magnificence, et beaucoup de politesse et de dignité. Le roi d'Espagne fit payer toutes ses dettes, et continua quatre mois durant les appointements de l'ambassade à la duchesse d'Albe, qui ne partit point que tout ne fût payé. Le corps fut envoyé en Espagne.

Son nom est Tolède, tiré de la ville de Tolède, mais avec celui d'Alvarez pour distinguer cette maison, l'une des premières d'Espagne, de quelques autres différentes qui le portent aussi avec d'autres noms. Jean II, roi de Castille, mit dans cette maison la ville d'Alva par don, que nous appelons Albe, et qui est auprès de Salamanque, avec d'autres adjonctions en titre de comté, en 1430. Le troisième comte d'Albe fut fait duc d'Albe par Henri IV, en 1469; et c'est le bisaïeul de mâle en mâle du fameux duc d'Albe, gouverneur des Pays-Bas sous Philippe II, qui mourut en 1582 et laissa deux fils. L'aîné, qui avoit été fait duc d'Huesca, mourut sans enfants après son cadet, dont le fils lui succéda. Il épousa Ant. Enriquez de Ribera, dont le frère étant mort sans enfants, elle fit entrer dans la maison de son mari ses biens et son nom. Ainsi, ce sixième duc d'Albe, et d'Huesca par soi, fut par sa mère, héritière de la maison de Beaumont, si célèbre en Navarre et en Aragon, comte de Lerin, et connétable et chancelier héréditaire de Navarre, et par sa femme duc de Galisteo, comte d'Osorno, etc. Il fut grand-père du duc d'Albe qui mourut à Madrid d'une façon si singulière, et qui a été racontée, peu de temps [après] l'arrivée de Philippe V à Madrid; et c'est le fils de celui-là, ambassadeur en France, de la mort duquel on parle ici. On a vu ailleurs qui et quelle étoit la duchesse d'Albe, et qu'ils avoient perdu leur fils unique à Paris. Le marquis del Carpio, frère du père du duc d'Albe, lui succéda en ses grandesses et en ses biens.

Il étoit grand d'Espagne par sa femme, fille et héritière de don Gaspar de Haro[1] marquis del Carpio et d'Eliche, comte-duc d'Olivarès, ambassadeur à Rome, mort vice-roi de Naples, et fils du célèbre don Louis d'Haro qui traita la paix des Pyrénées avec le cardinal Mazarin, et qui avoit hérité des biens, dignités et premier ministère du comte-duc d'Olivarès, son oncle maternel. Ce marquis del Carpio, dont la femme étoit fille de la sœur de l'amirante de Castille, s'étoit laissé entraîner par elle dans le parti de l'archiduc; et ils étoient à Vienne, où ils marièrent leurs filles au frère du duc del Infantado, qui avoit suivi le même parti. Ils revinrent longtemps après à Madrid, où ce duc d'Albe aida au duc del Arco, parrain de mon second

---

1. Il y a bien ici *de Haro*, et deux lignes plus loin, *d'Haro*.

fils, à faire les honneurs le jour de sa couverture. J'aurai alors occasion de parler de plusieurs autres grands de cette maison de Tolède, dont étoit ce digne marquis de Mancera dont il a été mention plusieurs fois.

Amelot, à qui ses ambassades, où il avoit si bien servi, et surtout celle d'Espagne; qui ne lui avoit rien valu après l'avoir mis à portée de tout, eut enfin[1] pour son fils la charge de président à mortier de Champlâtreux, qui mourut d'apoplexie en s'habillant pour aller à la réception de d'Antin, et qui ne laissa personne en état ni en âge de la recueillir; car le Roi se souvenoit toujours du premier président Molé, garde des sceaux, et leur conserva cette charge tant qu'il y eut dans cette famille à qui la donner, qui y est revenue depuis.

Bergheyck vit assez longtemps le Roi en particulier, et les ministres séparément, passant de Flandres en Espagne, où le roi d'Espagne le mandoit avec empressement, et d'où M{{me}} des Ursins en eut beaucoup plus à le renvoyer promptement.

Le roi d'Angleterre partit en ce même temps pour aller voyager par le royaume, ennuyé apparemment de ses tristes campagnes incognito, et plus encore de demeurer à Saint-Germain pendant la guerre. On soupçonna du mystère en ce voyage, sans qu'il y en eût aucun. Il alla avec une petite suite d'abord à Dijon, puis en Franche-Comté, en Alsace, et voir l'armée d'Allemagne; de là par Lyon en Dauphiné, à l'armée du duc de Berwick, voir les ports de Provence, et revenir par le Languedoc et la Guyenne.

Le grand prieur, gobé comme on l'a marqué en son temps, obtint enfin sa liberté, sur sa parole de ne point sortir de Soleure jusqu'à ce qu'il eût obtenu la liberté de ce brigand de fils de Massenar, prisonnier à Pierre-Encise, que le Roi ne voulut point accorder.

Il avoit porté quelques jours de plus le deuil des enfants

---

1. Nous n'avons pas besoin de faire remarquer l'incorrection de cette phrase.

de Madame de Lorraine, par paresse de changer d'habit, ce qu'il n'aimoit point, comptant à tous moments de le prendre de l'Empereur ; mais l'Impératrice mère, qui gouvernoit en attendant l'archiduc, s'avisa, dans la lettre par laquelle elle lui en donnoit part, de parler fort peu à propos de la joie qu'elle auroit de revoir son autre fils, le roi d'Espagne, etc., avec tous ses titres. Cela suspendit le deuil, et lui fit renvoyer sa lettre.

Saint-Frémont mena un gros détachement de l'armée de Flandres en Allemagne. Les ennemis y en firent un plus gros, et sur le bruit que le prince Eugène l'y devoit mener lui-même, on en fit un autre pour le devancer. On sut en même temps que le roi d'Espagne donnoit en toute souveraineté à l'électeur de Bavière tout ce qui lui restoit aux Pays-Bas : de places, il n'y avoit que Luxembourg, Namur, Charleroy et Nieuport ; il y avoit longtemps que cela lui étoit promis. Il arriva en même temps à une petite maison des Moreau, riches marchands de drap, au village de Villiers, près Paris, d'où il vint à Marly descendre à l'appartement de feu Monseigneur. Torcy l'y fut trouver, et y conféra longtemps avec lui. Il le mena ensuite dans le cabinet du Roi, où il demeura jusqu'à cinq heures, et en sortit avec l'air très-satisfait. On fut de là courre le cerf. L'électeur joua au lansquenet dans le salon avec Madame la Dauphine après la chasse, et à dix heures fut souper chez d'Antin. Il retourna coucher à Villiers, et partit trois ou quatre jours après pour Namur.

Il envoya le comte d'Albert faire ses remerciements en Espagne, et y prendre soin de ses affaires. En même temps le comte de la Marck alla servir de maréchal de camp, et de ministre sans caractère public, auprès de l'électeur de Bavière. Fort peu après Gassion défit douze bataillons et dix escadrons des ennemis auprès de Douay, sur lesquels il tomba à deux heures après minuit. Il avoit fort bien dérobé sa marche, et ils ne l'attendoient pas. Il leur tua quatorze ou quinze cents hommes et ramena douze ou treize chevaux. Ce Gassion étoit petit-neveu du maréchal de Gassion, et il avoit quitté les gardes du corps, à la tête desquels il étoit arrivé, pour servir en liberté et en plein de lieutenant général, et arriver au bâton de maréchal de France. C'étoit un excellent officier général et un très-galant homme.

L'assemblée extraordinaire du clergé, qui finissoit, vint haranguer le Roi à Marly. Le cardinal de Noailles, qui en étoit seul président, étoit à la tête. Nesmond, archevêque d'Alby, porta la parole, dont je ne perdis pas un mot. Son discours, outre l'écueil inévitable de l'encens répété et prodigué, roula sur la condoléance de la mort de Monseigneur, et sur la matière qui avoit occupé l'assemblée. Sur le premier point, il dit avec assez d'éloquence ce dont il étoit susceptible, sans rien outrer. Sur l'autre, il surprit, il étonna, il enleva : on ne peut rendre avec quelle finesse il toucha la violence effective avec laquelle étoit extorqué leur don prétendu gratuit, ni avec combien d'adresse il sut mêler les louanges du Roi avec la rigueur déployée à plein des impôts. Venant après au clergé plus expressément, il osa parcourir tous les tristes effets d'une si grande continuité d'exactions sur la partie sacrée du troupeau de Jésus-Christ qui sert de pasteurs à l'autre, et ne feignit[1] point dire qu'il se croiroit coupable de la prévarication la plus criminelle, si au lieu d'imiter la force des évêques qui parloient à de mauvais princes et à des empereurs païens, lui qui se trouvoit aux pieds du meilleur et du plus pieux de tous les rois, il lui dissimuloit que le pain de la parole manquoit au peuple, et même le pain de vie, le pain des anges, faute de moyens de former des pasteurs, dont le nombre étoit tellement diminué que tous les diocèses en manquoient sans savoir où en faire. Ce trait hardi fut paraphrasé avec force, et une adresse admirable de louanges pour le faire passer.

Le Roi remercia d'une manière obligeante pour celui

---

1. Voyez tome V, p. 111 et note 1.

qui avoit si bien parlé. Il ne dédaigna pas de mêler dans sa réponse des espèces d'excuses et d'honnêtetés pour le clergé. Il finit, en montrant le Dauphin, qui étoit près de lui, aux prélats, par dire qu'il espéroit que ce prince, par sa justice et par ses talents, feroit tout mieux que lui, mêlant quelque chose de touchant sur son âge et sa mort peu éloignée; il ajouta que ce prince répareroit envers le clergé les choses que le malheur des temps l'avoit obligé d'exiger de son affection et de sa bonne volonté. Il en tira pour cette fois huit millions d'extraordinaire. Toute l'assistance fut attendrie de la réponse, et ne put se taire sur les louanges de la liberté si nouvelle de la harangue et l'adresse de l'encens dont il sut l'envelopper. Le Roi n'en parut point choqué, et la loua en gros et en peu de mots, mais obligeants, à l'archevêque, et le Dauphin parut touché et peiné de ce que le Roi dit de lui. Le Roi fit donner un grand dîner à tous les prélats et députés du second ordre, et de petits chariots ensuite pour aller voir les jardins et les eaux.

A la harangue de l'ouverture, que prononça le cardinal de Noailles, le Roi, en montrant le Dauphin au clergé, avoit dit : « Voilà un prince qui, par sa vertu et sa piété, rendra l'Église encore plus florissante et le royaume plus heureux. » C'étoit aussi à Marly.

Le Dauphin fut fort attendri, et s'en alla, aussitôt après la réponse du Roi, recevoir dans la chambre la harangue des mêmes députés par le cardinal de Noailles, qui le traita de Monseigneur, et sans ajouter, comme avoit fait le premier président à la tête de la députation du Parlement, que c'étoit par l'ordre exprès du Roi. La harangue fut belle, et la réponse courte, sage, polie, modeste, précise. Madame la Dauphine les reçut ensuite chez elle, le cardinal de Noailles portant toujours la parole. Revenons aux obsèques de Monseigneur.

On a vu p. 1098[1] que le genre de la maladie dont il

---

1. Ci-dessus, p. 282 et 283.

étoit mort n'avoit permis aucunes cérémonies, et avoit fait tout aussitôt après brusquer son enterrement. Le 18 juin, qui étoit un jeudi, fut pris pour le service de Saint-Denis, où se trouvèrent, à l'ordinaire, le clergé et les cours supérieures. Le Dauphin, M. le duc de Berry et M. le duc d'Orléans firent le deuil. Le duc de Beauvillier premier gentilhomme de la chambre unique du Dauphin, assisté de Sainte-Maure, un des menins de Monseigneur, et d'O, qui l'étoit du Dauphin, porta sa queue. Béthune Orval, depuis devenu duc de Sully, lors premier gentilhomme de la chambre de M. le duc de Berry, et Pons, maître de sa garde-robe, portèrent la sienne. Simiane et Armentières, tous deux premiers gentilshommes de la chambre de M. le duc d'Orléans, portèrent la sienne; ainsi il en eut deux, comme M. le duc de Berry, et cette égalité parut extraordinaire. Comme il n'y avoit point d'enterrement, il n'y eut point d'honneurs[1], ni personne, par conséquent, pour les porter. L'archevêque-duc de Reims, depuis cardinal de Mailly, officia, et Poncet, évêque d'Angers, y fit une très-méchante oraison funèbre.

Le Roi eut envie que les ducs y assistassent, et fut sur le point de l'ordonner. Après, l'embarras des séances le retint; mais, desirant toujours qu'ils y allassent, il s'en laissa entendre. Je contribuai à les en empêcher, de sorte qu'il ne s'y en trouva aucun autre que le duc de Beauvillier, par la nécessité de sa charge. Cela fut trouvé mauvais, et le Roi se montra un peu blessé de ce qu'aucun de ceux qui étoient à Marly n'avoient disparu ce jour-là, et plus encore quand il sut qu'il ne s'en étoit trouvé aucun autre à Saint-Denis. Personne ne répondit; on laissa couler la chose, et on tint la même conduite pour le service à Notre-Dame, où pas un duc ne se trouva.

Ce fut le vendredi 3 juillet. Les trois mêmes princes y firent le deuil. M. le duc de Berry et M. le duc d'Orléans

---

1. Voyez tome V, p. 98, note 1.

eurent les mêmes porte-queues. Le duc de Beauvillier porta celle du Dauphin, et y fut assisté par d'Urfé, menin de Monseigneur, et Gamaches, qui l'étoit du Dauphin. Le clergé et les cours supérieures s'y trouvèrent à l'ordinaire. Les trois princes s'habillèrent à l'archevêché, et vinrent à pied en cérémonie de l'archevêché au grand portail de Notre-Dame, par où ils entrèrent. Le cardinal de Noailles officia, et le P. la Rue, jésuite, tira d'un si maigre sujet une oraison funèbre qui acheva d'accabler celle de l'évêque d'Angers. Le cardinal de Noailles traita ensuite les trois princes à un dîner magnifique; le Dauphin le fit mettre à table et les seigneurs qui l'avoient suivi. Il se surpassa en attentions et en politesses, mais mesurées avec discernement. Il voulut que toutes les portes fussent ouvertes, et que la foule même le pressât. Il parla à quelques-uns de ce peuple avec une affabilité qui ne lui fit rien perdre de la gravité qu'exigeoit la triste écorce de la cérémonie; et il acheva de charmer cette multitude par le soin qu'il fit prendre d'une femme grosse qui s'y étoit indiscrètement fourrée, et à qui il envoya d'un plat dont elle n'avoit pu dissimuler l'extrême envie qui lui avoit pris d'en manger. Ce ne furent que cris d'acclamations et d'éloges à son passage à travers Paris, qui du centre gagnèrent bientôt le sentiment des provinces : tant il est vrai qu'en France il en coûte peu à ses princes pour s'y faire presque adorer. Le Roi remarqua bien la conduite des ducs à ce second service, mais il n'en témoigna rien. La fin de cette cérémonie fut l'époque de la mitigation du salon de Marly, qui reprit sa forme ordinaire, comme on l'a dit d'avance p. 1151[1].

Il est temps à présent d'en venir à la situation où je me trouvai avec le nouveau Dauphin, qui développera bien de grandes parties de ce prince et de choses curieuses. Mais il faut auparavant essuyer une bourre que je voudrois pouvoir éviter, mais qu'on verra, par

---

1. Ci-dessus, p. 440 et 441.

une prompte suite, inévitable à faire précéder un récit plus intéressant.

Il faut se souvenir de ce qui se trouve aux pages 433, 861, [1] des usurpations sur les droits de gouverneur de Blaye, que le maréchal de Montrevel ne cessoit de faire comme commandant en chef en Guyenne, et qui m'empêchèrent d'y aller lorsqu'en 1709 les dégoûts que j'ai détaillés alors me résolurent à me retirer pour toujours de la cour, et qui finirent en m'y rattachant plus que jamais à la fin de cette année et au commencement de la suivante, comme je l'ai raconté sur ces temps-là. Chamillart, avant de quitter à Desmarets le contrôle général des finances, avoit fait un édit de création jusqu'alors inconnue d'offices militaires, mais héréditaires, pour commander les garde-côtes, c'est-à-dire les paysans dont les paroisses bordent les côtes des deux mers qui baignent la France, et qui, sans autre enrôlement que le devoir et la nécessité de leur situation, sont obligés en temps de guerre de garder leurs côtes, et de se porter où il est besoin. Cette érection fut assaisonnée, comme toutes les autres de ce genre de finance, de tous les appâts de droits et de prérogatives, propres à en tirer bien de l'argent des légers et inconsidérés François, qui n'ont pu se guérir de courre après ces leurres, quoique si continuellement avertis de leur néant par la dérision que les pourvus essuient sans cesse au conseil, dès qu'ils y portent des plaintes du trouble qu'ils reçoivent dans leurs priviléges, et à qui, à la paix, on supprime les titres mêmes qu'ils ont achetés.

Cette drogue bursale fut aussitôt donnée à Pontchartrain, pour en tirer ce qu'il pourroit, en déduction de ce qui étoit dû à la marine.

Celui-ci, ardent à usurper et à étendre sa domination, trouva cette affaire fort propre à grossir ses conquêtes. Il prit thèse de ce qu'elle lui étoit donnée pour remplace-

---

1. Page 72 de notre tome IV, et page 49 et 50 de notre tome VII. Après le chiffre 861, il y a un blanc au manuscrit.

ment des fonds très-arriérés de la marine, et pour cela
même, de la raison de l'augmenter et de l'en laisser le
maître; il s'en fit donner le projet d'édit, et le changea,
le grossit et le dressa comme il lui plut. Il ne négligea pas
d'y couler une clause par laquelle ces nouveaux officiers
garde-côtes n'obéiroient qu'aux seuls gouverneurs, com-
mandants en chef et lieutenants généraux des provinces,
et seroient sous la charge de l'amiral et du département
de la marine. Il en ôta celle qui restreignoit la création
aux lieux où la garde des côtes étoit seulement en usage
de tout temps; et non content d'y comprendre toute la
vaste étendue des côtes des deux mers, il y ajouta les
deux bords des rivières qui s'y embouchent, en remontant fort haut, et y prit la précaution de dénommer les
lieux jusqu'où cela devoit s'étendre sur chacune. Il forma
ainsi des capitaines garde-côtes, non-seulement le long
des deux mers, mais fort avant dans les terres, par le
moyen des bords des rivières, et mit tous ces pays en
proie aux avanies et aux vexations de ceux qu'il pourvut
de ces charges.

Je ne sus rien de tout cela que lorsque Pontchartrain
eut bien consommé son ouvrage, et qu'il me dit alors,
sans aucune explication, que je ferois bien de chercher
quelqu'un qui me convînt pour la garde-côte de mon gouvernement. Je pris cet avis pour un desir de trouver à dé-
biter sa marchandise, et je ne m'en inquiétai pas. Assez
longtemps après il m'en reparla, et me pressa de lui
trouver quelqu'un, pour éviter qu'un inconnu venu au
hasard ne me fît de la peine. Je lui répondis que qui que
ce fût qui prît cette charge de garde-côte ne pouvoit s'empêcher d'y être sous mes ordres, et qu'ainsi peu m'importoit qui le fût. Il ne m'en dit pas davantage, et la chose
en demeura là pour lors.

Dans la suite, je voulus faire régler mon droit et les
prétentions du maréchal de Montrevel par Chamillart,
pour sortir d'affaires; Montrevel ne l'osa refuser, et il céda
d'abord les milices de Blaye. Elles avoient dans tous les

temps été sous la seule autorité de mon père, et leurs officiers pourvus par des commissions en son nom. M. de Louvois, avec qui il n'avoit jamais été bien, et qui n'ignoroit pas cet usage, n'avoit jamais songé à le contester. Chamillart, tout mon ami qu'il étoit, fut plus secrétaire d'État que Louvois. Il me fit entendre que le Roi ne s'accommoderoit pas de cet usage, dont toutefois il s'étoit toujours accommodé, mais dont, en style de secrétaire d'État, le pauvre Chamillart ne s'accommodoit pas lui-même; mais il me dit que je n'avois qu'à nommer, et que, sur ma nomination, l'expédition se feroit en ses bureaux.

Alors Pontchartrain, qui suivoit sournoisement et avec grande attention les suites de mes contestations avec le maréchal de Montrevel, et aux questions duquel je répondois sans défiance, parce que je ne lui voyois point d'intérêt là-dedans, me dit que puisqu'il falloit une expédition au nom du Roi sur ma nomination, comme il pensoit de même que Chamillart, et par le même intérêt, c'étoit aux bureaux de la marine et non en ceux de la guerre qu'elle devoit être faite; fondé sur ce que ces officiers nommés par moi serviroient sous la Motte d'Ayran, capitaine de vaisseau, qu'il avoit destiné garde-côte pour Blaye et tout ce pays-là, et qu'aux termes de l'édit, ces capitaines garde-côtes étoient sous la charge de l'amiral et du département de la marine. Chamillart, au contraire, regardoit ces milices comme troupes de terre, ainsi qu'elles avoient toujours été, et il s'appuyoit sur leur comparaison avec les milices du Boulonnois qui borde la mer, qui avoit un capitaine garde-côte de cette nouvelle création, lesquelles cependant étoient demeurées troupes de terre, et dont les officiers s'expédioient aux bureaux de la guerre, sur la nomination de M. d'Aumont, gouverneur de Boulogne. Ces deux secrétaires d'État, de longue main aigris et hors de mesure ensemble, s'opiniâtrèrent dans leurs prétentions, et à en porter le jugement au Roi.

Le plus court et le plus simple étoit de me laisser suivre

l'ancien usage, qui n'avoit point été contredit, et d'éviter cette nouvelle querelle entre eux, en me laissant donner les commissions en mon nom; mais cette sagesse n'accommodoit pas l'usurpation commune de leurs charges aux dépens de la mienne, quoi[que] si intimement lié avec tous les deux. Ils l'eussent également mis à couvert en acceptant la proposition que je leur fis de faire expédier aux bureaux de la Vrillière, secrétaire d'État ayant la Guyenne dans son département. Aucun des deux n'y voulut entendre, ni démordre de sa prétention. Chamillart, dans la faveur où il étoit alors, et appuyé de l'exemple de Boulogne, l'auroit emporté, et Pontchartrain en auroit eu tout le dégoût. C'étoit commettre mes deux amis, si ennemis, ensemble : je crus donc devoir suspendre ma nomination. Le chancelier et son fils m'en remercièrent, et parurent sentir l'amitié de ce sacrifice, piqué au point où je l'étois contre Montrevel, et aussi intéressé à me remettre en possession de mes milices, et dégrossir d'autant les contestations à décider entre nous. Dans cette situation, le temps s'écoula jusqu'à la chute de Chamillart, comme je crois l'avoir raconté en son lieu, et Montrevel refusa tout net le maréchal de Boufflers d'en passer par son avis.

Pendant tout cela je voulus profiter de la nouveauté de Voysin dans la charge de Chamillart, qui n'auroit pas l'éveil de cette dispute, et faire expédier aux bureaux de la marine. La vie coupée de la cour, le mariage de Mme la duchesse de Berry, avec tout ce qui précéda et suivit cette grande affaire, et mille autres enchaînements, traînèrent ma nomination jusqu'à l'hiver qui précéda la mort de Monseigneur. Je voulus donc enfin terminer une chose dont le délai étoit indécent, et nuisible même au service. Mais quelle fut ma surprise lorsque, sur le point de nommer, Pontchartrain me déclara que c'étoit un droit du capitaine garde-côte, ajoutant aussitôt que la Motte d'Ayran ne l'exerceroit qu'avec mon agrément, par où il n'auroit que l'apparence, dont je conserverois la réalité !

J'eus la sagesse de me contenir, et de descendre jusqu'à plaider ma cause : j'alléguai les commissions de mon père, que j'étois en état de rapporter, le droit immémorial et la clarté de ce droit par la cession de Montrevel même, qui, si actif et si roide en prétentions, s'étoit vu forcé d'abandonner celle-là de lui-même, après l'avoir si vivement soutenue, l'étrange contraste d'être dépouillé d'un droit si certain par un homme qui m'étoit nécessairement subordonné, et que j'exerçois indépendamment du gouverneur de la province, représenté en tout par le commandant en chef; je ne dédaignai pas de lui dire qu'il étoit plus honorable pour lui d'expédier sur ma nomination que sur celle d'un capitaine garde-côte; enfin je le fis souvenir du sacrifice que je lui avois fait trois ans durant de suspendre ma nomination, que ni lui ni Chamillart ne me contestoient, mais qui vouloient chacun expédier dessus; les remerciements que le chancelier et lui m'avoient faits de ne pas les commettre avec ce ministre dans sa faveur si supérieure, et l'indigne fruit que j'en retirois par la perte de mon droit, qui étoit ce que je pouvois attendre de pis d'un ennemi en sa place, lui si personnellement engagé, dans ce fait même, et en général par l'alliance si proche et une si longue et si intime amitié et si éprouvée de sa part, à chercher à augmenter mon autorité à Blaye, et non pas à me dépouiller de celle que j'y avois de droit, d'usage, et de tout temps. Rien de tout cela ne fut contesté; j'eus un aveu formel sur chaque article : toutefois je parlois aux rochers.

Pontchartrain se retrancha sur l'attribution formelle de l'édit, et par cela même se chargeoit d'un nouveau crime, puisqu'il l'avoit changé et amplifié à dessein. Je me défendis sur la notoriété publique que ces édits, uniquement faits pour tirer de l'argent, n'avoient point d'effet contre des possessions et des titres, souvent même contre ce qui n'en avoit point. J'en donnai l'exemple de M. d'Aumont pour Boulogne, rivage de la mer vis-à-vis l'Angleterre, moi si loin d'elle et si avancé dans les terres, et celui des divers édits de création de charges municipales, dont les traitants avoient voulu jouir à Blaye, où j'avois toujours maintenu les jurats de ma nomination.

Pontchartrain répliqua que les édits ne pouvoient nuire au service; qu'il en étoit que les milices de Boulogne, si voisines de la frontière, continuassent d'y servir, ce qui emportoit exception de l'édit à leur égard, ce qui n'étoit point à l'égard de Blaye, nommément compris dans l'édit pour une capitainerie garde-côte, c'est-à-dire dans un supplément postérieur de l'édit qu'il avoit fait ajouter; que ce qui m'étoit arrivé pour les jurats de Blaye marquoit bien que j'aurois pu avoir le même succès sur l'édit des garde-côtes, si je m'en fusse plaint à temps, mais qu'il étoit maintenant trop tard. Je répondis que je n'avois parlé sur les jurats que lorsque les traitants avoient voulu vendre ces charges à Blaye, et longtemps après les édits rendus, que Chamillart, puis Desmarets, m'avoient, l'un après l'autre, fait justice au moment que je l'avois demandée, quoique ils n'y fussent pas tenus, comme lui l'étoit, par une obligation réelle et essentielle sur ce même fait, laquelle il me donnoit maintenant pour un obstacle invincible. Ces derniers mots, prononcés avec feu, coupèrent la parole à Pontchartrain : il se jeta dans les protestations que ma satisfaction lui étoit si chère qu'il feroit jusqu'à l'impossible pour me la procurer, et que nous en reparlerions une autre fois. L'embarras du procédé et de la misère des raisons le réduisoient[1] à chercher à finir une conversation si difficile pour lui à soutenir; le dépit, qui de moment à autre s'augmentoit en moi, d'une tromperie si préparée et si étrangement conduite par une si noire ingratitude, avoit besoin de n'être plus excité : je ne cherchai donc aussi qu'à la finir.

J'ai annoncé de la bourre, et je suis obligé d'avertir que ce n'est pas fait, mais qu'elle est absolument nécessaire

---

1. Ce verbe est bien au pluriel.

aux choses qui la suivront, et qui en dédommageront. Pour la continuer, Mme de Saint-Simon, aussi surprise que moi de ce que je lui racontai, mais toujours plus sage, m'exhorta à ne rien marquer, à vivre avec Pontchartrain à l'ordinaire, à laisser reposer cette fantaisie, à la laisser dissiper, et à ne pas croire qu'il pût s'aheurter à une prétention qui le devoit toucher si peu et sur laquelle il me voyoit si sensible. J'en usai, comme elle le desira, accoutumé par amitié et par une heureuse expérience à déférer à ses avis.

Au bout de quelque temps elle lui parla : il se confondit en respects, mais sans rien de plus solide. Peu après, étant à Marly, il me dit qu'il étoit résolu à tout faire pour me contenter, qu'il croyoit néanmoins qu'il valoit mieux ne point traiter l'affaire ensemble, et qu'il me prioit de trouver bon d'entendre là-dessus d'Aubanton, un de ses premiers commis : j'y consentis, sans entrer plus avant en matière,

Deux jours après, Aubanton vint un matin chez moi. J'écoutai patiemment une flatteuse rhétorique pour me faire goûter ce que Pontchartrain m'avoit proposé. Je voulus bien expliquer les mêmes raisons que j'ai abrégées plus haut. Aubanton n'eut rien à y répondre, sinon d'essayer de me persuader que, par la nécessité de mon agrément, j'avois le fond de la chose, et le capitaine garde-côte l'écorce par sa nomination. Je voulus bien encore parler honnêtement : je répondis qu'il étoit du bon sens, de la prudence et de l'usage de terminer les choses durables d'une manière qui le fût aussi, que je voulois bien ne pas douter qu'aucune nomination du capitaine garde-côte ne seroit expédiée que de mon agrément, tant que Pontchartrain et moi serions, lui en place d'expédier, moi d'agréer ou non, mais que cela pouvoit changer par la mutation de toutes les choses de ce monde, qu'alors je serois pris pour dupe par un autre secrétaire d'État qui ne se croiroit pas tenu aux mêmes égards, qu'avec Pontchartrain même ces égards pouvoient devenir susceptibles de mille queues fâcheuses, lorsque le capitaine garde-côte et moi ne serions pas d'accord sur les choix, qu'il étoit donc plus court et plus simple de me laisser continuer à jouir de mon droit, et qu'après tout ce qui s'étoit passé là-dessus de si personnel à Pontchartrain de ma part, je ne pouvois croire qu'il aimât mieux un capitaine garde-côte que moi, jusqu'à l'enrichir de ma dépouille. Honnêtetés de ma part, mais avec grande fermeté, respects et protestations de celle d'Aubanton, terminèrent cette inutile visite. Il me pressa de lui accorder encore une audience, et de penser moi-même à quelque expédient, que Pontchartrain embrasseroit sûrement avec transport de joie.

Huit jours après, Aubanton revint avec force compliments pour toutes choses. J'avois cependant rêvé à quelque expédient pour me tirer d'embarras sans tout perdre et sans me brouiller. J'en étois retenu par le respect d'une liaison de vingt ans, de la mémoire de celle dont l'alliance l'avoit formée, de l'intimité du chancelier et de la chancelière, auxquels je n'avois pas dit un mot de tout cela jusqu'alors pour en attendre le dénouement ; et ces considérations enchaînèrent ma colère d'un procédé si double et si indigne. Je les fis donc sentir à d'Aubanton, et lui dis qu'elles m'avoient amené à un expédient où je mettois tant au jeu que j'étois surpris moi-même d'avoir pu m'y résoudre, mais que l'amitié l'avoit emporté : c'étoit d'accepter la nomination des officiers des milices de Blaye par le capitaine garde-côte, qui ne seroit expédiée que de mon agrément, comme Pontchartrain le proposoit, mais d'y ajouter au moins, pour que cet agrément demeurât solide et nécessaire, la nécessité de mon attache sur les expéditions, à l'exemple en très-petit de l'attache du colonel général de la cavalerie sur les commissions de tous les officiers de la cavalerie. Aubanton, avec esprit me laissa voir qu'il goûtoit fort l'expédient, et en même temps qu'il n'espéroit pas qu'il fût accepté. Il me quitta en prenant jour pour la réponse.

Elle fut telle qu'Aubanton l'avoit prévue : il me dit que Pontchartrain n'osoit expédier en une forme insolite sans permission du Roi, à qui il ne croyoit pas qu'il fût à propos pour moi de la demander. Je répondis à d'Aubanton, en remontant mon ton, sans sortir pourtant d'un air de politesse pour lui et de modestie pour moi, que je n'étois pas surpris qu'une telle affaire eût une pareille issue depuis que Pontchartrain en avoit fait la sienne propre; que c'étoit le prix de vingt ans d'amitié, et de ma complaisance du temps de Chamillart pour n'en pas dire davantage; qu'après ce sacrifice, si bien senti alors par lui, et dans une alliance si proche qu'il pouvoit un peu compter, il me faisoit un tour que je ne pourrois attendre d'un autre secrétaire d'État en sa place avec qui je serois dans la plus parfaite indifférence; que j'entendois bien le nœud de la difficulté, qui étoit qu'à l'ombre d'une nomination subalterne et obscure d'un capitaine garde-côte, si fort sous sa main, il feroit de ces emplois les récompenses de ses laquais; qu'il y avoit tant de distance de l'étendue du pouvoir de sa charge aux bornes si étroites de mon gouvernement que je ne laissois pas d'être surpris qu'il pût être touché de l'accroître de ma dépouille, jusqu'à l'avoir si adroitement, si longuement et si ténébreusement ménagée; que tant que j'avois cru n'avoir affaire qu'à un édit bursal et à un capitaine garde-côte, l'évidente bonté de mes raisons me les avoit fait soutenir; que voyant clair enfin, et ne pouvant plus méconnoître ce que je m'étois caché à moi-même tant que j'avois pu, je savois trop la disproportion sans bornes du crédit de la place de Pontchartrain à celui d'un duc et pair, et d'un homme de ma sorte, pour prendre le parti de lutter avec lui; que je sentois dans toute son étendue la facile victoire qu'il remportoit sur moi, et les moyens obscurs qui pied à pied la lui acquéroient; que je cédois dans la pleine connoissance de mon impuissance, mais qu'en cédant je cédois tout, et n'entendrois jamais parler sur quoi que ce pût être des milices de Blaye.

Aubanton, effrayé d'une déclaration si compassée, car je me possédai tout entier, mais si nette et si expressive dans ses termes, dans son ton, dans toute ma contenance, et peut-être par le feu échappé de mes regards, déploya pour me ramener le reste de son bien-dire : il m'étala les respects et les desirs de Pontchartrain ; il me représenta adroitement qu'en abandonnant jusqu'à la discipline et au commandement des milices de Blaye, je me faisois un tort à quoi rien ne m'obligeoit, et qui dans la suite me pourroit sembler trop précipité. Je sentis à son discours et à son maintien l'extrême honte que lui donnoit sa misérable ambassade, et les suites que, tout premier commis qu'il étoit d'un cinquième roi de France, il n'étoit pas hors d'état de prévoir. Toute ma réponse fut un simple sourire, et de me lever. Alors il me conjura de ne pas regarder l'affaire comme finie ; je l'interrompis par des honnêtetés personnelles, et de la satisfaction de l'avoir connu, et je l'éconduisis de la sorte.

Outré de colère et d'indignation, je me donnai quelques jours. Mené après toujours par les mêmes motifs, je voulus abuser de ma patience, et jouir aussi de l'embarras d'un si misérable ravisseur. Il me dit en paroles entrecoupées qu'il s'estimoit bien malheureux que mon amitié fût au prix de l'impossible. Je répondis d'un air assez ouvert que je la croyois bien au-dessous, qu'apparemment il avoit vu Aubanton, que cela étant, la matière étoit épuisée et inutile à traiter. Il répliqua d'un air confondu quelques demi-mots sur l'ancienneté de l'amitié. Je lui dis d'un air simple que je ne demandois jamais ce qu'on ne pouvoit pas, que je cédois tout, et qu'après cela il n'y avoit plus à en parler. Là-dessus il me donna carte blanche pour nous en rapporter à qui je voudrois. Je n'ignorois pas quel jugement je pouvois attendre entre lui et moi dans une cour aussi servile ; ainsi je répondis qu'à une affaire finie il ne falloit point de juge. Alors il me proposa son père ; je n'eus pas la force de le refuser.

Jusqu'alors qui que ce soit n'avoit su ce qui se passoit entre nous. J'ai dit ci-devant ce qui me retenoit d'éclater, et il n'avoit garde aussi de montrer son tissu d'infamie.

Revenus à Versailles, car le chancelier ne paroissoit à Marly qu'aux conseils, je lui contai ce qu'il ignoroit depuis la chute de Chamillart. Il ne balança pas à me réitérer ses remerciements de la suspension de ma nomination avant cette chute, fit après une longue préface sur son peu d'indulgence pour son fils, ses défauts, ses sottises, la parfaite connoissance et la parfaite douleur qu'il en avoit, et de là me répéta toutes ses raisons entortillées de sophismes, qu'il avoit excellemment à la main quand il en avoit besoin, les entremêla d'autorité, et prétendit enfin que je réduisois son fils à l'impossible. Mon extrême surprise m'ôta toute repartie; je lui dis seulement que je ne me croyois de tort que de n'avoir pas nommé sans ménagement du temps de Chamillart; mais la parole me rentra tout à fait dans la poitrine par sa réplique, que j'aurois bien fait d'avoir nommé alors, et je ne songeai qu'à gagner la porte.

On a vu en différents endroits dans quelle amitié et dans quelle confiance réciproque je vivois avec le chancelier, et avec quelle adresse, de concert avec Mme de Saint-Simon, il m'empêcha de quitter la cour à la fin de 1709, où je me trouvois maintenant dans la situation la plus agréable, et comme on le verra incontinent, dans les espérances les plus flatteuses et les plus solidement fondées. Ce contraste avec l'état où je me serois trouvé dans la retraite que je voulois faire éteignit à son égard la colère de le voir soutenir la perfidie de son fils, mais à la vérité pour la porter sur ce fils toute entière, tellement que je finis une seconde conversation avec le chancelier par lui dire que la matière étoit épuisée, que nous ne nous persuaderions pas l'un l'autre, que je ne répondrois plus un seul mot à tout ce qu'il pourroit m'en dire, mais qu'il trouveroit bon aussi que je demeurasse dans ma résolution de n'ouïr jamais parler en rien des milices de Blaye, et d'en laisser faire à son fils et à son capitaine garde-côte tout ce que bon leur sembleroit. Le chancelier entendit ce françois; il me répondit avec embarras et quelque honte que je faisois mal, mais que j'étois le maître.

Lui, la chancelière et Pontchartrain pressèrent extrêmement Mme de Saint-Simon de m'engager à acheter la capitainerie garde-côte de Blaye, et il parut bientôt qu'ils n'avoient pas prévu l'embarras où les jetoit ma fermeté, à laquelle ils ne s'étoient pas attendus, et qu'ils auroient bien voulu ne s'être pas engagés si avant, c'est-à-dire le fils, dans une si vilaine affaire, projetée et conduite à son ordinaire sans la participation de son père, et celui-ci à ne l'y pas soutenir quand il l'eut apprise pour être arbitre entre nous deux.

Pour se tirer d'un si mauvais pas, ils proposèrent à Mme de Saint-Simon d'emprunter de celui qu'ils lui nommeroient le prix de cette capitainerie, soit que ce fût un prêteur effectif, soit qu'il ne donnât que son nom pour couvrir leur bourse, avec stipulation expresse qu'il se contenteroit des gages de la charge pour tout intérêt de la somme, et sans être tenus de les lui faire bons au cas qu'ils ne fussent point payés, de n'avoir que la charge même pour toute hypothèque, et à sa perte si elle se supprimoit et étoit mal ou point payée, sans pouvoir nous en jamais rien demander, et de porter seul toutes les taxes, augmentations de gages, et toute autre espèce de choses dont on accabloit tous les jours ces nouvelles créations, sans que nous y pussions entrer pour rien : c'étoit, en un mot, que je voulusse bien recevoir la charge sans bourse délier, et sans pouvoir y courir aucune sorte de risque.

J'étois si aigri que je fus longtemps sans en vouloir ouïr parler. Je consentis enfin, par complaisance pour Mme de Saint-Simon, mais à condition que devant ni après la chose faite, et qui ne se fit point, ils ne m'en parleroient jamais.

Je vis rarement et sérieusement Pontchartrain depuis cette rare affaire, et c'est où nous en étions à la mort de Monseigneur. Pour le chancelier, je vécus avec lui tout à mon ordinaire; elle n'apporta pas le moindre refroidissement entre nous, comme on le peut voir par ce qui a été rapporté sur la prétention d'Espernon et de Chaulnes et l'édit de 1711, tant la reconnoissance eut de pouvoir sur moi. On verra bientôt qu'elle ne se borna pas là.

FIN DU HUITIÈME VOLUME.

TABLE

DES CHAPITRES DU HUITIÈME VOLUME.

CHAPITRE PREMIER. — Motifs de la volonté si fort déterminée de faire Mme de Saint-Simon dame d'honneur de Mme la duchesse de Berry. — Menées pour empêcher que cette place ne fût donnée à Mme de Saint-Simon ; leur inutilité singulière. — Mme de Caylus arrogamment refusée pour dame d'atour par Mme de Maintenon à Monseigneur. — Je propose et conduis fort près du but Mme de Cheverny pour dame d'atour ; quelle elle étoit. — Exhortations et menaces par le maréchal de Boufflers, avec tout l'air de mission du Roi. — Motifs qui excluent Mme de Cheverny ; Mme de la Vieuville secrètement choisie. — Inquiétude du Roi d'être refusé par moi. — Le Roi me parle dans son cabinet, et y déclare Mme de Saint-Simon dame d'honneur de la future duchesse de Berry ; sa réception du Roi et des personnes royales. — Je vais chez Mme de Maintenon ; son gentil compliment. — Assaisonnements de la place de dame d'honneur. — La marquise de la Vieuville déclarée dame d'atour de la future duchesse de Berry ; sa naissance et son caractère, et de son mari. — M. le duc d'Orléans mortifié par l'Espagne. — Mouvements sur porter la queue de la mante ; facilité de M. le duc d'Orléans ; baptême de ses filles ; fiançailles. — Mariage de M. le duc de Berry et de Mademoiselle. — Festin où les enfants de M. du Maine sont admis, ainsi qu'à la signature du contrat, pour la première fois. — Le duc de Beauvillier, comme gouverneur, est préféré au duc de Bouillon, grand chambellan, à présenter au Roi la chemise de M. le duc de Berry. — Visite et douleur de la reine et de la princesse d'Angleterre. — Mme de Maré refuse obstinément d'être dame d'atour ; quelle ; son traitement ; causes de ce refus trop sensées ; tristes réflexions..   1

CHAPITRE II. — Dépôts des papiers d'État. — Destination des généraux d'armée pareille à la dernière. — Villars se perd auprès du Roi, et se relève incontinent. — Rare aventure de deux lettres contradictoires de Montesquiou, qui brouille Villars avec lui.—Douay assiégé, Albergotti dedans. — Berwick envoyé examiner ce qui se passoit à l'armée de Flandres. —Récompenses d'avance.—Fortune rapide de Berwick, qui est fait duc et pair; clause étrange de ses lettres, et sa cause; nom étrange imposé à son duché, et pourquoi; usage d'Angleterre.—Berwick en Dauphiné; reçu duc et pair à son retour; étrange absence d'esprit de Caumartin au repas de cette réception.—Chapelle de Versailles bénie par le cardinal de Noailles, archevêque de Paris, qui l'emporte sur la prétendue exemption.— Mort de la duchesse de la Vallière, carmélite, etc., dont la princesse de Conti drape. — Mort de Sablé. — Mort et caractère du maréchal de Joyeuse. — Villars gouverneur de Metz. — Mort de Renti et de sa sœur, la maréchale de Choiseul. — État de l'armée et de la frontière de Flandres, et du siége de Douay. — Entreprise manquée sur Ypres. — Bagatelle à Liége. — Douay rendu; Albergotti chevalier de l'ordre, etc. — Béthune assiégé, Puy Vauban gouverneur dedans. — Béthune rendu; récompenses. — Entreprise manquée sur Menin. — Retour de nos plénipotentiaires. —Ridicule aventure du maréchal de Villars et d'Heudicourt.— Villars veut aller aux eaux. — Harcourt sur le Rhin mandé à la cour; est reçu duc et pair au Parlement; va commander l'armée de Flandres. — Aire et Saint-Venant assiégés; Goesbriant dans Aire; force combats; Ravignan bat un convoi. — Listenois et Béranger tués; le chevalier de Rothelin fort blessé. — Aire et Saint-Venant rendus; Goesbriant chevalier de l'ordre; campagnes finies en Flandres, sur le Rhin et en Dauphiné, sans qu'il se passe rien aux deux dernières..... 30

CHAPITRE III. — Situation du cardinal de Bouillon. — État de la famille du cardinal de Bouillon, et ses idées bâties dessus. — Cardinal de Bouillon, furieux de la perte d'un procès, passe à Montrouge [et] à Ormesson. — Évasion du cardinal de Bouillon, que le prince d'Auvergne conduit à l'armée des ennemis, où il reçoit toutes sortes d'honneurs. — Lettre folle du cardinal de Bouillon au Roi. — Analyse de cette lettre................ 55

CHAPITRE IV. — Réflexion sur le rang de prince étranger; son époque. —Temporel du cardinal de Bouillon saisi; ordre du Roi au Parlement de lui faire son procès; conduite de sa maison. — Lettre du Roi au cardinal de la Trémoille.— Réflexions sur cette lettre.— Cardinal de Bouillon, etc., décrétés de prise de corps par le Parlement, qui après s'arrête tout court, et les procédures tombent.—Réflexion sur les cardinaux françois.—De Bar, faussaire des Bouillons, se tue à la Bastille. —Baluze destitué et chassé; arrêt du conseil qui condamne au pilon son *Histoire généalogique de la maison d'Auvergne*, bon à voir. — Collations du cardinal de Bouillon commises aux ordinaires des lieux. — Tout monument de prétendue principauté ôté des registres des curés de la cour, et des abbayes de Cluni et de Saint-Denis, par ordre du Roi. — Nouvelles félonies du cardinal de Bouillon à Tournay. — Duc de Bouillon bien avec le Roi; sa femme et ses fils mal, et ses neveux. — Duc de Bouillon parle au Roi et au chancelier; écrivant au Roi, n'avoit jamais signé *sujet*, et ne peut encore être induit à s'avouer l'être. — Articles proposés au Roi, à faire porter de sa part au Parlement, sur la maison de Bouillon. — Justice et usage de ces articles. — Fausse et criminelle rature dans les registres du Parlement. — Le Roi ordonne à Daguesseau, procureur général, de porter et procéder sur ces articles au Parlement, qui élude et sauve la maison de Bouillon. — Infidélité de Pontchartrain en faveur du cardinal de Bouillon. — Réflexions. — Mort du prince d'Auvergne; le Roi défend à ses parents d'en porter le deuil, et fait défaire le frère de l'abbé d'Auvergne d'un canonicat de Liége. — Cardinal de Bouillon se fait abbé de Saint-Amand contre les bulles données, sur la nomination du Roi, au cardinal de la Trémoille. — Le Roi desire inutilement de faire tomber la coadjutorerie de Cluni. — Extraction, fortune et mariage du prince de Berghes avec une fille du duc de Rohan. — Perte du duc de Mortemart au jeu. — Le secrétaire du maréchal de Montesquiou passe aux ennemis avec ses chiffres. 73

Chapitre V. — Art et manége du P. Tellier sur les bénéfices. — Mailly, archevêque d'Arles, passe à Reims. — Janson archevêque d'Arles. — Le Normand évêque d'Évreux. — Turgot évêque de Séez. — Dromesnil évêque d'Autun, puis de Verdun. — Abbé de Maulevrier; sa famille; son caractère. — Mort de l'abbé de Langeron. — Cardinal Gualterio met les armes de France sur la porte de son palais à Rome. — Mort de Mme de Caderousse; naissance et caractère d'elle et de son mari. — Ducs d'Avignon; ce que c'est. — Mort du lieutenant civil le Camus; son caractère; Argouges lieutenant civil. — Mort de la Vienne, premier valet de chambre du Roi. — Mort de la marquise de Laval. — Mort de Dénonville. — Duchesse de Luynes gagne un grand procès contre Matignon. — Mort du marquis de Bellefonds; le marquis du Châtelet gouverneur et capitaine de Vincennes. — Souper de Saint-Cloud. — Tentative de la flotte ennemie sur Agde et le port de Cette, sans succès. — Situation de l'Espagne; Mme des Ursins fait un léger semblant de la quitter. — M. de Vendôme de nouveau demandé par l'Espagne. — Le Roi d'Espagne en Aragon, à la tête de son armée; Villadarias sous lui. — Duc de Medina Celi arrêté, conduit à Ségovie, puis à Bayonne avec Flotte. — Petits exploits des Espagnols. — Staremberg bat les quartiers de l'armée du roi d'Espagne, qui se retire sous Saragosse. — Vendôme va en Espagne, est froidement reçu à la cour, et mal par Mme la duchesse de Bourgogne. . . 98

Chapitre VI. — Bataille de Saragosse, où l'armée d'Espagne est défaite. — Ducs de Vendôme et de Noailles à Bayonne; Monteil à Versailles. — Duc de Noailles va avec le duc de Vendôme trouver le roi d'Espagne à Valladolid. — Stanhope emporte contre Staremberg de marcher à Madrid.—La cour fort suivie se retire de Madrid à Valladolid; merveilles de la Reine et du peuple. — Magnanimité du vieux marquis de Mancera. — Courage de la cour; prodiges des Espagnols. — L'archiduc à Madrid tristement proclamé et reçu. — Mancera refuse de prêter serment et de reconnoître l'archiduc et de le voir.—Éloge des Espagnols, qui dressent une nouvelle armée. — Insolence de Stanhope à l'égard de Staremberg, qui se retire vers Tolède. — Ducs de Vendôme et de Noailles à Valladolid en même temps que la cour. — Le Roi va à la tête de son armée avec Vendôme; la Reine à Vittoria; le duc de Noailles à Versailles, et de là en Roussillon; son armée. — Six nouveaux capitaines généraux d'armée. — Paredès et Palma, grands, passent à l'archiduc, qui de sa personne se retire à Barcelone; d'autres seigneurs arrêtés. — Staremberg, en quittant Tolède, en brûle le beau palais. — Le roi d'Espagne, pour trois jours à Madrid; y visite le marquis de Mancera.—Piége tendu par Staremberg. — Stanhope, etc., emportés et pris dans Brihuega. — Bataille de Villaviciosa perdue par Staremberg, qui se retire en Catalogne.— Belle action du comte de S. Estevan de Gormaz. — Réflexions sur ces deux actions et sur l'étrange conduite du duc de Vendôme. — Zuniga dépêché au Roi. — Vains efforts de la cabale de Vendôme. — La cour d'Espagne presque tout l'hiver à Saragosse. — Stanhope perdu et dépouillé de ses emplois.—Duc de Noailles investit Girone. — Misérable flatterie de l'abbé de Polignac sur Marly. — Amelot inutilement redemandé en Espagne, qui ne veut point de l'abbé de Polignac. 113

Chapitre VII. — Prince de Lorraine coadjuteur de Trèves. — Mort et caractère du cardinal Grimani. — Mort et famille de la duchesse de Modène; son deuil. — Mort et fortune du prince de Salm. — Mort du comte de Noailles. — Mort et caractère de Mme de Ravetot; sa famille et celle de son mari. — Mort, famille et singularité de l'abbé de Pompadour. — Dixième denier. — P. Tellier persuade le Roi que tous les biens de ses sujets sont à lui. — Explication du conseil des finances. — Monseigneur et Mgr le duc de Bourgogne fâchés du dixième; sortie de Mgr le duc de Bourgogne contre les financiers. — Du Mont m'avertit de la plus folle calomnie persuadée contre moi à Monseigneur; crédulité inconcevable de ce prince. — Mme de Saint-Simon s'adresse à Mme la duchesse de Bourgogne, qui détrompe pleinement Monseigneur et me tire d'affaire. 132

Chapitre VIII.—Abbé de Vaubrun rappelé après dix ans d'exil; sa famille, son caractère — Bulle qui condamne les jésuites sur les usages chinois. — Cinq hommes d'augmentation par compagnie d'infanterie. — Taxe d'usuriers. — Refonte et profit de la monnoie. — Pont de Moulins tombé; ravages de la Loire. — Grand prieur enlevé par une espèce de partisan impérial. — Apanage et maisons de M. et de Mme la duchesse de Berry. — Rare méprise. — Benoist, contrôleur de la bouche, homme dangereux — Scrupule du Roi sur la vénalité des charges de ses aumôniers. — Mme de la Rochepot fort étrangement admise, comme femme du chancelier de M. le duc de Berry, à Marly, à table, et dans les carrosses de Mme la duchesse de Bourgogne; Mme la duchesse de Bourgogne seule maîtresse indépendante de sa maison. — Retour des généraux. — Fervaques quitte le service. — Mort du lord Greffin. — Mort de Spanheim. — Mort et deuil de la duchesse de Mantoue. — Prétendu faiseur d'or; Boudin, son état et son caractère. — Bals, fêtes et plaisirs à la cour tout l'hiver. . . 155

Chapitre IX. — 1711. — Prince de Conti, Medavid, du Bourg, Albergotti, Goesbriant, reçus chevaliers de l'ordre. — Singularités sur le prince de Conti. — Goesbriant gouverneur de Verdun. — Mariage de Châtillon avec une fille de Voysin. — Électeur de Cologne à Paris et à la cour, dit la messe à Mme la duchesse de Bourgogne; son étrange poisson d'avril. — Mort de l'électeur de Trèves. — La Porte déclare la guerre à la Russie. — Nangis colonel du régiment du Roi. — Mort, famille et caractère de Feuquières. — Réflexion sur les vilains. — Mort et caractère d'Estrades; sa naissance. — Prétention et procès de d'Antin sur la dignité de duc et pair d'Espernon. — D'Antin obtient permission du Roi d'intenter son procès; ruse et artifice de son discours. — Appartement du Roi à Marly. — Ferme et nombreuse résolution de défense. — Avis sensé et hardi d'Harcourt. — Causes de fermeté. — Mesures prises. — Je refuse la direction de l'affaire, dont je fais charger les ducs de Charost et d'Humières. — Opposition à d'Antin signée. — Étrange procédé du duc de Mortemart. — Souplesse de d'Antin. — Partialité du Roi pour d'Antin inutile. — Misérable procédé de la Feuillade. — Ducs dyscoles[1]. — Aiguillon. — Le Roi fait déclarer son impartialité au Parlement. — Inquiétude singulière du duc de Beauvillier à la réception du duc de Saint-Aignan, son frère. 168

Chapitre X. — Prise de Girone; Brancas en est fait gouverneur. — Estaires et Beauffremont chevaliers de la Toison d'or, et le duc de Noailles grand d'Espagne de la première classe, qui passe en Espagne, dont l'armée ne peut s'assembler qu'en août. — Dix mille livres de pension du roi d'Espagne à Mme de Rupelmonde, dont le mari avoit été tué à Brihuega. — Mort du duc de Medina Celi. — Mort du marquis de Legañez. — Mort du prince de Médicis, auparavant cardinal. — Bergheyck à Paris, passe en Espagne, d'où il est bientôt renvoyé par la princesse des Ursins. — Premier mariage du duc de Fronsac, peu après mis en correction à la Bastille. — Fortune de Mme de Villefort; fortune de Mlle Pincré, qui épouse le fils de Mme de Villefort. — Mariage d'un cadet de Nassau-Siegen avec la sœur du marquis de Nesle. — Famille et mariage de Saint-Germain

---

1. *Dyscole*, difficile à vivre.

Beaupré avec la fille de Doublet, qui se fourre de tout; mot cruel du premier président Harlay aux deux frères Doublet. — Mouvements du procès de la succession de Monsieur le Prince. — Monsieur le Duc perd en plein son procès contre Mesdames ses tantes, et avec des queues fâcheuses. — Mort et court éloge du maréchal de Choiseul. — Chevalier de Luxembourg gouverneur de Valenciennes. — Mort de Boileau Despréaux. — Mort du fils aîné du maréchal de Boufflers, dont la survivance passe au cadet. 199

Chapitre XI. — Commencement de l'affaire qui a produit la constitution *Unigenitus*. — Bagatelles d'Espagne. — Maillebois, resté otage à Lille, s'en sauve. — Étrange fin de l'abbé de la Bourlie à Londres. — Mariage de Lassay; sa famille. — Enfants de M. du Maine en princes du sang à la chapelle. — Mort de la duchesse douairière d'Aumont; son caractère. — Mort et famille de Mme de Châteauneuf. — Mon embarras à l'égard de Monseigneur et de sa cour intérieure.. 214

Chapitre XII. — Maladie de Monseigneur. — Le Roi à Meudon. — Le Roi mal à son aise hors de ses maisons; Mme de Maintenon encore plus. — Contrastes dans Meudon. — Versailles. — Harengères à Meudon, bien reçues. — Singulière conversation avec Mme la duchesse d'Orléans chez moi. — Spectacle de Meudon. — Extrémité de Monseigneur. — Mort de Monseigneur; le Roi va à Marly. — Spectacle de Versailles. — Surprenantes larmes de M. le duc d'Orléans. 233

Chapitre XIII. — Continuation du spectacle de Versailles. — Plaisante aventure d'un Suisse. — Horreur de Meudon. — Confusion de Marly. — Caractère de Monseigneur. — Problème si Monseigneur avoit épousé Mlle Choin. — Monseigneur sans agrément, sans liberté, sans crédit avec le Roi. — Monsieur et Monseigneur morts outrés contre le Roi. — Monseigneur peu à Versailles. — Complaisant aux choses du sacre. — Monseigneur et Mme de Maintenon fort éloignés. — Cour intime de Monseigneur. — Monseigneur plus que sec avec Mgr et Mme la duchesse de Bourgogne, aime M. le duc de Berry et traite bien Mme la duchesse de Berry. — Monseigneur favorable aux ducs contre les princes. — Monseigneur fort vrai; Mlle Choin aussi. — Opposition de Monseigneur à l'alliance du sang bâtard prétendue. — Désintéressement de Mlle Choin. — Monseigneur attaché à la mémoire et à la famille du duc de Montausier. — Amours de Monseigneur. — Ridicule aventure. — Monseigneur n'aime point M. du Maine et traite bien le comte de Toulouse. — Cour plus ou moins particulière de Monseigneur. — Infamies du maréchal d'Huxelles. — Aversions de Monseigneur. — Éloignement de Monseigneur, de Mgr et de Mme la duchesse de Bourgogne. — M. et Mme la duchesse de Berry bien avec Monseigneur. — Crayon et projets de Mme la duchesse de Berry. — Affection de Monseigneur pour le roi d'Espagne. — Portrait raccourci de Monseigneur. — Ses obsèques. 250

CHAPITRE XIV. — Mme de Maintenon à l'égard de Monseigneur et de Mgr et de Mme la duchesse de Bourgogne. — Genre de la douleur du Roi ; ses ordres sur les suites de la mort de Monseigneur ; ses occupations des premiers jours. — Douze mille livres de pension à Mlle Choin, bien traitée du nouveau Dauphin et de la Dauphine ; gêne de sa vie ; sagesse de sa conduite après la mort de Monseigneur ; n'est point abandonnée. — Princesse de Conti veut inutilement se raccommoder avec Mlle Choin. — Du Mont justement bien traité, et Casau. — Princesse d'Angleterre cède à Madame la Dauphine en lieu tiers. — Deuil drapé de Monseigneur. — Situation de M. et de Mme la duchesse de Berry. — Les deux battants des portes, chez les fils et filles de France, ne s'ouvrent que pour les fils et les filles de France ; colère de Mme la duchesse de Berry. — Orage tombé sur Mme la duchesse de Berry. — Elle avoue à Mme de Saint-Simon ses étranges projets, avortés par la mort de Monseigneur, laquelle l'exhorte à n'oublier rien pour se raccommoder avec Madame la Dauphine. — Mme la duchesse de Berry se raccommode avec Madame la Dauphine. — Service de M. et Mme la duchesse de Berry à Monseigneur et à Madame la Dauphine. — Singulier avis de Mme de Maintenon à Madame la Dauphine. — Duc de la Rochefoucauld prétend la garde-robe du nouveau Dauphin, et la perd contre le duc de Beauvillier. — Soumission et modération de Monseigneur le Dauphin ; veut être nommé et appelé *Monsieur*, non *Monseigneur*. — Marly repeuplé. — Châtillons et Beauvaus obtiennent de draper ; deuil singulier pour Monseigneur. — Bâtards obtiennent d'être visités en fils de France sur la mort de Monseigneur. — Manteaux et mantes à Marly ; indécences et confusion parfaite. — Burlesque ruse de Madame la Princesse. — Monseigneur et Madame la Dauphine, etc., en mantes et en manteaux à Saint-Germain. — Ministres étrangers à Versailles, où les compagnies haranguent Monseigneur le Dauphin, traité par le Parlement de *Monseigneur* par ordre du Roi. . . 284

CHAPITRE XV. — Mort et caractère de la duchesse de Villeroy. — Mort de l'empereur Joseph ; prince Eugène mal avec son successeur. — Mort de Mmes de Vaubourg et Turgot. — Mort de Caravas. — Mariage des deux filles de Beauvau avec Beauvau et Choiseul. — Reprise de l'affaire d'Espernon ; force prétentions semblables prêtes à éclore ; leur impression sur les parties du procès d'Espernon. — Ancien projet de règlement sur les duchés-pairies en 1694 ; son sort alors ; perversité du premier président d'Harlay, qui le dressa. — Duc de Chevreuse, de concert avec d'Antin, gagne le chancelier pour un règlement sur ce modèle ; le chancelier m'en confie l'idée et l'ancien projet ; raisons qui m'y font entrer sans en prévoir le funeste, et j'y travaille seul avec le chancelier. — Ancien projet, et mes notes dessus. — Grâce de substitution accordée au duc d'Harcourt enfourne ce règlement ; sagesse et franchise d'Harcourt avec moi sur les bâtards. — Je joins le maréchal de Boufflers au secret, qui est restreint d'une part entre nous deux et Harcourt en général, de l'autre entre

Chevreuse et d'Antin en général, et sans nous rien communiquer. — Harcourt parle au Roi, et la chose s'enfourne. — Chimères de Chevreuse et de Chaulnes. — Duc de Beauvillier n'approuve pas les chimères ; ne peut pourtant être admis au secret du règlement par moi. — Secret de tout ce qui se fit sur le règlement uniquement entre le chancelier avec moi. — Trait hardi et raffiné du plus délié courtisan, de d'Antin, qui parle au Roi. — Le Roi suspend la plaidoirie sur le point de commencer sur la prétention d'Espernon. 310

Chapitre XVI. — Discussion du projet de règlement entre le chancelier et moi. — Friponnerie insigne et ambitieuse du premier président d'Harlay. — Apophthegme du premier maréchal de Villeroy. — Je fais comprendre les ducs vérifiés en l'édit. — L'amitié m'intéresse aux lettres nouvelles de Chaulnes ; le chancelier s'y porte de bonne grâce ; je l'y soutiens avec peine, dépité qu'il devient des sophismes du duc de Chevreuse. — Le chancelier travaille seul avec le Roi sur le règlement ; son aversion des ducs, et sa cause. — Scélératesse du premier président d'Harlay sur le sacre et la propagation des bâtards — Je propose le très-foible dédommagement de la double séance de pairs démis. — Le Roi, uniquement pour son autorité, favorable à M. de la Rochefoucauld contre moi. — Chaulnes enfourné. — Mémoire, uniquement portant sur l'autorité du Roi, qui me vaut la préséance sur M. de la Rochefoucauld. — Défaut de foi et hommage ; explication et nécessité de cet acte. — Alternative ordonnée en attendant jugement, et commencée par la tirer au sort. — Préjugés célèbres du Roi en faveur de M. de Saint-Simon. — Singulier procédé entre les ducs de Saint-Simon et de la Rochefoucauld lors et à la suite de la réception au Parlement du premier. — Autre préjugé du Roi tout récent en faveur de M. de Saint-Simon. — L'autorité du Roi favorable à M. de Saint-Simon. — Enregistrement sauvage des lettres d'érection de la Rochefoucauld. — Lettre de M. le duc de Saint-Simon à Monsieur le chancelier ; de Monsieur le chancelier à M. le duc de Saint-Simon ; de Monsieur le chancelier à M. le duc de Saint-Simon ; de M. le duc de Saint-Simon à Monsieur le chancelier. — Éclaircissement de quelques endroits de mes lettres. — Anecdote curieuse de l'enregistrement de la Rochefoucauld. 338

Chapitre XVII. — Courte et foncière explication de la question de préséance entre la première réception du pair au Parlement et la date de l'enregistrement de la pairie. — Nature de la dignité. — Ce qui de tout temps fixoit l'ancienneté du rang des pairs l'a fixé toujours, et le fixe encore aujourd'hui. — Fausse et indécente difficulté tombée de la date de chaque réception successive. — Dignité de duc et pair mixte de fief et d'office, et unique de ce genre. — L'impétrant, et sa postérité appelée et installée avec lui en la dignité de pair, à la différence de tout autre officier. — Reprise de l'édit. — Lettre de M. le duc de Saint-Simon à Monsieur le chancelier. — Lettre de Monsieur le chancelier à M. le duc de Saint-Simon. — J'apprends du chancelier les articles de l'édit résolus. — Je confie au duc de Beauvillier et au duc et à la duchesse de Chevreuse que Chaulnes va être réérigé pour leur second fils. — L'édit en gros s'évente; mouvements de Matignon et des Rohans; leur intérêt. — Lettre de M. le duc de Saint-Simon à Monsieur le chancelier; de Monsieur le chancelier à M. le duc de Saint-Simon. — L'édit passé, dont j'apprends par le chancelier tous les articles tels qu'ils y sont. — Double séance rejetée et Chaulnes différé, après avoir été accordés. — D'Antin, reçu duc et pair au Parlement, m'invite seul d'étranger au repas; le Roi se montre content que j'y aie été. — Adresse et impudence de d'Antin; sagesse et dignité de Boufflers. — Douleur de Matignon, et son affaire avec le duc de Chevreuse. — Duc de la Rocheguyon fait au chancelier des plaintes de l'édit; prétend en revenir contre ma préséance, qui le refroidit, et le duc de Villeroy entièrement et pour toujours avec moi. — Fâcheux personnage du duc de Luxembourg sur l'édit; est à Rouen, et pourquoi... 376

CHAPITRE XVIII. — Grand changement à la cour par la mort de Monseigneur, et ses impressions différentes. — Duc du Maine. — Duc du Maine fort mal à Marly. — Princesse de Conti. — Cabale. — Duc de Vendôme. — Vaudemont et ses nièces. — Mlle de Lislebonne abbesse de Remiremont. — Madame la Duchesse. — Prince de Rohan. — Princes étrangers. — D'Antin. — Huxelles; Beringhen; Harcourt; Boufflers. — Sainte-Maure; Biron; Roucy; la Vallière. — Ducs de Luxembourg, la Rocheguyon, Villeroy. — La Feuillade. — Ministres et financiers. — Le chancelier et son fils. — La Vrillière. — Voysin. — Torcy. — Desmarets. — Duc de Beauvillier. — Fénelon, archevêque de Cambray. — Union de Monsieur de Cambray et de tout le petit troupeau. — Duc de Charost et sa mère. — Duc et duchesse de Saint-Simon. — Conduite des ducs de Chevreuse et de Beauvillier. — Duc de Chevreuse. — Monseigneur le Dauphin. — Mme de Maintenon point aux ministres, toute au Dauphin. — Ministres travaillent chez le Dauphin........ 399

CHAPITRE XIX. — Voyages des généraux d'armée. — Permangle bat et brûle un grand convoi. — Duc de Noailles près du roi d'Espagne avec ses troupes sous Vendôme. — La reine d'Espagne attaquée d'écrouelles. — Bonac relève Blécourt à la cour d'Espagne. — Marly en jeu et en sa forme ordinaire; cause de sa singulière prolongation. — Premier mariage de Belle-Isle. — Mariage de Montboissier avec Mlle de Maillé. — Mariage de Parabère avec Mlle de la Vieuville. — Course à Marly de l'électeur de Bavière. — Mort de Langeron, lieutenant général des armées navales. — Mort, caractère, descendance et titres du duc d'Albe, ambassadeur d'Espagne en France; sa succession. — Le fils d'Amelot président à mortier; digne sou-

venir du Roi des services de Molé, premier président et garde des
sceaux. — Bergheyck à Marly, mandé en Espagne. — Voyage du
roi d'Angleterre par le royaume. — Grand prieur à Soleure. —
Deuil de l'Empereur suspendu, et sa cause. — Le roi d'Espagne
donne ce qui lui reste aux Pays-Bas à l'électeur de Bavière, qui
passe à Marly allant à Namur, et envoie le comte d'Albert en
Espagne ; comte de la Marck suit l'électeur, de la part du Roi,
sans caractère. — Gassion bat en Flandres douze bataillons et dix
escadrons ; son mérite et son extraction. — Clôture de l'assemblée
extraordinaire du clergé ; admirable et hardie harangue au Roi de
Nesmond, archevêque d'Alby ; le Dauphin montré au clergé par le
Roi. — Services de Monseigneur à Saint-Denis et à Notre-Dame ;
merveilles du Dauphin à Paris ; nul duc ne s'y trouve, quoique
le Roi l'eût désiré. — Création d'officiers garde-côtes ; Pontchartrain en abuse, et de mon amitié, me trompe, m'usurpe, et je me
brouille avec lui. — Usurpation très-attentive des secrétaires d'État.
— Sottise d'amitié. — Trahison noire de Pontchartrain. — Étrange
procédé de Pontchartrain, qui me veut leurrer par Aubanton. —
Impudence et embarras de Pontchartrain. — Le chancelier soutient
le vol de son fils contre moi. — Peine et proposition des Pontchartrains ; ma conduite avec eux. 439

FIN DE LA TABLE DES CHAPITRES DU HUITIÈME VOLUME.

2003 Paris. — Imprimerie ARNOUS DE RIVIÈRE et Cie, rue Racine, 26.

www.ingramcontent.com/pod-product-compliance
Lightning Source LLC
Chambersburg PA
CBHW072126220426
43664CB00013B/2147